黑龙江大学"十二五"规划教材

信息检索教程

黄丽霞 周丽霞 赵丽梅◎主编

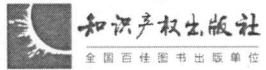
知识产权出版社
全国百佳图书出版单位

图书在版编目（CIP）数据

信息检索教程/黄丽霞，周丽霞，赵丽梅主编.

—北京：知识产权出版社，2014.6

ISBN 978-7-5130-2770-0

Ⅰ.①信… Ⅱ.①黄… ②周… ③赵… Ⅲ.①情报检索－高等学校－教材

Ⅳ.①G252.7

中国版本图书馆CIP数据核字（2014）第120001号

内容提要

本书主要介绍了信息资源及其分布规律、信息检索基本原理及基本方法、信息检索模型、信息检索语言、计算机信息检索、联机与光盘检索、网络信息检索、国内外主要综合性检索工具及特种信息检索工具、信息检索效果评价及信息的分析与利用等内容。重点论述了信息资源的种类及其分布规律、计算机信息检索及网络信息检索、信息检索效果评价及信息的分析与利用等方面内容，具有较强的科学性、系统性、创新性和实用性。

本书可作为大专院校信息管理与信息系统、图书馆学、情报学、档案学等相关专业的教材或参考书，也可作为信息工作者、经济工作者、图书情报工作者、企事业管理干部的参考书。

责任编辑：许 波　　责任出版：刘译文

信息检索教程
XINXI JIANSUO JIAOCHENG

黄丽霞 周丽霞 赵丽梅　主编

出版发行：知识产权出版社有限责任公司	网　址：http://www.ipph.cn
电　话：010-82004826	http://www.laichushu.com
社　址：北京市海淀区马甸南村1号	邮　编：100088
责编电话：010-82000860转8380	责编邮箱：xubo@cnipr.com
发行电话：010-82000860转8101/8029	发行传真：010-82000893/82003279
印　刷：北京中献拓方科技发展有限公司	经　销：各大网上书店、新华书店及相关专业书店
开　本：787mm×1092mm 1/16	印　张：22.5
版　次：2014年7月第1版	印　次：2014年7月第1次印刷
字　数：346千字	定　价：42.00元

ISBN 978-7-5130-2770-0

出版权专有　侵权必究

如有印装质量问题，本社负责调换。

前 言

人类进入21世纪,信息技术的迅猛发展为人们展现了一个绚丽缤纷的信息世界,特别是近年来语义网、云计算、物联网、社交网络等新兴服务的兴起,使人类社会的数据种类和规模正以前所未有的速度增长,人们惊呼"大数据"时代到来了。面对浩瀚无垠的信息海洋,如何快速准确地获得自己所需要的信息,特别是获得有价值的学术信息就显得尤为重要。

本书立足当前网络时代背景,以提高大学生信息素质为目标,在综合和借鉴国内众多优秀教材的基础上,力争做到以下几点。

1. 内容新颖。信息检索是与信息技术紧密相关、与时代同步发展的一门课程。本书在阐述信息资源的种类及分布规律,信息检索的原理、方法、模型,检索语言,系统评价等基本理论的基础上,加大了对信息检索最新技术的引入,增加实践案例,以便使学生感到耳目一新、生动有趣。

2. 编排合理。本书在结构体例的设置上,努力做到融传统的和现代的中英文检索工具于一体,重理论研究与实际应用相结合,展当下信息检索之风貌,突出体现网络环境下信息检索的新特点,符合当前信息检索的实际需要。

3. 图文并茂。根据学习内容和教学的需要,书中配有许多检索工具的图例,并附有相关的解释说明、使用方法、步骤要点等提示。充分发挥"一幅图胜似千言万语"的图表直观性作用,便于学生观看、使用。

4. 实用性强。信息检索是一门实用性很强的课程,应着重培养学生获取信息的实际能力,本书的编写重在体现这一宗旨,突出实用性和可操作性。读者在看过该书后,能够很快将基本理论应用到实践中去,能够快速准确地构建检索策略,正确分析课题的内容,准确找出检索词,确定最佳检索途径。

全书共分十章。第一章阐述了信息资源的内涵、种类、特点及其在时间和空间上分布的规律,科技信息资源常见的种类及特点。第二章从理论层面上阐述了信息检索的基本原理和基本检索途径,包括信息检索的概念、类型、作用、起源与发展、工具、方法、策略、基本步骤等内容。第三章在系统分析了传统检索语言的基础上详细阐述了分类主题一体化检索语言。第四章阐述了计算机信息检索概况、系统、技术、策略及步骤等内容。第五章简要介绍了联机检索与光盘检索系统。第六章着重阐述了网络检索工具、元搜索引擎、多媒体检索、网络信息检索的新发展及如何获取网络免费的学术资源信息。第七、八章对国内外重要的综合性检索工具进行阐述,做到传统与现代相结合。第九章阐述了国内外主要的特种信息检索工具。第十章包括信息检索效果评价活动的起源、评价方法与程序、评价指标、国内外信息检索测评的新方法以及信息的分析和利用等内容。

本书由黄丽霞、周丽霞、赵丽梅三位同志共同编撰完成,由黄丽霞对全书的大纲、结构、内容等作统一斟酌和制定。其中,第一、二、五、六章由黄丽霞编写;第三、四、七章由周丽霞编写;第八、九、十章由赵丽梅编写。在本书写作过程中,魏巍、刘忠达、周月、安玉婷、赵岩、贾雪、熊倩、左艺墨、姜麟、段艳华等同学给予了大力支持和帮助,在此表示衷心的感谢!

由于时间仓促、编者水平有限等原因,本次编写过程中难免有疏漏之处,恳请广大读者批评指正!

黄丽霞

2014年6月

目 录

第一章 信息资源及其分布规律 ·······1
第一节 信息资源概述 ·······1
一、信息资源的内涵 ·······1
二、信息资源的特点 ·······2
三、信息资源的类型 ·······4
第二节 科技信息资源常用的几种类型 ·······6
一、科技图书 ·······6
二、科技期刊 ·······6
三、科技报告 ·······7
四、专利文献 ·······8
五、标准文献 ·······12
六、学位论文 ·······13
七、会议文献 ·······15
八、政府出版物 ·······17
九、档案文献 ·······18
十、其他 ·······19
第三节 信息资源的时间分布规律 ·······20
一、文献信息的增长规律及其数学描述 ·······20
二、科技文献老化及其数学描述 ·······22
第四节 信息资源的空间分布规律 ·······26
一、布拉德福文献分散定律 ·······26
二、布拉德福定律的应用 ·······28

第二章 信息检索基本理论 ………………………………………… 30
第一节 信息检索基本原理 ………………………………………… 30
　　一、信息检索的含义与原理 ……………………………………… 30
　　二、信息检索的发展历史 ………………………………………… 31
　　三、信息检索类型 ………………………………………………… 32
　　四、信息检索的策略 ……………………………………………… 33
　　五、信息检索工具 ………………………………………………… 34
第二节 信息检索方法、途径与步骤 ……………………………… 41
　　一、信息检索方法 ………………………………………………… 41
　　二、信息检索途径 ………………………………………………… 42
　　三、信息检索步骤 ………………………………………………… 44
第三节 信息检索模型 ……………………………………………… 47
　　一、布尔逻辑模型 ………………………………………………… 47
　　二、向量空间模型 ………………………………………………… 49
　　三、概率检索模型 ………………………………………………… 52

第三章 信息检索语言 ………………………………………………… 56
第一节 信息检索语言概述 ………………………………………… 56
　　一、信息检索语言的定义及特点 ………………………………… 56
　　二、信息检索语言的类型 ………………………………………… 57
　　三、信息检索语言的作用 ………………………………………… 59
　　四、信息检索语言的理论基础 …………………………………… 60
第二节 分类检索语言 ……………………………………………… 64
　　一、分类检索语言定义及特点 …………………………………… 64
　　二、分类检索语言类型 …………………………………………… 65
　　三、《中国图书馆分类法》简介 ………………………………… 69
第三节 主题检索语言 ……………………………………………… 74
　　一、主题检索语言的定义及基本特点 …………………………… 74
　　二、主题检索语言的特性 ………………………………………… 75

三、主题语言的类型……………………………………………77
四、主题检索语言的使用………………………………………79
五、分类主题一体化检索语言…………………………………84

第四章 计算机信息检索……………………………………88
第一节 计算机信息检索概述…………………………………88
一、计算机信息检索原理………………………………………88
二、计算机信息检索特点………………………………………90
三、计算机信息检索服务模式…………………………………91
第二节 计算机信息检索系统构成……………………………95
一、计算机信息检索系统的物理构成…………………………96
二、计算机信息检索系统的逻辑构成…………………………97
三、计算机信息检索系统的种类………………………………99
第三节 计算机信息检索技术…………………………………101
一、布尔检索技术………………………………………………101
二、截词检索技术………………………………………………104
三、位置检索技术………………………………………………105
四、加权检索技术………………………………………………106
第四节 计算机信息检索策略与步骤…………………………106
一、计算机信息检索策略………………………………………107
二、计算机信息检索步骤………………………………………109

第五章 联机检索与光盘数据库检索………………………111
第一节 联机信息检索…………………………………………111
一、联机信息检索概述…………………………………………111
二、国外主要的联机检索系统…………………………………113
三、国内主要的联机检索系统…………………………………119
第二节 光盘信息检索…………………………………………119
一、光盘信息检索概述…………………………………………119
二、国外主要的光盘检索系统…………………………………121

三、国内主要的光盘检索系统 …………………………………………124

第六章 网络信息检索 …………………………………………125

第一节 网络信息检索概述 …………………………………………125

一、网络信息资源类型研究的几种代表性观点 ……………………125

二、网络信息检索的特点 ……………………………………………126

三、网络信息检索的标准（Z39.50） ………………………………127

第二节 网络信息检索工具 …………………………………………130

一、搜索引擎及其工作原理 …………………………………………130

二、搜索引擎的类型 …………………………………………………132

三、元搜索引擎 ………………………………………………………134

四、网络检索工具的评价 ……………………………………………139

第三节 多媒体信息检索 ……………………………………………140

一、多媒体检索概述 …………………………………………………140

二、图像信息检索 ……………………………………………………141

三、音频信息检索 ……………………………………………………144

四、视频信息检索 ……………………………………………………146

第四节 网络信息检索的新发展 ……………………………………148

一、自然语言检索 ……………………………………………………148

二、跨语言信息检索 …………………………………………………153

三、数据挖掘与信息检索 ……………………………………………158

四、语义网检索技术 …………………………………………………162

第五节 网络免费学术信息资源的检索 ……………………………167

一、网络免费学术信息资源的概念 …………………………………167

二、网络免费学术信息资源的类型 …………………………………167

三、网络免费学术资源的特点 ………………………………………168

四、网络免费学术信息资源的获取 …………………………………169

第七章 国内主要综合性信息检索工具 ………………………………174

第一节 综合性文献数据库资源 ……………………………………174

一、中国知网 ……………………………………………………… 174
二、万方知识服务平台 …………………………………………… 181
三、维普资讯 ……………………………………………………… 184
四、人大复印报刊资料 …………………………………………… 188
五、中文社会科学引文索引数据库 ……………………………… 192

第二节 电子图书数据库 ……………………………………………… 197
一、超星数字图书馆 ……………………………………………… 197
二、方正Apabi数字图书馆 ……………………………………… 199
三、书生之家数字图书馆 ………………………………………… 202

第三节 常用专业数据库 ……………………………………………… 206
一、读秀学术搜索 ………………………………………………… 206
二、国研网 ………………………………………………………… 210

第八章 国外主要数据库检索工具 …………………………………… 213

第一节 Ei数据库的主要产品 ……………………………………… 213
一、Ei Compendex数据库 ………………………………………… 213
二、Ei Page One数据库 …………………………………………… 213
三、Ei Compendex Web数据库 …………………………………… 214
四、Ei Compendex Web数据库的检索方法 ……………………… 214
五、Ei Compendex Web数据库的检索算符和规则 ……………… 217

第二节 ISI Web of Science ………………………………………… 218
一、ISI Web of Science数据库简介 ……………………………… 218
二、Web of Science数据库的检索案例 ………………………… 218

第三节 SA与INSPEC数据库 ……………………………………… 220
一、SA的概况 ……………………………………………………… 220
二、SA数据库（INSPEC）及其检索 …………………………… 222
三、INSPEC数据库检索算符 …………………………………… 222
四、基于平台的INSPEC数据库检索方法及检索结果分析 …… 223

第四节 Elsevier ScienceDirect数据库 …………………………… 224

一、Elsevier ScienceDirect数据库简介 ……………………………………… 224
　　二、ScienceDirect数据库的检索模式 ……………………………………… 224
　　三、ScienceDirect数据库的检索字段和检索字符 ………………………… 225
　　四、ScienceDirect数据库检索案例分析 …………………………………… 226
第五节　EBSCO学术信息、商业信息数据库 …………………………………… 228
　　一、EBSCOhost数据库简介 ………………………………………………… 228
　　二、EBSCOhost数据库检索方法 …………………………………………… 229
　　三、EBSCO学术信息、商业信息数据库检索案例分析 ………………… 231
第六节　国外博硕士论文数据库，PQDT ……………………………………… 235
　　一、PQDT数据库简介 ……………………………………………………… 235
　　二、PQDT数据库的检索算符及语法 ……………………………………… 235
　　三、PQDT数据库检索案例 ………………………………………………… 236

第九章　国外主要特种信息检索工具 …………………………………… 242
第一节　科技报告的检索 ………………………………………………………… 242
　　一、科技报告的格式、识别依据、出版形式和类型 ……………………… 242
　　二、国外科技报告及其检索工具 …………………………………………… 243
第二节　专利信息的检索 ………………………………………………………… 247
　　一、专利信息检索概述 ……………………………………………………… 247
　　二、国外专利信息检索数据库 ……………………………………………… 248
第三节　标准信息检索 …………………………………………………………… 259
　　一、ISO及其标准的检索 …………………………………………………… 259
　　二、IEC及其标准的检索 …………………………………………………… 262
　　三、ANSI标准 ……………………………………………………………… 265
第四节　会议文献检索 …………………………………………………………… 266
　　一、学术会议信息的获取途径及相应的检索工具 ………………………… 266
　　二、会议文献的二次文献数据库检索系统 ………………………………… 268
第五节　档案信息检索 …………………………………………………………… 270
　　一、档案信息检索的定义和基本原理 ……………………………………… 270

二、档案信息检索途径 …………………………………………… 271
　　三、国外档案信息检索网站 ……………………………………… 272
第十章　信息检索效果评价及信息的分析利用 ……………… 279
　第一节　信息检索效果评价 ………………………………………… 279
　　一、信息检索效果评价概述 ……………………………………… 279
　　二、信息检索效果的评价方法 …………………………………… 282
　　三、信息检索效果的评价程序 …………………………………… 289
　　四、信息检索效果的评价指标 …………………………………… 290
　　五、国外信息检索评测 …………………………………………… 298
　　六、国内信息检索评测 …………………………………………… 306
　第二节　信息分析与利用 …………………………………………… 313
　　一、期刊文章统计分析 …………………………………………… 313
　　二、综述及其撰写 ………………………………………………… 321

参考文献 ……………………………………………………………… 336

第一章 信息资源及其分布规律

第一节 信息资源概述

一、信息资源的内涵

信息资源是人类在生产实践、科学实验和社会生活中创造和累积的可利用的信息内容的总和,主要包括再生信息和一部分感知信息。那些虽被人们所感知但却稍纵即逝的感知信息不属于信息资源的范畴,因为它们无法为人类所利用。

信息资源的概念是随着时代的发展而演变的。中国信息协会副会长胡小明从资料信息资源论、知识信息资源论、数字内容信息资源论三个方面阐述了信息资源的内涵,指出信息资源是信息技术不同的发展水平与应用水平的产物。

资料信息资源论将焦点集中于数据处理、信息挖掘、信息共享等相对局部化的应用领域,它适用于信息资源稀缺时代或某些资料应用十分频繁的环境,在这种情况下以资料为中心的系统(如电子图书馆)建设会取得很好的效益。

知识信息资源理论关注的是如何提高实现目标的效率,它将信息行为理解为实现工作、生产目标而施加的控制行为,控制是一种信息量注入的行为。信息(或控制)行为是一种智力的投入。知识是他人或自己以前投入的智力活动的精华积累,知识的应用会大大提升控制的效率。在知识信息资源理论中,知识与智慧的存在有多种形式,如文字形式(知识理论、经验、数据)、物理形式(各种物理化的工具)、组织形式(有效的机构、社会合作与信息)、程序方式(程序、软件及嵌入式应用设备)等,它将信息化视为推动各行各业知识化的过程。

数字内容信息资源论是数字化生活中的资源理论,数字内容的关注点是数字文化娱乐，没有涉及工作生产效率目标等要求，而且呈现出另一种完全不同的价值观，即让人们喜爱、供人们娱乐的愉悦价值观。其资源的概念也不一样，数字化工作中的资源概念有投资的性质，期待取得工作效益上的回报，数字内容产业中的资源不要求这一点，它完全是一种消费的概念，目的是让人们愉悦，数字内容产业的资源内涵主要是消费市场上的价值。

不同的信息资源观有其不同的产生背景与不同的应用环境，在不同的场合使用不同的信息资源概念是科学理解信息化理论的真谛。

二、信息资源的特点

1. 经济性

信息资源具备了所有的经济属性，包括稀缺性、预算约束性、边际性、外部性和非竞争性等。信息资源的稀缺性是指信息资源相对于人类的信息需求永远是稀缺的，从某种意义上说，它是由人类智能的有限性决定的；信息资源的预算约束性是指人们以偏好为基础的自由选择（追求满足最大化），是受客观的制约条件限制的，信息资源消费者只能选择他们负担得起的最佳信息资源的组合；信息资源的边际性是指随信息资源数量的增加而呈现递增效应，这与物质商品的边际效应递减规律恰好相反；信息资源的外部性是指人们的信息资源行为对他人所产生的影响，既包括正的外部性（如教育行为就是一种正的外部性，教育不仅能够显著提高生产力水平，而且有利于改进生产关系），也包括负的外部性（如互联网上的信息泛滥浪费了社会资源和信息获取者的时间，信息失控破坏了社会风气和社会稳定）；信息资源的非竞争性（共享性）是指一个人消费一种信息资源并不妨碍其他人同时消费同种信息资源（在网络环境中尤其如此），但由于信息资源不具备完全的非排他性，所以信息资源只能算作准公共产品。信息资源的经济性要求人类必须从全局出发合理布局和共同利用信息资源，最大限度地提高信息资源的利用效率，避免和消除信息资源的负的外部性，实现信息资源共享，促进人类社会的发展。

2. 智能性

信息资源是人类所开发与组织的信息，是人类脑力劳动或者说认知过程的产物。人类的脑力劳动决定着特定时期信息资源的"丰度和凝聚度"，也就决定着信息资源的价值。信息资源的智能性要求人类必须将自身素质的提高和智力开发放在第一位，必须确立教育和科研的优先地位。

3. 规律性

信息资源蕴含着人类对自然、社会和思维规律的认识，特定信息资源的质量主要取决于它所提示的特定自然、社会和思维现象的规律的准确度和时效性，而信息资源所反映的自然、社会和思维规律情况也是衡量其使用价值的主要依据；信息资源的规律性要求人类树立信息资源观念，积极开展信息资源开发和组织活动，从而为认识和改造世界提供强大的支持。

4. 整体性

信息资源作为整体是对一个国家、一个地区、一个组织的政治、经济、文化、科学技术等领域的全面反映，信息资源的每一要素只能反映某一方面的内容，如果割裂它们之间的联系，就会出现"盲人摸象"的结果。信息资源的整体性要求对信息资源的生产、加工、存储、开发和利用等活动进行统一的宏观规划，要求不同人类组织之间加大信息资源活动的协调力度，从而最大限度地避免因割裂而造成的信息资源的重复和浪费。

5. 不均衡性

由于人们的认识能力、知识储备和信息环境等多方面的条件不尽相同，他们所掌握的信息资源也多寡不等；同时，由于社会发展程度不同，信息资源的开发程度和开发速度不同，地球上不同区域信息资源的分布也不均衡；我们通常所说的"马太效应""数字鸿沟"等现象的存在与信息资源的不均衡性有直接的关系。信息资源的不均衡性要求有关信息政策、法律和规划等在制定时必须考虑导向性、公平问题和有效利用问题。

6. 有限性

信息资源只是信息极有限的一部分，比之人类的信息需求，它永远是有限的。从某种意义上说，信息资源的有限性是由人类智能的有限性决定的。有限性要求人类必须从全局出发合理布局和共同利用信息资源，最大限度地实现资源共享，从而促进人类与社会的发展。

三、信息资源的类型

1. 按存在状态可分为潜在的信息资源与现实的信息资源

潜在的信息资源是指个人在学习、认知和实践过程中储存在大脑中的信息资源，其特点是只能供个人所用。潜在的信息资源虽能为个人所利用，但一方面易于随忘却过程而消失，另一方面又无法为他人直接利用，因此是一种有限再生的信息资源。

现实的信息资源则是指潜在的信息资源经个人表述之后能够为他人所利用的信息资源，它们最主要的特征是具有社会性，通过特定的符号表述和传递，可以在特定的社会条件下广泛地、连续往复地为人类所利用，因此是一种无限再生的信息资源。一般地讲，现实的信息资源是信息资源管理的主要研究内容，是我们当前研究、开发、利用的重点。现实的信息资源依据其载体可将之分为体载信息资源、文献信息资源、实物信息资源、网络信息资源四种类型。体载信息资源指以人体为载体并能为他人识别的信息资源；文献信息资源是以文献为载体的信息资源；实物信息资源是指以实物为载体的信息资源；网络信息资源是基于计算机技术、通信技术、多媒体技术相互融合而形成的网络上可查找到的资源。

2. 按记录方式和载体材料可分为书写型、印刷型、缩微型、机读型和声像型

书写型文献信息资源一般以纸张为载体，记录方式为人工抄写，包括手稿、信件、日记、原始档案等。

印刷型文献信息资源也主要以纸张为载体，记录方式主要是印刷技术，包括油印、铅印、胶印、木板印刷、复印、激光打印等。印刷型文献信息资源还可以以出版形式的不同划分为图书、期刊、会议资料、研究报告、专利说明书、政府出版物、学位论文、产品说明书、档案、标准、新闻报纸、统计报表、图谱等。

缩微型文献信息资源是以感光材料为载体，用缩微照像技术制成的文献复制品，其记录方式主要是光学记录技术，主要类型有缩微胶卷、缩微平片、缩微卡片等。缩微型文献信息资源具有信息存储量大、体积小、重量轻、成本

低、价格便宜、保存时间长等优点。缺点是使用不方便，必须借助阅读放大机才能阅读；保存与使用要求具有一定条件，设备费用投资较大。

机读型文献信息资源以磁性材料为载体，记录方式为磁录技术，主要类型有穿孔卡片、穿孔纸带、磁带、磁盘、软盘、光盘等。它的特点是：密度高、容量大；数据检索处理速度快，效率高；可高速度、远距离传输文献信息；能即时将光盘上的数据打印转换成印刷型文献。

声像型文献信息资源又称视听型文献或直感文献。它是以感光材料和磁性材料为载体，以电磁波为信息信号，将声音、文字及图解记录下来的一种动态型文献。它的特点是动静交替，声情并茂，形象逼真，具有良好的音响效果和形象效果。声像型文献信息资源按人的感官接收方式可区分为三种类型：一是视觉资料，包括幻灯片、照相底片、无声录像带、无声照片、传真照片等形象记录资料；二是听觉资料，包括唱片、录音带等各种发音记录资料；三是音像资料，包括录音资料、录像资料和声像资料。

3. 按信息开发的程度可分为零次信息资源、一次信息资源、二次信息资源、三次信息资源

零次信息资源是指在信息流动过程中未经加工和组织的信息资源，如一些原始数据、拍摄的场景、活动的情景等。

一次信息资源是指以零次信息资源为基础，对自然状态、社会表象的信息以及大脑存储的信息进行粗加工，经过各种方式表达的信息资源，如初次统计表、课件、新闻、拍摄的图片、录制的谈话、摄制的影像片段、资料汇编等。

二次信息资源是指在一次信息资源基础上，进行加工整理和提炼压缩所得到的产物，如对一次信息进行编目、做摘要；或者组稿、深度报道；制作的游戏、影视动画和综合频道节目；合成的多媒体课件、分类广告等。

三次信息资源是用一定的方法对大量的信息资源进行智能化存储、序化、再加工而产生的系统化、平台式成果，如建立新闻信息数据库、节目资源数据库、课程资源库、医疗信息库、信息搜索平台、商务交易平台等。

第二节　科技信息资源常用的几种类型

一、科技图书

图书是一种论章成册的公开出版发行物，是记录和保存知识、表达思想、传递信息的最古老、最主要的手段。它历史悠久，流传广泛，信息承载量大，便于存放、携带，影响深远，至今仍然是主要的文献类型。一般来讲，图书是指内容比较成熟、资料比较系统、有完整定型的装帧形式的出版物。

科技图书是一种重要的科技信息源，它大多是对已发表的科技成果、生产技术知识和经验的概括论述。科技图书的范围较广，主要包括：学术专著、参考工具书（手册、年鉴、百科全书、辞典、字典等）、教科书等。它往往以原始记录、档案、论文、研究报告、实验记录等为基本素材，内容比较成熟，系统性强，有利于读者从中获得系统的、全面的知识，是人们学习各学科的基础知识和查找各种事实、数据、资料来源与出处等知识的主要源泉。但图书出版周期较长，传递信息速度慢。

二、科技期刊

期刊（Periodicals），也称杂志（Journals 或 Magazine），是一种有固定名称、定期出版并计划无限期出版的连续出版物。与图书相比，期刊的历史只有300年左右，但它已成为各种文献中内容丰富、情报价值高的一种文献信息源，是当今人们传递信息、交流思想最基本的途径之一。

科技期刊的种类很多，包括学报、学刊、通报、普及性刊物、年报、进展、评论、译丛、研究、索引、目录等。科技期刊中的论文多数是一些原始发表的第一手材料，许多新的成果、观点往往首先在期刊上发表。科研人员一般都习惯阅读期刊，借以了解动态，掌握进展，开阔思路，吸取已有成果。

科技期刊在科技情报来源方面占有重要地位，占整个科技信息来源的65%~70%。它与专利文献、科技图书被视为科技文献的三大支柱，也是科技查新工作利用率最高的文献源。

科技期刊的特点是：每种期刊都有固定的名称和版式；有连续的出版序号；有专门的编辑机构编辑出版；与图书相比，它出版周期短、刊载速度快、数量大、内容较新颖、丰富。

三、科技报告

1. 概述

我国《科技报告编写规则》（GB/T 7713.3—2009）认为，科技报告是科学技术报告的简称，是用于描述科学或技术研究的过程、进展和结果，或描述一个科学或技术问题状态的文献。它的内容范围主要是尖端学科的重大课题，由国家主管部门组织较强的专家学者参加研究，代表一个国家有关专业的科研水平，研究报告是一种非常重要的信息源。

科技报告的历史可追溯到20世纪初。第二次世界大战期间，西方国家的科研活动，特别是那些与战争关系密切的领域的研究活动加强，由于保密的需要和纸张短缺，大量研究成果以内部报告的形式出现。当时美国的许多大学实验室和工业公司也与政府机构签订合同进行科学研究，并向主办机构提供科研进展报告。第二次世界大战结束时，美、英等国派往德、日等国的专家组获取了大量科技资料，然后整理成科技报告。

科技报告按储存方式可分为报告书、技术札记、论文、备忘录、通报、技术译文等；按报告所反映的研究进展程度可分为初步报告、进展报告、中间报告和终结报告；按流通范围可分为绝密报告、机密报告、秘密报告、非密报告、解密报告和非密限制发行报告。

科技报告的特点：①在形式上，每份报告自成一册，有连续编号，在版发行不规则，具有保密性和时间性；②在内容上，一般比较新颖、详尽、专深，结论来源于实践，数据、资料准确可靠；③在传递速度上，所报导的科研成果要比期刊论文快得多，情报价值高；④在流通范围上，具有保密性。大量科技报告都与政府的研究活动、高新技术有关，使用范围控制较严。

世界上较著名的科技报告系列有美国政府的四大报告（PB报告、AD报告、NASA报告、AEC/ERDA/DOE报告）、英国航空委员会（ARC）报告、英国原子能局（UKAEA）报告、法国原子能委员会（CEA）报告、德国航空研究所（DVR）报告、日本的原子能研究所报告、东京大学原子核研究所报告、三菱技术通报、苏联的科学技术总结和中国的科学技术研究成果报告等。

2. 美国四大报告

（1）PB报告。1945年6月，美国成立商务部出版局，负责整理、公布从第二次世界大战战败国获取的科技资料，并编号出版，号码前统一冠以"PB"字样。20世纪40年代的PB报告（10万号以前），主要为战败国的科技资料。50年代起（10万号以后），则主要是美国政府科研机构及其有关合同机构的科技报告。PB报告的内容绝大部分属科技领域，包括基础理论、生产技术、工艺、材料等。70年代以后，侧重于民用工程技术。1970—1975年，每年发表PB报告约8000件，至1978年总共发表约30万件。

（2）AD报告。凡美国国防部所属研究所及其合同户的技术报告均由当时的美国武装部队技术情报局（ASTIA）整理，并在规定的范围内发行。AD报告即为该情报局出版的文献。PB、AD报告的主要检索工具为美国《政府报告通报及索引》。

（3）NASA报告。美国国家航空与宇宙航行局拥有的研究机构产生的技术报告。主要内容为空气动力学、发动机及飞行器结构、材料、试验设备、飞行器的制导及测量仪器等。主要检索工具为《宇航科技报告》（STAR）。

（4）AEC/ERDA/DOE报告。1946年，美国建立原子能委员会（AEC），AEC报告即为该委员会所属单位及合同户编写的报告。1975年该委员会改名为能源研究与发展署（ERDA），AEC报告于1976年改称为ERDA报告。1977年，该署又改组扩大为美国能源部（DOE），1978年7月起，ERDA逐渐改为冠以DOE的科技报告，内容仍以原子能为重点。其主要检索工具为《核子科学文摘》，继之为《能源研究文摘》。

四、专利文献

1. 专利概述

专利（Patent）是由"Royal Letters Patent"一词演变而成的，原义为"皇家特许证书"，系指皇帝或王室颁发的一种公开的证书，通报授予某人某种特权。现代意义的专利是知识产权的一种，是从法律上保护知识创造发明的一种专有的权利。包含三层含义：一指专利法保护的发明，这是专利的核心；二指专利权；三指专利说明书等专利文献。

专利的种类包括：①发明专利：是国际上公认的应具备新颖性、创造性和实用性的新产品或新方法的发明。"发明"是对产品或方法或其改进所提出的新的技术方案，包括产品发明和方法发明。按发明权的归属，专利可分为职务发明与非职务发明。②实用新型专利：是对机器、设备、装置、器具等产品的形状、构造或其结合所提出的实用技术方案。其审查手续简单，保护期较短，主要涉及产品的功能。③外观设计专利：指产品的外形、图案、色彩或其结合作出的富有美感而又适于工业应用的新设计，只涉及产品的外表。

专利受国界与时间的限制。在一个国家授予的专利，只在该国家有效、受法律保护，如果想在其他国家受到保护，需要另行申请并批准；各国法律均规定了知识产权的保护期限，超过保护期自动失效，进入公共领域无偿使用。

各国的专利法不同，专利的种类也不尽相同。美国的专利分为发明专利、外观设计专利和植物专利。中国、日本、德国等国的专利分为发明专利、实用新型和外观设计专利。

不是所有的发明都可以取得专利权，各国对授予专利权的领域都有限制。在中国，不授予专利权的有：①科学发现；②智力活动的规则与方法；③用原子核变换方法获得的物质；④动、植物新品种；⑤疾病的诊断和治疗方法；⑥对面印刷品的图案、色彩或者二者的结合作出的主要起标识作用的设计。

2. 专利信息检索中的常见概念

1）专利信息中的几种"人"

申请人——对专利权提出申请的单位或个人。关于申请和获得专利的权利归属问题，又分为职务发明创造和非职务发明创造。职务发明创造是指执行本单位的任务或者主要是利用本单位的物质技术条件所完成的发明创造，职务发明创造申请专利的权利属于该单位；申请被批准后，该单位为专利权人。非职务发明创造是指排除上述情况下完成的发明创造，非职务发明创造申请专利的权利属于发明人或者设计人；申请被批准后，该发明人或者设计人为专利权人。利用本单位的物质技术条件所完成的发明创造，单位与发明人或者设计人订有合同，对申请专利的权利和专利权的归属作出约定的，从其约定。

发明人（设计人）——完成发明创造的人。专利法上的发明人必须满足如下条件：第一，发明人必须是直接参加发明创造活动的人；第二，发明人必须是对发明创造的实质性特点有创造性贡献的人。

专利权人——对专利具有独占、使用、处置权的人。专利权人可以通过订立专利实施许可合同许可其他人使用其专利技术；专利权人还可以向其他人转让其专利技术。专利权人应当按时向专利局交纳年费，以维持其专利权的有效性。当有人提出宣告专利权无效的请求时，专利权人将作为被请求人出庭应诉；当专利局颁发强制许可或政府有关部门发放"计划许可"时，专利权人也将作为当事人参与该法律关系等。

代理人——代理人就是接受别人的委托为其办理申请专利的一切相关事务者。代理人主要是为委托人撰写专利申请文件以及为委托人办理专利申请程序中的一切事务，以及可能发生的关于专利权的诉讼。

2) 专利信息中的几种"号"

申请号（Application Number）——发明专利申请号，即专利行政部门收到发明或者实用新型专利申请的请求书、说明书（实用新型必须包括附图）和权利要求书，或者收到外观设计专利申请的请求书和外观设计的图片或者照片后，给予申请人的申请号就是专利申请号。

文件号——在公布专利申请或专利文件时为每件专利申请或专利编制的序号称为文件号。

公开号——申请专利的发明在公开时给予的号码，即为《发明专利申请公开说明书》的编号。

公告号——申请专利的发明在授予专利权并公告时给予的号码，即对《发明专利说明书》《实用新型专利说明书》的编号以及对公告的外观设计专利的编号。

专利号（Patent Number）——专利号是专利申请人被正式授予专利权时，在专利证书上反映出来的一种数据号码。

第一章 信息资源及其分布规律

国际专利分类号（IPC）——国际上公认的按专利文献的技术内容或主题进行分类的代码。

3）专利信息中的几种"日"

申请日——指申请人向专利机关提出申请的日期。

公开日——指专利部门收到发明专利申请后，经初步审查认为符合专利法要求的，自申请日起满18个月，即行公布的日子。可以根据申请人的请求早日公布。公开日是针对发明专利而言的，实用新型和外观设计没有公开日。

公告日——授权公告日是指专利部门作出授予专利权的决定，发给专利证书，同时予以登记和公告的日子。专利权自公告之日起生效。

优先权日（Priority Date）——依照《保护工业产权的巴黎公约》之规定，专利申请人就同一项发明在一个缔约国提出申请之后，在规定的期限内（12个月）又向其他缔约国提出申请，申请人有权要求以第一次申请日期作为后来提出申请的日期，这一申请日就是优先权日。

3. 专利文献及其特点

专利文献是实行专利制度的国家及国际性专利组织在审批专利过程中产生的官方文件及其出版物的总称。从广义上讲，专利文献包括专利说明书、专利公报、专利检索工具、专利分类表以及其他与专利有关的法律文件及诉讼资料等。从狭义上讲，专利文献就是专利说明书，是专利申请人向专利局递交的说明发明创造内容及指明专利权利要求的书面文件，既是技术性文献，又是法律性文件。

专利文献的特点：

（1）内容广泛、详尽、新颖实用、先进。如根据专利文献所报道的优先权日期、发明人及专利所有者的名称、研究单位的地址，将技术发展与工业结构联系起来，了解国外工业生产的水平。

（2）统一的出版形式，出版及时迅速，分类标引标准化，文字严谨。按月或半月、旬、周定期出版专利公报、报导新公布（公开、公告、授权等）的专利申请或专利目录、文摘索引。

（3）集技术、法律、经济信息为一体。每一件专利说明书都记载着解决一项技术课题的新方案,包含发明的所有权、权利要求的有效期、地域性等法律信息以及市场、产品信息。

(4)局限性。各国专利法几乎都规定一项发明申请一件专利的单一性原则,但单件文献有时只能解决局部问题,如果要了解某项产品或某项技术,就必须查阅该项目涉及的各个环节的专利说明书。

五、标准文献

1. 标准的含义

标准是对重复性事物和概念所作的统一规定,它以科学、技术和实践经验的综合成果为基础,按照规定程序编制并经过一个公认的权威机构(主管部门)批准,以特定形式发布,供一定范围内广泛使用,作为共同遵守的准则和依据(GB 3935.1－83)。

标准的新陈代谢非常频繁。随着经济条件与技术水平的不断提高,标准必须不断地进行修改或补充,以满足现时的要求。

2. 标准的种类

(1)按使用范围,可以划分为国际标准、区域标准、国家标准、部门标准和基础标准。

国际标准,指国际间通用的标准,如ISO、IEC标准等。

区域标准,指世界上某一地区通过的标准,如"全欧标准"等。

国家标准,由国家标准化机构批准颁布的标准,我国的国家标准号是GB。

部门标准,由某个部门和企业单位等制定的适用于本部门的标准,如"部标准""企业标准"等。

基础标准,在一定范围内,普遍使用或具有指导意义的标准。

(2)按内容及性质,可以划分为技术标准和管理标准。

技术标准包括基础标准、产品标准、方法标准、安全与环境保护标准。

管理标准包括技术管理标准、生产组织标准、经济管理标准、行政管理标准、业务管理标准、工作标准。

(3)按成熟程度,可划分为正式标准和试行标准两类(或称作强制性标准和推荐性标准)。

3. 标准文献的含义

标准文献是指经公认的权威当局（一般指各国国家标准局）批准的，以文件形式固定下来的标准化工作成果。

标准文献，特别是产品标准，是收集产品信息的重要来源。通过这类文献，可以对产品的分类、品种等所作的统一规定有所了解，也可以知道对原材料的品种、规格、物理性能、化学成分、试验方法以及工艺、试验、分析、测定、检验、验收等的规则和方法所作的规定。

4. 标准文献的特点

（1）由各国主管标准化工作的权威机构（如标准局、技术监督局、标准协会等）主持制定和颁发。有生效、未生效、试制、失效等状态之分。

（2）时效性强，新陈代谢频繁，各种标准都将随着科学技术的发展而不断地修订和补充。

（3）数量多、篇幅小、文字简练，一般只有两三页，内容完整，通常一件标准只解决一个问题，适合于直接应用。

（4）采用专门的技术分类体系。

（5）主要靠专门的工具——标准目录查找技术标准。

六、学位论文

1. 学位论文的含义及历史

学位论文是高等院校或研究机构的学生为获得学位资格而提交并通过答辩委员会认可的学术性研究论文，是在学习和研究中参考大量文献、进行科学研究的基础上完成的。它是随着学位制度的实施而产生的。英国习惯称之为Thesis，美国则称之为Dissertation。

学位制度起源于中世纪的欧洲。1180年巴黎大学授予第一批神学博士学位。学位论文答辩制度是由德语国家首创的，以后各国相继效仿。凡经答辩通过的学位论文，一般都是具有独创性的研究成果，能显示论文作者的专业研究能力。由于各国教育制度规定授予学位的级别不同，学位论文也相应有学士学位论文、硕士（或副博士）学位论文、博士学位论文之分，其中博士学位论文具有较高的学术价值。20世纪中后期，世界上每年产生的博士和硕士学位论文约10万篇。学位论文除少数在答辩通过后发表或出版外，多数不公开发行，只有一份复本被保存在授予学位的大学的图书馆中以供阅览和复制服务。

2. 学位论文的类型

（1）根据所申请的学位不同，可分为学士论文、硕士论文、博士论文三种

学士论文是合格的本科毕业生撰写的论文。它应反映出作者能够准确地掌握大学阶段所学的专业基础知识、基本学会综合运用所学知识进行科学研究的方法，对所研究的题目有一定的心得体会，论文题目的范围不宜过宽，一般选择本学科某一重要问题的一个侧面或一个难点。硕士论文是攻读硕士学位研究生所撰写的论文。它应能反映出作者广泛而深入地掌握专业基础知识，具有独立进行科研的能力，对所研究的题目有新的独立见解，论文具有一定的深度和较好的科学价值，对本专业学术水平的提高有积极作用。博士论文是攻读博士学位研究生所撰写的论文。它要求作者在博士生导师的指导下，能够自己选择潜在的研究方向，开辟新的研究领域，掌握相当渊博的本学科有关领域的知识，具有相当熟练的科学研究能力，对本学科能够提供创造性的见解，论文具有较高的学术价值，对学科的发展具有重要的推动作用。

（2）根据研究方法不同，学位论文可分为理论型、实验型、描述型三类

理论型论文运用的研究方法是理论证明、理论分析、数学推理，用这些研究方法获得科研成果；实验型论文运用实验方法，进行实验研究获得科研成果；描述型论文运用描述、比较、说明方法，对新发现的事物或现象进行研究而获得科研成果。

（3）按照研究领域不同，学位论文又可分为人文科学学术论文、自然科学学术论文与工程技术学术论文两大类

这两类论文的文本结构具有共性，而且均具有长期使用和参考的价值。

3. 学位论文的特点

（1）探讨问题比较专一，对问题的阐述比较详细和系统，对其所进行研究的学科专业的背景有所回顾，在参考文献方面搜集得比较齐全，具有科研论文的科学性、学术性、新颖性，特别是博士、硕士论文因为能反映某一学科当前

水平而成为科学研究的重要学术信息源。

（2）学位论文不公开出版，一般以打印本的形式存储在规定的收藏地点，且每篇论文打印的数量也有限，因此收藏、查阅学位论文原文比较困难。

4. 学位论文的文献价值

（1）较高价值的一次文献：写作不受篇幅限制，论述详尽，从研究背景、技术线路、实验方法到数据获取、分析结论论述翔实。

（2）珍贵的信息资源价值：能集中反映所在单位的科研领域、学术活动、研究进展和最新成果，论文的使用者可以跟踪名校导师的科研进程。

（3）综述性二次文献：对相应研究领域有系统深入的讨论，拥有详尽的参考文献，可得到课题研究现状综述。

（4）写作技巧的启发蓝本：通过对学位论文的阅读，可大致梳理出作者的写作思路和研究方法，学习学位论文的写作方法。

七、会议文献

1. 学术会议及会议文献的含义

学术会议（Sci-Tech Conference）是指各种学会、协会、研究机构、学术组织等主持举办的各种研讨会、学术讨论会等与学术相关的会议，是科技信息交流的主要场所。学科领域中的最新发现、发明等重大事件经常在学术会议上首次报道。随着科学技术的发展、交流活动的日益频繁，科技会议的数量也在不断增加。据有关统计，全世界每年召开的重大科技会议约1万个，正式发行的专业会议文献有5000多种。就其性质而言，科技会议有全体会议（General assembly）、代表大会（Convention）、学术讨论会、报告会（Symposium, Colloquium）、专题研讨会（Seminar）、研讨班（Workshop）等。

会议文献是指各种科学技术会议上所发表的论文、报告稿、讲演稿等与会议有关的文献。会议文献是报道科学技术研究成果的一种主要形式。会议文献专业性和针对性强、内容新颖、论题集中、传递信息迅速、出版发行方式灵活，往往代表某一学科或专业领域内最新学术研究成果，基本上反映了该学科或专业的学术水平、研究动态和发展趋势，是科技查新中十分重要的信息资源，其利用率仅次于科技期刊。

2. 会议文献的类型

会议文献出版形式多样，按出版发行的时间先后可分为会前文献、会间文献、会后文献三种。

(1) 会前文献（Pre-conference literature），是指在会议前预先印发、出版的会议资料，主要包括以下三种。

会议论文预印本（Preprint Advance Conference Paper，简称 Paper），它是会上即将宣读的论文的全文，一般在会议前3~5周出版，在开会前分发给与会者。预印本比会后正式出版的会议录要早得多，但内容不够精确、成熟。大多数预印本出单行本，有连续性编号。约有50%的会议只出版会议预印本。

会议论文摘要（Advance Abstract），是会议论文文摘的汇集。

会议预告（Forthcoming Conference），预告将要召开的会议，包括会名、会址、会期、使用语言、截稿日期等信息。

(2) 会间文献，是那些开会期间发给与会者的文献，包括开幕词、闭幕词、演讲稿、讨论记录、会议决议、行政事务和情况报道信息等会议资料。

(3) 会后文献（Post-conference literature），是指会议结束后，经会议主办单位等机构正式出版的会议论文集（Colloquium Papers，Papers，Records），也称会议录（Proceedings）、会议出版物（Publications）、会议论文汇编（Transactions）、会议摘要（Digest）等。

3. 会议文献的特点

会议文献主要以图书和期刊方式出版，部分会议文献也编入科技报告。会议论文集一般都采用图书出版形式。会议常有届次，因此就有定期或不定期出版的连续性出版物。这些图书通常以会议名称作为书名或副书名，并按会议届次编号。会后文献有不少发表在有关学会的期刊上，有些学会,如IEEE等出版有固定的期刊，专用来刊登科技会议论文，有的以汇刊（Transaction）命名。另外，还有不少期刊通过出版专辑（Special Series）或增刊（Supplement Series）来报道有关会议的重要文献。期刊的报道速度比图书快，但内容不如图书形式的会议录集中、系统和完整，但从期刊来检索会议论文不失为一种方法，有 2/5 的会议论文会出版在期刊上。

4. 会议文献的检索途径

根据会议文献自身的特点，用户在使用会议检索类工具时，主要通过以下两种途径来检索：一是直接根据会议文献的特征检索某篇会议论文，常用的检索途径包括论文题名、关键词、摘要、作者、分类号、会议名称、主办单位、会议时间、会议地点、出版单位等；二是通过某届会议的举办特征检索这届会议上的相关信息和文献，通常使用分类号、会议名称、主办单位、会议时间、会议地点、出版单位等特征信息进行检索。

会议名称、主办单位、会议时间、会议地点、出版单位等检索入口，要求用户对会议的举办及会议文献的出版事项比较了解。一般来说，如果关注某些学术会议，会了解一些关于会议的举办及出版事项，使用这些字段也会得心应手。需要注意的是："主办单位"和"出版单位"不一定是一个单位。若用户对这些事项不了解，又想检索关于某学科方向的会议论文时，建议使用论文题名、关键词、摘要、作者、分类号等入口。

八、政府出版物

1. 政府出版物的含义及历史

政府出版物是由政府机构制作出版或由政府机构编辑并授权指定出版的文献。它的内容几乎无所不包，涉及人类生活的各个领域，但重点主要在经济学、社会学、财政、工业、统计、教育和历史等方面。

政府出版物最早的法律记载见于美国第 29 届国会在 1847 年 3 月通过的法律，当时规定凡由国会两院中任何一院决定出版、购买或通过其他途径获得的出版物都可称为政府出版物。1962 年美国政府又规定，"政府出版物"这一名称表示"由政府出资或根据法律需要作为一个单独文献出版的情报资料"。联合国教科文组织对其下的定义是，"根据国家机关的命令，并由国家负担经费而出版的一切记录、图书、刊物等，均称政府出版物"。该定义内容较为宽泛，包容性较强。

2. 政府出版物的类型

根据出版方式主要有两种：一种是行政性文献（包括宪法、司法文献），主要涉及政府法律、经济方面的会议记录、议案、决议、司法资料、听政记录、法令、规章制度等；另一种是科学技术文献，主要指政府部门出版的科技报告、标准、专利文献、科技政策文献、公开后的科技档案、经济规划、气象资料等。后者占政府文献的30%~40%。随着科学技术的迅速发展，各国政府出版物日趋增多。据不完全统计，美、英、日、法等国的政府出版物每年达数万种。政府出版物在科学研究中具有独特的作用，对于了解各国的政治、经济、科技政策和科技发展的情况有较好的参考价值。

3. 政府出版物的特点

（1）内容广泛，可靠真实。政府出版物涉及社会科学和自然科学许多领域，尤其是经济、管理和统计方面，文献涉及国家宏观和微观管理的有关政策、方针、计划、发展战略、进展预测等方面，内容可靠真实，具有权威性。

（2）数量较大，反映及时。以美国政府出版物为例，每年收录在《美国政府出版物每月目录》中的文献达3万种以上，而且不是美国政府出版物的全部，不包括法案、专利和保密资料等。由于政府出版物反映官方的意志，因此出版迅速、反映及时、宣传广泛。

（3）出版形式与载体多样。常见的政府出版物有报告、通报、文件汇编、会议录、统计数据、地图集、官员名录、政府工作手册、政府机关指南等。它们除了以传统的印刷型的图书、连续出版物、小册子形式出现外，还以各种载体的非书资料形式出版，如数字出版形式。

（4）价格低廉，重复较大。政府出版物纯属工作性文献，不为赢利，不计成本，有些甚至免费供应，所以搜集成本较低。有些文献在列入政府出版物前，已经由相关机构出版过，因而重复现象较多，选择时要多加注意。

九、档案文献

1. 档案文献的含义

档案文献是国家机构、社会组织以及个人的政治、军事、经济、科学、技术、文化、宗教等活动直接形成的具有保存价值的各种文字、图表、声像等不同形式的历史记录，是完成了传达、执行、使用或记录现行使命而备留查考的文件材料。档案以其记录性和原始性于一体的特点而区别于遗物，又因其可靠性和稀有性而区别于一次文献，这就使相当一部分档案在一定时间内是受到保护的，在利用上有特殊的要求和价值。

2. 档案文献的特点

（1）内容的原生性。档案应是人们在社会实践活动中直接产生和形成的，既不是有意写给后人看的，也不是事后编写的，它真实地记载着社会实践活动中所留下的一切信息和痕迹。

（2）历史性。档案信息是一种原始记录，是人们在社会实践活动完成之后才整理归档。正在进行的活动记录，不能成为档案，其内容也是过去活动的记载，因此，它是一种历史的遗留物和记载物。

（3）确定性。档案的信息内容是确定的，不会产生歧义。如结绳、刻契中的结和道，可以代表牛，也可以代表羊，没有确定的意义，其确切的含义需要特定的人进行解答，因此，不能视作档案信息。

（4）知识性。档案信息的留存应是前人经验和知识的积累，能帮助后人深化对自然和社会的认识，从而促进人类文明的发展。

十、其他

1. 报纸

报纸主要刊登新闻，是出版周期最短的定期连续出版物。它以时事政治、经济现实新闻为主，并兼容其他内容，具有宣传、报道、评论、教育、参考、咨询等多种社会职能。它的特点有及时性、内容丰富以及能体现信息传播的连续性和完整性。

报纸有日报、双日报、三日报、周报、旬报等不同出版周期的形式；有综合性、专业性不同内容形式；有不同行业、不同学科、不同单位、不同对象等方式。

2. 产品样本

产品样本是生产厂商为宣传其企业形象、展示推销其产品而制作的一种商业资料。产品样本一般图文并茂，主要介绍产品与厂家概况，具有产品与生产设备或部件的实物照片、产品技术参数、产品外形尺寸图，有的还有技术测试图表与曲线、检测报告、结构图、装配程序图、线路图、产品专利号、国内外权威机构认证证书等，配以简要的产品用途、性能、使用说明等文字介绍，使产品的技术内涵和技术信息以及厂家情况得以直观、简要地展现。

按照产品样本文献所记载的信息内容，可划分为：①产品样本。主要介绍产品的品种、样式、规格、型号、商标、等级、性能、质量和各种技术数据，有些还提供了产品的标准、专利号、设计手册和报价单等。它们是获取产品情报信息的最主要的资料，其价值最高，数量也最多。②产品说明书。较好的产品说明书一般含有产品图片、相关数据表格等，对产品的构造、性能、规格尺寸、安装及操作程序、维修办法等均有较详细的介绍，是获取产品情报信息的另一主要资料，多随产品一起提供给用户。③产品目录。只介绍产品名称、型号、性能、用途和主要技术数据，一般不附图和照片。④企业名录。主要介绍生产厂家、企业或公司的概况，其内容包括母公司和子公司名称、地址、电话、发展简史、组织机构、固定资产、业务范围、主要产品、人员资金、销售和服务网点以及服务项目等。⑤广告资料。以宣传、评价公司企业形象及产品为主，技术数据资料含量较少，广告占有较大篇幅，但大多含有产品图片及简单说明，也可以算是一种不太严谨的产品样本资料。

第三节 信息资源的时间分布规律

一、文献信息的增长规律及其数学描述

在文献信息计量学中，通常把文献所含信息（情报）的汇流称为文献信息流。文献信息流具有许多特性，归纳起来主要有两个方面：文献信息流的静态特性和动态特性。文献信息的动态特性是指科学文献或其特征信息随时间的延续而增长和老化的性质。科学文献既增长又老化，在老化之中不断增长，增长是文献信息流的主要趋势。因此，科学文献的增长规律及其应用一直是图书情报界长期关注的重要问题之一。

1. 指数增长规律（普赖斯曲线）

1949年，著名的文献计量学家德里克·普赖斯（Derek de Solla Price）发

现：一叠叠（10年一叠）的《哲学汇刊》靠墙竟堆成了一条完美的指数曲线。次年，他发表了第一篇有关"指数增长"的研究论文。1959年他在耶鲁大学作了"科学指数增长"等问题的系列讲座，其演讲集于1961年正式出版，定名为《巴比伦以来的科学》。普赖斯在书中指出：从1750年起，科学期刊的数量约每50年增长10倍。同时，他又对《化学文摘》《生物学文摘》和《物理学文摘》等几十种文摘杂志中的期刊和论文数量的增长特点进行了统计与研究，也发现了"按指数增长的规律"。因此，普赖斯得出结论：似乎没有理由怀疑任何正常的、日益增长的科学领域内的文献是按指数增加的，每隔10~15年时间增加一倍，每年增长5%~7%。而且，他以科学文献量为纵轴，以历史年代为横轴，把各个不同年代的文献量在坐标图上逐点描绘出来，然后以一光滑曲线连接各点，十分近似地表征了科学文献随时间增长的指数规律，这就是著名的"普赖斯指数增长曲线"（见图1-1）。通过对曲线的分析研究，普赖斯最先注意到科学文献增长与时间成指数函数关系。如果用 $F(t)$ 表示时刻 t 的文献量，则指数定律可表示为下式：

$$F(t) = ae^{bt} \quad (a>0, b>0) \tag{1-1}$$

式中：t 为时间，以年为单位；a 为条件常数，即统计的初始时刻（$t=0$）时刻的文献量；e 为自然对数的底，即2.718；b 为时间常数，即持续增长率。

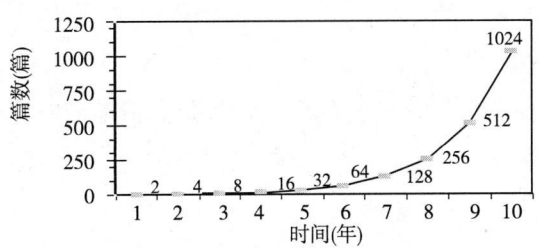

图1-1 普赖斯指数增长曲线

2. 逻辑增长规律（逻辑曲线）

早在1963年，普赖斯在其名著《小科学、大科学》一书中，就论述了"科学文献和科研人员的指数增长定律和逻辑增长规律"，并认为"指数型规律终将成为逻辑型"。苏联科学家纳里莫夫在研究科学文献增长规律时，发现文献的增长是分阶段的，每一阶段的增长模式并不相同。他和符莱杜茨在进行大量研究后认为，科学文献开始要经过一个急剧增长的过程，随后增长速度减缓，指数增长过程变为逻辑曲线增长过程。同时，考虑到物质条件、经济来源以及作者智力等方面的因素对科学文献增长速度的影响，在具体的文献统计研究基础上，提出了著名的文献按逻辑曲线增长的理论和模型，作为对指数增长规律的补充和修正（见图1-2），其数学表达式为

$$F(t) = k / (1 + ae^{-bt}) \quad (b > 0) \quad (1-2)$$

式中：a、b 均为大于为 0 的常数；t 为时间（年）；$F(t)$ 为 t 年文献累积量；k 为文献增长最大值。

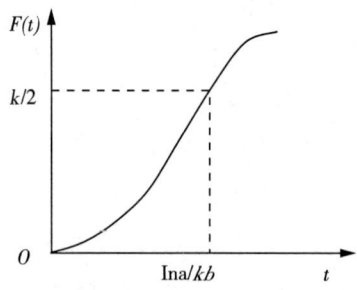

图1-2 逻辑增长曲线

从这一公式出发，可以描绘出"科学文献的逻辑增长曲线"。这是一条关于拐点对称的所谓对称逻辑曲线，呈S型。从曲线图形来看，在科学文献增长的初始阶段，它是符合指数增长规律的，但指数值随着时间 t 的变化而变化，不能始终保持指数增长的势头。当文献增长量增至最大值的一半时，其增长率开始变小，最后缓慢增长，并趋近一个极限（最大）值 k。

二、科技文献老化及其数学描述

1. 文献老化的概念及表现形式

文献老化（Obsolescence）这一概念是由美国学者 Gosnell 于 1943 年最先提出来的，是指文献随着时间的推移其内容日益变得陈旧过时，利用价值逐渐衰减的现象，在量的方面表现为文献随着出版年龄的增长其被引用频次逐渐减少。

文献老化既是一种客观的社会现象，又是一个复杂的动态过程。从文献利用的角度来看，文献老化的表现形式主要有以下几种。

（1）文献中所含的情报已失效

文献的情报内容被以后的文献证明是不准确、不可靠的，甚至是错误的。这种情报内容失效的文献，已失去读者或用户利用的价值，逐渐被淘汰。

（2）文献中的情报已包含在其他著作中

文献的情报内容是正确的，但已进入了更广泛的社会交流领域，如已编入教科书的科学公理、定律、定理、公式等，人们已对其普遍接受而不需要再使用原来的文献。

（3）被更新的文献所代替

文献的情报内容是正确的，但被更新的、内容更全面的新文献所代替，因而随着时间的推移也渐渐地被读者或用户所淡忘而很少利用了。

（4）研究兴趣下降所引起的文献利用的减少

文献的情报内容是正确的，但由于种种原因引起人们研究兴趣的下降或注意力的转移，因而有关文献不再被读者或用户所利用了。

2. 文献老化的量度指标

为了衡量文献的老化速度和程度，定量地揭示其老化规律，人们从不同的角度进行了研究，提出了一些量度指标。目前，较常使用的量度指标主要有以下三种。

1）半衰期

美国文献学家J.D.贝尔纳以及美国图书馆学家R.E.伯顿和R.W.基布勒，分别于1958年和1960年提出了文献老化的"半衰期"概念，作为衡量已发表文献的老化程度的指标。所谓文献的"半衰期"，是指某学科领域现在尚在利用的全部文献中的一半（较新的一半）是在多长一段时间内发表或出版的。这与该学科一半文献的失效所经历的时间大体相当。例如，若计算出某一学科文献的"半衰期"是4.6年，那就意味着该学科现在正被使用的全部文献的一半是在最近4.6年内发表或出版的；同时，也意味着该学科文献一半失效的时间是4.6年。

不同的学科，其文献半衰期往往不同；同一学科因采用判断文献"利用"的标准不同，所得出的文献半衰期也往往不同。如以文献是否被引用及引用次数作为衡量利用的标准，或以文献在图书馆或情报机构里是否被借阅及借阅次数作为衡量利用的标准所得出的文献半衰期是不同的。

需要注意的是，文献的"半衰期"不是针对个别文献或某一组文献的，而是针对某一学科或专业领域的文献总和而言的。

2）普赖斯指数

1971年，D.普赖斯提出了一个衡量各个知识领域文献老化的数量指标，也就是后人所说的"普赖斯指数"。即在某一知识领域内，把年限不超过5年的文献引文数量与引文总量之比作为指数，用以量度文献老化的速度和程度。一般来讲，某一学科领域文献的普赖斯指数越大，其半衰期就越短，其文献老化的速度也就越快。

对文献按年代被引用的次数进行分析，可以得到某一学科门类或某一学科领域的文献老化速度的可靠指标。如果用纵坐标表示现在正被利用（引用）文献的被引量，横坐标表示时间，则可以绘制出的文献老化曲线（见图1-3），其数学表达式为

$$C(t) = ke^{-at} \quad (1-3)$$

式中：$C(t)$为表示发表了t年的文献的被引用次数；k为常数，因学科不同而变化；a为老化率。

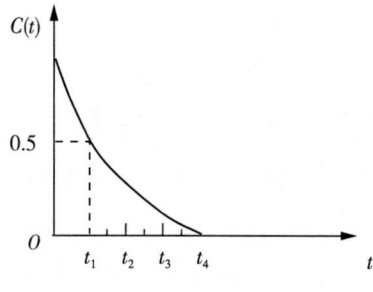

图1-3 文献老化曲线

普赖斯指数和文献半衰期是两个既有联系又有区别的衡量文献老化的指标。它们都是从文献被利用的角度出发，但以不同的方式来反映文献老化的情

况。文献半衰期只能笼统地衡量某一学科领域全部文献的老化情况，而普赖斯指数既可用于衡量某一领域全部文献的老化情况，也可用于衡量某种期刊、某一机构甚至某一作者和某篇文章的老化情况。

3) 剩余有益性指标

1970年，英国的B.C.布鲁克斯引进期刊有益性的概念，用期刊的剩余有益性作为评价其老化的指标。某一年份的某一期刊被用户利用的文章数称为期刊有益性，经过若干年后，期刊还保留着的有益性，即剩余有益性，是期刊老化程度的一种量度。采用期刊剩余有益性指标衡量老化程度时，假定了所收录的每一种期刊的有益性是以相同的速度减少的，并且只有对于满足一定类型和内容的情报需要的具体期刊来说，才是适用的。

需要说明的是，上述三种衡量文献老化的指标都是在文献引用分析的基础上确定的，都只是对实际情况的一种理想化的概略性的量度，都有其不合理的成分，人们仍需继续研究、探索、评价文献老化的更准确的量度指标。

3. 文献老化的影响因素

（1）文献的增长。新知识不断涌现，知识更新加速。一般来讲，文献增长越快，文献的老化也相应加快。

（2）学科的差异。新兴学科领域的文献老化速度往往快于其他学科领域。

（3）学科发展阶段的差异。学科诞生和发展初期，由于原始文献较少，这时的学科文献会呈指数增长，文献的老化速率较快且半衰期较短。科学发展进入相对成熟阶段后，文献的增长速率变小且半衰期变长。

（4）文献的种类和性质。文献老化的速度不仅取决于文献的学科内容，而且还与文献的种类和性质有关。有研究表明，科学专著、理论性文献的半衰期较长。

（5）用户需求及情报环境。用户的文献需求特点及其所处的情报环境的质量，也是影响文献老化的一个不可忽视的因素。信息环境优良及需求旺盛的国家或地区，文献老化速度较快。

第四节 信息资源的空间分布规律

一、布拉德福文献分散定律

布拉德福定律是英国著名文献学家S.C.布拉德福（S.C.Bradford，1878—1948年）于1934年首先提出来的。它定量地揭示了科学论文在期刊中的集中与离散分布规律，是文献信息计量学的最基本的定律和最重要的组成部分，其研究具有重要的理论价值和现实意义。

1. 历史背景

在科学研究和文献工作中，布拉德福发现一个学科的论文分散在其他学科的期刊杂志上是很常见的，如有关控制论的论文会发表在神经科学的杂志上，有关遗传学方面的论文分散在农学杂志上等。为此，他进行了大量研究，试图从相关期刊所载论文的数量统计基础上推导出定量的结果。

虽然科学有不同学科之分，但它是一个整体，具有统一性。科学统一性原则是布拉德福定律产生的思想基础。布拉德福认为，按照科学具有统一性的原则，科学技术的每一个学科都或多或少、或远或近地与其他任何一个学科相关联。因此才会有一个学科的文献出现在另一个学科的期刊之中这种现象，这一点是布拉德福认识文献分散规律的重要基础。

布拉德福还认为总是会有若干期刊，它们的内容与某个学科更近些；而也会有数量更多的期刊，它们的内容离这个学科更远些。专门面向某个学科的核心期刊，包含了该学科大量内容，但期刊数量上最少，其论述该学科的论文数量一定会多于论述有关其他学科的论文。据此，布拉德福产生了将期刊划分为几个区域的想法。他的方法是按照期刊登载有关某个学科论文载文率的高低来划分区域，每个区域中的期刊数量随着该区域期刊载文率的减少而增多。

2. 布拉德福定律及其发展

布拉德福将文献的集中——分散规律表述为："如果将科学期刊按其登载某个学科的论文数量的大小，以递减顺序排列，那么可以把期刊分为专门面向这个学科的核心区和包含着与核心区同等数量论文的几个区。这时，核心区与相继各区的期刊数量成 $1:a:a^2\cdots$ 的关系。"布拉德福定律的结论是建立在将等级排列的期刊进行区域分析的方法之上的。如果将一定时间内（通常一年）按某学科载文量等级排列的期刊划分三个区，使每一个区所包含的相关论文数量相等，即恰好等于全部期刊发表的该学科论文总数的 1/3，那么可以发现，第一区（核心区）所涉及的论文来自数量不多但效率最高的 n_1 种期刊；第二区（相关区）包括数量较大、效率中等的 n_2 种期刊；第三区（外围区）包括数量最大而效率很低的 n_3 种期刊。那么，三个区中的期刊数量成下列关系：$n_1:n_2:n_3=1:a:a^2$（$a>1$）。其中，a 为布拉德福常数，或称比例系数。

自布拉德福定律提出后，许多学者从不同角度进行了广泛的验证和深入研究，并不断取得新的进展。

早在 1948 年，维克利（B.C.Vickery）就仔细研究了文献的分布规律，推广和修正了布拉德福定律，使之更加精确、更具有普遍意义，为布拉德福定律的完善和传播作出了重要贡献。维克利认为布拉德福分布是一条曲线，而不是直线；布拉德福定律是由其文字描述和图像描述两部分组成的，前者描述其理论，后者则描述了它的观测数据和轨迹；并最早把布拉德福定律推广到更一般的情形，不只局限于划分为三个区，而同样适用于三个区以上的情形，即与选取区域的数量无关，但分区不同，比例系数则要相应地变化。

1968 年，英国的情报学家布鲁克斯（Brookes）用数学表达式对布拉德福定律进行了较为严格的界定，创造性地提出用下列两个部分组成的数学表达式来描述布拉德福定律，即

$$R(n)=\alpha n\beta \quad (1\leqslant n<C) \tag{1-4}$$

$$R(n)=K\log(n/s) \quad (C\leqslant n\leqslant N) \tag{1-5}$$

式中：$R(n)$ 为对应于 n 的相关论文累积数；n 为期刊等级排列的序号（级数）；α 为载文量最高的期刊中相关论文数，即 $R(1)$；C 为核心区的期刊数，即曲线进入光滑直线部分的交点的 n 值；N 为等级排列的期刊总数；β 为参数，与核心区的期刊数量有关，大小等于分布图中曲线部分的曲率，且 β 小于 1；K 为参数，等于分散曲线中直线部分的斜率，可用实验方法求得，当 N 足够大时，$K\approx N$；s 为参数，其数值等于图形直线部分反向延伸与横轴交

点的n值。

上述两个方程分别表示图像的曲线部分和直线部分（见图1-4）。布鲁克斯等人发现，随着学科范围的扩大，s值也增大，且与学科发展阶段有关。因此，s可作为比较学科幅度和成熟程度的参考依据。同时，c值与s值相关。布鲁克斯对布拉德福定律的数学公式描述亦称为布拉德福定律的图形表述形式。这一公式的提出，不仅使布拉德福定律理论上趋于完善，而且为其实际应用铺平了道路，大大促进了它在实际工作中的推广应用。

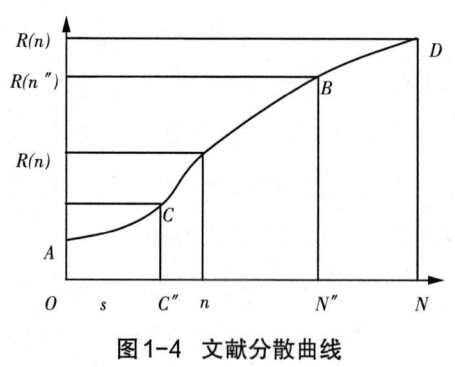

图1-4 文献分散曲线

二、布拉德福定律的应用

1. 确定核心期刊

利用布拉德福定律可以指导人们工作和学习。选择核心期刊时，可以直接仿照布拉德福的方法进行。近年来，这种应用已被广泛地运用到各个学科的期刊文献工作中。

2. 用于文献检索

利用布拉德福定律的数学公式，不仅可以预测完全检索n种期刊的论文总数，而且还可以通过计算来评价文献检索的效率。

3. 考察专著的分布

这是通过统计分析各个出版社关于某个学科或专业的专著出版情况，掌握其专著的基本分布，从而确定这个学科的"核心出版社"。

4. 维护动态馆藏

文献服务部门可运用布拉德福定律测定核心区的信息量，避免只凭经验盲目选择的混乱状态，能使馆藏更加合理化。

5. 测定检索工具的完整性

运用布拉德福定律求出期刊总数 N 和论文总数 $R(n)$，然后用实际收集到的期刊总数和论文总数分别除以上述理论数值，即可评价某一特定学科的检索工具的完整性；

6. 比较学科幅度

根据布拉德福定律，对不同学科的期刊和论文数量进行分析，能得到大小不同的核心区和 s 值。对不同核心区和 s 值进行比较，就可看出学科之间的差别。

7. 指导读者利用重点文献

运用布拉德福定律推荐读者阅读"核心期刊"里的文献，可节省读者的时间，大大提高读者利用期刊的效率。

8. 指导期刊订购工作

利用布拉德福定律可以确定某一学科的"核心期刊"，从而可以确定哪些期刊必须订购，哪些期刊可以有选择地订购，避免选刊不全和经费浪费。

第二章 信息检索基本理论

第一节 信息检索基本原理

一、信息检索的含义与原理

1. 信息检索的含义

信息检索,简单地说就是信息的有序化识别和查找。广义的信息检索是指将信息按一定的方式组织、存储起来,并根据信息用户的需要找出有关信息的过程,包括信息的存储和检索两个过程;而狭义的信息检索仅指有序化信息的检索查找。通常人们所说的信息检索是指后一过程,即信息查找过程,也就是狭义的信息检索(Information Search)。

2. 信息检索的原理

从一般意义上讲,信息检索的过程就是一种信息搜寻的过程,这是一种广泛的社会活动,比如考古学家的实地考察过程、论文撰写过程中的资料收集过程等都是一种信息搜寻的过程。信息检索的原理,就是将检索者的检索提问标识与存储在检索工具中的信息特征标识进行相符性比较,凡是信息特征标识与检索提问标识相一致或者信息特征标识包含着检索提问的标识,则具有该特征的信息就从检索工具中输出,输出的信息就是初步命中检索所需的信息。即从已存储的信息资源中检索出与用户提问相关的文献、知识、事实、数据的逻辑运算和技术操作过程的总和。

信息检索的全过程包括存储和检索两个过程。存储过程主要是利用检索语言对文献进行标引,形成文献特征标识并输入检索工具,为检索提供有规律的检索途径;检索过程主要是利用检索语言对检索提问进行标引,形成检索提问标识,再按照存储所提供的检索途径,将检索提问标识与文献特征标识进行比较，两标识相符或基本相符的则命中检索结果。由此可见，检索过程实际上是存储过程的逆过程。因此，检索者只有在全面了解了存储者是怎样把文献存入到检索工具中去以后，才能知道应该怎样从检索工具中把所需要的信息检索出来。

二、信息检索的发展历史

信息检索源于图书馆的参考咨询和文摘索引工作，从19世纪下半叶开始发展，至20世纪40年代，索引和检索已成为图书馆独立工具和用户服务项目。随着1946年世界上第一台计算机的问世，计算机技术逐步走进信息检索领域，并与信息检索理论紧密结合起来，脱机批量情报检索系统、联机实时情报检索系统相继研制成功并商业化，20世纪60年代到80年代，在信息处理技术、通信技术、计算机和数据库技术的推动下，信息检索在教育、军事和商业等各个领域获得快速发展，得到了广泛利用。

伴随着计算机进入多媒体时代，信息科技也步入了多媒体发展时期。手工检索靠手翻、眼看、大脑判断的检索方式已难以全面适应当今信息的发展，计算机信息检索必然提到了应用与发展阶段，以Internet为代表的全球化网络的实际应用更进一步推动了这一发展，这既是对手工检索的扩展，也是时代的需要。信息检索的研究则是伴随着科学技术的发展和信息数量的剧增而兴起的研究领域，其研究范围包括信息检索理论、信息检索语言、信息检索系统的构建与评价、信息检索技术与方法等。就信息检索的发展来说，主要包括以下阶段。

1. 手工检索阶段

信息检索源于参考咨询和文摘索引工作。较正式的参考咨询工作是由美国公共图书馆和大专院校图书馆于19世纪下半叶发展起来的。到20世纪40年代，咨询工作的内容又进一步，包括事实性咨询、编目书目、文摘、进行专题文献检索，提供文献代译。"检索"从此成为一项独立的用户服务工作，并逐渐从单纯的经验工作向科学化方向发展。

2. 脱机批量处理检索阶段

1954年，美国海军机械试验中心使用IBM701型机，初步建成了计算机情报检索系统，这也预示着以计算机检索系统为代表的信息检索自动化时代的到来。

单纯的手工检索和机械检索都或多或少显露出各自的缺点，因此极有必要发展一种新型的信息检索方式。

3. 联机检索阶段

1965年美国系统发展公司研制成功ORBIT联机情报检索软件，开始了联机情报检索系统阶段。与此同时，美国洛克公司研制成功了著名的Dialog检索系统。20世纪70年代卫星通信技术、微型计算机以及数据库产生的同步发展，使用户得以冲破时间和空间的障碍，实现了国际联机检索。计算机检索技术从脱机阶段进入联机信息检索时期。远程实时检索多种数据库是联机检索的主要优点。联机检索是计算机、信息处理技术和现代通信技术三者的有机结合。

4. 网络化联机检索阶段

20世纪90年代是联机检索发展进步的一个重要转折时期。随着互联网的迅速发展及超文本技术的出现，基于客户/服务器的检索软件的开发，实现了将原来的主机系统转移到服务器上，使客户/服务器联机检索模式开始取代以往的终端/主机结构，联机检索进入了一个崭新的时期。

三、信息检索类型

1. 根据检索对象的不同来划分

信息检索可以分为事实检索、数据检索、文献检索三种。进行事实检索所得到的检索结果是事实结论。凡查询某一事物（事件）的性质、定义、原理以及发生的时间、地点、过程等，都属于事实检索的范畴；进行数据检索得到的检索结果是数据，以及有关计算公式、数据图表、化学分子式等都属于数据检索范畴；进行文献检索得到的最终结果是文献资料。凡是查找某一课题、某一著者、某一地域、某一事物的有关文献的出处和收藏单位等，均属于文献检索的范畴。例如，要系统地收集有关"信息资源共享"方面的文献资料，属于文献检索范畴。

2. 根据检索方式的不同来划分

信息检索可以分为直接检索、间接检索两种类型。

直接检索具有简便易行、易于掌握文献的实质内容的优点。但在目前文献数量庞大、高度分散的情况下，仅靠直接检索难以达到快速、准确、全面地查获所需要的信息，还要同时配以间接检索。

间接检索不仅可以提供广泛的信息源，加速检索过程，消除语言障碍，还可以使盲目的分散检索成为有目的的集中检索，从而大幅度提高效果。

3. 根据系统中信息的组织方式来划分

信息检索可划分为全文检索、超文本检索和超媒体检索。

全文检索是把文献中出现的每一个词（或字）都作为检索入口的、基于全文标引的检索过程和技术。在全文检索系统中，文献中任何有检索意义的词或字串都可被检索出来。全文检索主要分为两类：基于关键词匹配的精确检索和基于内容的概念检索。

超文本检索是因信息在系统中的组织方式不同而言的。从组织结构上看，超文本的基本组成元素是节点和节点间的逻辑连接链，每个节点中所存储的信息以及信息链被联系在一起，构成相互交叉的信息网络。

超媒体检索是对超文本检索的补充。其存储对象超出了文本范畴，融入了静态、动态图像以及声音等多种媒体信息。信息的存储结构从单维发展到多维，存储空间范围在不断扩大。

4. 根据操作方式的不同来划分

信息检索可以分为手工检索和计算机检索。

手工检索是利用以书本式和卡片式检索工具为基础的检索系统进行的信息检索，是一种基本的检索方法。它操作简便，反馈迅速，费用低廉，图书馆和文献收藏单位都有这种比较完整的检索工具可供利用，随时可以查找。手工检索的主要缺点是检索效率低，查全率低。

计算机检索是利用计算机系统进行信息的存储和检索的过程，简称机检。它产生的背景是信息资料的不断增长和人们检索要求的不断提高，尤其是计算机软件技术的不断发展。从工作方式来看，机检可分为脱机检索、联机检索、网络检索三大类。

四、信息检索的策略

检索策略有广义和狭义之分。从广义上说，检索策略是在充分分析课题内容实质的基础上，选择检索工具与检索途径、发掘检索点、确定检索词及其相互间的逻辑关系,直到给出检索顺序的最佳实施方案等一系列的科学措施。狭义上则是针对检索提问、运用检索方法和技术而设计的信息检索方案。高效的信息检索过程应以一份完善的信息检索策略为基础,好的检索策略能使检索过程达到最优化。影响检索策略的要素包括以下几方面。

1. 检索课题的分析与理解

一个成功的信息检索策略的关键是要在明确用户实际信息需求的基础上,发掘检索点、构造出尽可能精确的检索表达式。实现这一关键环节的首要任务是对检索课题的合理分析与充分理解。检索课题的分析与理解是正确选择检索工具、发掘检索点、确定检索词和构造检索式的先决条件,也是使检索策略的质量和效果达到最优化的基础。

2. 检索工具特征的识别与确定

分析与理解检索课题之后的重要环节就是根据课题特征选取合适的信息检索工具,而检索工具的正确选取则离不开对各类型检索工具特征的了解与熟悉。总体来看,检索工具的检索特征包括查找的文献类型、检索工具包含的专业范围、存储年限、检索费用、使用方法等诸多方面。

3. 检索式的制定与优化

检索式的制定是在分析检索课题、发掘检索点、确定检索词的基础上,灵活运用检索运算符构造的能够代表用户信息需求的表达式。利用检索式检索获得的查全率和查准率是判断信息检索质量的两个重要的指标。用户的信息检索过程是一个不断循环、不断完善、不断优化检索策略的过程。检索者需要根据自己的检索目的不断调整查全率和查准率,并最终确定满意的检索结果,进一步获取原文信息。

五、信息检索工具

1. 检索工具的功能

检索工具是指以压缩形式存储、报道和查找信息的工具。它按一定的规则和方式,将分散、无序、数量庞大的信息著录款目集合起来。检索工具的功能可用存储、浓缩、有序化、检索、报道几个词来概括。

(1) 存储。即将大量分散的不同类型的文献以篇、种或词语为单位进行加

第二章 信息检索基本理论

工整理，使文献中的知识信息流变成一条条的文献线索，集中于一体，成为情报信息系统。

（2）浓缩。检索工具存储的是一批文献的情报信息特征，而非文献原文，故具有高度浓缩性。

（3）有序化。检索工具对文献进行了由广到精、由分散到集中的组织工作，并将其按一定体系组织起来，使众多的文献信息具有系统性、条理性和被利用的可能性。

（4）检索。检索工具都具有特定的结构，以供读者从不同的角度查找。有的可通过手工检索，有的可利用机械化及各种现代化手段进行检索。检索者只要是选用了自己熟悉的检索工具，并按一定的方法和途径进行，就可以在所选择的检索工具中找到所需文献的线索，进而去获取所需的原文。

（5）报道。检索工具总是集中了某学科、某专业或多学科的大量的文献线索，读者只需用较少的时间和精力就可以通过它了解和掌握有关学科或专题的发展水平、成就和发展趋势，从而确定所需文献的选择。

2. 检索工具的构成

检索工具就是人们用来对文献信息进行存储、报导和查找的工具。它是在对大量一次文献进行加工、整理的基础上形成的有序的，能对一次文献进行有效管理和利用的，可供检索的二次文献。一部完整的文献检索工具，应由编辑说明与使用凡例、分类表和主题词表、正文、辅助索引、资料来源目录与附录等部分组成。

1）编辑说明与使用凡例

各检索工具为使用户了解该工具的适用范围和使用方法，都以简练的文字介绍检索工具的编辑方针、选题原则、学科范围、出版沿革、检索示例、各部分的功能和体例、查阅方法及注意事项等，有的还介绍原始文献的订购渠道、方法、价格等。这一部分是编制者为检索工具使用者提供的必要指导，使用前应仔细阅读，以便能有效地利用检索工具。

2）分类表和主题词表

分类表用于检索工具正文的编排和浏览性检索，它通常与目次表合为一体。主题词表用于主题索引的编制和检索，帮助控制词汇并提示各主题词间的关系。它们是编制和使用检索工具时必备的辅助工具。

3）正文

正文是检索工具的主体，它由大量的对一次文献各种特征（内容特征和外表特征）详细描述的款目组成，这些款目要按一定的次序编排。不同的检索工具，其正文的排序方式可能会不同。多数检索工具正文都采用分类次序编排，其分类体系有的比较简略，有的比较精细，排序方法或按分类号顺序，或按分类类目名称字顺排列，少数检索工具正文按主题词字顺编排。

4）辅助索引

为了提高检索效率，检索工具的编制者总是设法给使用者多提供一些检索途径。因此一般的检索工具除主体部分的款目按一定的体系编排外，都会另附辅助索引。辅助索引是用户查阅正文的主要工具，通过设置多种索引，可以为用户提供多种查找文献的途径。完整的索引由一批索引款目和参照系统组成。索引款目即索引的条目，由三项内容组成：标目、说明语、地址。标目就是原文献可供检索的标识，又称索引词。什么样的标目就决定了是什么样的索引，比如，标目是作者姓名，则索引就是著者索引；若标目是主题词，则索引就是主题索引；等等。说明语是对标目内容进行的补充和说明，可帮助用户正确理解标目的含义。可以直接采用原文篇名作说明语，也可以重新编写一个说明语句或一组关键词等，说明语可有可无。地址是指该文献的描述款目在检索工具正文中的位置，一般用文摘号表示。

参照系统由各种参照、标目注释、索引使用说明等内容构成。对检索工具来说，它可以帮助读者全面、快速地检索。"参照"是参照系统的主要部分。从本质上讲，参照是反映标目之间语义关系的一种指示物，也是连接相关标目的一种媒介，它把读者从现在查找的地方指引到应该查找的地方或同样应该查找的地方，以便查找出相关的全部标目的款目。

5）资料来源目录与附录部分

资料来源目录又称"引用期刊一览表"或"来源出版物索引"，是检索工具的一次文献的清单，主要是期刊。一般包括出版物名称缩写、全称、代号、编辑出版机构、出版沿革、出版周期、收藏单位等事项。它一方面帮助用户准

第二章 信息检索基本理论

确了解检索工具的收录范围情况；另一方面帮助用户准确鉴别文献的来源及出处，以便在需要时顺利获得原文。附录部分是对检索工具内容的必要补充，它包含了检索工具中许多必不可少的内容。如各种缩略语表、符号对照表和字母音译对照表、引用刊名表、文献收藏单位代号等，以便用户识别这些缩写与符号在检索工具中的含义。

检索工具这五个部分是相互关联、不可分割的。需要说明的是，检索工具大多是连续出版的，第一、第五部分可能不会在每期中都出现，为节省篇幅和纸张，有些检索工具只在每年（或每卷）的第一期中刊印这两部分内容。第二部分的主题词表一般都单独出版，且不断修订。

3. 检索工具的类型

检索工具按不同的标准或方法进行划分，可以得到不同的划分结果。

1）按加工文献和处理信息的手段分

（1）手工检索工具。手工检索工具是指用手工方式来处理和查找文献的工具，如目录、索引、文摘等。

（2）机械检索工具。机械检索工具是指人们借助于光、电、声等手段来检索文献而使用的工具，如卡片机电检索工具、胶卷胶片式光电检索工具和磁盘磁带式计算机检索工具等。

（3）计算机检索工具。计算机检索工具是以计算机为手段来完成信息的采集和搜索，如网络信息检索。

2）按照载体形式分

（1）书本式检索工具。书本式检索工具类同于单卷、期刊和附录式检索工具。它是以纸张印刷成图书的形式出版的。

（2）卡片式、缩微式、胶卷式检索工具。

（3）磁性材料式检索工具。磁性材料式检索工具是一种用计算机阅读查用的检索工具，以数字形式出版发行。有些磁性材料式工具是书本式检索工具的数字版，如EI、CA等。

3）按著录格式分

（1）目录型检索工具。目录主要是记录具体出版或收藏单位情况的工具。

它以一个完整的出处或收藏单位为著录单位,即对出版物的整体进行摘录报道,其报道单位是一个完整的出版物。它摘录的内容比较简单,一般著录文献的名称、著者、文献出版(含出版单位、卷期、出版年月等)。所以目录的检索功能不强,主要作用是供人们查检某种出版物的收藏、出版和发行情况。目录的种类很多,对于检索文献信息来说,国家书目、联合目录、馆藏目录等尤其重要。

国家书目是出版物的国家登记制度的产物,是有关一个国家全部出版物的现状和历史的记录。国家书目是记载一个国家出版的全部图书的书目,为用户提供了某个国家最权威的图书出版情况,通过它可以反映一个国家的文化、科学和出版水平,是进行图书采购、整理、利用及开展信息查询和咨询服务的重要工具。我国的国家书目有《全国总书目》《全国新书目》两种。

联合目录是汇总若干个图书馆或其他收藏单位所藏文献而编制的目录。它反映了书刊在全国或某些地区若干图书馆或其他收藏单位的收藏情况,便于开展馆际互借和复制,有利于实现资源共享,如《全国中文期刊联合目录(1833—1949)》等。

馆藏目录是用来反映一个图书馆文献收藏状况的目录。它代表了收藏单位实有的文献,是馆藏文献的缩影。这种目录读者比较常见。

(2)题录型检索工具。题录是对书刊等出版物中所包含的各篇文献,如图书中的章节、期刊中的论文进行摘录报道,主要描述文献的外部特征(文献题名、著者姓名、文献出处等),无内容摘要,是快速报导文献信息的一类检索工具。题录报道的内容与目录相似,也很简单,只摘录其题目、著者、文献出处等外表特征,所以两者容易混淆。实际上,两者是有明显区别的,目录的摘录对象是整个出版物,而题录的摘录对象则是出版物内的一个部分——单篇文献。当然,在某些类型的出版物中,如科技报告、专利文献等,它们是每件自成一册,这时,目录与题录也就没有区别,但这毕竟只是在个别文献中的巧合而已。由于题录仅仅著录文献的篇名、著者、文献出处等外表特征,因此具有加工容易、报道量大、出版迅速等特点,是查找最新文献线索的重要工具。

(3)索引型检索工具。索引,是将出版物中的知识单元,如主题、人名、地名、书名、词语等分析摘录出来,作为检索词,注明出处,并按一定的方式进行编排,供人们查检的检索工具。它既用于揭示文献的内容,也用于各种书刊,借以从各个不同角度揭示正文内容。索引的形式多种多样,有直接附在书刊后面的,也有单独成册附在卷末或多卷集图书的后面,如检索刊物的卷索引及百科全书的索引卷等;也有独立出版的,如《毛泽东选集索引》《十三经索引》及检索刊物的多年度累积索引等。但不管形式如何,都是附属于某一特定的出版物,作为查检该出版物内容的工具。它不具备作为检索工具的必要条件,不能供读者查检所需书刊及各种文献资料。索引的功能是检索,所以也算是一种检索工具,但它绝不是那种通常所说的用来查找各种文献资料的独立的检索工具,而是一种依附于某一特定出版物,作为专门查检该出版物内容的附属性工具,可称为附属性检索工具,但其作用和意义绝不亚于其他检索工具。

索引的类型是多种多样的,在检索工具中,常用的索引类型如下。

第一类,分类索引。分类索引是以表示文献内容特征的分类号码作为检索标识,按照特定分类法的类目体系进行编排的一种索引。不同的检索工具可能采用不同的分类法来组织分类索引。使用分类索引检索文献的关键在于:掌握分类法,正确地从分类表中查出所需要的分类号。

第二类,主题索引。主题索引是将文献中具有实质性意义的语词或能揭示文献主题概念的语词抽出来,除关键词外,一律要经过规范化处理,然后再按字顺排列起来组成标识系统,或在各个主题词的下面给出副标题词、文摘和文献出处,或在各主题词的下面给出篇名性的说明语,或关键词的说明语,然后在说明语的后面列出文献号而编制的索引。

使用主题索引检索文献时,关键在于选准所需主题内容的主题词。所以对于检索者来说,熟悉主题词表是很重要的。

第三类,关键词索引。所谓关键词是指文献的篇名、摘要或正文中所出现的具有实质意义的语词。关键词索引就是将文献中的一些主要关键词抽出,然后将每个关键词分别作为检索标识,按字顺排列起来的一种索引。

第四类,著者索引。著者索引是以文献中著者的姓名作为检索标识,并按其字顺编排的一种索引。主要包括:个人著者索引、团体著者索引、专利发明人索引及专利权人索引等。

第五类,其他索引。为了适应某些专业的特殊需要或某些文献的特点,有些检索工具还编制有一些专用索引，如，分子式索引、杂原子索引、生物系统索引、生物属名索引、专利号索引、标准号索引、报告号索引、合同号索引等。

由于索引能够提高文献检索的检索效率，并且能满足多种途径检索的需要，因此应给予高度重视。

(4) 文摘型检索工具。文摘是在索引的基础上发展起来的。它是以简明扼要的文字来描述文献的主要内容和原始数据，向读者报道最新的研究成果，传递文献信息和查找文献线索的一种工具。文摘是系统报道、积累和检索文献的重要工具，是二次文献的核心，与索引相比，除了含有索引的外部特征以外，还具有内容摘要。所以，文摘型检索工具是以简练的文字将文献的主要内容准确、扼要地摘录下来，并按照一定的著录规则和编排方式系统地组织起来的检索性工具书。

文摘是原始文献的浓缩，概括地陈述其内容，并注明出处，目的在于报道新的科学成果，是传播文献情报的重要方式，使人们能以较少的时间和精力，掌握有关文献的现状及其基本内容，了解本专业的发展水平和最新成就，从而吸取和利用他人已有的科研成果。

①文摘的类型：按照文摘的编写人可分为著者文摘和非著者文摘；按照文摘对文献内容的压缩程度可分为报道性文摘和指示性文摘。

著者文摘指的是由原文著者编写的文摘，往往同原文一起出现，内容可信度较高。

非著者文摘是由专门的、熟悉本专业的文摘人员编写而成，一般在文摘后注有文摘员的代号，各种文摘性检索工具中收录的文摘，几乎属于此类，其可信度不及著者文摘高。

报道性文摘是用来概述原文的内容要点（尤其是内容的创新点），向读者提供原文中的定量信息和定性信息的一种文摘。报道性文摘是原文的浓缩，基本上能反映原文的技术内容，信息量大，参考价值高。读者通过阅读这种文摘，一般可代替原文。报道性文摘的长度一般为200~300字，长的可达500字以上。

指示性文摘就是把原文献的主题范围与目的概略地指示给读者，一般不涉及原文献的具体事实、结论等内容。它实际上是对文献的补充说明，以使读者不对文献内容产生误解，仅为读者选择文献提供线索。指示性文摘的长度一般在100字左右。

②文摘的作用：

第一，可以在一定程度上消除自然语言所造成的障碍。文摘仅使用一种文字对所收录的不同语种的文献进行报道，而且覆盖面和摘储率通常比较高。读者只要掌握某种文献所使用的文字，就可以读懂许多种不同语种文献的摘要。

第二，可以节约读者的阅读时间，避免阅读一些无关紧要的原文。阅读和浏览文摘对于决定是否要进一步查阅原文比直接从原文中选择更节约时间。

第三，报道性文摘在许多情况下就是原始文献的代用品。因为报道性文摘的编写，要求以精练的语言概述出原文所包含的主要内容和关键点。

第四，便于相关文献集中阅读。对于自学和浏览来说，各种专业性文章太多，据估计，世界上定期出版物在15万种以上，每年大约发表论文1500万篇。许多领域又有交叉现象。文摘通常将散见在各种期刊上的文献以文摘的形式重新分类编排报道，便于读者集中阅读。

第五，便于读者进行回溯性检索。目前，科技人员通过各种报告和期刊杂志直接进行广泛知识领域的检索是不可能的。文摘可以帮助读者进行回溯检索，还可以帮助读者判断检索的是否合乎需要，避免漏检和误检。

③文摘型检索工具的结构：检索工具的编辑说明与范例；所用的分类表和词表，分类表放在文摘部分的前面，是编排和组织文献款目的依据，词表一般单独发行；文摘部分；辅助索引；资料来源目录及其他附录性材料。

文摘在国外很是兴盛发达，如美国的《化学文摘》《生物工程学文摘》（BA），英国的《科学文摘》（SA），苏联的《文摘杂志》等都是国际上有名的文摘刊物。

第二节 信息检索方法、途径与步骤

一、信息检索方法

1. 顺查法

它是一种以信息检索课题起始年代为起点，按时间顺序由远而近地查找信息的方法。查找前需摸清课题提出的背景及其简略的历史情况，了解和熟悉问题概况，然后选用适宜的检索工具，从课题发生的年代开始查起，直到信息够用为止。此法的优点是查全率高，缺点是费时费力。

2. 倒查法

它是一种逆时间顺序由近而远地查找信息的方法。这种方法多用于查找新课题或有新内容的老课题，需要的是最近发表的文献，因此，一旦掌握了所需的文献信息即可中止检索。此法的优点是节约时间，缺点是漏检率较高。

3. 抽查法

这是一种针对研究课题发展的特点，抓住学科发展迅速、发表文献较多的年代进行查找的方法。由于学科发展兴旺时期，不但其文献数量远远高于其他时期，而且新的观点、新的理论也会在这个时期产生，因此，抽查法能以较少的检索时间获得较多的文献。使用此法必须以熟悉学科发展特点为前提，否则，难以取得预期的效果。

4. 追溯法

追溯法又叫回溯法，是以某一篇文献末尾所附参考文献为依据，由近及远进行逐一追踪的查找方法。此法直观、方便，不断追溯可查到某一大型专题的大量参考文献。在不具备检索工具的情况下，是一种扩大信息源的好办法。缺点是检索效率低，查全率低，漏检率高。

5. 循环法

它利用检索工具查出一批有用文献，然后再利用这些文献末尾所附参考文献的线索进行追溯查找。此法的优点在于检索工具缺年、缺卷时，也能连续获得所需年限内的文献资料。

二、信息检索途径

在进行文献检索时，人们可以利用文献存储时按其外部特征或内容特征进行排序的方法进行检索。文献的内容特征是指文献所论及的事物、所提出的问题、涉及的基本概念，即主题以及文献内容所属的学科范围。文献的外部特征是指题名、作者、作者单位以及某种特殊文献具体的标识。

1. 内部特征途径

（1）分类途径。这是一种按照文献资料所属学科（专业）类别进行检索的途径。检索工具的分类表为我们提供了从分类角度进行检索的途径。

分类途径检索文献关键在于正确理解检索工具中的分类表，将待查课题划分到相应的类目中去。如《科学文摘》的正文是按照分类编排的，因此可利用每期前面的分类目次表，按分类进行查找。另外，有些检索工具附有分类索引或累积分类索引，也可以利用它们来查找所需文献。

（2）主题途径。这是通过文献资料的内容主题进行检索的途径，主题途径依据的是各种主题索引或关键词索引，主题索引或关键词索引按检索词的字顺排列，检索者只要根据课题确定了检索词（主题词或关键词）便可以像查字典那样，按照字顺去逐一查找，从检索词下的索引款目，找到所需文献的线索。

主题途径检索文献关键在于分析课题、提炼主题概念，运用词语来表达主题概念。对于主题索引，需要把自拟的语词同相应的词表核对。主题途径是一种主要的检索途径。

2. 外部特征途径

（1）题名途径。题名途径是根据文献的题名来查找文献的途径，它依据的是题名索引，它的标识就是书、刊、篇名本身，款目按标识字顺排列，利用它可以检出一篇特指的文献。常用的检索工具有《书名目录》《馆藏期刊目录》等。

（2）著者途径。著者途径是根据已知文献著者来查找文献的途径，它依据的是著者索引，包括个人著者索引和机关团体索引。因为从事科技研究的个人或团体都是各有所长的，同一著者在一定时期所发表的论文在内容上常常于某一学科或某一专业范围之内，因此，通过著者，可以检索出内容相近或相关的一类文献。可见，著者途径也包含着内容途径的特点。在利用著者索引检索文献时，需要注意姓名的构成。

（3）文献编号途径。文献编号途径是以文献的编号为特征编排和检索文献的途径，如专利文献的检索可根据"专利号索引"进行检索。在已知这些文献编号的前提下，利用文献编号索引检索文献是比较方便、快速的，但局限性很大，它不能作为主要的检索途径。

（4）目录检索途径。目录检索途径，就是利用目录来检索信息的方法。目录检索法与目录编排方式是一致的。其编排方式可分为字顺目录、分类目录、报告号码目录、专利号码目录、标准目录等。

（5）机构检索法。研究机构是重要的信息源，是真正产生信息的机构。研究机构的专利、标准、科技报告、工程图纸，都是重要的科技信息。

国外的检索工具，都有机构索引，是按机构字顺排列的索引；很多信息机构的馆藏目录，也有机构字顺目录，查找非常方便。机构检索法可以分为文献的机构索引、机构年度报告、机构指南、百科全书，特别是专业百科全书检索机构信息。

信息机构检索方法的专指性特别强，信息用户如掌握与自己所需信息有关的全部机构，则可迅速查出自己所需的大量信息，对科研选题、技术改进、预测论证、规划计划、宏观决策有极其重要的作用。

（6）引文检索途径。引文检索法是利用文献间的引证关系来检索文献的方法。30年来的实践证明，引文检索法是一种成功、有效的检索方法，其在报道、检索文献方面都具有自己独特的功能，是其他检索方法所无法取代的，因而受到了广泛的重视。如中国科学院文献信息中心编辑的《中国科学引文索引》、CNKI的引文数据库都为用户提供了引文检索功能。

三、信息检索步骤

1. 分析研究课题，明确检索要求

分析检索课题的目的是使用户搞清楚其课题要解决的问题，即它所包含的概念和具体要求及它们之间的关系。这是制定检索策略的根本出发点，也是检索效率高低或成败的关键。

（1）分析课题的主题内容。分析课题的主题内容、所属学科性质，明确研究课题所需的信息内容，从而提出能准确反映课题核心内容的主题概念。

（2）确定课题的文献类型。通过对课题进行主题分析后，确定所需信息的文献类型。如果属于基础理论性探讨，则要侧重于查找期刊论文、会议论文。如果是尖端技术，则应侧重于科技报告。如属于发明创造、技术革新，则应侧重于专利文献。如为产品定型设计，则需利用标准文献及产品样本。明确课题对检索深度的要求，弄清用户是需要提供题录、文摘还是原始文献。

（3）确定检索时间范围、学科范围、语种范围。根据课题研究的起始年代和研究的高峰期确定检索的时间范围；明确检索课题内容涉及的学科范围和语种范围。

（4）分析用户的检索评价要求。分析用户对检索评价指标是查新、查准还是查全。一般来说，若要了解某学科、理论、课题、工艺过程等最新进展和动态，则要检索最近的文献信息，强调一个"新"字；若要解决研究中某具体问题，找出技术方案；则要检索有针对性、能解决实际问题的文献信息，强调一个"准"字。若要撰写综述、述评或专著等，则强调一个"全"字。

2．选择信息检索系统，确定检索途径

根据检索课题的要求，选择最能满足检索要求的检索系统。在选择系统时，要考虑以下问题。

（1）从内容上和时间上，考虑检索系统对课题的覆盖和一致性，如综合考虑数据库收录的齐全、编制的质量、使用的方便等因素。

（2）在手段上和技术上，有机检条件一般就不选择手检工具，机检无疑有较高的效率。

（3）考虑价格和可获性，选择容易获得的检索工具，注意数据库的价格，权衡价格效益比。

选用具体的检索工具后，就要确定检索点，以便具体进行检索。各种检索工具提供的检索途径不同，归结起来，有两类检索途径：反映文献信息内容特征的检索途径和反映文献外部特征的检索途径。前者有主题和分类，由于学科的特点，它们又可能分为若干检索途径；后者有著者、篇名、会议名称、机构、出版物类型及号码等。

3．选择检索词

选择规范化的检索词；使用各学科在国际上通用的、国外文献中出现过的术语作检索词；找出课题涉及的隐性主题概念作检索词；选择课题核心概念作检索词；注意检索词的缩写词、词形变化以及英美的不同拼法；联机方式确定检索词。

4．制定检索策略

在手检索系统中，每次检索只能从一个检索点出发，而且只能从其中的一个属性值,例如,利用主题检索,只能从某个概念出发(或参照其他一些说明),检索范围比较宽。

计算机检索系统适应多点检索、多属性值的检索,对课题所涉及的方方面面,对包含的多种概念或多个限定都可以作出相应的处理,检索一次完成,检索结果的精度较高。

检索式是检索策略的表述,它能将各检索单元(其中最多的是表达主题内容的检索词)之间的逻辑关系、位置关系等用检索系统规定的各种组配符(也称算符)连接起来,成为计算机可识别和执行的命令形式。

5. 处理检索结果

将所获得的检索结果加以系统整理,筛选出符合课题要求的相关文献信息,选择检索结果的著录格式,辨认文献类型、文种、著者、篇名、内容、出处等项记录内容,输出检索结果。

6. 原始文献的获取

(1)传统文献的获取方式:根据检索结果中提供的文献来源,如二次文献检索工具、馆藏目录和联合目录、文献出版发行机构、文献著者等获取原始文献。

(2)数字文献的获取方式:利用全文数据库直接获取。现在有许多全文数据库,通过检索均可直接获得原文,如"中国期刊全文数据库""万方数字化期刊""书生之家""超星数字图书馆"等。

利用文献传递系统获取。如中国"国家科技图书文献中心"(NSTL)(成立于2000年6月,网址:http://www.nstl.gov.cn/index.html),它是一个虚拟的科技文献信息服务机构,用户通过NSTL可获取中国科学院图书馆、中国科学技术信息研究所、机械工业信息研究院、冶金工业信息标准研究院、中国化工信息中心、中国农业科学院图书馆、中国医学科学院图书馆收藏的中外文期刊、会议文献、科技报告等资源。其文献传递速度较快,如果采用E-Mail方式,一般可在两天内得到文献,而且该系统为用户提供了用于文献传递的专用信箱。

利用文摘数据库的原文服务。许多文摘型数据库虽不能直接得到原始文献,但能够提供其收录文献的全文链接,许多著名的文摘型数据库如"EI COMPEDEX ON WEB(工程索引网络版)""PQDD(国际博硕士论文数据库）"等，可向数据库商提出索取原文申请。

利用OPAC检索系统，进行馆际互借。读者可利用馆藏目录查找本馆文献，而许多本馆未收藏的文献，就需要进行馆际互借。利用OPAC检索系统查到所需文献的收藏单位，向其提交文献借阅、复印请求，也是获取文献的重要途径。许多图书馆开发了基于Web的馆际互借及文献传递系统，缩短了馆际互借周期。

第三节 信息检索模型

一、布尔逻辑模型

布尔模型是一种简单的检索模型，它建立在经典集合论和布尔代数的基础上。鉴于集合论中"集合"概念的直观性以及布尔表达式所具有的准确语义，布尔模型很容易被用户理解和接受。在早期的大多数商业化书目检索系统中，布尔模型得到了广泛的关注和应用。

1. 布尔运算

布尔检索模型的理论和基础是集合理论和布尔逻辑。用 D_1 和 D_2 分别表示两个有限集合，则它们的布尔逻辑运算"与（AND）""或（OR）""非（NOT）"取得的集合范围即为图2-1中阴影部分。

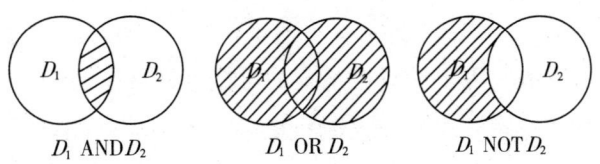

图2-1 布尔运算的图示

2. 传统布尔检索模型

1）文献表示

总的来说，根据文献是否包含某个主题来决定该文献是否需要标引。文献与主题词之间的关系非"0"即"1",前者表示某个主题词不在文献中,后者表示在文献中。

在传统的布尔检索中,将文献表示成一个集合,集合中的每个元素都为一个二元变量,取值非"0"即"1",表示该元素所表示的主题词是否包含在该篇文档之内。如果包括在文档中,则元素值为1,反之取0。

给定一个文献集合D,包含m篇文献,分别用d_1,d_2,d_3,$\cdots$,d_m表示。再给出一个标引词集合T,包含n个标引词t_1,t_2,t_3,$\cdots$,t_n。假定对文献集D的描述完全是基于该标引词集合的,则文献集D中的任意一篇文献d_i就可以表示为(d_{i1},d_{i2},$\cdots$,d_{in}),其中d_{ik}($k=1,2,\cdots,n$)的值为

$$d_{ik} = \begin{cases} 1 & \text{(如果该文献中包含词} t_k) \\ 0 & \text{(如果该文献中不包含词} t_k) \end{cases} \quad (2-1)$$

2)查询表示

根据用户提出的检索需求,选取适当的检索标识,与布尔运算符"与""或""非"共同构成与查询相符的检索提问式,也即相应的布尔表达式。如针对某特定提问Q,可表示为

$$Q_j = (t_1 \text{ AND } t_2) \text{ OR } (t_3 \text{ AND } (\text{NOT } t_4)) \quad (2-2)$$

根据布尔运算,系统将检索出被标引词t_1和t_2标引的所有文献,或含有标引词t_3但不含有标引词t_4的所有文献。

3. 布尔模型的分析与评价

1)优点

布尔模型是最早提出的一个信息检索模型。1957年,希列尔(Y. Bar-Hille)就对布尔逻辑应用于计算机检索的可能性进行了探讨。20世纪60年代末期,布尔检索模型正式被大型文献检索系统所采用。70年代逐渐成为各种商业性联机检索服务系统的标准检索模式。尽管最近的网络搜索引擎采用了新的信息检索策略,但大部分主要运行的信息检索系统采用的仍然是布尔检索策略。其优点如下:

(1)简单,形式简洁,易于理解;

(2)可操作性强,应用广泛;

(3) 构成的逻辑提问式可以表达与用户思维习惯相一致的查询要求，提供非常精确的语义概念；

(4) 能处理结构化提问。

2. 存在的不足。

(1) 表达用户复杂需求效果欠佳。用布尔表达式表达用户的信息需求，在很多情况下并不容易实现。特别是遇到复杂的检索课题，提问式既不易构造也不易理解。

(2) 准确匹配无法提供定量比较。布尔模型准确匹配策略，认为一篇文献对于某一提问要么是"相关的"，要么就是"不相关的"。这种"非此即彼"的二值判断标准无法根据对用户的重要性排序输出检索结果，不能提供定量的相关程度比较。在输出的文献中，排在第一位的不一定是文献集中最满足用户需要的文献。

(3) 匹配标准不尽合理。在传统布尔系统中，文献不能"过高"地满足一个查询。例如，在查询某个用"AND"连接的提问式（A AND B）时，系统只输出同时含有提问词A和B的文献；而对于只含有一个提问词A或B的文献，系统会把它们与不含这些提问词的文献一样对待。

(4) 检索结果不易控制。由于检索输出完全依赖于布尔提问式，与倒排文档中文献的精确匹配，所以对于一个特定的用户查询，可能检索到许多的文献，也可能一篇文献也检索不到，使输出较难控制。

二、向量空间模型

20世纪60年代末期，信号处理专家、美国著名学者萨尔顿（G. Salton）鉴于布尔模型"准确匹配"策略所造成的检索缺陷，提出了一种基于"部分匹配"的新型检索模型——向量空间模型（Vector Space Model，VSM），并在其开发的试验性检索系统SMART（System for Mechanical Analysis and Retrieval of Texts）中得到应用。

1. 向量空间模型的原理

向量空间检索，是将文献和查询表示为由一组正交基词向量构成的向量，通过比较两个向量,计算它们之间的相似度,根据求得的相似度大小对文献检索结果进行排列。

(1) 文献表示。在向量空间模型中,检索系统中的每一篇文献和每一个提问均用等长的向量表示,如:

$$D_i = (T_1, T_2, \cdots, T_k, \cdots, T_m) \quad (2-3)$$

式中:D_i 为文献集合中第 i 篇文献;T_k 为文献向量中的第 k 个分量,即文献表示中所含的第 k 个标引词。

(2) 查询表示。在向量空间模型中,检索系统中的每一篇文献和每个提问均可用等长向量表示,如

$$Q_j = (T_1, T_2, \cdots, T_k, \cdots, T_m) \quad (2-4)$$

式中:Q_j 为提问集合中的第 j 个提问,T_k 表示提问向量中的第 k 个分量,即提问式中所含的第 k 个检索词。

(3) 匹配函数。传统的向量空间模型将 T_k 取值为 0 或 1,现在大多在 [0,1] 区间取值。这样就可以构成一个向量空间,把检索过程中文献与提问的匹配处理过程转化为向量空间中文献向量与提问向量的相似度计算问题。某一文献与某一提问的相关程度通过计算该向量对之间的相似度来测定。

计算相似度的函数有几十种,最简单的计算方法就是用点积函数,它把文献向量与提问向量的相似度定义为

$$S(D_i, Q_j) = \sum_{k=1}^{m} T_{ik} \cdot T_{jk} \quad (2-5)$$

式中:$S(D_i, Q_j)$ 表示文献向量 D_i 与提问向量 Q_j 的相似度;T_{ik} 和 T_{jk} 分别表示 D_i 或 Q_j 中第 k 个分量的值。这种方法的实质就是计算文献与提问式之间所共有的标引词数量。

较常采用的相似度计算指标是两个向量夹角的余弦函数(见图 2-2)。

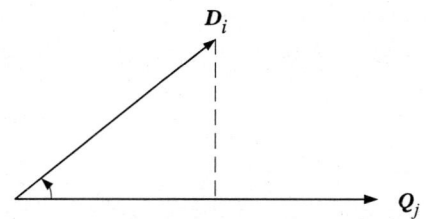

图2-2 文献向量与提问向量的夹角及余弦函数

它按照将两个向量夹角余弦的计算含义，可以将相似度定义为

$$S(D_i, Q_j) = \frac{\sum_{k=1}^{m} T_{ik} \cdot T_{jk}}{\sqrt{\sum_{k=1}^{m}(T_{ik})^2 \cdot \sum_{k=1}^{m}(T_{jk})^2}} \quad (2-6)$$

这种方法的实质就是计算 m 维空间中文献向量与提问向量之间的夹角余弦。当两个向量完全相同时，它们在该空间中相互重叠，夹角为0°，函数（相似度）达到最大值。式中的分母作为某种标准化因子起作用。若向量之间夹角很小，且采用的是标准化向量，则向量之间的夹角余弦近似等于对应向量的端点之间的距离。

当全部文献向量与某个提问向量的相似度都计算完毕后，检索处理不仅能判断文档是否相关，而且还可以定量化地判断系统所有文档与某一提问的相关度大小，并能按照其相关度值的降序排列方式输出命中的结果文档。

2. 向量空间模型的评价

1）向量空间模型的优点

（1）能将非结构化的文献表示成向量的形式，使得各种数学处理成为可能；

（2）采用自动标引技术为文献提供标引词；

（3）采用部分匹配策略，使得在算法层面上基于多值相关性的判断处理得以实现；

（4）采用排序输出原理，使对检索结果数量的控制与调整具有相当的弹性与自由度，提高了检索的灵活性；

（5）检索不以标准的倒排档技术为基础，而是基于聚类文档，通过计算文献之间的相似度，使属性相似的文献尽量聚拢在一起，提高了检索效率；

（6）通过相关反馈技术自动修正提问向量，改进检索结果。

2）存在的不足

（1）相似度计算的工作量巨大；

（2）文献向量中各分量的值（标引词权值）较难确定；

（3）对标引词两两正交的假设过于僵硬，这一正交假设在实际的文本信息处理环境中一般是很难满足的；

（4）不能处理布尔表达等结构化查询，从而限制了向量模型在商业系统中的作用。

尽管传统向量空间模型具有简洁的形式化表示、有效的匹配算法设计以及已取得的较为满意的处理结果，但它的诸多缺陷促使人们做进一步的探索和改进。在随后的研究中，相继推出了相关的模型，如广义向量空间模型（GVSM）、潜在语义标引（Latent Semantic Indexing, LSI）、概率向量处理模型以及基于语义分析的向量空间模型（SVSM）等。

三、概率检索模型

概率检索模型就是利用文献的概率性来表示文献与用户查询的相关性程度以及整个检索过程的具体描述。它是利用概率论原理，通过赋予标引词某种概率值来表示这些词在相关文献集合或无关文献集合中的出现概率，然后计算某一给定文献与某给定提问相关的概率，最后系统据此作出检索决策。概率检索模型基本上是一种基于贝叶斯决策理论的自适应模型。与前两种模型不同的是，它的提问式不是由用户直接编写的，而是由系统通过某种归纳式学习过程（相关反馈）构造的一个决策函数来表示信息提问。

1. 概率模型的基本假设前提和理论

（1）相关性独立原则。文献对一个检索式的相关性与文献集合中的其他文献是独立的。

（2）词的独立性。标引词和检索式中词与词之间是相互独立的。

（3）文献相关性是二值的，即只有相关和不相关两种。

（4）概率排序原则。由 Robertson 在 1977 年提出。该原则认为，如果一个检索系统对用户的每个检索提问的反应是以文献集合中的文献按相关性递减的顺序排列的,那么系统的总体效果是最好的。

(5)贝叶斯定理,用公式表示为

$$P(R|d) = P(d|R) \cdot P(R)/P(d) \quad (2-7)$$

2. 概率模型的一般形式

概率信息检索的目的是估计 $P(R|q,d)$,即文献 d 对检索式 q 来说被用户判断为相关的概率。其基本方法是:每一篇文献根据有没有标引词将文献表示为二值向量 $d = (d_1\ d_2\ \cdots\ d_n)$,$n$ 是标引词的数量,$d_i = 0$ 或 1 表示文献中没有或有第 i 个标引词。再由文献相关性独立假设:用 R 表示文献相关,$\bar{R}$ 表示文献不相关,对每一篇文献计算 $P(R|X)$ 和 $P(\bar{R}|X)$ 来决定哪个是相关的,哪个是不相关的。由于我们不能直接估计 $P(R|X)$ 和 $P(\bar{R}|X)$ 的值,因此要用已知的量来进行估计。根据贝叶斯定理可得 $P(R|d) = P(d|R)P(R)/P(d)$ 和 $P(\bar{R}|d) = P(d|\bar{R})P(\bar{R})/P(d)$,其中 $P(R)$ 和 $P(\bar{R})$ 表示某一给定文献相关和不相关的先验概率,$P(R|d)$ 和 $P(\bar{R}|d)$ 与给定的文献 d 相关和不相关的先验概率成正比。在决定文献是否相关时,最简单的决策判断是 $P(R|d) > P(\bar{R}|d)$,即文献相关概率大于不相关概率时,认为文献 d 是相关的,否则认为文献 d 不相关。当两者相等时,人为地认为它是不相关的。

3. 三个经典的概率模型

1)模型1

1960年 M.E.马龙(Maron)和 J.L.库恩斯(Kuhns)最早提出的概率模型,其主要思想是计算文献按用户查询认为相关的概率。这一思想在当时没有能很快得到发展,而利用集合论、布尔逻辑代数和向量空间理论建立的情报检索模型在实际工作中得到了应用,但很快又发现这种传统思想与实际偏离较大。

如果定义 D_i 为获得的第 i 篇文献并且它是相关文献,I_j 为以第 j 个词为标引词的某一主题领域的文献,则根据贝叶斯逆概公式,文献的相关概率为

$$P(I_j|D_i) = P(D_i)P(D_i|I_j)/P(I_j) \quad (2-8)$$

式中:$P(I_j|D_i)$ 表示当用户要求获得有关 I_j 的情报时,文献 D_i 满足需要的概率;$P(D_i)$ 表示文献 D_i 的一个先验概率,可通过某一途径(如图书馆)的统

计数据获得；$P(D_i|I_j)$表示当某用户需要获得D_i所含的情报时，他用I_j做检索词的概率；而对于给定的提问I_j来说，$P(I_j)$是一个常数。

在模型1中，马龙和库恩斯没有对排序原则作出必要的假设。而且，标引词的相关概率也很难估计。

2）模型2

1976年由S.E.罗伯逊和K.斯帕克–琼斯提出，其主要思想是标引阶段不对标引词加权，而是在检索阶段才导入概率检索机制。检索操作重复若干次，每重复一次，用户就对检出的文献进行相关性判断。然后利用这种反馈信息，根据每个词在相关文献集合和非相关文献集合的分布情况来计算它们的相关概率。标引词的权值计算可用下面的公式：

$$词的相关权值 = \log \frac{p/(1-p)}{p'/(1-p')} \tag{2-9}$$

式中：p和p'是该模式的参数，分别表示某词在相关文献集合或非相关文献集合中出现的概率。某一文献的权值是它所含的标引词权值之和，决定了该文献在排序输出中的位置。模型2在常规的检索系统中较易实现。

3）模型3

1982年由马龙、罗伯逊和W.S.库珀提出，他们将两个模型有机地结合起来。在模型3中要同时作出两种预测：标引员选词标引时要预测文献对具有不同特征的用户的相关概率；用户选词检索时要预测某词对具有不同特性的文献的相关概率。模型3见图2-3。

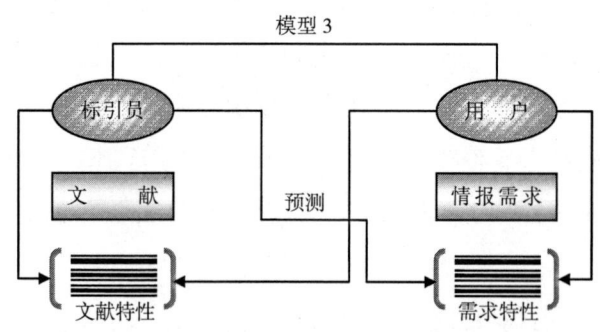

图2-3　三个概率模型之间的关系示意图

图中的文献特征和需求特征可以看作标引词和检索词,也可以是其他特征,如用户所属的机构,文献中的词频、共现模式等。

此外,还有人提出了各种具体的概率模型,如二元独立模型、二项分布模型、2-泊松分布模型、树型相依模型等。

4. 概率检索模型的评价

1) 概率检索模型的优点

(1) 采用严格的数学理论为依据,为人们提供了一种基于数学理论来进行检索决策的途径;

(2) 采用相关反馈原理,可开发出理论上更为坚实的方法;

(3) 在其中没有应用用户难以运用的布尔逻辑方法;

(4) 在操作过程中使用了词的依赖性和相互关系;

(5) 文献可按用户的期望值来排序输出。

2) 存在的不足

(1) 增加存储和计算资源的开销、系统的检索性能提高不明显;

(2) 与前两种模型一样,关键词之间是假设相互独立的;

(3) 在没有获得样本文档之前,即没有相关的文档之前,无法估计词条的相关性;

(4) 各种参数估计难度较大。

第三章 信息检索语言

第一节 信息检索语言概述

信息检索的历史可以追溯到4000年以前，开始人们为了更好地利用信息，简单地将信息进行组织，图书的目次表就是最初的例子。随着信息量的激增，建立专门的检索语言对信息的快速利用变得十分必要。

一、信息检索语言的定义及特点

1. 信息检索语言的定义

检索语言的概念发展到现在已经趋于稳定，该领域专家张琪玉先生认为情报检索语言是为了达到较佳的检索效果而创制的人工语言；赖茂生先生认为，检索语言是用于信息内容表示、存储和检索等过程的语言，或者是上述语言与给定检索软件所特有的命令组合。

总之，信息检索语言是应文献信息的加工、存储和检索的共同需要而编制的专门语言，是表达一系列概括文献信息内容和检索课题内容的概念及其相互关系的一种概念标识系统。

检索语言是信息检索系统中信息存储与检索用语，是用户与检索系统借以交流、互动的媒介。它在很大程度上影响着检索系统的效率。一种检索语言的优劣，主要依其检索效率来衡量。

2. 信息检索语言的特点

从信息检索语言的基本功用上看，它是一种人工语言，在自然语言基础上形成，能够描述和组织信息的特征；从信息检索语言的组成要素上看，包括字符（字母或数字）、基本词汇和语法规则；其特点表现为严密性、可控性和系统性。

第三章 信息检索语言

首先，信息检索语言是经过精心挑选的人工语言，语词与概念间一一对应，不存在一词多义或多词一义的现象，具有相当的严密性；其次，信息检索语言在词量、词类、词形、词义、词间关系方面都能给予有效控制，保证词表的简洁一致；最后，信息检索语言是一套概念标识系统，逻辑顺序合理，规律性强。

二、信息检索语言的类型

目前有关文献检索语言分类研究的论述甚众。有学者认为它包含体系分类法、组配分类法、标题法、叙词法、关键词法以及代码语言等多种类型。有学者认为，从人为因素的影响程度划分，文献检索语言应该有人工语言和自然语言两大类。人工语言主要有分类法、组配分类法、标题法、叙词法等，自然语言在我国主要是运用关键词。还有人认为文献检索语言分为分类语言、主题语言和引文语言等三类。还有人把文献题名、文献责任者、文献出版者等作为一种检索语言，并称为专有型人工检索语言。他们分析认为，文献题名是专有型检索语言之一，尽管仍存在不稳定性，但可以提高检索专指度，已经用于辅助检索。

本书认为，信息检索语言应该统一按照结构原理来划分比较科学，应该分为三类，即分类语言、主题语言和代码语言。

1. 分类语言

分类语言是指以数字、字母或字母与数字结合作为基本字符，采用字符直接连接并以圆点（或其他符号）作为分隔符的书写法，以基本类目作为基本词汇，以类目的从属关系来表达复杂概念的一类检索语言。

以知识属性来描述和表达信息内容的信息处理方法称为分类法。著名的分类法有《国际十进分类法》《美国国会图书馆图书分类法》《国际专利分类表》《中国图书馆图书分类法》等。

分类法具有如下优势：①分类法具有强大的浏览功能，类目显示能够使人们触类旁通，鸟瞰全貌；②类目的展开与收缩能够方便人们进行扩检与缩检；③给出上下文语境，使类目名称的含义明确；④提供多语种交流，扩大用户交流范围；⑤完善系统的分类体系，有专门的机构维护更新，具有广泛的用户基础；⑥传统分类法的聚类功能及其标识能用于组织非文本信息；⑦使用传统的分类法，即使不知道词形也可以检索；⑧有机读形式，便于对网络信息资源的利用。

2. 主题语言

主题语言是指以自然语言的字符为字符，以名词术语为基本词汇，用一组名词术语作为检索标识的一类检索语言。以主题语言来描述和表达信息内容的信息处理方法称为主题法。主题语言又可分为标题词、元词、叙词、关键词。

主题语言具有如下优势：①语词与概念一一对应，能控制同义词、多义词和其他一些在语义上的相关的词，排除多词一义和一词多义及词义含糊等现象；②能显示概念间的相互关系，具有较高的检全检准率。

3. 代码语言

代码语言是一种人工语言，它是将指定对象的某方面特征提炼出来，用不同的代码（如字母、符号、数字、图形等）来描述指定的对象，从而形成了一种新型的检索语言。

1) 常见的代码语言。

（1）数字组合的代码语言。条码与条码技术，例如，我们常见到的图书条码如9787122004345（化学工业出版社出版的《环境保护概论》）；连续出版物（期刊）条码如：9771001665000（新华文摘）；69400878 [TCL电脑科技（深圳）有限公司的条码代码]；身份证号码代码语言：34052419800101001X。

（2）字母组合代码语言。字母组合的内容比较丰富，例如，各种化学元素的元素符号和各种物质的化学式；各类著名的机构团体或者企业的代码标志，如ISO（国际标准化组织）、WTO（世界贸易组织）、CSSCI（中文社会科学引文索引）等；分析测试方法、管理科技术语或者某些化学反应的简称可以作为字母代码检索语言，如NMR（核磁共振）、CT（计算机横断扫描成像）、QMS（质量管理系统）、PCR（聚合酶链式反应）等；物理量及其单位名称简称可以作为代码检索语言，如kg（千克）、mp（熔点）、d（密度）等；仪器设备或装置的简称或状态；国别代码、省州代码、语种代码等，例如CHN，CN，PRC（中国）；USA，US（美国）、Eng（英文）等。

(3) 以字母结合数字（包括希腊字母）表示的代码语言。国际标准书号（简称ISBN），如 ISBN 978-7-122-00434-5；国际标准连续出版物号（简称ISSN），如：ISSN 1001-201X；各类专利文献，如 ZL200510035101；各类工程设备装置和各种产品型号的代码、化工原材料编码等。

2) 代码语言的特点

代码语言不同于分类语言和主题语言，其自身有着比较明显的特点：

（1）代码语言按一定排序方式形成；

（2）代码语言的检索一一对应，只能找到唯一的相关文献资料；

（3）代码语言应用范围有一定的局限性；

（4）同一主体的代码只有一个；

（5）代码语言包含的内容精细，丰富多彩。

三、信息检索语言的作用

检索语言作为文献情报存储检索系统的一个要素，在其中起着语言保证作用。基本功能主要表现在以下方面。

1. 对文献的情报内容（及某些外部特征）加以标引

检索语言是信息员对信息内容特征以及部分外表特征进行描述的重要依据，信息员在分析信息的基础上，用检索语言将文献的内容特征和外表特征表述出来，形成信息标识，如分类号、主题词等，然后将放在系统中，以供用户检索使用。信息标引是一个群体行为，只有共同依据检索语言才能保护标引信息的一致性。

2. 对内容相同及相关的信息加以集中或揭示其相关性

检索语言采用等级结构、参照系统、轮排聚类法、范畴聚类法等显示概念之间关系的方法，来实现对内容相同及相关的信息加以集中或揭示其相关性的功能。等级结构是显示概念之间关系的一种最重要的方法，它将各种概念按相关性排列成一个具有隶属关系或并列关系的秩序井然的概念等级体系，包括体系分类表、分面分类表、词族索引等；参照系统是主题法系统各种语言显示概念之间关系的主要方法，其功能是将具有相关性但因为按照字顺排列而被分散在各处的概念联系起来，参照系统可以显示事物概念之间的全部等同关系、一部分等级关系和全部相关关系;轮排聚类法是将表达复杂概念或多因素主题的标识,按它们所表达出来的每个有检索意义的概念因素或主题因素进行轮排,当某一概念因素或主题因素轮排到检索入口位置时,就能使具有同一概念因素或主题因素的概念或主题的标识排到一起,从而起到聚类作用,显露出概念之间的相关性;范畴聚类法可以表明同一范畴的检索词都属于某一学科或专业范围。

3. 对大量信息加以系统化或组织化

检索语言将表达成千上万个信息主题概念的全部信息标识排列成一个有序的系统。排列信息标识的方法主要有三种:分类排列法,用于号码标识系统;字顺排列法,用于语词标识系统和代码标识系统;分类和字顺结合的排列法,即先按照分类排,再按字顺排,用于语词标识系统。

4. 便于将标引用语和检索用语进行相符性比较

一般来说,任何一种检索语言都有便于将标引用语和检索用语从整体上进行相符性比较的功能。大部分检索语言还可以将标引用语和检索用语从局部上进行相符性比较。

5. 指示计算机执行查询与检索

检索者用语言项概念表达了信息提问后,要根据检索系统的功能编写成检索策略,使检索系统能顺利、快速地查到信息提问所需要的信息。

四、信息检索语言的理论基础

检索语言在创制、发展和实践应用中,吸收和借鉴了多门相关学科的方法和理论,其主要理论基础有语言学、逻辑学、知识分类理论、心理学和信息学等。这里主要介绍语言学、逻辑学和知识分类理论。

1. **语言学**

检索语言是从世界上的各种语言中提取词汇的,使用的语言不同,检索语言的词汇也不同。传统语言学区分的词类是语法词类,它对"词汇"的理解是不连贯的,部分以"概念"定义为基础,部分以"功能"范畴为基础。现代语言学的词类是范畴词类,它把在形式和/或功能方面相似的词归入一个范畴,这个范畴就叫词类。词类的辨认主要依靠句法行为,即词在句中的位置和作用。按这种方式划分词类有两个好处:一是有助于辨认处在语句的各位置上的词类；二是可以借此构造一套句法规则，用少量的规则就可以解释大量的语言现象。

1）词汇形式的划分

为了确定词的形式，需要从组配或者句法的角度对词汇进行分类，这样划分的结果形成三种词：叙词、特指词和款目词。叙词是指词汇中的正式用词；款目词则包括叙词和非正式词，款目词的作用是指定查找者必须使用的词汇，这种词汇把查找者从非正式词指引到正式词；特指词包括叙词以及叙词间合理组配后形成的词。

根据以上词类的分析，可以从句法学角度把检索语言分为句法语言和非句法语言。句法语言包括加标识的叙词、组配词、短语、自然语言等。非句法语言包括等级分类法、先组式主题法、关键词系统等。

在句法语言中，词汇数量的多少，与一个检索系统可能达到的专指性没有直接关系。在标引或检索时，首先是使用人员对文献概念进行语义分析，然后进行语言转换，转换可能出现两种结果：一种是直接形成句法语言的叙词（这个"叙词"是广义上的叙词，指的是规范化的词汇）；另一种是形成合理组配的叙词，也就是特指词。因而，句法语言检索系统的专指性与特指词的数量直接相关。

在非句法语言检索系统中，语言转换只会形成一种结果，就是直接形成词汇中的叙词。在这类检索系统中，叙词和特指词的数量是相等的，无法通过句法把叙词组配成更专指的特指词，因而其专指性与其说是同特指词，倒不如说是与叙词的数量直接相关的。

在句法语言的词汇中，非正式款目词包括词汇中未被用作叙词的自然语言词汇以及不适合组配规则的"特指词"。把这些非正式词通过"用""代""见"等形式与正式用词联系起来，能增强标引的一致性，提高查全率。并能降低标引人员的负担。

在非句法语言词汇中，非正式的款目词也就是未被用作叙词的自然语言词汇。在先组式检索语言的词汇中，这类词占有相当大的比例，主要通过"见"参照正式叙词相联系。

2）词间关系的表示

用于检索的词汇间的关系通常可以用三以下种关系加以表示。

（1）优先关系。在词汇表中列入词A，是为了把用户引向词B，即B优先于A。通常表示为"见B""用B"或"代A"。

（2）相关关系。几个词之间有一定的相关性，在词汇表中既列出了词A，也列出了词B、词C等，并且都是正式词。在词表中表示为"A参见B"或"B参见A""A参见B、C"。

（3）等级关系。用"属""分"等形式可以把具有等级关系的词在词汇表中组织起来。

结构主义语言学的开创者索绪尔说过："在一个语言状况中，一切都以关系为基础。"这表明，语言符号的形式和意义之间并无必然的、本质的联系，而是一种约定俗成的关系。所以，一个语言符号是在与其他语言符号相互区别、相互联系时才产生价值的。在检索语言的词汇表中，每个正式用词的意义都是通过词汇的组织和展示体现的。因此，同样是一个词，在检索语言中和在自然语言中会有不同的含义。

2. 逻辑学

逻辑学是一门研究思维、思维的规定和规律的科学，由古希腊著名思想家亚里士多德创立。在某种意义下，逻辑学可以说是最难的科学，因为它所处理的题材，不是直观的，也不像几何学的题材，是抽象的感觉表象，而是纯粹抽象的东西，而且需要一种特殊的能力和技巧，才能够回溯到纯粹思想，紧紧抓住纯粹思想，并活动于纯粹思想之中。但在另一种意义下，也可以把逻辑学看作最易的科学。因为它的内容不是别的，其是我们自己的思维和思维的熟悉的规定，而这些规定同时又是最简单、最初步的，而且也是人人最熟知的，如有与无、质与量、自在存在与自为存在、一与多等。但是，这种熟知反而加重了逻辑研究的困难。因为，一方面我们总以为不值得费力气去研究这样熟悉的东西；另一方面，对于这些观念，逻辑学去研究、去理解所采取的方式，却又与普通人所业已熟悉的方式不相同，甚至正好相反。

逻辑学的有用与否，取决于它对学习的人能给予多少训练以达到别的目的。学习的人通过逻辑学所获得的教养在于训练思维，使人在头脑中得到真正纯粹的思想，因为这门科学乃是思维的思维。但是就逻辑学作为真理的绝对形式来说，尤其是就逻辑学作为纯粹真理的本身来说，它决不单纯是某种有用的东西。但如果凡是最高尚的、最自由的和最独立的东西也就是最有用的东西，那么逻辑学也未尝不可认为是有用的，不过它的用处，却不仅是对于思维的形式练习，而必须另外加以估价。

情报检索语言是表达一系列概括文献情报内容概念及其相互关系的概念标识系统。概念划分、概念概括、概念综合是获得情报检索语言的基本方法。概念是事物本质属性的概括。概念又可分为内涵和外延两部分。概念的内涵越大，则其外延就越小。概念和概念之间的关系是一种思维性的东西，比较抽象，需要用逻辑学的理论来支持，明确概念与概念之间的各种关系，就能揭示和区分各种事物。概念之间的关系（见表3-1）。

表3-1 概念间的关系

外延相容	同一关系	内涵不同的概念，如同义词、学名与俗名、同一产品的正式命名与非正式命名等。如"乙醇"与"酒精"
	种属关系	概念之间是包含与被包含的关系。如"社会科学"与"档案学"
	交叉关系	概念之间部分外延重合。如"知识分子"和"教师"
	并列关系	同级之间具有交叉关系的概念。如"文学家"与"教育家"
外延不相容	并列关系	同级之间外延不同的概念。如"中学"与"小学"
	矛盾关系	外延完全不同的概念，其外延总和等于其上位概念全部外延。如"金属材料"与"非金属材料"
	对立关系	外延完全不同，其外延总和小于其上位概念全部外延。如"微积分"与"线性代数"

3. 知识分类理论

在知识分类方面，国内学界基本都赞同下面的"知识分类理论"。其表述如下：根据广义知识观和知识分类理论，知识包括陈述性知识、程序性知识和策略性知识。陈述性知识又可叫语义知识，是以命题和命题网络表征的主要用来描述事实或陈述观点的知识；程序性知识则是运用陈述性知识办事或解决问题的知识；策略性知识则是如何优化办事或解决问题的程序的知识。

按照亚里士多德的分类方法，他把知识分为理论的知识（数学、自然科学、形而上学）、实践的知识（伦理、政治、经济和修辞学）和创造的知识（诗学），这种分类方法假定了理论的知识是一切知识之源，并使得三种知识之间形成了人为的隔断，这种分类方法，影响了后代很多思想家。

所以，对知识的不同理解、不同分类方法，构成了人们理解现在世界的方式。在信息检索领域，知识分类是指按照知识的学科属性将其予以一一揭示，并分门别类地把它们系统组织起来的方法。知识经过分类后，就可以显示出每一种知识的学科性质和它们之间的内在联系。性质相同就聚集在一起，性质相近就联系在一起，性质不同就予以分开。目前国内知识分类主要依据1993年7月1日由国家技术监督局发布实施的《中华人民共和国学科分类与代码国家标准》，该《标准》是按群体学科划分理论把若干个学科划分为自然科学、农业科学、医药科学、工程与技术科学、人文与社会科学五大科学，以下再细分为6000多个三级学科。《中国图书馆分类法》（简称《中图法》）将知识门类分为5大部类22大类，根据文献内容的知识属性来系统揭示和组织文献，其依据是较科学的。

第二节 分类检索语言

分类法按学科、专业集中文献信息，从知识分类角度揭示各类文献信息在内容上的区别和联系，提供从知识分类的角度检索文献信息的途径。

一、分类检索语言定义及特点

分类检索语言是以学科范畴和学科体系为基础来划分事物的一种检索语言。在信息存储和检索中，它是一种对信息内容的概念进行逻辑分类和有规律地系统排列而构成的检索语言，并以分类表的形式体现。

分类检索语言最明显的特点是系统性，具有族性检索的功能，有利于人们从学科专业的角度进行全面性的检索。但分类检索语言是用字母或数字表示的,不具有感情色彩,需要用户进行概念转换。

二、分类检索语言类型

1. 体系分类法

体系分类法是基于概念的划分与概括,以学科分类为基础,把概括文献内容与事物的各种类目组成一个层层隶属、详细列举的等级结构体系。具有代表性的体系分类法有《杜威十进分类法》《美国国会图书馆分类法》《中图法》《中国人民大学图书馆图书分类法》等。

1) 体系分类法的结构

体系分类法的结构包括微观结构和宏观结构(见图3-1)。

微观结构包括以下5项内容。

(1) 类目划分:把一个类目分为若干个小类,从而揭示这个类目的外延。被分的类目称为母类或上位类,分出来的类目称为子类或下位类。类目划分的标准是事物属性,包括内容标准和形式标准两种,内容标准包括论述的对象、范围、所属学科、涉及的地区或国别、时代、民族等;形式标准包括编写体裁、语言文字、出版形式等。

(2) 引用次序:体系分类法中表现为分类标准的使用次序。即当某一类事物连续划分需要采用几种分类标准时,分类标准的使用顺序要得当。

(3) 类目的排列:类目的排列应体现系统性、整体性、等级性、逻辑性、连续性和一致性;同位类的排列应反映客观事物本身的发展和联系。

(4) 类名的确定:类名是表达类目含义的语词,类名的选择和确定应坚持确切性和简洁性。

(5) 类目之间相互关系的处理:体系分类法中类目间的基本关系有从属关系、并列关系、交替关系和相关关系。

宏观结构包括以下4项内容。

(1) 类目体系:按照类目之间关系建立起来的类目集合。《中图法》分为5个基本部类,22个大类以及若干三级、四级、五级类目。

(2) 标记系统:分类语言所有标记符号的集合。分类号有纯数字的也有字母数字混合的。《中图法》采用混合式号码，如"G27"表示三级类目"档案学"。

（3）说明与注释：对分类表结构及使用方法的揭示，阐述分类法的编制原理、特点和使用方法，明确类目之间的关系，确定类目的性质和范围，确定类分图书时的方法等。

（4）类目索引：从类目名称字顺查找相应分类号的类表辅助工具。

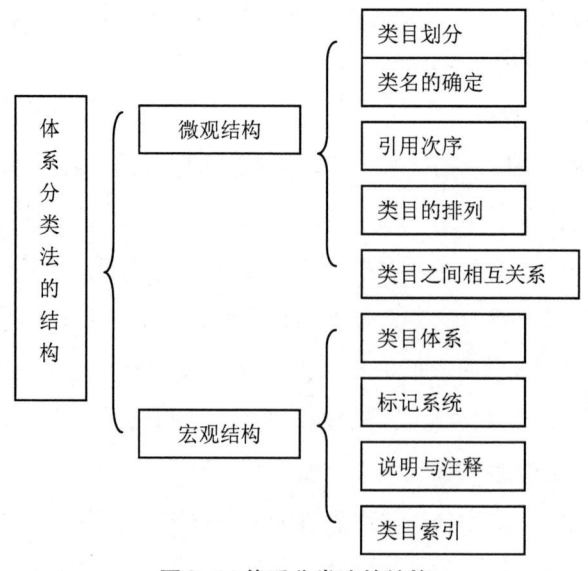

图3-1 体系分类法的结构

2）体系分类法的标记制度

标记制度是由标记符号构成分类标记的基本方法，分为顺序制、层累制、混合制和分面标记制。

（1）顺序制：在分类体系确定后，对全部类目不分等级给予顺序号码的编号方法，如《美国国会图书馆分类法》。

（2）层累制：分类号位数与类目等级相对应的标记制度。一般用一位数字或一个字母表示一个大类，再加一位数字或一个字母表示下一级类目，如此层层累加，如《中图法》。

（3）混合制：将顺序制和层累制结合起来的标记制度。这种制度一部分用顺序制，另一部分用层累制，如《中国科学院图书馆图书分类法》。

（4）分面标记制：一种显示类目组配结构的标记制度，有基本分面公式，不同的主题方面都有相应的标识符和固定的位置，共同组配成一个完整的主题类号。

3）体系分类法的特点

（1）优点：按学科专业集中文献，适合族性检索；采用等级列举式的概念标识系统来揭示概念间的相互关系，方便用户掌握；采用分类号作为主题的标识，不受语种的限制。

（2）不足：修订不便，无法及时增加反映新知识主题的类目；先组定组式标识，组配不灵活；分类号不具有感情色彩，缺乏直观性；按学科集中文献不适用于特性检索。

2. 组配分类法

组配分类法采用分面分析法，将整个知识领域或某一知识领域按其不同属性分解为若干个不同的分面，每个分面再分若干个亚面，每个亚面还可分解为若干个更小的子面，面内列出所属各子目。

1）组配分类法的特点

（1）通过简单主题概念的组配，表达各种复杂主题并揭示主题因素之间的相互关系；

（2）实现多途径检索；

（3）及时增补新的主题概念，类表修订灵活。

2）《冒号分类法》简介

《冒号分类法》由印度图书馆学之父阮冈纳赞提出，实现了立体多维组配和动态分类的理论，其本身倾向于单元词，使用分列式代替了单线式分类结构，这样任一类目就可朝向多个方向发展，从而打破了以往分类表的局限性。

（1）《冒号分类法》的组织方法。《冒号分类法》的组织方法是建立在数学和哲学的方法之上的。数学和哲学的理论在《冒号分类法》中随处可见，如哲学中的范畴、概念、划分、时间、空间无限等原理，数学中高维空间理论等。《冒号分类法》的基本组织方法是面的划分和面内点的组配。面的划分是多种的，不同的划分定义出不同的面，如根据分类的程序定义出三个假设的结构平面——概念平面、词语平面和标记平面。在概念平面中，根据主题的共性划分出文献分类的五个基本范畴，即五个基本平面——本体 P、物质 M、能量 E、空间 S 和时间 T。不同的定义划分出的平面在类分文献的过程中的作用是不同的。三个结构平面规定了该情报语言中概念与词语之间的关系以及该语言的编码规则，由此规定了类分文献的过程。五个基本平面是冒号分类法分类表结构空间组成的基本面。《冒号分类法》的基本大类与《中图法》一样，也是建立在科学分类的基础上的。在基本大类以下就不再按科学分类进行层层划分了，而是将各个基本大类中的所有主题概念都分别归入五个基本平面，形成每个基本大类中的一个个分面类表，并规定出五个基本平面的组配规则和组配顺序，在每个大类中有分面组配公式规定文献分类标识的构成形式。用《冒号分类法》标引文献主题，是将文献主题分解为各个基本平面中的类目，再按照分类规则进行组配。

(2)《冒号分类法》的词汇语义。检索语言中分类语言的词汇，是指在分类表中的全部标识即类号。类号是语词在情报语言中的编码符号，但类号最终揭示的不是语词，而是文献的主题概念。语词与概念有联系又有区别，语词是语言现象，概念是思维现象。语词和概念之间，存在着形式和内容的对应关系，语词是概念的表达形式，概念是语词的思想内容，它们之间的联系非常紧密。有的概念可以用一个词表示，有的概念则要用多个词组合成的短语表达。

《冒号分类法》中类目的类号对应的词，不一定是完整的概念，大多数类号要经过组配才能反映文献的主题概念，如 V 44，31O v2：3 标识符号的概念为印度上议院与最高行政官职能的比较。但在《冒号分类法》的类表中是没有 V 44，31Ov2：3 这个类号的，它是由 V 历史类中的四个类号及"比较类列内相关系"的符号 O v 和分面前置符号"，"":"组配而成的，这四个类号分别为历史类 P 分面中的 44（印度）、P2 分面中的 31（上议院）及 2（最高行政官）、E 分面中的 3（职能）。这里的"印度""上议院""最高行政官""职能"相对于"印度上议院与最高行政官职能的比较"而言，不是一个完整的概念。

(3)《冒号分类法》的语法规则。检索语言中分类语言的语法，就是分类表编制规则和类分文献程序及方法规则的总和。它包括类目划分的规则、类目排列的规则、类目之间相互关系处理的规则、标记制度及文献分类的基本规则、一般规则、特殊规则等。

《冒号分类法》将学科分类和文献研究的主题同时作为划分类目的主要标准。《冒号分类法》类目之间相互关系处理的规则主要采用"相关系"组配和分面组配方法。《冒号分类法》的标记符号采用字母与数字混合的分类号,采用的标记制度为合成法,即根据文献主题概念,从分类表的各个分面中查出相应的每个分面类号,在各分面类号之前置代表该分面的符号,还采用"相关系"连接符号、表示特定用途的符号等,按规定的分面组配次序组合成一个完整的文献标识。

《冒号分类法》采用号码标识系统排列文献,在字母与数字混合的分类标识中,规定字母按ABCD…递升顺序排列,数值则视作十进小数制按小数制排列,《冒号分类法》的分类号采用分段形式,《冒号分类法》分类表的序列与文献标识系统的序列不一致。

《冒号分类法》的语法,包括概念平面、词语平面、标记平面的32条规则(Canon)、11条原则(Principle)和12种方法,它规定了文献分类的过程和具体方法。《冒号分类法》标引文献主题概念的程序为:第一,确定文献主题所属的大类;第二,将文献主题概念分析成若干语词;第三,用一个个分面类号来分别表达那些语词;第四,依据分面公式,把若干个分面类号连接起来,构成一个文献主题的完整分类号。《冒号分类法》的类号不直接反映文献的主题概念,只是一个个高度抽象的主题单元,经过组配后,放映的不是分类表中的类目概念,而直接是文献主题概念。

三、《中国图书馆分类法》简介

1. 历史沿革

《中图法》是中国目前图书情报界广为使用的一部综合性分类法,它的前身可追溯到《中小型图书馆分类表草案》(以下简称《中小型表》)。新中国成立后,党和政府非常重视图书分类法的编制工作,早在1950年,我国政府部门就主持召开过有关图书分类法问题的座谈会。1956年4月底,中央文化部社会文化事业管理局主持召开了"全国中小型图书馆图书分类法座谈会",讨论编制统一的中小型图书馆图书分类法问题,随即成立了编辑工作小组。1957年8月,经广泛征求意见后,以《中小型图书馆分类表草案》的名称,由文化部社会文化事业管理局予以公布。《中小型表》的问世,标志着我国图书分类法初步走上了由政府领导下的集体编制的道路,并为编制统一的大型分类法打下了基础。它所确立的"五分法"基本体系和混合制标记符号为《中图法》所继承。

《中小型表》公布后,由于种种原因未能有组织地进行修订,致使其实用性受到很大的影响,在此基础上扩编成大型表的设想也未能实现。与此同时,各大型图书馆和专业图书馆迫切要求编制一部适合它们需要的图书分类法。这一议题在1959年举办的"全国省市图书馆馆长进修班"上进行了集中的讨论,随后在中央文化部和教育部的主持下,由北京图书馆牵头组成了图书分类法编辑组,着手编制《中国图书馆图书分类法》(后俗称《大型法》)。1964年图书分类法编辑组内部出版了《中国图书馆图书分类法草案》(下册),下册中包括自然科学和附表部分。1966年3月初又油印公布了其上册的未定稿,内容包括哲学和社会科学部分。由于"文化大革命"的原因,草案与未定稿都没有最终结果。《大型法》虽然是一部未完成的图书分类法,但其体系结构、标记制度以及编表技术为《中图法》所借鉴。

1971年2月,在国家文物事业管理局(国务院原图博口领导小组)的关怀和支持下,北京图书馆倡议以大协作的方式编辑一部新的图书分类法,这一倡议随即得到全国各系统图书馆的积极响应,先后参加编表工作的有省、市、自治区图书馆,高校图书馆以及中国科技情报所等36个单位,经过两年多时间的努力,于1973年3月完成草表并由北京图书馆以试用本的形式印出。1974年7—11月,由编辑组在京6个单位共同参加,在广泛征求各地图书馆意见的基础上,对该试用本进行了修订、补充,于1975年10月由科学技术文献出版社正式出版,产生了《中图法》的第1版。

《中图法》1975年出版后,陆续为全国许多图书馆和情报文献单位所采用,它较好地解决了大型图书馆的图书分类问题。但是由于当时的客观条件所限，特别是当时很大程度上受政治形势的影响，致使分类表中出现了相当多的政治口号乃至在后来可视为政治性错误的问题。鉴于分类表中这情况，1979年在长沙召开了有关《中图法》修订的工作会议。会上确定了修订方针、原则和修订重点，并成立了经国家文物事业管理局批准的《中国图书馆图书分类法》编辑委员会（简称《中图法》编委会），以接替原来的《中图法》编辑组，负责对《中图法》第1版进行修订。第1版修订工作始于1979年4月，具体由《中图法》编委会下设的《中图法》修订组承担，修订组用4个月时间完成修订稿，后经《中图法》编委会全体会议审定通过，由书目文献出版社于1980年6月出版，此为《中图法》的第2版。

1980年12月在南宁召开了"全国分类法、主题法检索体系标准化会议"。会议期间，全国文献标准化技术委员会第五分会建议"以《中图法》第2版为基础，通过修订完善、充实提高，以作为国家标准分类法"，国家标准总局采纳这一建议，以国标发字304号文通知有关单位。从1983年开始，《中图法》编委会着手分阶段地对《中图法》第2版进行修订。为此，先后在全国分区召开座谈会，收集汇总"《中图法》修订意见"，确定了《中图法》第2版修订方针、原则、重点、方法、步骤，随后成立了55个专业修订小组。各专业小组积极工作，于1986年上半年陆续完成了各类的修订初稿，于1987年8月至1988年6月，主、副编终审定稿交出版社付印。至1990年2月由书目文献出版社正式出版，该版即为《中图法》第3版。

根据国内外分类法修订更新的一般周期要求和计算机编目发展的现状，《中图法》从1996年起，着手修订，成立了《中图法》第五届编委会，确立了《中图法》第3版修订思想，制定了《中图法》第3版修订原则，历经了准备、研讨分工修订、审定草稿、征求意见、主副编审稿五个阶段，于1999年3月出版了第4版。《中图法》第5版已于2010年8月由国家图书馆出版社正式出版发行，并普遍应用于全国各类型图书馆。

2.《中图法》（第5版）特点

《中图法》第五版的修订幅度较大，新增1631个类目，停用或直接删除约2500个类目，直接修改类约5200多个。第5版共计51630个类目，比第4版少

1080个。

（1）以知识、科学技术发展水平和文献出版的实际为基础，将分类法科学性、实用性有机统一，强调《中图法》的实用性和工具性。

（2）在兼顾文献分类排架需要的前提下，也能满足分类检索工具和分类检索系统的需求；在贯彻《中图法》连续性和稳定性的前提下，又充分反映学科专业的发展带来的类目以及类目体系的变化。

（3）在保证综合性分类法的基本前提下，照顾到专业图书馆文献分类和网络信息组织的需要，处理好集中与分散的关系以及各学科专业类目深度。

（4）标记系统在满足分类法类目体系编制和发展需要的基础上，保持较好的结构性，并力求简明、易懂、易记、易用、易于扩充。

（5）保持《中图法》作为列举式分类法基本属性不变，保持《中图法》的基本部类和基本大类设置以及序列基本不变，保持《中图法》字母—数字混合制的标记符号与层累小数制的标记制度基本不变。在此前提下，有选择地对《中图法》个别大类的体系作较大幅度的调整完善，其他大类重点补充新学科、新事物、新主题；并在保持《中图法》类目细分程度的同时，视文献保障程度，适当调整类目划分详略程度。

（6）《中图法》对第4版修订时，考虑尽量减少对文献改编的影响，保障用户从旧版平稳过渡到新版。

总之，《中图法》是一部既可以组织藏书排架又可以分类检索的列举式等级式体系组配分类法，该分类法主要供大型综合性图书馆及情报机构类分文献、编制分类检索工具、组织文献分类排架使用，同时也可供其他不同规模和类型的图书情报单位根据自己的需要调整使用。

3.《中图法》的构成

《中图法》是依据科学分类组织类目体系的。其基本大类是建立在科学分类的基础上的，首先按知识门类分类，同时根据我国国情和文献分类的特点，将其分为5个基本部类和22个基本大类。《中图法》主要由分类表和标识符构成。

1）分类表的结构组成。

《中图法》分类表的结构组成是基本部类、大类、简表、详表。

（1）基本部类有五大类：马克思主义、列宁主义、毛泽东思想，哲学，社会科学，自然科学，综合性图书。

②基本部类下分为22个大类，它们的标识符和类名（见表3-2）。

表3-2 基本部类标识符及类名

标识符	类名
A	马克思主义、列宁主义、毛泽东思想、邓小平理论
B	哲学、宗教
C	社会科学总论
D	政治、法律
E	军事
F	经济
G	文化、科学、教育、体育
H	语言、文字
I	文学
J	艺术
K	历史、地理
N	自然科学总论
O	数理科学和化学
P	天文学、地球科学
Q	生物科学
R	医药、卫生
S	农业科学
T	工业技术
U	交通运输
V	航空、航天
X	环境科学、安全科学
Z	综合性图书

（3）22个大类下细分构成简表，简表细分又构成详表。举个例子，如G大类分为：G0（文化理论），G1（世界各国文化教育事业现状），G2（信息与知识传播），G3（科学、科学研究），G4（教育），G8（体育）。每一类下还有细分，如G4（教育）下又分为：G40（教育学），G41（思想政治教育、德育），等等，G5（世界各国教育事业），G6（各级教育），G7（各类教育），每

一类下又有细分。如G6（各级教育）下细分为：G61（学前教育、幼儿教育），G62（初等教育），G63（中等教育），G64（高等教育），G65（师范教育），每一类下又细分。如此类推。

2）标识符号

《中图法》采用汉语拼音字母与阿拉伯数字相结合的混合制号码。例如，《高中英语教学参考书》分类号为G633.41，《Internet短期培训教程》分类号为TP393.4。在图书馆的实际工作中，为了便于排架（把图书按分类规则或其他顺序摆放在书架上，以方便管理和查找），一般还需要依据书名或作者或其他（如流水号）另增加一个号码，通常采用作者的四角号码，形成"分类号/四角号码"的形式。这一符号形式，通常作为图书馆排架管理和读者检索图书的途径。

第三节 主题检索语言

主题检索语言又称主题法，直接以表达主题内容的语词作检索标识，以字顺为主要检索途径，并通过参照系统等方法揭示词间关系的标引和检索信息资源的方法。主题语言从描述事物的特性角度出发，按文献所论述的事物集中文献，其中，主题是信息组织中指信息资源所论述的主要对象，包括事物、问题对象等；主题词是经过选择用来表达信息资源主题的语词。

一、主题检索语言的定义及基本特点

主题语言是指采用描述文献主题的语词标识并按字顺排检的信息检索语言。主题语言具有如下基本特点.

（1）专指性高。以特定的事物、问题、现象，即主题为中心集中信息资源，经过规范化的名词术语不受学科限制，可独立表达事物概念。

（2）直观性好。语词具有感情色彩，易读、易记、易理解，以字顺为主要检索途径；

（3）灵活性强。主题词组配灵活，适合特性检索，通过详尽的参照系统等方式揭示主题词之间的关系。

二、主题检索语言的特性

1. 概念性

由于主题法描述文献主题内容是采用自然语言中经过规范控制的语词作为标识，达到事物、概念、语词的统一。语词是事物的表达形式，概念是事物的内在含义。概念之间存在各种各样的逻辑关系。作为概念含义的外在形式的语词，自然也存在各种关系，主题法正是利用建立语词和各种概念关系揭示文献内容的。

2. 规范性

规范性也可称为控制性。主题语言来源于自然语言，自然语言中存在许多同义词、同形异义词、多义词，若不进行规范和控制，很容易造成标引误差和检索误差。词汇控制包括词形、词义、词量、词间关系、词的专指度和先组程度等方面的控制。控制的目的是克服检索者、标引者之间的"语言障碍"，提高标引和检索的准确性和全面性。规范性或控制性是主题法的重要特性之一。

叙词法是主题语言的高级形式，下面就从叙词角度来理解主题语言的规范性。叙词法规范包括词类规范、词形规范、同义词规范、多义词规范和词义范畴的规范五个方面。

（1）词类规范。自然语言中的词类分为实词和虚词两种，实词包括名词、动名词和某些形容词；实词以外的词类称虚词，充当叙词的词类必须是实词。

（2）词形规范。词形规范是指对词义相同而词形不同的词进行优选，如汉字的"繁体、简体、异体"优选，西文的一义多词优选。

（3）同义词规范。包括真同义词规范和准同义词规范两种。真同义词是指含义完全相同的词，如自行车、单车、脚踏车等，准同义词是指本身含义并不相同，只是为了控制词量，方便检索而按同义词处理的人为性关系词（如反义词、近义词等）。对同义词进行规范的目的是保证语词的唯一性和规范化。其方法是在一义多词的情况下选择其中一个词为叙词，叙词和非叙词均被收入叙词表，通过参照系统，将非叙词引向叙词。这样既可以从叙词入手，也可以从非叙词入手检索文献，增加了检索途径。

（4）多义词规范。多义词具体包括两种情况：一词多义和同形异义。一词多义的特点是一词汇具有多种含义,并且彼此之间具有相关性。如路线,既可指思想上、政治上、工作上所遵循的方法,又可指运动比赛中行进的方向等。同形异义是指一词汇所具有的多种含义彼此之间各不相关。例如,"词"既可指最小语言单位,也可指一种文学体裁。无论是一词多义还是同形异义,都是同一个语词表达多个概念,如果不加处理,便会造成误检。

(5) 词义范畴的规范。有些词的外延不是十分明确,由此造成误标或误检,如特大城市、大城市等,可采用加注释或限定词的办法来明确其含义。

3. 组配性

文献的检索过程中,多数主题都需要用两个或多个主题词进行描述,因而主题语言是一种组配性语言。所谓组配,就是通过词表中两个或多个主题来表达和描述文献主题的过程。

主题词之所以具有这种功能,是因为主题词是建立在概念的基础上的,组配的优越性在于:其一,可以较少的主题词的组合表达体系分类法的结构主题尤其是专指度较高的复合主题;其二,可以灵活的表达描述新主题,增强主题词表的适应性;其三,用比较泛指的主题词组配表达极为专指的主题概念提高了主题法特指性检索的功能;其四,只有组配法的大量运用,可使组配的各种因素实行轮排充当入口词,提供多途径检索的可能性。组配性是主题法区别于分类法的优越性所在。

4. 语义性

主题词的语义性是指主题词之间存在含义上的相互关系,如同义、属分关系和相关关系。通过这种语义关系的表达,既对主题词进行控制和规范,又对主题词的含义进行科学具体的限定,使其形成一种暗含的网络结构,从而达到扩大满足族性检索的要求。主题词的这种语言关系称之为参照系统。主题词的语义关系是通过制定各种符号来加以联系和反映的。

(1) 同义关系。又称等同关系或代用关系,是指两个或多个词所表示的概念相同或相近,并且彼此可以互换的关系,它包括同义词和准同义词两种,是控制和规范同一概念的重要手段。同义关系的规范化处理是从同义词中选出一词作为正式主题词,其他则作为引导词,关系符号是采用"用(Y)"和"代

（D）"来表示。例如：

中等学校 Y 中学　　　　逻辑代数 Y 布尔代数

中学 D 中等学校　　　　布尔代数 D 逻辑代数

（2）属分关系。又称等级关系，是指专指度深浅不同的两个叙词之间的关系，包括属种关系、整体与部分关系和包含关系。属分关系采用"属（S）""分（F）"两个参照符号来显示，"属"用于下级叙词指向上级叙词，"分"则用于从上级叙词指向下级叙词，"属"与"分"互为反参照。例如：

图书馆　　　　　　　儿童图书馆

　　分 儿童图书馆　　　　属 图书馆

　　　公共图书馆　　　公共图书馆

　　　学校图书馆　　　　属 图书馆

　　　国家图书馆　　　学校图书馆

　　　专业图书馆　　　　属 图书馆

（3）相关关系。相关关系是指主题词之间除了同义关系和属分关系之外的某种比较密切的关系。相关关系采用"参（C）"符号来显示。例如：

图书馆学　　　　　人工智能

　　参 情报学　　　　　参 仿生

5. 动态性

主题语言是一种动态的语言，它随着事物不断发展变化和人们对客观世界认识的不断深入，主题词表需要不断地增删修改。

三、主题语言的类型

按照不同的划分可以划分成不同的类型。①按选词方法划分，可分为标题法、单元词法、叙词法、关键词法。②按语词标识的组配特点划分，可分为先组式主题法和后组式主题法。先组式主题法又可分为先组定组式和先组散组式两种，先组定组式主题法是指复杂主题的标识，在词表中已经组配好了，使用时直接从词表中选取；先组散组式主题法是指复杂主题的标识在词表中并未组配，而是在标引阶段根据标引文献资源的主题需要进行组配；后组式主题法是指用户检索前，主题检索系统中的主题词是单立的，用户实施检索后才根据检索需要进行组配。③按使用控制与否可划分为受控主题法和非受控主题法，受控主题法是指依据特定词表或类表揭示文献信息的整序方法；非受控主题法是指自然语言检索系统，是直接使用文献或用户检索使用的自然语言语词进行整序的方法。下面将重点讲解按选词方法划分的四种主题法。

1. 标题语言法

标题语言又称标题法，是以标题词作为主题标识，以词表预先确定的组配方式标引和检索的主题法。标题词是指经过词汇控制，用来标引文献的词或词组，通常为比较定型的事物名称。

（1）特点：采用列举式词表，形式直观；采用定组式标题结构固定，含义明确；按照词表列举的标题和副标题进行标引，操作简便；主要通过参照方式对词汇进行控制，并揭示标题之间的相关性。

（2）不足：由于采用列举方式，往往造成收词量巨大、专指度相对不足、修订量大等问题；大量采用定组式标题，使用手工检索工具时只能从规定的组配顺序入手进行查找，无法从多个因素、角度检索，必然会影响检索效果。

2. 单元词法

单元词法是以单元词作为主题标识，通过字面组配的方式表达文献主题的主题法。单元词是指用来标引文献主题的、最基本的、字面上不能再分的语词。

（1）特点：词表体积小；标引专指度高；便于从不同主题词角度检索；适合对专指主题进行标引。

（2）不足：直接性差；不适宜用于查找论述基本单元主题的文献；按字面组配容易产生歧义。

3. 叙词法

叙词法是以从自然语言中精练出来的、经过严格处理的语词作为文献主题标识，通过概念组配方式表达文献主题的主题法。叙词是指经过规范化处理的、以基本概念为基础的表达文献主题的词和词组。

（1）特点：结构完备，词汇控制严格，可以根据检索系统的需要对词汇进行有效控制；组配准确，标引能力强，能够准确、专指的标引和揭示各种主题内容；检索效率高，可以通过灵活组配方式进行多途径检索，达到更好的检索效果；检索系统适应能力强，可以同时适用于标识单元和文献单元检索方式，既能较好适应计算机检索系统的要求，又能适应手工检索的要求。

（2）不足：由于词汇控制要求严格，词表编制和管理的难度大，需要花费较多人力、物力；文献标引须在概念分析的基础上进行，标引难度大，要求高。

4.关键词法

关键词法是将文献原来所用的，能描述主题概念的那些具有实质意义的词抽出，不加规范或只作极少量的规范化处理按字顺排列，以提供检索途径的方法。关键词是那些出现在文献的标题以至摘要、正文中，对描述文献主题内容具有实质意义的语词，亦即对揭示和描述文献主题内容来说是重要的、带关键性的那些语词。

（1）特点：标引时无须主题分析和查看词表，简便易行，因而降低了对标引人员的要求，节省了大量人力；标引和索引编制易于实现自动化，从而显著节省时间，大大缩短了检索系统信息组织和报道时差，保证信息报道和传递的及时性；关键词是文献中使用的自然语词，表达主题比较直观、专指，可以保证较高的查准率。

（2）不足：由于关键词法直接采用文献中的自然语词作关键词，对自然语言中大量存在的等同关系词不加规范统一，也不显示等同关系，使相同主题文献常常因作者用词不同而被分排各处且无联系，导致漏检的可能性较大；关键词法不显示关键词之间的等级关系和相关关系，难以进行族性检索，特性检索的查全率也不高；为了加速和简化检索工具的编制过程，关键词多限于从文献中抽取，但由于一些标题对文献内容的表达不充分或不准确，会使关键词检索有一定的漏检和误检；在机编索引情况下，由于机械地抽词和轮排，其中有不少关键词款目是不起检索作用而徒增篇幅的。

四、主题检索语言的使用

本小节以《汉语主题词表》为例，介绍主题检索语言的具体使用。

主题词表是由自然语言中优选出的语义相关、族性相关的科学术语所组成的一种规范化词典。在文献标引和信息检索过程中，它是用以将文献、标引人员及用户的自然语言转换成统一的系统语言的一种术语控制工具。

《汉语主题词表》由中国科学技术情报研究所和北京图书馆联合主编，科学技术文献出版社1980年出版，共10分册，是我国第一部大型综合性叙词型检索语言词表。按社会科学与自然科学两个系统分别编列。全书包括主表（字顺表）、附表、词族索引、范畴索引和英汉对照索引，收录正式主题词91158条，非正式主题词17410条。主表（字顺表）是标引、检索和组织目录的主要工具，1991年又出版"自然科学（增订本）"。

1.汉语主题词表》选词原则与范围——以自然科学部分为例

该词表作为一部大型综合性科技检索工具，收词范围包括自然科学、医学、农业、工程技术等各学科领域的主要名词术语，适合对各种科技书刊、研究报告、学术论文、会议录、专利、标准以及产品样本等图书情报资料进行叙词标引与检索。由于考虑到手工检索中一般使用组配的级别有限，本词表在选定词时，对词组型主题词的数量作了适当的提高。

1）选词原则：词表依据下列基本原则选定主题词

（1）选定的主题词，主要是各学科领域文献中经常出现、在情报检索中有使用价值和一定的使用频率、能作为主题汇集一定量文献或具有叙词组配功能的名词术语。

（2）选定的主题词，必须词形简练、词义明确、严格遵守一词一义原则，并且通过概念组配应能表达文献或用户查询的特定主题。

（3）选定的主题词，应符合我国科技发展的实际需要，尽量与国内外主要科技主题词表相兼容，并应注意主题词的科学性与思想性。

2）选词范围：词表收录的主题词包括下列类型

（1）表示具体事物名称的名词术语，如汽车、变压器、反应堆、水稻、坐标仪等。

（2）表示事物的状态或现象的名词术语，如强度、失真、土壤熟化、日冕、船舶过载等。

（3）表示科学分类的名词术语，如数学、物理学、中医学、电子学、建筑工程、水利工程等。

（4）表示研究方法、技术方法的名词术语，如分析（化学）、针刺手法、有限元法、结构功能法、力学性能试验等。

（5）表示工艺方法、加工技术的名词术语，如铸造、锻造、热处理、焊接、酿造、取心钻进、爆破成型、激光切割等。

（6）表示化学元素、化合物、金属材料与合金的名词术语，如钠、氧原子、ⅣA族元素、钠化合物、硅化物、硫酸、钛络合物、钌胺、呋喃、吡啶、醇聚四氟乙烯、丁二酸（P）以及如金属板耐蚀钢、耐蚀合金等。

（7）表示国家名称、地名、组织机构名称及人名的专有名词以及文献类型、文献载体的名词术语，次部分主题词，包括在原《汉语主题词表》第三卷附表内以及第一卷社会科学部分内，增订本内未专门收录。

2.《汉语主题词表》结构

1）字顺表

字顺表又分为主表和附表，它是将全部的叙词和非叙词按字顺排列，将每个叙词款目依次组织起来，叙词款目和非叙词款目是它的基本构成单位。利用字顺表可以先不考虑概念之间的相互关系，而完全从词的字面形式出发，直接找到叙词和非叙，再通过参照系统，利用其语言环境找到更恰当的词。主表是叙词表的核心部分，收录了各学科专业最基本的词汇。附表是主表的特殊形式，它是为了控制主表的篇幅，将某些特殊范畴领域的叙词收录在一起，也按字顺排列，在使用上与主表无异，可以作主表看待。

字顺表的基本结构单元是主题词款目，由款目主题词及其汉语拼音字母、英译名、范畴分类号、注释项和6种参照关系（参照项）等组成。款目主题词按汉语拼音字顺排列。

所谓主题词款目，是指以规范化词为单元，在款目中起标目作用的条目，即每一个查找单位称为主题款目。例示如下：

Shifan daxue	款目主题词的汉语拼音
08E	范畴分类号
师范大学	款目主题词
Normal univesty	英文译名

注:…… 款目主题词的含义注释或观点注释
D 师范学院……（代项）
S 大学……（属项）
Z 学校……（族项）
C 师范教育……（参项）

师范学院、大学、学校、师范教育，均与师范大学（款目主题词）发生各种语义关系的主题词，称为关系词。它们之间的语义关系采用参照符号（关系符号）Y、D、F、S、Z、C 等加以联系，与关系词共同组成该款目主题词的参照项。

2）辅助索引

辅助索引又称为辅助表，它将字顺表中的叙词根据不同的检索需要而重新组织编排，作为使用主表的辅助性工具，不能直接标引文献。辅助索引包括词族索引范畴索引和英汉对照索引。

（1）范畴索引。又称范畴表、分类索引。它吸收了分类表的优点，把主表与附表中的全部主题词按其学科及词义范畴以汉语拼音为序编成的分类系统，即对主题词的分类，为从分类途径查主题词提供方便。范畴索引共设置 58 个大类、672 个二级类、1080 个三级类。其中社会科学 15 个大类、173 个二级类、311 个三级类。与《中图法》的大类序列基本一致。其中经济大类分设 21 个二级类、93 个三级类（见表 3-3）。

对多重属性或跨学科的主题词，则重复列入相应的类目。其中社会科学类目的重复主题词共 569 个，归入两类至四类的各为 536 个、32 个、1 个。如"民族解放战争"一词，分别归入政治、军事、历史和民族 4 个大类。

范畴索引的类目标记采用数字与字母混合制，大类用两位数，下属二级、三级类目再加上一至二个拼音字母以示区别。

（2）词族索引。又称族系索引、词族表。它是指具有同义、属分和相关等语义关系的一组主题词。其中概念最大的主题词称为族首词，居于同族词之首，即只有参照项"分（F）"，而没有参照项"属（S）"的主题词。

表3-3 《汉语主题词表》范畴索引

《汉语主题词表》类目	《中图法》类目
01 马克思主义、列宁主义	A 马克思主义、列宁主义、毛泽东思想
02 哲学	B 哲学
03 政治	D 政治、法律
04 国际关系	D 政治、法律
05 经济	F 经济
06 军事	E 军事
07 文化事业	G 文化、科学、教育、体育
08 教育	G 文化、科学、教育、体育
09 体育	G 文化、科学、教育、体育
10 语言文字	H 语言、文字
11 文学艺术	I 文学　J 艺术
12 历史	K 历史、地理
13 民族	K 历史、地理
14 心理学	B 哲学
20 社会科学一般概念	C 社会科学总论

一个词族就是以族首词为中心的所有下位主题词以及它们的同义词和相关概念的主题词，逐级向下、等级阶梯式排列和向左右展开的完整的等级语义系统（见3-2）（"↓"表示上位概念到下位概念的属分语义关系符号）。

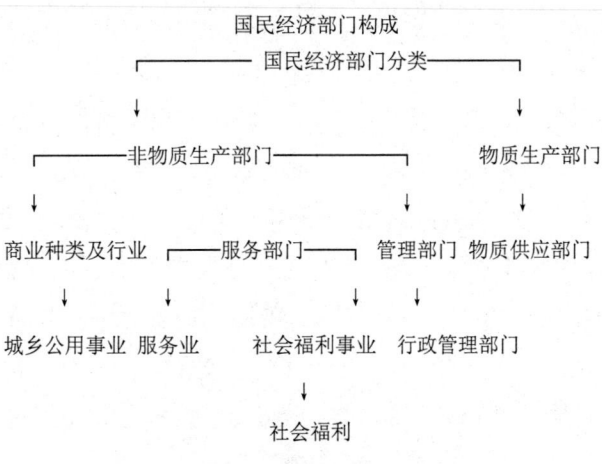

图3-2 《汉语主题词表》词族索引

(3) 英汉对照索引。这是一种将中英文对照的款目主题词，按英文字顺排列而成的辅助工具，主要提供按英译名检索主题词的检索途径。例如：

商业区　　　　　　　　　Business area 05QD

商业资金　　　　　　　　Business　capital 05QF

商业中心　　　　　　　　Business Center 05QD

工商统一税　　　　　　　Business conslidated tax 05QK

交易磋商（Y贸易谈判）　Business consultation 05RA

五、分类主题一体化检索语言

1. 分类主题一体化检索语言的发展

所谓检索语言的分类法主题法一体化，是指对分类表和叙词表的术语、参照、标识及索引实施统一的控制，使两者有机地融合为一体，从而发挥其最佳的整体效应。分类法主题法一体化，是研究分类语言和主题语言相互之间的对应关系，属于不同检索工具相互对应和转换的研究范围。这种对应和转换的研究，可将主题语言直观性的优势引入分类语言，方便用户使用分类语言和方便标引员进行分类标引。即对用户而言，不需掌握分类语言，直接用主题词，就可通过分类主题词表进入分类系统，检索到他所需要的文献信息。对标引人员来说，可降低分类标引的难度，有助于提高分类标引的速度和提高分类标引的准确性和一致性。分类主题一体化的作用，除因其具有直观性而便于使用外，还有另一个更重要的作用：为计算机自动抽出的关键词提供关键词—主题词—分类类目对应关系，实现计算机自动分类标引。

1969年，世界上第一部分类主题一体化词表艾奇逊等编制的《分面叙词表：工程及相关学科的叙词表及分面分类法》问世，在它的影响下，《国际十进分类法》（UDC）、《美国国会图书馆分类法》（LCC）、《杜威十进分类法》（DDC）的编制者都对其分类法进行了一体化的研究，如《杜威十进分类法》编辑组2000年发布的"视窗杜威"2.10版的内容之一，是将《杜威十进分类法》与《国会图书馆主题词表》进行了链接对照，使其利于自动分类和网上传播。我国图书情报界1983年和1987年编制了首批一体化词表《常规武器工业分面叙词表》和《教育分面叙词表》，1994年我国第一部大型综合性分类主题一体化语言《中国分类主题词表》出版，标志我国基本上完成了传统印刷型手工检索工具情报语言一体化的研究和编制，进入了新的更高一级的研究阶段——电子版和网络版一体化语言的研究。

2. 《中国分类主题词表》简介

《中国分类主题词表》是我国20世纪90年代以来对检索语言进行应用研究的产物，是我国文献信息资源组织整序的主要工具。2000年4月《中图法》第六届编委会成立，决定开始修订《中国分类主题词表》，并确立了《中国分类主题词表》修订的指导思想和原则。2001年5月在国家社科基金委员会批准立项为"数字信息资源组织工具的研发与应用"，《中国分类主题词表》第2版和电子版是该项目的主要研制成果，现已于2005年9月由北京图书馆出版社出版。

（1）《中国分类主题词表》的结构

《中国分类主题词表》从我国文献检索语言实践出发，选择了"分类法—叙词表对照索引式"的分类主题一体化检索语言体系结构，由以下两个表组成。

第一卷为"分类号—主题词对应表"部分，是《中国分类主题词表》从分类到主题、从类号到叙词的对照索引体系，包含了《中图法》《中国图书资料分类法》所有类目和对应的叙词款目、对应的注释。该卷分左右两栏编排，左栏是《中图法》的类表，右栏是相对应的主题词和主题词串构成的先组式标题。其主要功能是文献分类标引和通过分类的途径查找主题词，进而进行主题标引。

第二卷为"主题词—分类号对应表"部分，是《中国分类主题词表》从主题词到分类号，从标题到分类号的对照索引体系。它按主题词款目和主题词串标题的字顺排列，其后列出对应的分类号。主题词款目结构与《汉语主题词表》大体相同，但在族首词下进行全显示。其主要功能是文献主题标引和通过主题查找相关的分类号，作分类标引的辅助手段。

（2）《中国分类主题词表》的修订

《中国分类主题词表》在《中图法》第4版的基础上进行修订，已于2005年9月出版，包括《中国分类主题词表》第2版和电子版。

《中国分类主题词表》第2版是以《中国分类主题词表》第1版编制规则和

"主题词机读规范数据库""《中图法》第4版机读数据库"为基础,以满足电子版功能为主,兼顾手工印刷版需求的分类与主题、标引与检索一体化的实用工具。第2版对《中国分类主题词表》第1版进行了全面系统的修订,其中增补新学科、新事物、新概念的主题词20000多条,删除无使用频率的旧词包括修改为入口词的有12000多条,增补自然语言形式的入口词共21000多条,对《中图法》第4版类目做了部分修订和调整。

《中国分类主题词表》目前仍然是我国规模最大的分类主题一体化标引工具,共收录分类法类目52992个、主题词110837条、主题词串59738条、入口词35690条,包括哲学、社会科学和自然科学、工程技术等各领域的学科和主题概念,应用范围广泛,可适用于图书馆、档案馆、情报所、书店、电子网站等进行各种类型、各种载体文献数字信息资源的分类主题一体化标引和检索,它不仅适用于综合性文献标引和检索的需要,而且也照顾到专业文献信息资源标引和检索的需要。同时《中国分类主题词表》的电子版为实现机助标引和自动标引提供了知识库和应用接口。

(3)《中国分类主题词表》的使用

《中国分类主题词表》是分类与主题、先组式检索语言与后组式检索语言相结合的一体化检索语言体系。使用该表不仅可以使分类标引、主题标引在经过同一主题分析、采用同一标引工具的一次完成,而且能够降低主题标引的难度,提高标引的一致性。同时,由于分类号与主题词之间建立了对应联系,有利于在检索系统中实现分类号与主题词之间的相互转换,从而提高检索效率。

为各图书情报单位学习、掌握和使用《中国分类主题词表》,提高文献主题标引和文献分类标引质量,《中图法》编委会曾组织编写了三部《中国分类主题词表》手册,分别于1994年、1998年、2005年出版。手册的主要内容包括分类主题一体化检索语言;《中国分类主题词表》的编制及使用;文献标引的一般方法;各种主题形式和主题因素文献的标引;各类型文献的标引;各学科文献的标引等。

《中国分类主题词表》第2版和电子版出版后,新手册又全面论述了《中国分类主题词表》的编制理论、体系结构及功能,系统归纳了它在文献信息标引和检索中的应用方法和技术，重点介绍了《中国分类主题词表》的修订原则、程序和方法，修订技术和规范，并总结了《中国分类主题词表》修订的重点。同时，对修订重点之一的《中国分类主题词表》管理系统和电子版的研制理论、技术和使用方法作了详尽的分析和阐述。从计算机应用角度全面论述了文献信息标引工作中的基本问题，同时还结合文献信息机读标引工作的实际，详细分析了利用《中国分类主题词表》对各类型主题、各类型文献信息、各类学科文献信息进行标引的方法。

《中国分类主题词表》手册是《〈中国图书馆分类法〉使用手册》的姊妹篇，但其阐述的重点是文献分类主题一体化标引和利用电子版标引的问题，手册附有大量的机读标引实例，对正确进行主题分析、主题标引很有帮助。新手册还从信息资源组织工具的编制理论、编制实践与应用实践三方面紧密结合进行了总结，希望能对检索语言的数字化理论发展与信息资源组织工具的实践应用起到指导性作用，成为图书情报机构从事信息资源组织与检索工作的必备手册。

第四章 计算机信息检索

随着现代计算机的出现、科学技术的不断发展,人们的生活、工作方式也发生着变化,计算机技术、通信技术、信息处理技术逐渐应用到信息检索中,信息的存储、加工、传递、检索和利用的模式已发生深刻的变革,自动生成大型索引已成为可能。自动索引提供了对检索问题的一种看法,也就是说检索问题在某种程度上与系统更为相关,而不是与用户需求相关。由这一看法产生的观点是以计算机为中心的观点,这一观点认为,信息检索问题主要由几方面组成,分别是:建立有效的索引,以高性能处理用户查询;开发能够提高结果集合质量的排序算法。计算机信息检索的广泛应用和发展,改变了人们的检索方式,由原来的耗时费力的手工检索,变为省时省力的计算机检索,使人们的工作效率大大提高。

第一节 计算机信息检索概述

计算机信息检索始于20世纪50年代初,发展于80年代中期,90年代后随着国际互联网技术的发展而进入了一个崭新的时期。所谓计算机信息检索,就是在计算机和人的共同作用下,按照一定的方法组织和存储信息,并通过人机对话从计算机存储的大量数据中自动输出用户所需的那部分信息的过程。实质上计算机信息检索是利用计算机信息检索系统存储和查找信息的技术,是计算机硬件资源、系统软件、检索软件和数据库的综合。

一、计算机信息检索原理

信息检索的本质是信息用户对信息集合和需求集合的选择与匹配。匹配和选择是一种机制,主要是把需求集合与信息集合进行相似性比较,然后根据一定的标准选出符合需要的信息。要进行有效的匹配和选择,首先必须对大量的信息进行收集和加工处理,使之有序,让原来隐含的、不易识别的特征显性化。其次,对用户提出的信息需要做加工处理,分析所需的信息内容,提取出主题概念和其他属性,并利用与信息集合相同的标识系统来表示需求中包含的概念和属性。

计算机信息检索是指利用计算机对信息进行存储与检索,计算机信息检索系统分为存储过程和检索过程两部分。

存储过程:大量的数据按一定的格式输入到计算机中,经过计算机的加工处理,以一定的结构有序地存储在计算机的存储介质上。信息的存储就是按照既定的方针、目的和标准,对大量的信息进行收集、加工、处理,使之从无序变为有序、从分散变为集中、从广泛性变为针对性(如针对某一学科或某一特定人群)、从不易识别变为特征性(如标出原始信息的名称、主题、作者等),并用计算机可以识别的代码进行表示,用便于计算机快速存取的方式进行存储,构成可供检索的数据库。

检索过程:用户的需求输入到计算机中,由计算机对其进行处理,并与已存储在计算机中的信息进行查询与匹配,最后按要求的格式输出检索结果。信息的检索就是用户对检索课题加以分析,明确检索范围,弄清主题概念,然后用特定的检索指令来表示主题概念,形成检索提问标识,输入到计算机进行查找。查找的过程实际上是一个比较、匹配的过程,检索提问标识只要与数据库中信息的特征标识及其逻辑组配关系一致,则属"检索命中",即找到了符合要求的信息。检索结果可以由终端设备显示或打印输出(见图4-1)。

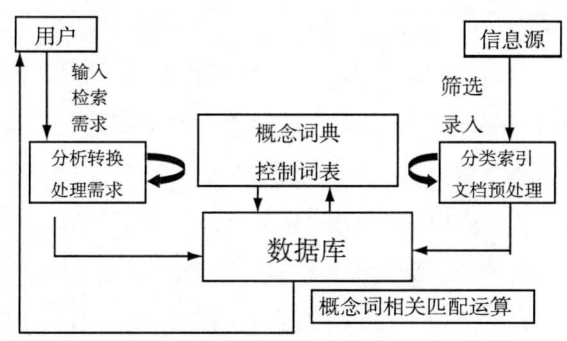

图4-1 计算机信息检索的基本原理

二、计算机信息检索特点

手工检索是人们长期以来采用的文献信息检索的传统方法，人们直接凭头脑进行判断，借助简单的机械工具，对记录在普通载体上的资料来进行相应的检索。现代计算机检索已经逐步取代手工检索，虽然手工检索也有其优点，即直观性强、灵活性高、费用低等。但随着信息数量的迅速增长，人们对信息需求的快速扩展，手工检索的不足也日益明显，如检索速度较慢、时空的限制强、更新周期长、新颖性和时效性差、检索途径少等方面。计算机信息检索的应用和普及弥补了手工检索的缺陷，提高了信息检索的效率，其特点表现为以下几点。

1. 检索范围广、内容丰富

因特网是全球最大的信息数据库，几乎每台个人计算机都可以成为信息源，内容包罗万象。联机检索系统通常可以提供数十个到数百个数据库的检索，涉及的主题比较广泛，如DIALOG系统装载多达450多个数据库，几乎覆盖了人类社会生活的各个领域，可以方便、迅速地浏览相关学科或主题的所有数据库中的记录。

2. 检索效率高、速度快、反馈及时

计算机信息检索与手工信息检索相比，检索速度提高，只需数分钟便可从成千上万的记录中检索到需要的信息。联机系统的中央主机主要采用分时技术，主机巨大的处理能力轮流分配给每个用户，系统对用户指令的响应通常只需要几秒钟，检索等待的时间短，反馈快。用户可以根据系统的反馈，随时调节检索的深度、改变检索的范围或者调整检索的策略。利用因特网，用户可从浏览器向Web服务器发送请求，Web服务器可在数秒内将数据传送给用户的浏览器，用户可随意浏览，得到有效信息。

3. 数据更新快，可获得最新的信息

因特网上每时每刻都有新的信息出现，内容更新快，随时都可以查到获得最新的信息，对金融、商业、市场、科研和社会动态方面的数据库，更新周期往往只有数分钟甚至更短。以使用光盘为例，光盘多为季更新或月更新，甚至是周更新，这样的检索和信息报告是手工检索系统不能完成的。

4. 页面友好、使用方便

Internet 的 Web 信息检索页面丰富友好，易于操作，检索相当方便，能够在 Internet 上迅速快捷地查到各种信息。例如，光盘信息检索系统一般采用菜单的方式，即使普通的用户也可以很容易地掌握。此外，联机信息检索系统通常都有成熟的辅助功能和联机帮助，指导用户使用检索工具查找到所需的信息。

5. 检索途径多、功能强

计算机信息检索采用布尔逻辑运算，各类检索词之间可以通过逻辑组配符灵活地组配起来进行检索。许多计算机信息检索系统可对词间位置关系及词的片段（截词）等进行模糊检索，检索方便灵活，能够满足多途径检索的要求，对于复杂的多元检索更为有利。例如，计算机信息检索系统提供了手工检索途径以外的检索途径，内容更为丰富，检索功能更强。

6. 检索输出方式灵活多样

检索结果的输出方式丰富多样，可以按要求做顺序、统计、绘图等加工，也可以选择打印、存盘或用 E-mail 传递检索结果，还可以在线直接订购原文或直接检索出文献原文，方便快捷。

7. 检索不受时空限制

计算机信息检索只需拥有相应的硬件和软件，就可以在任何时间、任何地点，不受时空的限制，借助光盘和通信网络查到所需的信息。

三、计算机信息检索服务模式

计算机信息检索服务模式的发展过程是与计算机技术及其他现代科学技术的发展过程紧密相关的。计算机应用于信息检索始于20世纪50年代初，发展于80年代中期，90年代后随着国际互联网技术的发展而进入了一个崭新的时期。

1. 脱机检索服务模式

脱机检索服务模式存在于20世纪50年代中期到60年代中期。自1946年2月世界上第一台电子计算机问世以来，人们一直设想利用计算机查找文献。进入50年代后，在计算机应用领域"穿孔卡片"和"穿孔纸带"数据录入技术及设备相继出现，它们作为存储文摘、检索词和查询提问式的媒介，使得计算机开始在文献检索领域中得到了应用。在利用计算机进行信息检索的早期，人们只是用单台计算机的输入、输出装置进行检索，用磁带作存储介质，一般为连续的顺序检索方式。检索部门把许多用户的检索提问汇总到一起，进行批量检索，然后把检索结果通知各个用户，用户不直接接触计算机。

1954年，美国海军兵器中心首先采用 IBM 701 型计算机建立了世界上第一个科技文献检索系统，实现了单元词组配检索，检索逻辑只采用"逻辑与"，检索结果只是文献号，1958年，美国通用电器公司将其加以改进，输出结果增加了题名、作者和文献摘要等项目。20世纪50年代末，IBM公司利用一台 IBM 650 计算机成功地编制出关键词索引，并建立了世界上第一个主题情报检索系统，为用户定期检索和提供一定主题的文献，并很快得到了推广应用。在这一时期，人们主要利用单台计算机进行过期文献的回溯检索和新文献的定题检索，批量检索是计算机信息检索的主要方式。批处理虽然比手工检索快捷、方便，但用户不能与系统进行实时对话，不能及时修正检索策略，而且检索结果不能立即得到，必须等待成批处理或定期检索处理。因此，人们开始研制更便利的联机检索系统。

1964年，美国化学文摘服务社建立了文献处理自动化系统，使编制文摘的大部分工作实现了计算机化，以后又实现了计算机检索。同年，美国国立医学图书馆建立了计算机数据库，即医学文献分析与检索系统，不仅可以进行逻辑"或""与""非"等运算，而且还可以从多种途径检索文献。这一阶段主要以脱机检索的方式开展检索服务，其特点是不对一个检索提问立即作出回答，而是集中大批提问后进行处理，且进行处理的时间较长，人机不能对话，因此，检索效率往往不够理想。但是，脱机检索中的定题服务对科技人员却非常有用，定题服务能根据用户的要求，先把用户的提问登记入档，存入计算机中形成一个提问档，每当新的数据进入数据库时，就对这批数据进行处理，将符合用户提问的最新文献提交给用户，可使用户随时了解课题的进展情况。

2. 联机检索服务模式

联机检索服务模式是从20世纪60年代中期到70年代初期较为盛行的。由于计算机分时技术的发展、通信技术的改进、计算机网络的初步形成及检索软件包的建立，用户可以通过检索终端设备与检索系统中心计算机进行人机对话，从而实现对远距离的数据库进行检索的目的，即实现了联机信息检索。

这个时期，计算机处理功能的加强，数据存储容量的扩大和磁盘机的应用，为建立大型的文献数据库创造了条件。例如，美国的Dialog系统（Dialog对话系统）、ORBIT系统（书目情报分析联机检索系统）、BRS系统（存储和信息检索系统）、欧洲的ESA-IRS系统（欧洲航天局信息检索系统）等都是在此时开始研制并逐步发展起来的，并且均在国内或组织范围内得到实际应用。可以说，联机检索是科技信息工作、计算机、通信技术三者结合的产物，它标志着20世纪70年代计算机检索的水平。

1965年，美国系统发展公司（SDC）进行全美范围的联机网络实验，研制了ORBIT信息检索软件，并建立了ORBIT国际联机信息检索系统。1966年，洛克希德空间与导弹公司（后来的Dialog情报服务公司）建立了Dialog联机信息检索系统，并于1969年投入使用。在欧洲，1965年建立的欧洲空间研究组织空间文献服务处（SDS）是提供联机检索设施的首批情报中心之一。

20世纪60年代末，由于计算机软硬件技术的不断提高，出现了一台主机带多个终端的联机信息检索系统。大容量计算机分时系统、带终端的远程处理系统、强检索功能软件研制成功以及数据库生产的迅速发展，特别是空间技术和远程通信技术的发展，使计算机检索进入信息—计算机—卫星通信三位一体的新阶段，即不受地区、国家限制而真正实现全世界资源共享的国际联机信息检索阶段。联机检索是用户利用终端设备，通过通信网络或通信线路与检索系统联机，进行"人机对话"，从检索中心的数据库及时查找所需要的文献信息过程。

20世纪70年代初，联机书目系统在美国和欧洲得到了广泛的利用，这一时期出现了其他一些联机检索系统，如IBM公司的"文献处理系统"、欧洲空间组织的ESA-IRS系统等。同时这些联机检索系统开始向公众提供商业性服务，如Dialog、ESA-IRS、ORBIT、BRS等许多世界著名的联机检索系统相继投入商业性运营。

20世纪80年代，发达国家的一些计算机信息联机检索系统，通过卫星通信网络和计算机专用终端，在世界范围内提供联机信息检索服务，形成国际联机检索服务业。联机检索服务是计算机检索走向实用化、规模化、产业化的重要标志。

3. 网络化联机检索服务模式

网络化联机检索服务模式是从20世纪70年代初出现的，到现在一直沿用。由于电话网、电传网、公共数据通信网都可为情报检索传输数据，特别是卫星通信技术的应用，使通信网络更加现代化，也使信息检索系统更加国际化，信息用户可借助国际通信网络直接与检索系统联机，从而实现不受地域限制的国际联机信息检索。尤其是世界各大检索系统纷纷进入各种通信网络，每个系统的计算机成为网络上的节点，每个节点连接多个检索终端，各节点之间以通信线路彼此相连，网络上的任何一个终端都可联机检索所有数据库的数据。这种联机信息系统网络的实现，使人们可以在很短的时间内查遍世界各国的信息资料，使信息资源共享成为可能。

可以说，联机网络和检索终端几乎遍及世界所有国家和地区，使得国际联机信息检索的发展达到了相当高的水平，开展商业性国际联机检索服务的大机构已达200余家，像美国的Dialog信息公司已成为全世界最为著名的联机检索服务机构。

4. 光盘检索服务模式

光盘检索服务模式是从20世纪80年代中期开始的，到现在仍是用户的选择之一。由于信息存储技术的发展，1978年，小型化和高密度化的信息媒体——光盘诞生了。它具有信息存储高密度、容量大、读取速度快、存储信息类型多等优点，备受人们的青睐。1983年出现了一种新的存储器——CD-ROM光盘。光盘作为计算机的外部存储设备引起了世界信息界的极大兴趣，1985年第一张CD-ROM数据产品——BIBLIOFILE《美国国会图书馆机读目录》诞生，从此，光盘检索以其设备存储量极大而体积微小、设备要求简单、可随地安装、使用方便、易于操作、检索费用低、可随时修改检索策略并且具有很高的查全、查准率等优点盛行一时，但很快随着网络的出现而淡出信息检索领域。

光盘是20世纪80年代发展起来的激光存储载体，继纸张感光材料、磁性载体之后问世的又一种新型的信息存储介质。能存储数据、文字、图形、图像、声音、动画等各种信息。一张普通的光盘信息存储量约为550兆。

5. 网络检索服务模式

Internet是一组全球信息资源的总汇。有一种说法认为Internet是由许多小的网络（子网）互联而成的一个逻辑网，每个子网中连接着若干台计算机（主机）。Internet以相互交流信息资源为目的，基于一些共同的协议，并通过许多路由器和公共互联网而成，它是一个信息资源和资源共享的集合。计算机网络只是传播信息的载体，而Internet的优越性和实用性则在于本身。

网络检索服务模式是从20世纪90年代初兴起，到现在一直受到用户的青睐，随着卫星通信、公共数据通信、光缆通信技术以及信息高速公路事业在全世界的迅速发展，特别是20世纪90年代，Internet的迅猛发展及超文本技术的发展，基于客户端、服务器的检索软件的开发，使客户端、服务器网络检索模式开始取代以往的终端、主机结构，成为信息检索的发展趋势，使得信息检索进入了一个崭新的时期，网络信息检索越来越成为现代信息检索的主流。

计算机信息检索的实现，大大方便和加速了信息资源的交流和利用，并对社会经济的发展和人们的科研方式产生了深刻的影响，从而也极大地促进了科技的进步。现在Internet已经成为世界上最大的信息资源库，全文本、超文本、多媒体技术日趋完善。

第二节　计算机信息检索系统构成

计算机信息检索系统就是把信息及其检索标识转换成计算机可阅读的二进制编码，存储在磁性载体上，由计算机根据程序进行查找并输出结果的系统，即利用计算机，根据信息提问，从经过加工并已存储在计算机主数据库和存储介质内的信息中查出所需信息的系统。计算机信息检索系统能存储大量的信息，并对信息条目进行分类、编目或编制索引，还具有根据用户要求从已存储的信息库中抽取特定的信息，并提供插入、修改信息的功能。

一、计算机信息检索系统的物理构成

计算机信息检索系统从物理构成上来说，通常由信息检索中心、通信设备、检索终端三部分组成。

1. 信息检索中心

信息检索中心是计算机信息检索系统的中枢部分，是检索系统的核心部分,包括软件和硬件。通过一定的检索软件，它们能够进行信息的存储、处理、检索以及整个系统的运行和管理。它是在其软件包的支持下，提供用户终端检索用的各个数据库，并把检索结果及时反映到客户终端。检索中心由中央计算机及外部设备、数据库、软件组成。

（1）中央计算机及外部设备。中央计算机又简称"主机"，是计算机信息检索系统硬件的核心。它包括中央处理机、中央存储器、通信部件、控制部件和连接外围设备的输入输出子系统。中央计算机一般是大型计算机，具有分时和实时操作能力，可以在同一时间里支持几十个甚至几百个终端对其进行查找，在系统软件和检索软件的支持下完成信息的存储、处理和检索操作，对整个系统运行进行控制。

（2）数据库。数据库是系统的核心组成部分，是在计算机存储设备上按一定方式存储的相互关联的数据集合。它是检索系统的信息源，也是用户检索的对象，也是检索操作的直接使用对象。提供检索用的数据库存储在磁盘里。这些数据库一般是由数据库生产者提供、系统自建或与他人合建。一个计算机信息检索系统一般可提供数十个到数百个数据库。

（3）软件。软件是计算机检索系统中有关程序和各种文件资料的总称，包括系统软件和应用软件。系统软件一般包括操作系统、编译系统与汇编程序、诊断程序等；应用软件是根据具体工作需要设计的数据库管理系统、词表管理系统、检索软件和阅读软件等。其中，数据库管理系统（Database Management System，DBMS）的主要功能是对数据库的管理。一般来说，DBMS具有建库、自动维护、保护数据库、便于查询、保证独立性等功能。检索软件是用户与系统的页面工具，用户通过检索软件进行检索，检索软件功能的强弱直接决定整个系统的检索能力。

2. 通信设备

通信设备是联系检索终端与中央计算机的桥梁，主要起到确保信息传递畅通的作用。通信设备一般包括通信网络和各种通信设备。

通信网络是支持计算机信息检索网络化的基础，是联系计算机系统和检索终端设备的桥梁，起着传递信息的作用。用户使用终端设备，通过通信网络查找远隔重洋的数据库中的信息。通信网络有几种类型：一是公用电话网，用户通过拨号和租用专线与中央计算机连接，按时计费，通信质量较差。二是专用数据通信网，由于这种网的线路设备利用率低，不能实现公用的数据交换，正逐渐被公用数据网取代。三是公用数据网（又称分组交换网），由于采用分组交换技术，线路利用率高、可靠性好、灵活性强，因此得到了广泛的应用。

通信设备主要包括路由器、网关、调制解调器或网络适配器等。

3. 检索终端

检索终端是用户向信息检索中心发送和接受信息的设备，是用户与计算机信息检索系统传递信息进行"人机对话"的装置。通常的终端可分为非智能终端和智能终端两类。非智能终端没有处理信息的能力，只能发送或接受信息，如只有显示器、键盘和打印机构成的标准终端或电传终端，现在使用不多。智能终端内装有处理器，可用来处理接受的数据，如微型机只要加上通信设备与软件便可作为终端使用，实现与计算机信息检索系统的链接。

二、计算机信息检索系统的逻辑构成

计算机信息检索系统的逻辑构成就是指其包括的功能模块及相互关系。一个完整的计算机信息检索系统至少应包括以下四个功能模块：

1. 信息采集子系统

信息检索系统中的数据主要来自各种公开文献，如一次文献中的图书、期刊、会议论文、学位论文、政府出版物；二次文献中的索引、目录和文摘；三次文献中的百科全书、词典、指南、手册等。有些系统还收录各种研究报告、统计资料等。

这个模块的主要任务是根据系统的经营方针和服务对象的需要，以快速、经济的手段，广泛地、连续不断地采集各种信息源，为系统提供充足而适用的数据来源。随着通信技术与网络的发展，信息采集的内容与方法在很大程度上发生了变化，表现为两个方面：一方面，从内容上看，采集的对象在原有的基础上有了扩展，除原有的对象外，还增加了网络信息资源。另一方面，从方法上看，信息采集不再全部由工作人员完成，而是更多地借助计算机，特别是对网络信息的采集，编制出一种机器人程序，可以自动地在网页间收集信息。

2. 标引子系统

标引是根据一定的规则和程序，对文献内容进行分析，然后赋予每篇文献以一定数量的内容标识，作为存储与检索的依据。其作用是为信息存储与检索两个环节提供链接，为特定的提问提供快速准确的检索途径。标引通常与文献编目和文摘工作一起进行，然后把标引结果和其他描述事项填入系统表格，录入计算机。此模块完成三项功能，分别为自动分词、选出标引词、转换。即由计算机软件将文献中包含词汇进行自动分割，再按照实词出现频率抽取标引词，最后将抽出的标引词转换为主题词。

3. 建库子系统

建库子系统的实质是将采集系统所采集的无序信息进行有序化组织的过程。其主要任务是对采集的信息进行组织，建立并维护可直接用于计算机检索的数据库。此模块完成三项功能：数据评价与转换、数据录入、数据库的维护与更新。

4. 用户接口子系统

用户接口子系统全称"系统—用户接口（System-User Interface）"，是面向系统用户的一种人—机接口。它承担用户与系统之间的通信功能，负责用户与系统之间的通信。此模块完成六项功能：识别用户、接收提问、提问校验、转化提问式、检索、结果输出。其中，用户模型是系统建立的用户认知模型，可以用来增强人—机接口的生动性，使系统能考虑不同用户的不同需要、技能和经验等；命令语言是系统提供给用户的检索命令集合，包括基本命令（如检索开始、结束、显示、打印等）和扩充命令（如截词运算、限制检索等）；信息显示是系统以屏幕显示形式提供给用户的各种信息，如菜单、窗口、帮助信息、错误信息等。

三、计算机信息检索系统的种类

1. 根据检索系统的工作方式划分

按照检索系统的工作方式可将计算机信息检索系统分为脱机信息检索系统、联机信息检索系统、光盘信息检索系统和网络信息检索系统四种类型。

(1) 脱机信息检索系统。这是一种最早应用批处理方式的计算机信息检索系统,利用单台计算机的输入输出装置进行检索,用磁带作为存储介质,为连续的顺序检索方式,适合大批量的定题检索。检索人员把众多的各种信息需求编成"用户提问单",按要求一次性输入到计算机中进行检索,并将检索结果整理分发给用户。这种检索方式适用于大量检索而不必立即获取检索结果的用户。

脱机检索系统的数据处理和储蓄能力有限,检索的执行由专职检索员统一处理,而且不提供任何实际浏览的可能性,用户无法与系统进行交互,所以就要求检索者必须制定完备的检索策略才能保证较好的检索效果。

(2) 联机信息检索系统。联机信息检索系统是计算机技术在情报检索中应用的结果,是由通信网络将计算机检索终端与系统主机远程连接构成的主从结构式的信息检索系统,用户从检索终端输入检索指令直接与系统进行会话式检索。一台主机带多个终端,有分时操作能力,相互独立的终端可同时进行检索,联机信息检索系统不仅能够使许多相互独立的检索终端同时与主机进行"对话",而且能对用户的提问及时处理,即刻回答。用户还可以浏览有关的信息,及时修改检索提问,调整检索策略,直至获取满意结果。

(3) 光盘信息检索系统。从20世纪80年代中期至今,自光盘产生后,因其存储容量大、价格低廉、使用方便,保存时间长,成本低而发展成为一种主要的信息载体,光盘信息检索得到迅速发展。光盘信息检索系统是利用计算机和光盘驱动器读取与检索存储在光盘上的信息的计算机信息检索系统。光盘信息检索系统主要有两种类型:单机光盘检索系统和网络光盘检索系统。

(4) 网络信息检索系统。网络信息检索系统是以Internet为平台,以Internet上的信息资源作为检索对象而形成的检索系统,系统采取客户机/服务器结构,彼此之间的关系对等,这样可以互相访问和利用对方的资源。由于Internet上的信息资源丰富、类型繁多,因此作为检索这些资源的网络信息检索系统也呈现多样化。早期的网络信息检索工具有 Archie（针对 FTP 资源）、WAIS（网上文本信息资源）、Veronica（针对 Gopher 资源）等。目前针对 WWW 资源的检索系统是网络信息检索系统的主力，搜索引擎、门户网站、网络资源指南等都是检索网络信息的主要检索工具。

2. 根据检索系统存储信息的内容划分

（1）数值检索系统：数据库中存储的内容是数值数据和一些由符号组成的代码，或者说支持这类系统的数据库是数值型数据库。

（2）事实检索系统：事实检索系统是一种以"事实"为检索对象的非文献检索系统，提供有关人物、机构、地域、事件等各种事实一般性信息的直接查找。数据库中存储的数据是能直接解决问题的事实信息，这类数据库内容丰富、类型很多。

（3）文献检索系统：系统中存储的内容主要是有关文献资料的信息，主要提供文献资料的检索，系统把关于文献的外部特征、内容特征以及内容的知识单元的信息存储起来并组成一定结构的数据库，供用户获取文献的二次信息或者全文。

3. 根据检索系统存储信息内容的时间跨度划分

（1）定题检索系统：将用户提问存储在计算机中，定期检索并提供最新信息，并把结果定期地提供给用户。

（2）回溯检索系统：按用户的提问对过去某一时间中积累的全部信息进行详尽的检索。

4. 根据检索系统供检索的信息数据库的文档结构划分

（1）顺排文档检索系统。顺排文档（Sequential File）又称主文档，是按文献存储在数据库中的先后次序，即存取号的大小顺序排列的文档。顺排文档是数据库的基础，集中了所有文献的基本特征。但顺排文档的存储方式决定了对记录的存取只能按顺序进行。虽然顺排文档结构简单明了，加工方便，但检索速度慢，费时费力，难以有效满足用户的需求。

（2）倒排文档检索系统。倒排文档（Inverted File）是将顺排文档中各个记录中具有检索意义的字段分别提取出来，并附上存取号，按某种顺序排列起来的文档。按不同类型的字段分为组织不同的倒排文档，可把不同的字段组成一个混合倒排文档，如基本索引倒排文档、辅助索引倒排文档等。但从倒排文档中查到的文献，不知其题名、著者等，还必须依赖顺排文档。

顺排文档和倒排文档的主要区别是：顺排文档以完整的记录为处理和检索单元，是主要文档；倒排文档以记录中的字段为处理和检索单元，是索引文档。倒排文档包括记录的标识、文献篇数及文献存取号，因此在其具体索引时，必须和顺排文档配合使用。计算机进行检索时，先进入倒排文档查找有关信息的存取号，然后再进入顺排文档按存取号查找记录。

5. 根据检索系统检索词控制方式划分

（1）先控式检索系统：对所有的原始信息进行标引，检索时将提问式转化为词表中规范词而不能使用自然语言或非规范化的词进行检索的系统。

（2）后控式检索系统：在输入原始信息阶段使用自然语言，不对信息进行控制，而在检索输出阶段才对检索词进行控制的检索系统。

第三节　计算机信息检索技术

计算机信息检索技术是指利用现代信息检索系统（如光盘、联机和网络信息检索系统）检索有关信息而采用的相关技术。常用的计算机信息检索技术有以下几种。

一、布尔检索技术

布尔逻辑检索是利用布尔逻辑算符对检索词或代码的逻辑组配进行检索，是计算机信息检索中最常用、最基本的一种技术。在检索过程中用于表达词与词之间的逻辑关系的算符就称为布尔逻辑运算符。常用的布尔逻辑算符有3种，分为三种逻辑关系：逻辑与、逻辑或、逻辑非；分别用 AND、OR、NOT 表示。

1. 逻辑与（见图4-2）

用"AND"或"*"表示，检索式写作"A AND B"或"A*B"，表示检索结果应同时含有检索词A和B的文献信息。逻辑与可增强检索的专指性,有助于明确限定检索范围、提高查准率。

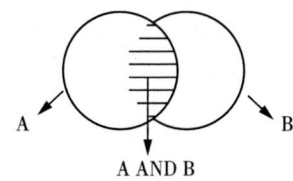

图4-2 逻辑与示意图

例如,查找有关"青少年吸烟"的文献,检索式可写为

Youth AND smoking　　青少年 AND 吸烟

2. 逻辑或(见图4-3)

用"OR"或"+"表示,检索式写作"A OR B"或"A+B",表示检索结果中含有检索词A或B,或同时有A和B的文献信息。使用逻辑或可连接同一检索式的多个同义词、近义词和相关词,扩大检索范围,有助于提高查全率。

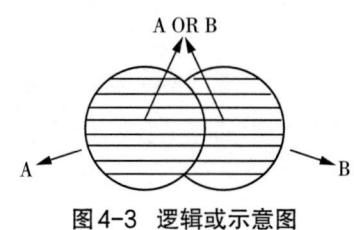

图4-3 逻辑或示意图

如查找有关蛋白质方面的文献,检索式可写为

Protein OR　蛋白质

3. 逻辑非(见图4-4)

用"NOT"或"—"表示,检索式写作"A NOT B"或"A—B",表示检索结果中凡是有检索词A,而不含检索词B的文献信息。使用逻辑非可以排除不希望出现的概念,缩小检索范围,提高查准率。常用于在主题概念去除年份的文献、某个语种或去除某种类型的文献。

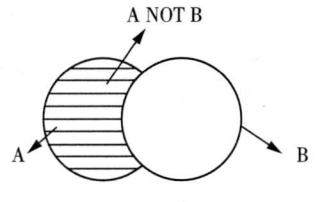

图4-4 逻辑非示意图

例如，查找有关"非老年人糖尿病"的文献，检索式可写为

糖尿病 NOT 老年人

布尔逻辑算符的运算次序：NOT > AND > OR，（ ）号里的部分运算优先。

例如：（A OR D） AND B,表示先执行"A OR D"的检索，再与B进行AND运算。

利用布尔逻辑算符进行检索词或代码的逻辑组配，是现代信息检索系统中最常用的一种方法。常用的布尔逻辑算符有三种，分别是逻辑或"OR"、逻辑与"AND"、逻辑非"NOT"。用这些逻辑算符将检索词组配构成检索提问式，计算机将根据提问式与系统中的记录进行匹配，当两者相符时则命中，并自动输出该文献记录。

下面以"计算机"和"信息检索"两个词来解释三种逻辑算符的含义。

（1）"计算机"AND"信息检索"，表示查找文献内容中既含有"计算机"又含有"信息检索"词的文献。

（2）"计算机"OR"信息检索"，表示查找文献内容中含有"计算机"或含有"信息检索"以及两词都包含的文献。

（3）"计算机"NOT"信息检索"，表示查找文献内容中含有"计算机"而不含有"信息检索"的那部分文献。

布尔逻辑检索能够把复杂的提问按照概念关系通过这三个算符明确地表达出来，它的优点就是简单明了、表达能力强。因此，几乎所有的计算机信息检索系统都支持布尔逻辑检索，检索中逻辑算符使用是最频繁的。用布尔逻辑表达检索要求，除要掌握检索课题的相关因素外，还应在布尔算符对检索结果的影响方面引起注意。另外，对同一个布尔逻辑提问式来说，不同的运算次序会有不同的检索结果。它也有局限，它是一种二值逻辑，其结果只有两种，要么真要么假,不能区分命中文献在重要性上的差异,就是说无法按照相关性对命中文献进行排序,因而必须结合其他的检索技术一起使用。

二、截词检索技术

截词检索就是用截断的词的一个局部进行的检索,并认为凡满足这个词局部中的所有字符(串)的文献,都为命中的文献。其作用是减少检索词的输入而保证相关检索概念的涵盖,同时也方便解决语言文字拼音方面的差异(如词干相同、词义相近的检索词,或者同一词的单数、复数形式,动词、名词形式,英美拼音等)。可以扩大检索范围,提高查全率,避免漏检,主要用于检索词的单复数、词性的词尾变化、词根相同的一类词,以及同一词的拼法变异等。按截断的位置来分,截词可有后截断、前截断、中截断、复合截断四种类型。不同的系统所用的截词符也不同,根据截断的数量不同,可分为有限截词(一个截词符只代表一个字符)和无限截词(一个截词符可代表多个字符)。不同的系统所用的截词符也不同,常用的有"?""$""*"等。"?"代表一个字母,是有限截断;"*"代表两个或两个以上字母,是无限截断。

(1) 后截断,前方一致。又称右截断,是将截词符放在一个字符串的右边,满足截词符左方所有字符的记录都为命中记录。从性质上讲,这是一种前方一致的检索。例如,"comput?"表示"computer""computers""computing"等。

(2) 前截断,后方一致。又称左截断,是将截断符放在一个字符串的左方,满足截词符右方所有字符的记录都为命中记录。从性质上讲,这是一种后方一致检索。例如,"? computer"表示"minicomputer""microcomputer"等。

例如,查"计算机在图书馆应用"的文献;若用"computer*libary"来查,那么"microcomputer""minicomputer"等其他词干相同的"计算机在图书馆应用"的文章就会漏检,这时可采用前截断,写成"?computer*library"。

(3) 中截断,中间一致。是将截词符放在一个字符串的中间,满足截词符两侧所有字符的记录都为命中记录。从性质上讲,这是一种前后方一致检索,这种方法对于解决英美不同拼法、不规则的单复数变化很有用。例如,"?comput?"表示"mini computer""microcomputers"等。

(4) 复合截断,又称前后截断,是将前截断和后截断结合使用,即中间一致检索。如"?cognit?"表示为"cognition""cognitive""recognition"等。

截词检索也是一种常用的检索技术，是防止漏检的有效工具，尤其在西文检索中，更是广泛应用。截断技术可以作为扩大检索范围的手段，具有方便用户、增强检索效果的特点，但一定要合理使用，否则会造成误检。

三、位置检索技术

位置检索也叫全文检索、临近检索。就是利用记录中的自然语言进行检索，词与词之间的逻辑关系用位置算符组配，对检索词之间的相对位置进行限制。这是一种可以不依赖主题词表而直接以全文本信息作为主要处理对象，使用自由词进行检索并根据数据资料的内容而不是外在特征来实现的信息检索手段。它的基本工作方式是能够将所有包含检索词的文献检索出来，不管这个词出现在文献的什么位置，或者说文献中的任意一个词都可以作为检索到该文献的条件。位置检索提供存取全文文本（指原始记录）的空间，文本中任何字符和字符串均可作为检索的入口点，位置检索是以原始记录中的检索词、字间的特定位置为对象的运算，对文献不作标引，故没有标引用词。

从基本概念、实现条件和实际应用中可以看出，位置检索技术具有包含信息的原始性；信息检索的彻底性；所用检索语言的自然性和数据相对稳定性的特点。这些使得位置检索具有其他检索无法比拟的灵活、简便的优势。但是由于自然语言缺乏规范的固有特点，也存在误检现象多的缺陷。

（1）相邻位置算符（nW word）：表示在此算符两侧的检索词必须按输入时的前后顺序排列，而且所连接的词之间最多插入 0-n 个其他单元词。如"second（w）war"可检出"second world war"，而检不出"the second war in the world"。

相邻位置算符（nN near）：表示在此算符两侧的检索词必须紧密相连，所连接的词间插入 n 个单词或字母，且这两个检索词词序可变。如"environment（2N）protection"就可检索出包含"protection of the environment""protection of water environment"等内容的结果。

（2）句子位置算符（S subfield）：表示其两侧的检索词只要出现在文献记录的同一子字段中即为命中，两个词的词序不限，两词之间可间隔若干个词。

(3) 字段算符（F field）：表示此算符两侧的检索词必须同时出现在数据库记录的同一个字段中，词序可变。

字段算符（L link）：表示此算符连接的两检索词之间有一定的从属关系。

四、加权检索技术

加权检索是某些检索系统中提供的一种定量检索技术。加权检索同布尔检索、截词检索等一样，也是文献检索的一个基本检索手段，但与它们不同的是，加权检索的侧重点不在于判定检索词或字符串是不是在数据库中存在、与别的检索词或字符串是什么关系，而是在于判定检索词或字符串在满足检索逻辑后对文献命中与否的影响程度。加权检索的基本方法是：在每个提问词后面给定一个数值表示其重要程度，这个数值称为权，在检索时，先查找这些检索词在数据库记录中是否存在，然后计算存在的检索词的权值总和。权值之和达到或超过预先给定的阈值，该记录即为命中记录。

加权检索有其优点，它只需要接触检索词，不需编制提问式，通过加权可以明确各检索词的重要性，是一种缩小检索范围、提高检准率的有效方法，但并不是所有的系统都能提供加权检索技术，能提供加权检索的系统，对权的定义、加权方式、权值计算和检索结果的判定等方面，又有不同的技术规范。

随着计算机技术的不断发展和信息数量的快速增长，计算机信息检索技术也不断地发展起来。目前，信息检索技术正向两个方向发展：一是在深度上提高管理和组织信息的能力，从传统信息检索正向全文本、多媒体、多载体、跨平台等新型信息检索发展。二是在广度上提高管理和组织信息的能力，信息资源的网络化和分布化存储，面向因特网的无限资源。在信息检索技术的研究中，已取得了突破性的发展，基于概念、超文本信息和多媒体信息的检索技术越来越活跃。

第四节 计算机信息检索策略与步骤

计算机信息检索策略是针对用户信息需求，运用一定的检索技术和方法而

设计的信息检索方案,是影响检索效果的关键因素。计算机信息检索的实质就是计算机将用户输入的检索策略和检索系统中存储的文献特征标识及逻辑组配关系进行类比、组配,把完全匹配的文献记录查找出来的过程。因此,检索之前必须制定出全面的检索策略。

一、计算机信息检索策略

1. 含义

检索策略即检索的基本思路,是根据检索要求选择便捷的方法、适当的工具,在适宜的地方查找需要的资料。计算机信息检索策略有狭义和广义之分,狭义的计算机信息检索策略是指检索提问式的构建,即运用系统特定的检索技术,确定检索词之间的逻辑关系,形成表达用户信息需求的检索提问式。广义的计算机信息检索策略是指在分析检索课题的实质内容和明确检索目标的基础上,选择检索工具,确定检索途径与检索用词,以及检索词之间逻辑关系与查找步骤最佳方案的一系列科学安排。

为了制定科学合理的检索策略,检索者需要了解检索系统的特性和功能,熟悉系统数据库的记录结构、特定的文献标引规则、检索方法与技术等方面。

检索策略是为实现检索目标而制订的全盘计划或方案,指导检索过程。不同的检索目的应使用不同的检索策略,不同的检索策略会产生不同的检索结果,检索策略考虑得是否周全,直接影响信息的查全率和查准率。用户在平时的检索中应有一种"不达目的势不罢休"的毅力,可以通过更换检索词、更换检索字段、更换数据库和更换检索方法等修改检索策略,最终达到检索目的。

2. 类型

美国人鲍纳(Charles Bourne)曾经提出五种联机检索策略:最专指面优先(most specific face first)、最低登录量面优先(lowest posting face first)、积木型(build-block)、引文珠型增长(citation pearl-growing)和逐次分馏(successive fractions)。

(1)最专指面优先策略。最专指面优先策略指在检索时,首先选择最专指的概念组面进行检索,如果检索命中的文献较少,那么其他概念组面就不加到检索提问式中;如果检索命中的文献较多,其他概念组面就加到检索提问式中,以提高查准率。

例:Digital Information Resources and Government Macro-management

从数字信息资源建设入手,如果获得文献较多,再用逐次分馏法加入其他概念进行二次检索。

(2) 最低登录量面优先策略。最低登录量面优先策略与最专指面优先策略类似,即从估计命中的文献记录数量最少的概念组面入手,如果命中的文献数量较少,就不必检索其他概念组面;反之,则将其他概念组面加到检索提问式中去,以提高查准率。

例:"属于美国童子军的学生在高等教育中的成功率"。"美国童子军"的登录量显然比"高等教育"低,所以从此入手查准率高。

(3) 积木型策略。积木型策略是把检索课题剖析成若干概念组面,在每个概念组面中尽可能列举同义词、近义词、相关词,并用布尔逻辑算符"OR"连接成子检索式;再用布尔逻辑算符"AND"连接不同概念组面,构成一个总检索式,提供一个比较明确的逻辑检索过程,便于以后保留和理解。

例:肺癌与吸烟

(Cancer or carcinoma) AND (smokers or cigarette)

(4) 引文珠型增长策略。引文珠型增长策略从直接检索课题中最专指的概念组面开始,以便至少检出一篇命中文献;再从这一条或数条记录中找到新的规范词或自由词,补充到检索式中去,然后重新检索,划开出更多的文献。

例:查找基于几何模型的信息检索,查到一篇文章:Algebra—Based Retrieval Model and Its Extension (5 references),阅读后又得到 semantic structural(语义结构)和 semantic analysis(语义分析)这样两个概念,然后再通过这两个新概念继续查找。

(5) 逐次分馏策略(在命中文献中二次检索)。逐次分馏策略是先确定一个较大的、范围较广的初始文献集,然后逐步提高检索式的专指度,从而逐步缩小命中文献集,直到得到数量适宜、用户满意的命中集合为止。

例:上例中可以先查找 models of information retrieval,然后在命中文献中再找含有"algebra"一词的文献。

二、计算机信息检索步骤

1. 根据课题内容，选择合适数据库并确定检索途径

在全面分析检索课题的基础上，根据用户要求得到的信息类型、时间范围、课题检索经费支持等因素综合考虑后，选择检索系统和数据库。正确选择数据库，是保证检索成功的基础。

2. 分析课题内容，进行概念分析并拟出检索词

（1）分析检索课题。弄清用户信息需求的目的和意图；分析课题涉及的学科范围、主题要求；课题所需信息的内容及其特征；课题所需信息的类型，包括文献类型、出版类型、年代范围、语种、著者、机构等；课题对查新、查准、查全的指标要求。

（2）确定检索词。

选用主题词；选用数据库规定的代码；选用常用的专业术语；选用同义词与相关词。

（3）用逻辑运算符构造提问表达式。检索提问式是计算机信息检索中用来表达用户检索提问的逻辑表达式，由检索词和各种布尔逻辑算符、位置算符、截词符以及系统规定的其他组配连接符号组成。

（4）进行检索，对检出文献进行相关性分析、评价。

（5）对检索词进行反馈调整，直至检出结果符合要求。检索时，应及时分析检索结果是否与检索要求一致，根据检索结果对检索提问式作相应的修改和调整，直至得到比较满意的结果。

（6）查找原文。根据检索系统提供的检索结果输出格式，选择需要的记录以及相应的字段（全部字段或部分字段），将结果显示在显示器屏幕上、存储到磁盘或直接打印输出，网络数据库检索系统还提供电子邮件发送，至此，完成整个检索过程。

例1. 检索艾滋病治疗近十年国内外研究进展

（1）分析课题内容，选择相关数据库

国内：CBMdisc（1996—2009）；

国外：Medline（1996—2009）

采用主题途径和自由词途径检索。

（2）提炼主题概念：艾滋病（AIDS）/治疗（therapy）

艾滋病又称为获得性免疫缺陷综合征（Acquired Immuno Deficiency Syndrome）

（3）列出检索表达式：

获得性免疫缺陷综合征/治疗 OR 艾滋病 OR AIDS

（4）浏览检索结果，修改检索式

（5）重新检索

（6）查找原文

例2. 查找老年人意外伤害保险方面的文献

（1）分析课题，选择相关数据库及检索途径

中文：CBMdisc（2000—2009）；外文：Medline

（2）提炼主题概念：老年人、意外伤害、医疗保险

（3）采用主题途径和自由词途径结合进行检索

自由词：医疗保险、老年人、意外伤害；主题词：老年人/all、保险/all

（4）浏览检索结果，修改检索式

（5）老年人作为特征词检索

（6）浏览题录，查找原文

第五章 联机检索与光盘数据库检索

第一节 联机信息检索

一、联机信息检索概述

1. 联机检索的概念

联机检索（Online Retrieval），是指用户利用计算机检索终端设备，通过拨号、电信专线及计算机互联网络，从联机服务中心（国际或国内）的数据库中检索出自己所需要信息的过程。检索是以人机对话的方式进行的，用户在自己的终端上输入检索提问式，联机服务中心的计算机就可以立即处理用户的请求，在数据库中查找符合用户提问的数据，并将检索结果送至用户的检索终端上。用户可以随时修改检索提问，直至获得满意的结果，并可通过打印或传输立即得到检索的最终结果。

2. 联机检索的优点

（1）检索速度快、节省时间。联机数据库都建有倒排文档，当用户输入一个提问式后，系统即在倒排文档中进行搜索，在很短的时间内可将命中文献从主文档中找到，并将命中文献的篇数显示在用户所用的终端屏幕上。

（2）不受地理位置的限制。只要通过国外或国内的通信网络，联机服务中心的计算机系统就可以与设置在世界各地的终端设备相连。用户可使用附近的终端，查询远在千里、万里之外的数据库，而且这种检索是实时的。

（3）实现人机对话。在实时检索过程中，用户可以不断修改检索策略，以便获得最佳检索效果。通过逻辑运算符对查找范围进行缩小或扩大，用户能获得所希望的查全率和查准率。

（4）检索质量高。联机检索既可以在联机系统的所有数据库中检索多种专业范围的信息,也可以就同一专业领域从不同的角度进行查找,如"主题词""自由词""题名""作者""分类号码"等多种检索途径;对不同词形变化的主题词,可通过截词功能来加以扩大检索;对所需要获得的结果,也可通过原文文种和出版年代等来加以限制,因而检索质量较高。

(5)检索内容新。印刷型检索工具比机读版数据库在发行上滞后很多,因而联机检索可获得手工检索查不到的最新文献,尤其是实用性强。许多数据库可以做到当天更新或一天多次更新,这样就可以检索到世界上最新发生的经济、金融等动态信息,而这一切是手工检索无法想象的。

3. 联机检索的缺点

(1)检索费用较高。常见的收费项目包括计算机信息检索系统的机时费、文献记录的输出费以及通信网络使用费等,尤其是使用国际联机检索系统,通信费用更高。

(2)主机负担重。集中式管理一旦出现故障,整个网络都将处于瘫痪状态。由于联机网络的扩展性较差,采用的技术标准原则上是不公开的,因而相关技术缺乏发展的动力,灵活性较差。

(3)操作较复杂。传统联机系统操作起来较复杂,多需要专业人员或经过专门训练、有经验的用户进行操作。

4. 联机信息检索的基本原理

联机信息检索系统是一个典型的计算机信息系统,能完成数据收集、分析、加工处理、存储、传递通信和检索信息的全过程。在信息存储的过程中,由系统按一定的规律对信息进行加工处理,并赋予特征标识;在信息检索的过程中,由用户通过系统提供的检索指令,向系统提交含有需求特征的检索表达式。计算机信息检索系统接收到正确的指令后,自动地将相关信息集合的特征标识与用户提交的检索特征进行"匹配"。这种匹配完全是一种字符串的类比运算。匹配结束,系统自动给出存储信息的特征与检索提问的特征相符的记录篇数,即命中数量。用户通过显示命中记录的内容,判断检索是否成功。

二、国外主要的联机检索系统

1. Dialog 系统

Dialog国际联机检索系统隶属于Thomson集团,是全球最大的在线资讯系统,包含900多个数据库,收录了全世界5万种刊物和文献摘要。

Dialog的信息资源按数据类型分为:书目文摘型数据(Bibliographic,主要是科技、专利类信息),名录手册型数据(Directories,主要是各种工商企业名录、百科全书、手册药典等),全文型数据(Complete-text,主要是专利、市场行业报告、分析报告和工业报告、新闻报道、期刊报纸等),数值型信息(Numer-ic,主要是价格、进出口数据、生产、销售数据等各种统计信息)。Dialog的信息资源按主题分为商业、新闻、专利商标、科学技术、医药、政府和法律、社会科学和人文学、参考资料共八大类。

Dialog根据不同用户的需求,提供了多种检索界面和联机方式。如:

DialogWeb综合性智能傻瓜界面: http://www.dialogweb.com;

DialogSelect简易菜单式检索界面: http://www.dialogselect.com;

DialogClassic Web 专业指令界面: http://www.dialogclassic.com。

利用综合性检索界面DialogWeb进行数据库扫描即预检索,可以判定检索词是否规范、检索式是否合理、检索结果(从数量上看)是否合适,可以在确定的学科范围内利用同一检索式对多个数据库进行扫描检索,获得命中数据库的名称及其命中文献的数量(看不到具体文献信息)。根据命中文献结果,可以调整检索式,再进行扫描,直至检索式合适为止。确定最终的检索式后,可以利用 Dialog Classic Web 或 DialogLink 进行正式联机检索,获取文献(该过程需要正式账号)。而仅用 DialogWeb 进行数据库扫描,则可以使用免费试用账号,且扫描过程几乎不产生费用。

DialogLink 为 Dialog 的检索软件平台,可直接采用命令检索。对于专业的检索人员,Thomson公司发布的检索通信软件DialogLink是很好的选择,它能让用户在检索策略之后,快速、经济地获得检索结果。如今其最新版的 DialogLink 5已被发布。和版本4一样,版本5具有离线编制检索策略、在线时预先输入检索式、在缓冲区标记和保存非连续文本、在线浏览图片并可打印和保存、记录在线情况并生成跟踪检索及费用的报告等功能。但版本5大大增强了DialogClassic的界面,在检索管理和检索结果后期处理方面的功能尤为突出。

DialogLink 5的界面有5个部分:工具栏(toolbar)、检索过程通信区(retrieve buffer)、检索式缓冲区(type-ahead buffer)、辅助链接区(Linking pane)及状态指示区(status indicators)。检索式缓冲区又有4个标签功能:指令(command)、以前检索(previous)、报告(reports)、化学结构式(chemical structure)。

在指令标签下,用户可在联机前输入或编辑检索式,也可以在联机过程中按自己的步调实施检索策略。指令标签也是默认的标签。Dialog Link能在发送下一条命令前等候联机中的就绪提示,而界面底部的状态指示区显示出联机状况。

此外,DialogLink 5还添加了新的功能,如化学结构检索,通过模板功能将检索结果下载为Excel或Word的文献类型;扩展的智能连接,可以从Thomson pantant store下载相应的专利全文PDF,也可以直接订购。同时它还新增了PICKLIST命令(强化的type指令),增强记录显示方式。

2. OCLC系统

OCLC(Online Computer Library Center, Inc.)即为联机计算机图书馆中心,是一个非营利的成员组织,它以促进世界各地图书馆和信息中心之间的合作、以存取全世界的信息为目的,是世界上最大的图书馆及信息中心网络。目前,向63个国家和地区的2.4万多所图书馆和信息中心提供信息服务。

OCLC拥有世界上最大的书目数据库,提供文献记录和馆藏地点信息,可以帮助数万家OCLC用户更好地进行联合编目和资源共享。OCLC联机联合目录数据库WorldCat(the OCLC Online Union Catalog)含有1亿2千多万条不重复的文献记录,覆盖所有主题范畴和出版类型。同时,该数据库还收录有近13亿多条馆藏标识,指明在世界各地的资料收藏地点。用户能够通过互联网或其他远程通信连接方式,来存取这个信息极为丰富的数据库。

可以把OCLC First Search中的12个数据库分为综合型数据库和专业型数据库两种类型。

1)综合型数据库

(1)ArticleFirst。ArticleFirst数据库包括16000多种学术期刊的文章及索引,主题覆盖了商业、人文学、医学、科学、技术、社会科学和通俗文化等。虽然大多数期刊是英文资料,但也收录了部分其他语言的期刊。该库覆盖了1990年到现在的资料,每天更新,其文献数量目前已经超过2300万篇。

(2)ClasePeriodica。ClasePeriodica提供了1978年以来有关科学和人文领域的拉丁美洲期刊索引。由Clase和Periodica两部分组成。其中Clase提供社会科学和人文学科方面的文献索引,Periodica收录科技方面的期刊。数据库提供对以西班牙文、葡萄牙文、法文和英文出版的2 600种(Clase:1 200种;Periodica:1 400种)学术期刊中的文献检索。该数据库每3个月更新一次。

(3)ECO。ECO是一个全部带有联机全文文章的期刊数据库。它的主题范畴广泛,总共涵盖了20个主题。目前记录来自70家出版社的5 400多种期刊。数据库中的文章都以页映象的格式(PDF、RealPage或HTML)显示,在页映象中包括了文章的全部原始内容和图像。该库收录了1995年至今的资料,每天更新,其文献数量目前已经超过360万篇。

(4)WorldCat。WorldCat是OCLC的一个联机的联合目录数据库,其资源来自OCLC的成员馆编目的所有记录。它目前包括6 100多万条记录,这些记录来自400多种语言的文献,覆盖了从公元1000年到现在的资料,基本上反映了世界范围内的图书馆所拥有的图书和其他资料。它的主题范畴广泛,并以每年299万条记录的速度增长。该库每天更新。

(5)Ebooks。Ebooks收录了参加WorldCat联合编目的OCLC成员馆收藏的所有联机电子书,共计23万多种,其中也包括OCLC的netLibrary电子书。用户可以检索所有这些电子书的书目,并可链接到已订购且包含在WorldCat数据库中的电子书进行阅读。

2)专业型数据库

(1)ERIC。教育资源信息中心生产的教育方面的资料来源的一个指南。它囊括了数千个教育专题,覆盖了从1966年到现在的资料,包括约1016种期刊、100多万条记录。每月更新记录。ERIC涉及的主题主要有成人、职业与职业教育、信息与技术、评估、语言学与语音学、残疾与天才教育、阅读和交流、小儿与幼儿教育、师资教育、教育管理、城市教育、高等教育等。

（2）GPO。GPO是有关美国政府出版物的数据库。GPO包含52万多条记录，报道了与美国政府相关的各方面的文件。这些文件的类型有国会报告、国会意见听证会、国会辩论、国会档案、法院资料以及由美国具体实施部门，如国防部、内政部、劳动部、总统办公室等出版发行的文件。它覆盖了从1976年7月以来的资料，每月更新记录。

（3）MEDLINE。医学期刊的文章摘要的数据库。MEDLINE覆盖了所有医学领域，包括临床医学、实验医学、牙科学、护理、保健服务管理、营养学以及其他学科。它收录了国际上出版的9 580多种期刊，覆盖了从1965年到现在的资料，目前有1 500多万条记录，每天更新记录。

（4）PapersFirst。PapersFirst是有关国际学术会议论文索引的数据库。该数据库包括在世界各地学术会议上发表的论文，它主要源自1993年10月以来在"大英图书馆资料提供中心"的会议录收集的每一个大会、专题讨论会、博览会、讲习班和其他会议上发表的论文，每两周更新一次。

（5）Proceedings。Proceedings是PapersFirst的相关库，包括1993年以来世界范围内的会议目录的引文。每条记录包含在一次会议上提交的论文列表。该库提供了一条检索"大英图书馆资料提供中心"的会议录的途径，该库每两周更新一次。

（6）WilsonSelectPlus。H. W. Wilson公司的全文库。该数据库是一个包括联机全文、索引和摘要的记录的集合，这些全文文章选自H.W.Wilson公司的普通科学文摘、人文学科文摘、读者指南文摘和Wilson商业文摘。它覆盖从1994年到现在的1 650多种期刊资料，目前该库中有超过100万条的记录，并且每周更新一次。

（7）WorldAlmanac。WorldAlmanac是世界年鉴，主要包括人物传记、百科全书目录、事实和统计数据。涉及的范畴包括艺术和娱乐、新闻人物、计算机、科学和技术、经济学、体育运动、环境、税收、周年纪念日、美国的城市和州、国防、人口统计、世界上的国家等。目前收录有1998年至今的32 000

第五章 联机检索与光盘数据库检索

多条记录,每年更新。

3. ORBIT系统

ORBIT系统即书目情报分时联机检索系统,是美国系统发展公司(SDC)与美国国际部于1963年共同开发的联机检索系统。总部原设在美国加利福尼亚州的Santa Monica市,是仅次于Dialog系统的第二大国际联机检索系统。

ORBIT系统于1965年在美国国内实现联机检索,1974年发展为国际联机检索系统。1987年脱离美国系统发展公司,与英国的Infoline系统共同归属于英国Pergamon公司集团新建的Pergamon Orbit Service公司。新公司成立Orbit检索服务部,并将总部移至弗吉尼亚州的Reston市。

目前该系统已拥有2万多台终端,遍及世界许多国家和地区的大城市。该系统拥有90多个数据库,分书目型数据库和指南型数据库两种类型。涉及的专业范围有化学、能源、工程、生物工艺学、计算机科学、商业经济以及其他一些自然科学和社会科学。存储的文献类型有图书、期刊、会议论文、专利、年度报告、政府法规、产品规格、统计数据、报纸评论等。其特点是对汽车工程、石油、化工、医学、环境科学、安全科学、运动科学、专利等方面的文献收录较齐全,并对一批使用价值较高的数据库拥有独家经营服务权。

4. Lexis-Nexis系统

1973年由Mead Data Central公司建立,Lexis-Nexis目前已成为一个综合性的联机信息检索服务系统,包括世界性的新闻、社团、财政、工业、立法规章及政府信息源;其信息采用各种报纸、期刊、杂志、公司报告、工业分析、财政数据、政府出版物及其他数据库。这些信息被组织、划分成多个"库(Library)",每个库收录一个主题领域或某种出版物类型。该系统有其特色数据库、专门的检索指令和专门的通信检索软件及范围广泛的信息服务,所提供的信息服务主要涉及世界及美国的社会新闻、时事等领域,其检索功能较为完善。

5. STN系统

STN是"国际科学技术网络"的简称,是由美国化学文摘社(CAS)、德国卡斯鲁埃专业情报中心与日本国际化学情报协会三家合作,于1983年建立的一个国际性情报检索系统。它拥有200多个数据库，包括化学化工、数学、物理、能源、冶金等，并拥有世界上第一个联机图像数据库，如CAS的化学物质结构图形库和贝尔斯登有机化学大全结构数据库等。其系统拥有一些其他任何联机检索系统所没有的特殊资源和检索手段，其化学物质结构图形库是世界上最庞大、收录数据最完全的化学物质名称数据库，已收录了1560多万种化学物质名称，每周还要加入15000个新化合物。

6. BRS系统

BRS系统即存储与信息检索系统，成立于1976年，1979年投入商业性运营，总部设在美国纽约。

BRS系统80年代末已拥有150个公用数据库，40多个私人数据库，其中大部分为书目数据库。数据库内容包括社会科学、人文科学、商业经济、教育、医学、生物化学、工程技术等。文献类型不仅包括了各类书目文献，还收集有关专刊、政府报告、标准、工业产品说明等。该系统在1980年率先实现了全文检索，建立了20多个全文数据库，对当天出版的期刊也可立即存入。在期刊数据库中，有100多种可实现联机全文检索。目前，文献存储量达5000多万篇，用户4万多个。该系统还以优惠政策为我国用户服务，即系统中所有数据都对中国开放，并按美国国内最低标准收费。同时，为满足我国用户需要，增加了五个有关产品和标准的数据库，并可用缩微方式提供原始资料复制品。

7. ESA-IRS系统

ESA-IRS系统是"欧洲航天局信息检索服务处"的英文缩写。简称ESA系统，是欧洲最大的文献检索系统，也是世界上最重要的检索系统之一。该系统是欧洲航天局的一个下属单位，成立于1964年，当时叫作欧洲空间文献中心（SDS），总部设在巴黎。1973年改名为ESA-IRS，并将总部迁往意大利罗马附近的弗拉斯拉蒂（Frascati）市。除西欧外，系统的联机检索终端还遍及美洲、北非、中东、澳大利亚和亚洲的许多国家和地区。

ESA系统有100多个文档，总计存储3000万条书目数据。专业范围包括航空、航天和宇宙空间、天文学、天体物理、环境与污染、地理学、海洋学、化工、经济、管理和社会科学等多种学科，但没有专利文献数据库。ESA系统包括的数据库有近一半与 Dialog 系统或 ORBIT 系统相重叠。但某些数据库独具特色，如法国文摘通报数据库、原材料价格数据库等。它在装库方面也具有其他系统所没有的特色，即把规模大的数据库，不管是最新部分，还是追溯部分，都维持在一个文档中，避免了用户分别检索几个子库的麻烦。

ESA 系统提供的服务除回溯检索、定题检索和联机订购原文等项目外，还提供用户之间的快速通信业务，并可联机结算用户账目。

三、国内主要的联机检索系统

国内主要联机检索系统，如北京文献服务处信息检索系统、中国科技信息研究所联机检索系统、中国专利局专利信息检索系统、化工部情报所的 CHOICE 联机检索系统、北京图书馆光盘网络联机检索系统等。

第二节 光盘信息检索

一、光盘信息检索概述

1. 光盘检索的概念

光盘检索（CD retrieval），是指利用计算机设备对只读式光盘数据库（CD-ROM）进行检索。光盘是一种高密度的信息载体，尤其是只读光盘作为数据库的存储媒介是非常合适的。

2. 光盘检索的优点

（1）运行速度快。光盘数据库采用单机检索，不受检索线路是否拥挤的影响，即使连接在校园网上，由于传输距离较近，其运行速度也比较快。

（2）成本低，检索效果好。一般而言，CD-ROM 数据库的检索费用比联机检索费用低得多，并具有很好的检索效果。购买 CD-ROM 数据库后，在一年内可以任意使用，利用率愈高，分摊的成本愈低，且在整个检索过程中不涉及远程通信网络问题，也不需要使用专线电话之类的通信线路，并考虑机时费与流通量的问题，没有联机检索按时间收费的紧张感，可为用户提供良好的检索条件和环境气氛。

（3）下载方便。用户可以方便地将光盘上的部分所需数据复制到软盘或其他计算机系统里，从而形成本部门或个人的局部数据库，以便随时查询。

（4）安全性能高。对于光盘数据库来讲，它是只读光盘，具有不可擦除性，更不会因病毒而造成文献丢失。

3. 光盘检索的缺点

（1）使用范围有限。目前光盘数据库的规模和容量有限，一般都以某一领域学科为主，不可能囊括所有学科，而且受到所购置光盘专业种类的限制，有时会影响查全率。

（2）更新周期长。数据库的更新较之联机检索系统明显落后。一般的光盘数据库更新需要3个月，最快也需要1个月，联机检索系统则可做到每日更新。

（3）检索系统不兼容。不同出版商制作的光盘数据库不能在一个系统中兼容，使用上有很多不便。

（4）需要不断换盘。一个大型数据库，一般都是几张光盘，特别是全文数据库。例如，中国学术期刊全文光盘数据库，每年都有一百多张光盘，检索时需要不断更换光盘。

（5）光盘检索系统一次性投入资金较多。

4. 光盘检索系统

（1）光盘检索系统的组成。光盘检索系统由光盘、光驱、计算机和相应软件组成。

①光盘。数据存储单元，一般由数据库供应商提供，数据在制作过程中固定在其物理介质上，不能抹掉也无法修改，称为CD-ROM。

②CD-ROM驱动器或光盘塔。光盘读取的专用设备，其发射的激光束聚焦在光盘的信息轨道上，在有小孔或无小孔处形成不同的光反射，这两种不同的光反射经光学系统接收后转换成电信号，计算机二进制信息"0"或"1"，经计算机解码后，成为原记录的数字化信息。

③计算机及相应软件。光盘本身是一种机读文献，须在计算机上读取。目前使用的光盘检索系统都以计算机为基础设备，在普通的计算机上加载光盘驱动器的驱动软件和数据库的检索软件，即可成为光盘检索系统。

第五章 联机检索与光盘数据库检索

（2）光盘检索网络系统。光盘检索网络系统是20世纪90年代发展起来的计算机文献检索系统。随着光盘数据库的大量涌现，单机光盘检索需频繁换盘，给用户带来不便。而且在同一时刻只能有一个读者使用，无法充分发挥昂贵的光盘数据库的效益。在计算机网络的硬件和软件环境的支持下，产生了光盘网络检索系统。目前建成的光盘网络检索系统都是以计算机的局域网为基础，有多种模式，其共同特点是拥有能同时运行几十张光盘的光盘塔驱动器，它可供上百个用户同时检索同一张光盘。

光盘数据库网络的组成包括光盘塔和各种光盘组网软件以及光盘塔服务器等。

二、国外主要的光盘检索系统

1. 美国《工程索引》光盘数据库

美国《工程索引》的光盘数据库EI Compendex，收录1987年以来的EI文献，记录每月更新，用于光盘检索系统。该数据库由工程信息公司制作，收录了世界上约60多个国家、15种文字的出版物，其中包括4500种期刊、2000种会议录以及技术图书、科技报告、学位论文和政府出版物等所报道的各个工程技术领域的文献资料。每年大约增加文献20万篇。此数据库对检索全世界范围内工程与技术文献，跟踪与评价技术新成果非常有用。

光盘数据库EI Compendex*Plus版，把工程索引（Engineering Index）和工程会议（Engineering Meetings）综合在一起，囊括世界范围内工程的各个分支学科，如：土木工程、能源、环境、地理和生物工程；电气、电子和控制工程；化学、矿业、金属和燃料工程；机械、自动化、核能和航空工程；计算机、人工智能和工业机器人；食品技术；光学技术、海洋工程、造船、海洋及水下技术；材料科学等。数据库收录的每篇文献都包括书目信息和一个简短的文摘。此数据库每季更新。

2. 英国《科学文摘》光盘数据库

《科学文摘》的光盘数据库INSPEC OnDisc，数据按季度更新。覆盖了全球发表在相关学科领域的4200种期刊，2000种以上会议录、报告、图书和学位论文等，文献来自80多个国家和地区，涉及29种语言，收录年代自1969年开始，目前数据量已达660万条记录，是物理学、电子工程、电子学、计算机科学及信息技术等领域的权威性文摘索引数据库。它使用的检索软件：1999年以前是用ProQuest软件，自1999年起改用HEADFAST检索软件。

3. 美国《政府报告通报与索引》光盘数据库

NTIS（National Technical Information Service）是美国国家技术情报社出版的美国政府报告光盘数据库，该数据库所对应的印刷型刊物为《政府报告通报与索引》（*Government Reports Announcements & Index*，GRA & I）和《NTIS快报：可签许可证的政府发明》（*Government Inventions for Licensing*），是目前查找美国四大报告的主要检索工具。

该数据库以收录美国政府立项研究及开发的项目报告为主，少量收录西欧、日本及世界各国（包括中国）的科学研究报告。包括项目进展过程中所作的一些初期报告、中期报告、最终报告等，反映最新政府重视的项目进展，年文献量约7万件。具体地说，它报导全部PB报告、非密的或者解密的AD报告、部分NASA报告和DEC报告，以及其他类型的科技报告，还有部分会议文献和美军的申请专利与批准专利说明书的摘要。

该库75%的文献是科技报告，其他文献有专利、会议论文、期刊论文、翻译文献；25%的文献是美国以外的文献；90%的文献是英文文献。

专业内容覆盖科学技术各个领域，包括社会科学、数学、物理学、化学化工、机械工程、制造工艺、电子及电工技术、计算机、控制、信息论、通信工程、探测和对抗、天文和天体物理、大气科学、地球科学、环境科学、海洋学及海洋工程、生物医学与基因工程、医学和生物学、核科学技术、材料科学、土木工程、建筑工业技术、军事科学、航空航天技术、导弹技术、导航、制导和控制、军械、燃料、燃烧、发动机和推进、摄影技术、农业、食品、能源、交通等。

该数据库有可检字段17个。检索结果为报告题录和文摘。数据库中还提供了参照号，据此可向有关机构索取报告的全文。

4. 美国《国际学位论文文摘》光盘数据库

UMI的学位论文数据库收录了从1861年以来北美地区150万篇博士论文以

第五章 联机检索与光盘数据库检索

及7万多篇硕士论文,是目前世界上最大和使用最广泛的学位论文数据库。该数据库对博士论文和硕士论文的年收录量分别是45000篇和12000篇,数据库每月更新一次。学位论文文摘光盘版,简称DAO(Dissertation Abstracts Ondisc, B: Science & Technology),是美国Bell&Howell Information and Learning(原UMI)公司出版的博硕士学位论文题录及文摘光盘数据库,收录了全世界1 000多所著名大学理工科博、硕士学位论文,学科覆盖了数学、物理、化学、农业、生物、商业、经济、工程和计算机科学等。

5. 美国《化学文摘》光盘数据库

美国的《化学文摘》(Chemical Abstracts,CA)创刊于1907年,由美国化学文摘社(Chemical Abstracts Service,CAS)编辑出版。它收录了化学化工方面的150个国家、56种文字、16万多种期刊和30个国家及两个地区的专利文献,是一个世界级的二次文献检索工具。该检索工具收录的文献类型较多,包括期刊、专利、学位论文、会议文献、技术报告、资料汇编、新书介绍等;长期以来被用于化学化工、生命科学、地球科学、环境科学、医药科学、农业科学、林业科学、冶金科学等领域的文献检索。自CA创刊100年来,CAS出版了4种类型,即印刷型、光盘数据库(*CA on CD*)、国际联机数据库(*Online CA File*)和网络数据库(*SciFinde Scholar*)。由于国际联机数据库(*Online CA File*)的计费是按时间流量结算,故价格比较昂贵,一般为情报专业人员使用,所以该库没有被普及,而另外3种类型一直被广泛使用。由于出版类型的不同,它们在检索方法上也存在差异。

CA光盘版(CA on CD)于1997年出版,现最早回溯到纸质版的1977年第10累积版。光盘版的推出使CA的检索发生了划时代的深刻变化,而因光盘的庞大存储容量和极小空间占用的优点,大大解决了全球各大图书馆物理空间紧缺的实际问题。由于光盘版的CA是在计算机技术发展基础上建立的,所以它在检索的灵活度、速度和准确度等方面都较纸质版有了很大的提高,为科研工作者提高工作效率创造了优越的条件。

CA光盘版提供了4条主要检索途径,即浏览检索(Browse)、高级检索(Search)、化学物质等级名称检索(Subs)、分子式等级检索(Form)。因为浏览检索比较简单,一般适合于初学者;而高级检索因其可并行输入多种条件,检索比较准确,是被强烈推荐的一种检索途径。所以,在这4种检索途径中,最常用的是这两种途径。化学物质等级名称检索和分子式等级检索途径一般用于特殊情况下,即课题已知条件缺失等。

三、国内主要的光盘检索系统

1. 中国学术期刊光盘数据库(CAJ-CD)

中国学术期刊光盘数据库是我国第一个以电子期刊方式按月连续出版的大型集成化学术期刊原版全文文献检索、咨询评价系统。该光盘数据库由清华大学《中国学术期刊(光盘版)》电子杂志社编辑出版,光盘国家工程研究中心和清华同方光盘股份有限公司共同制作,该数据库全文收录了我国正式出版的学术类、科技类、政策指导类中英文期刊5100种,另增摘要收录期刊1600余种,具有极其广泛而又高度浓缩的信息源,内容涉及理工(分A、B、C)、农业、医药卫生、经济法律与政治、文史哲、教育与社会科学综合八辑,从1999年开始新辟教育和社会科学综合专辑及电子技术和信息科学专辑。

2. 中文期刊库(题录文摘版)

中文期刊库是由原中国科技信息研究所重庆分所研制的,该数据库是国内目前容量最大的综合性题录文摘型数据库之一,收录1989年以来中文科技期刊7000余种,基本容纳了国内出版的自然科学、工程技术领域以及经济、文化、教育、图书情报等社会科学领域的期刊,并收录了港台地区核心期刊200余种。2000年更名为《中文期刊数据库》,收录期刊达到12000种,另外增加"引文索引版"和"专题全文版"。

3. 其他

中国纺织文献数据库由中国纺织科技信息研究所研制出版;全国报刊索引数据库,即原《中文社科报刊篇名库》,由上海图书馆《全国报刊索引》编辑部编辑研制,具有文献信息量大、检索点多、查检速度快等特点;中国人民大学复印报刊资料全文数据库,是由中国人民大学书刊资料中心编选的;外文期刊光盘数据库(题录文摘版),是由重庆维普资讯公司联合国内十家图书馆,以其订购和收藏的外文期刊为依托建立的综合性文献数据库。

第六章 网络信息检索

第一节 网络信息检索概述

人类已步入网络时代，网络信息资源与人类的生存发展越来越密切，已成为三大战略资源之一——信息资源的一种新类型。人类社会的信息化、网络化进程也随着互联网的发展而大大加快。与之相适应，信息检索的主流方式已由传统检索转向网络检索；信息检索的对象也由相对封闭、稳定一致、由独立数据库集中管理的信息内容扩展到开放、动态、更新快、分布广泛、管理松散的Web内容；信息检索的用户也由原来的专业人员扩展到普通大众，信息检索智能化成为网络环境下信息检索的发展趋势。

一、网络信息资源类型研究的几种代表性观点

鉴于网络信息资源类型问题的重要性，人们从多种角度对网络信息资源进行了类型化研究，由此提出不同的分类方案。

张晓娟在其论文《网络信息资源：概念、类型及特点》中，对网络信息资源作了比较详细的分类。她认为，按所对应的非网络信息资源，可分为图书馆馆藏目录、电子书刊、参考工具书、数据库以及其他类型信息；按人类信息交流的方式，可分为非正式出版信息、半正式出版信息以及正式出版信息；按信息存取方式，可分为邮件型、电话型、揭示板型、广播型、图书馆型以及书目型；按网络信息资源的层次，可分为指示信息、信息单元、文献、信息资源以及信息系统；按文件组织形式，可分为自由文本和规范文本；从网络信息资源的来源上看，有政府、研究机构、大学、公司企业、社会团体、个人等；从内容上看，有政治性文件、学术研究报告、经济活动信息、历史文献资料、文学艺术信息、娱乐性信息等；从形式上看，有文本式文件、计算机软件、图像文

件等。

代根兴、周晓燕在其论文《信息资源类型研究》中，从网络信息资源"即是从计算机技术、通信技术、多媒体技术相互融合而形成的网络上可查找到的资源"角度出发，按人类信息交流方式，分为非正式出版信息、半正式出版信息、正式出版信息。

马静在其论文《网上信息资源及其检索技术智能化研究》中，按网上发布信息（即网络出版）形式，分为简单的 HTML 文件型和复杂的 HTML 数据库型；按信息内容的表现形式和用途，分为全文型信息、事实型信息、数值型信息、数据库类型信息、实时活动型信息以及其他类型信息。黄郴在其论文《网络二次文献——搜索引擎》中，从搜索引擎是网络二次文献服务有效工具这一角度出发，将网络信息资源划分为网络一次文献、网络二次文献和网络三次文献。

上述专家学者提出的十余种划分标准与划分方法，给我们认识网络信息资源提供了多种入口。网络信息资源的划分标准与划分方法，可能还不止这些，还可从其他角度进行划分。不仅如此，这些标准还可以交叉复合，从而划分出更多、更新的网络信息资源类型。新的划分方法的提出，必将促进网络信息资源类型化研究的深入。

二、网络信息检索的特点

1. 内容丰富，形式多样

因特网已经成为当代信息存储与传播的主要媒介之一，也是一个巨大的信息资源库，从上文我们对网络信息资源类型的阐述和研究中可以看出，其内容包罗万象，覆盖了不同学科、不同领域、不同地域、不同语言的信息资源。在形式上，包括了文本、图像、声音、软件、数据库等，堪称多媒体、多语种、多类型信息的混合体。

2. 时效性强

由于网络信息资源从本质上改变了信息的创造交流和获取的方式，完全抛弃了传统的出版概念，实行了无纸化的出版，从作者投稿、专家审稿、组稿编辑等都在网上进行，避免了印刷、发行、投递等环节，因而大大缩短了文献的编辑出版时间，其时效性是过去传统的文献信息资源不可比拟的。而且在网络资源出版的过程中，读者和编者可不受时间和地域的限制即时交流，从而使内容更加新颖和及时，以最快的速度传播新成果，让人们共享新思想。

3. 查询方便

查阅网络信息资源既不受图书馆开馆时间的限制，也不受地点和借阅数量的限制，只要用户有电话和计算机，就可以自由方便地在自己家里查阅。传统文献主要是通过参考文献、引用注释或二次文献等方式来提示相关文献，用户查找原始文献十分费力，而网络信息资源检索利用超文本链接，构成立体网状文献链，能把不同国家、不同地区、各种服务器、各种网页、各种不同文献都通过结点链接起来，以使查阅者在浩瀚的信息海洋中快捷、准确地得到所需的有关信息。再者，网络以二进制代码统一了文献的记录格式和记录符号，计算机可以用软件自动翻译，这样就消除了世界范围内信息传播交流中的语言障碍。

4. 变化频繁，价值不一

在因特网上，信息地址、信息连接、信息内容处于经常性的变动之中，信息资源的更迭、消亡无法预测。而且，由于信息发布具有很大的自由度和随意性，缺乏必要的过滤、质量控制和管理机制，正式出版物与非正式出版物交织在一起，学术信息、商业信息以及个人信息混为一体，信息质量良莠不齐、泥沙俱下，为用户选择、利用网络信息资源带来了不便。

5. 结构复杂，分布广泛

因特网是在自愿的基础上，通过TCP/IP将不同的网络连接起来的，对网络信息资源本身的组织管理并无统一的标准和规范，网络信息呈全球化分布结构，信息资源分别存储在不同国家、不同地区的服务器上，不同的服务器采用不同的操作系统及数据结构、字符界面、图形界面、菜单方式、超文本方式等缺乏集中统一的管理机制，从整体上看，网络信息资源尚处于无序状态。

三、网络信息检索的标准（Z39.50）

1. Z39.50概述

Z39.50是美国信息检索方面的国家标准，即信息检索——开放系统互联的应用服务定义与协议说明{信息检索应用服务定义和协议规范，ANSI/NISO

Z39.50-1195-Information Retrieval（Z39.50）：Application Service Definition and Protocol Specification}。该标准定义了两个系统间以数据库查询和信息检索为目的而进行的通信、交流的规则和程序，它使得用户可以在一台计算机（client）上检索存储在另一台计算机（server）中的信息，而不必关心这些信息是如何存储和组织的。Z39.50支持多种记录格式，包括MARC、OPAC、SUTRS（Simple Unstructured Text Record Syntax）、html等。Z39.50经历了三个版本：Z39.50—1983、Z39.50—1992、Z39.50—1995。

协议规范由客户机（Z-client）实现的协议过程及由服务器（Z-server）实现的协议过程两个部分组成。源端（Origin）和目的端（Target）通过应用联动（A-association）中的Z39.50联动（Z-association）进行通信，实现信息交换，信息分别称为请求和响应。

2. 工作原理

Z39.50是有状态的面向连接的协议，基于Client/Server模型。Z39.50的工作原理是Client源端向Server目的端发出建立连接的请求，目的端作出回应，连接建立成功；源端发出检索请求，服务器端分析检索式，并从后台数据库中找到满足检索条件的记录，将所有满足条件的记录的标识组成结果集返回到源端；源端发出显示某个记录的内容的请求，并给定在结果集中的编号，服务器端找到对应的记录标识，将记录返回到源端；源端发出停止连接的请求，目的端作出回应，连接结束。

Z39.50可以被看作对一个数据库的更抽象的描述。它不涉及数据的具体结构、名称、也不考虑数据库的具体实现。它与用户界面和服务器端数据库的管理也不相关。Z39.50这种独立的逻辑结构，能适用于网络环境下不同数据源提供的不同格式的数据，便于信息的检索。

3. Z39.50包含的主要机制

（1）初始（Initialization）。

（2）查找（Search）。

（3）检索（Retrieval）。

（4）删除结果集（Result-set-delete）。

(5）存取控制（Access Control）。

(6）结算/资源控制（Accounting / Resource Control）。

(7）分类排序（Sort）。

(8）浏览（Browse）。

(9）其他扩展服务（Extended Services）。

(10）其他扩展服务（Extended Services）。

(11）终止（Termination）

其中，比较核心的机制包括初始、查找、检索等功能。

4. Z39.50技术的主要应用

(1）在OPAC中的应用。OPAC（Online Public Access Catalogue）是指用户通过网络直接到图书馆进行书目数据馆藏情况的检索，是Z39.50最主要的应用领域。目前世界上有几百家图书馆提供了基于Z39.50的OPAC，而且大部分图书馆自动化系统软件产品提供了基于Z39.50的OPAC服务，只要它支持Z39.50协议就可以访问。通过广播式查询，可以在一次查询中同时对多个独立的数据源进行查询，而这一过程是完全对用户透明的。

(2）在集中编目中的应用。目前，网上提供Z39.50服务的数据库很多。利用Z39.50客户端程序，编目人员只要选择一个功能较完备的客户端软件，就可以检索全球众多图书馆的书目数据资源，就可以很方便地得到一本已经编制好的MARK记录书籍，这就使利用Z39.50协议辅助编目工作，尤其是西文书刊的编目工作成为可能，从而大大简化了编目人员的工作，减少了重复劳动，提高了效率。

(3）在馆际互借中的应用。馆际互借是和文献共享紧密相连的，其实现的前提是要知道对方馆有何种书目，从而发出馆际互借的请求。因此，一个完整的馆际互借系统应该由基于Z39.50协议的检索模块、基于ISO10160/10161协议的馆际互借模块和文献传输模块组成。利用Z39.50协议采用统一的检索界面实现对所有参加馆际互借图书馆的馆藏文献信息的查询和资源的定位，通过馆际互借协议实现用户的互借请求，通过Z39.50协议的扩展服务实现电子文献的直接投递。

（4）在采购协调中的应用。通过 Z39.50 协议，各成员馆可以充分了解其他各馆的馆藏信息，从而辅助本馆采购的决策。通过协作，各馆可以建设自身的特色馆藏，再通过馆际互借使得各馆馆藏得到充分利用。这一点对外文书刊来说十分重要，可以说如果协调得好，可以使用更少的经费获得更多的书刊资源。随着网上采购、电子商务以及 Z39.50 协议本身的普及，采购员可以检索网上各书商的书目数据，特别是由出版商提供的在版编目数据，并将已订购的书目数据套录到本馆的采购系统中。

第二节　网络信息检索工具

一、搜索引擎及其工作原理

搜索引擎是指根据一定的策略、运用特定的计算机程序从互联网上搜集信息，在对信息进行组织和处理后，为用户提供检索服务，将用户检索相关的信息展示给用户的系统。搜索引擎的工作原理：

1. 搜索引擎的数据采集机制

（1）基本机制。搜索引擎的数据采集包括人工采集和自动采集方式。

人工采集由专门信息人员跟踪和选择有用的 WWW 站点或页面，并按规范方式进行分类标引并组建成数据库。由于基于专业性的资源选择和分析标引，从而保证了所收集的资源质量和标引质量。

自动采集是通过 Robots（自动采集器）的软件来完成的。Robots 搜寻页面并建立、维护、更新索引数据库。自动采集能够自动搜索、采集和标引网络上众多站点和页面，从而保障对众多的网络资源的跟踪与检索的有效性和及时性。

目前，大多搜索引擎都采取了人工方式与自动方式相结合的形式。

（2）自动采集器。自动采集器 Robots 是采用自动采集方式的搜索引擎的核心，是在网络上搜索文件且自动跟踪该文件结构并循环检索被参照文件的软件。

一般来说，Robots 以一个 URL 清单为基础，利用标准协议（如 HTTP）依次请求相应的资源（即网页），并将其交给网页标引模块进行自动标引。URL清单中的URL可由用户通过一个特定格式主动提交，或由搜索引擎开发商通过搜索常用站点或下载有关站点的资源列表等来建立。Robots对某个网页进行索引时如发现指向资源的链点，先将它们存入一个临时表中，然后添加到URL清单作为下一次检索的目标对象。有些情况下搜索引擎试图标引站点的所有网页，并通过网页链点逐一访问每一网页。另一些情况下，搜索引擎抽取站点上一定数量的网页为样本进行标引。通常网址流行程度越高，样本量就越大。

2. 搜索引擎的数据标引机制

（1）Robots对网页的基本标引方法。Robots主要通过从网页中自动抽取能表达网页主题意义的词作为标引词来构建网页标引记录。抽词的基本依据是词频，即在略去只起语法作用的共用词后，一个词在文件中出现的频率越高，则它代表该文件主题的程度就越大，从而作为标引词的准确性也就越高。

此外，自动索引器还利用其他信息进一步帮助选词或计算词的权重，如选择在标题标签、链点标签等处的词作为标引词。但目前几乎所有重要搜索引擎都采用全文索引方式，分析整个网页所有词汇，并根据词频和超文本结构确认词汇权重。

（2）HTML/META标签对Robots标引网页的影响。为了使标引关键词和摘要更好地反映网页内容，保障用户检索的准确率，HTML语言提供了Meta keywords标签和Meta description标签来帮助网页编制者专门提供关键词和对整个站点的描述摘要。Meta标签内容在文件调入浏览器时并不显示，但服务器和客户机却能提取其中内容用于确认、索引和文件编目等目的。Meta标签的组成元素很多，但与网页标引直接相关的是Meta keywords和Meta description，它们位于HTML/HEAD标签中。利用这两个元素，自动采集器可以方便准确地对网页进行标引和编制文摘。

3. 搜索引擎的数据组织机制

搜索引擎的数据组织主要是利用强有力的数据库管理系统来组织所采集标引的网页信息，形成索引数据库。数据库中的一条记录基本上对应一个网页，原则上包括关键词、网页摘要等信息。由于各个搜索引擎的标引原则和方式不同,因此它们的索引记录内容可能很不相同。

搜索引擎的数据组织模块还和数据采集标引模块一同实现索引数据的动态维护,如对索引数据进行及时更新、添加、删除等处理,以保证索引数据库准确反映网络信息资源的当前状况。

索引数据库是用户进行检索的基础,它的数据质量直接影响到检索效果,而搜索引擎的数据采集标引机制又是决定数据库质量的关键技术。

4. 搜索引擎的用户检索机制

(1)检索界面模块,接受用户检索要求,常常分为一般检索界面和高级检索界面。

(2)检索策略模块,将用户输入的检索要求编制成计算机可以执行的规范化检索式。

(3)检索执行模块,利用检索式检索索引数据库,并保证检索的速度和准确性。

(4)检索结果组织模块,对检索中的记录的整理组织。

二、搜索引擎的类型

从20世纪80年代起人们就开发了如Archive、WAIS、Veronica等检索工具,从20世纪90年代中期起又出现了检索万维网信息资源的搜索引擎技术,并以此构造检索所有各类网络信息资源的集成化支撑体系。据统计,各种各样的Internet网络信息检索工具已有数千个,按这些工具的检索机制、检索内容范围,以及检索工具的数量、检索资源类型,可将它们划分为以下各类。

1. 按检索机制划分

根据检索工具的数据检索机制,可将检索工具分为检索型、目录型和混合型检索工具。

检索型检索工具通过用户直接输入检索词、查找索引数据库中用检索词标引的索引记录来查找用户所需信息资源,检索方便直接,而且可以使用布尔逻辑、短语或邻近等基本检索和模糊、自然语言、概念等高级检索方式,可以限制检索对象的地区、网络范围、数据类型、时间等,可以满足特定条件的资源准确定位。AltaVista、Excite、HotBot、Infoseek、Lycos、Opentext、Webcrawler等，就是著名的检索型检索工具，人们常将它们称为"搜索引擎"（Search Engines，SE）。

目录型检索工具通过用户浏览层次型类别目录来寻找符合需要的信息资源，目录按一定的主题分类体系组织，并辅之以年代、地区等分类。用户一般采取逐层浏览目录、逐步细化来寻找合适的类别直至具体资源。这种类型的检索工具有Yahoo!Galaxy、Britannica、Internet、Guide等，常称为Directory,Catalog，它们往往根据自己资源采集范围设计详细的目录体系。也有许多目录型检索工具采用图书馆的分类方法，如杜威分类法有Patiric's Subject Catalog（http：//www.slac.standford.edu/~clancey/dewey.html）；美国国会图书馆分类有Cyberstacks（http：// www.public.iastate.edu/~ CYBERSTACKS/ homepage.html）。

混合型检索工具兼有检索和目录型两种检索方式，既可直接输入检索词查找特定资源，又可浏览目录了解某个领域或范围的资源。实际上现在的大多数搜索引擎都同时提供词语检索和目录浏览两种，以增强自己的检索能力和市场竞争力。

2. 按检索内容划分

根据检索工具的数据内容，检索工具可分为综合型、专题型和特殊型检索工具书。综合型检索工具在采集标引信息资源时不限制资源的主题范围和数据类型，又称为通用型检索工具，人们可利用它们检索几乎任何方面的资源，前面列举的Alta Vista、Excite、Yahoo!等均属此类工具。专题型检索工具专门采集某一主题范围的信息资源，并用更为详细和专业的方法对信息资源进行标引描述，且往往检索机制中设计利用与该专业领域密切相关的方法技术。这类工具常称为专业检索工具，典型的如Health Care、Medical WorldSearch、SOSIG（Social Science Information Gate-way）、EEL（Engineering Electronic L ibrary）等。特殊型检索工具指那些专门用来检索某一类型信息或数据的检索工具，如检索电话号码的555-1212和Switchboard，检索地图的Map Blast，检索图像的Web SEEK，检索FTP文件的Archie和File Z，检索LISTSERV的Liszt，检索新闻组的DejzNews等。

3. 按包含检索工具数量划分

通常意义上的检索工具通过自身的采集标引机制、数据组织机制和数据检索机制提供检索服务，将它们称为单独型检索工具。集合型检索工具，是一种能够利用多个检索工具进行网络信息检索的检索工具，它通过一个统一用户界面帮助用户在多个检索工具中选择和利用合适的（甚至是同时利用若干个）检索工具来实现检索操作，又称为元检索工具。在检索中，用户向集合型检索工具发出检索请求，它根据请求向多个单独型检索工具发出实际检索请求；单独型检索工具执行检索请求后将检索结果传送给集合型检索工具，集合型检索工具将从多个单独型检索工具获得的检索结果经过整理再传送给实际用户。单独型检索工具与集合型检索工具的主要区别在于前者拥有独立的网络资源采集标引机制和相应的数据库，而集合型检索工具一般没有自己独立的数据库，却更多的是提供统一界面（或进一步地提供统一检索方式和结果整理）形成一个由多个分布的、具有独立功能的检索工具构成虚拟逻辑整体。

4. 按检索资源类型分

根据检索工具针对的数据资源类型，可将检索工具分为万维网检索工具和非万维网检索工具。万维网检索工具主要检索万维网站点（Web）上的资源，它们常称为搜索引擎，而且由于万维网资源常以网页形式存在，它们的检索结果常常称为网页。非万维网络检索工具主要检索特殊类型的信息资源，如检索 FTP 文件的 Archie、File Z 和 Tile.net；检索 Telnet 系统的 Hytelnet；检索 Gopher 服务器的 Veronica 和 Jughead；检索 WAIS 数据库的 WAIS 系统；检索 LIST-SERV 和 Mailing List 的 Liszt L-Soft 和 Tilt.net；检索新闻组的 DejaNews 等。不过，越来越多的万维网搜索引擎嵌入了检索非万维网资源（尤其是 WAIS、Gopher 等资源的工具，使这些搜索引擎成为检索多类网络信息资源的集成化工具）。

三、元搜索引擎

1. 元搜索引擎的含义

所谓元搜索引擎，是对分布于网络的多种检索工具的全局控制机制，它通过一个统一用户界面帮助用户在多个搜索引擎中选择和利用合适的（甚至是同时利用若干个）搜索引擎来实现检索操作（Search the search engines）。

元搜索引擎与搜索引擎的主要区别在于：搜索引擎拥有独立的网络资源采集标引机制和相应的数据库，而元搜索引擎一般没有自己独立的数据库，而更多的是提供统一界面（或进一步地提供统一检索方式和结果整理），形成一个由多个分布的、具有独立功能的搜索引擎构成的虚拟逻辑整体，用户通过元搜索引擎的功能实现对这个虚拟整体中各独立搜索引擎数据库的查询显示等一切操作。元搜索引擎中各独立搜索引擎被称为"成员搜索引擎"，它们各自保持其原来的局部数据模式和自己的检索指令。元搜索引擎给出一个全局外部模式，用以接受用户检索输入和结果输出。不过，有些元搜索引擎给出的全局外部模式不够完善。

2. 元搜索引擎的特点

（1）虚拟索引数据库。元搜索引擎本身没有庞大的网页网站索引数据库，也没有独立搜索引擎那样复杂的索引机制，既不需要Spider网络蜘蛛自动访问与标引网页，更不需要编辑人员人工建立分类目录。元搜索引擎由一个统一联结界面，把多个分布独立的搜索引擎整合为虚拟逻辑整体，各独立搜索引擎数据库也就构成了元搜索引擎的整体虚拟索引数据库。

（2）查全率高。独立的搜索引擎为了尽可能大地满足用户的检索要求，在不断提高技术、扩充自己的索引数据库。但搜索引擎发展到现在，搜索技术已经很成熟了，要想通过技术的飞跃来提高检索范围，是一个漫长的阶段，其代价也是巨大的。而元搜索引擎，调用了多个搜索引擎的数据库，可以在短期内检索到大量的信息，很简单地提高了查全率。

（3）用户界面友好。集成搜索引擎能将搜索引擎的结果分块显示，但并没有对结果归并，用户在浏览检索结果时，很难衡量检索结果的相关度和检索结果的重要程度。而元搜索引擎的检索结果是经过归并的，其检索结果返回格式是统一的。并且，检索结果排列的先后顺序直接反映出信息的相关度和重要程度。

（4）适宜二次加工。元搜索引擎在接收到各个成员搜索引擎的返回结果后，并不是将结果直接返回给用户，而是先分析各个搜索引擎检索结果的排列算法，得出这些检索结果集的相关度、完整性和重复程度，进行去重和删除死链接。同时，对这些检索结果进行标引。

（5）扩展性好。在集成了多个独立的搜索引擎后，其检索范围大于成员搜索引擎的检索范围。如：MetaCrawler利用了Lycos、Infoseek、WebCrawler、Excite、AltaVista和Yahoo。在固定的成员搜索引擎的基础上，针对用户的信息检索需求，增添或删除部分成员搜索引擎，能达到优化元搜索引擎性能的效果。

3. 元搜索引擎的工作原理

元搜索引擎称为搜索引擎之上的搜索引擎，它自己并不收集网站或网页信息，通常也没有自己的资源库和Robot。当用户查询一个关键词时，它把用户的查询请求转换成其他搜索引擎能够接受的命令格式，并行地访问多个传统的搜索引擎来查询这个关键词，然后将返回的结果进行合并、重新排序等处理后，作为自己的结果返回给用户（见图6-1）。严格地讲，元搜索引擎只是一个搜索代理程序，算不上一个真正独立的搜索引擎。从检索机制的角度看，元搜索引擎可算是一种分布式信息检索系统，由于其检索覆盖面广、系统复杂度不高等优点，使得该项技术得到快速发展。

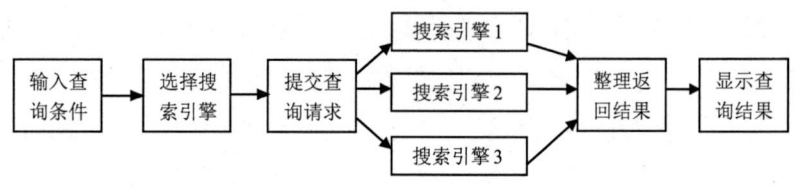

图6-1 元搜索引擎的工作原理

4. 元搜索引擎的类型

元搜索引擎有多种分类方式。按功能划分，元搜索引擎包括集成搜索引擎和多线索式搜索引擎；按运行方式的差异可分为桌面型元搜索引擎和基于Web的元搜索引擎；按照工作方式，元搜索引擎可分为并行处理式和串行处理式两大类。并行处理式元搜索引擎将用户的查询请求同时转送给它调用链接的多个独立型搜索引擎进行查询处理，串行处理式元搜索引擎将用户的查询请求依次转送给它调用链接的每一个独立型搜索引擎进行查询处理。

（1）集成搜索引擎（All-in-One Search Page）。集成搜索引擎，亦称为"多引擎同步检索系统"，是指搜索引擎界面以任意顺序或分类罗列多个搜索引擎，搜索引擎本身主要提供各类搜索引擎的介绍信息和物理连接机制。这类元搜索引擎没有统一的全局外部模式，而是以各搜索引擎的检索模式和数据格式直接面对用户，即直接把来自多个搜索引擎的搜索结果列在一个页面上，不做重新计算或更改，其实质是利用网站链接技术形成的搜索引擎集合。严格来说，这类元搜索引擎只是独立搜索引擎的罗列，不能算真正意义上的元搜索引擎。

（2）多线索式元搜索引擎。多线索式元搜索引擎，指利用统一的检索界面，实现对多个独立搜索引擎索引数据库进行检索，并将检索结果以统一格式显示的网络检索工具。这类元搜索引擎具有以下特征：

①统一检索界面：元搜索引擎提供统一界面，提供对各搜索引擎特点介绍和选择机制。元搜索引擎检索界面构成唯一的全局外部检索模式，用户通过这个全局界面实现对多个或任意一个搜索引擎的检索。

②检索指令转换：在具有唯一全局外部检索模式情况下，系统可提供统一的全局指令语言，并自动地实现元搜索引擎指令与其目标搜索引擎指令的转换，用户使用同一指令语言检索不同的搜索引擎的索引数据库。

③统一结果集的组织与显示：元搜索引擎提供全局组织机制，对各目标搜索引擎返回的结果进行处理，形成全局结果集，并以统一格式显示，主要涉及数据格式转换、去重、统一排序等。

（3）桌面型元搜索引擎。桌面型元搜索引擎以程序的方式提供给用户，相当于用户自己拥有一个元搜索引擎。它运行在用户的机器上，用户的查询请求直接由用户端分发给它所调用的搜索引擎，然后对返回的搜索结果进行集成后以一定的方式显示。桌面型元搜索引擎是一个包括多个成员搜索引擎的完整系统，它们往往允许用户自定义检索式运行的搜索引擎集合，甚至可由用户添加新的搜索引擎。这些桌面型元搜索引擎不仅可以实现对多个搜索引擎的并行检索，而且也能提供重要的后期处理功能，如用户定义结果排序方式、删除重复记录等功能。

（4）基于Web的元搜索引擎。基于Web的元搜索引擎以Web方式为用户提供元搜索引擎。请求代理、检索接口代理和结果显示代理都存放在元搜索引擎所在的服务器端。在这种方式中，用户的元查询请求经过服务器端的请求提交代理和检索接口代理将查询请求分发给它所调用的独立搜索引擎，这些独立搜索引擎返回的搜索结果由服务器端的结果显示代理处理后再返回给用户。多线索式元搜索引擎基本上都属于基于 Web 的元搜索引擎，如国外的 MetaCrawler、Dogpile、Mamma 等。

5. 元搜索引擎的评价

（1）元搜索引擎的覆盖范围。指元搜索引擎包括的独立搜索引擎的数目，它是影响搜索引擎效率的一个非常重要的变量。一般来说，元搜索引擎覆盖的独立搜索引擎的数目越多，元搜索引擎越好。

（2）元搜索引擎检索结果的显示。因为每个独立的搜索引擎具有不同的显示格式，元搜索引擎必须为多种显示格式提供一种标准的结构。检索结果的显示可以从提供搜索引擎来源、返回定位、相关度显示、主题目录、页面描述、网页更新日期等方面来进行比较和评价。

（3）元搜索引擎的检索功能。可以分为检索控制功能和检索提问功能两大方面。检索控制功能指对检索过程和检索结果进行控制的功能，如搜索引擎选择、速度/限时、每个引擎返回的结果数、遥控检索、结果排序、用户检索偏好保存等。检索提问功能指用户构造检索提问式的方法，精确地构造检索提问式对成功的检索是至关重要的，检索提问功能的比较与评价可以从简单布尔检索、高级布尔检索、截词检索、邻近检索和自然语言检索等方面进行评价。

（4）元搜索引擎的用户友好性。包括帮助/FAQ、超链可用性检测、聚类分析、可视化、词典控制等方面。

6. 国内外重要的元搜索引擎

（1）国外重要的元搜索引擎：

MetaCrawler（http://www.metacrawler.com，

Mamma（http://www.mamma.com）

Dogpile（http://www.dogpile.com）

（2）国内重要的元搜索引擎：

360综合搜索（http:// www.so.com）

Jopee元搜索（http:// www.jopee.cn）

抓虾网聚搜（http:// www.zhuaxia.com）

四、网络检索工具的评价

随着因特网的不断发展和成熟，一些易于使用的信息检索工具不断地涌现。这些检索工具各有千秋，为了引导用户更好地利用它们，有必要对它们进行评价研究。建立一系列网络搜索引擎的评价指标体系，参照指标体系对搜索引擎进行对比分析，从而明确各网络检索工具的性能、特点，进而指导用户根据检索需求来选择检索工具等都具有重要的现实意义。

应用于网络信息检索工具评价的指标大致有如下几项。

1. 数据库的评价指标

网络检索工具数据库所收录的信息资源是检索之本，数据库的规模和质量是评价检索工具的基本要素。具体如下。

（1）数据库的规模：以搜索引擎收集的网站（或网页）数作为统计单位。它直接影响到搜索结果的广泛性。

（2）数据库的范围：是收录综合性信息还是专科性信息；是仅收录Web信息还是兼收Usenet、FTP、Gopher、E-mail等其他网络信息。

（3）数据库的质量控制：所收录信息资源的质量、水平、使用价值、是否经过评价、鉴选等。

2. 信息组织管理评价指标

是对信息搜集、抽取、标引手段及组织管理方式的评价，包括：

（1）信息搜集方法：信息标引手段与信息索引方法。通常分为自动索引、人工索引、用户登录三种。

（2）信息更新周期：指搜索引擎信息源的更新频率、时效性。

（3）信息组织管理方式：有分类主题、目录方式和词语索引方式，同时包括分类的广度和深度，索引的比重和深度（全文本索引、概念索引、词级索引及限定词索引等）。

3. 信息检索功能评价指标

是评价网络信息检索工具的重要指标，包括：

（1）逻辑组配功能：这是几乎所有的搜索引擎都提供的功能，尽管表示符有所不同，但所执行的操作是相同的。

（2）截词功能：利用词的某些部分进行非精确匹配检索的一种形式。

（3）精确检索功能：对所输入的检索词进行精确匹配的检索。

（4）位置检索功能：确定检索词相隔距离的检索。

此外，还有限定检索、相关检索、加权检索、概念检索、大小写有别等。

4. 检索结果评价指标

检索效果是评价检索工具的最直观的指标，检索结果的输出形式在一定程度上影响着信息的吸收与利用。

（1）检索结果的满意度：包括检索结果相关命中数、重复链接数、有无超文本链接等。

（2）响应时间：完成一个检索要求所用的时间。

（3）相关性排序：将输出结果根据与检索词的相关度进行排序。

（4）输出数量选择：限定或改变输出数量。

（5）显示内容形式：有无内容描述、格式如何，是注释或摘要。

5. 检索界面的评价指标

是指用户界面的易用性情况，包括是否有帮助文件、是否有查询举例、是否有检索功能说明。

第三节　多媒体信息检索

一、多媒体检索概述

所谓多媒体（multimedia），就是将多种媒体，包括文本、图片、动画、视频和声音组合成的一种复合媒体。

多媒体检索是指根据用户的需要对文本、图形、图像、音频、视频等多媒体信息进行识别和查询的过程。

多媒体系统是指由多媒体终端设备、多媒体网络设备、多媒体服务系统、多媒体软件及有关多媒体数据组成的有机整体。

多媒体数据库的一般形式如下。

1. 联邦型结构

针对各种媒体单独建立数据库，每一种媒体的数据库都有自己独立的数据库管理系统，彼此之间可以通过相互通信来进行协调和执行相应的操作。用户既可以对单一的媒体数据库进行访问，也可以对多个媒体数据库进行访问。

2. 集中统一型结构

由一个单一的多媒体数据库和单一的多媒体数据库管理系统组成。各种媒体被统一建模，对各种媒体的管理与操纵被集中到一个数据库管理系统中，各种用户的需求被统一到一个多媒体用户接口上，多媒体的查询结果被统一的展现。

3. 客户/服务型结构

各种媒体数据可以相对独立，系统将每一个服务器完成，与用户的接口采用客户进程实现，客户与服务器之间通过特定的组件系统连接。该结构可以减少集中统一型多媒体数据库系统的复杂性，设计者可以针对不同的需求采用不同的服务器，对每一种媒体也可以采用与这种媒体相适应的处理方法。

4. 超媒体型结构

该结构强调对数据时空索引的组织，认为世界上所有计算机中的信息和其他系统中的信息都应该连接在一体，而且信息要能够随意扩展和访问。在多媒体数据模型上，要通过超链接建立起各种数据的时空关系，使得访问的不仅仅是抽象的数据形式，而且还可以去访问形象化的、真空的或虚拟的空间和时间。

二、图像信息检索

随着计算机、图像处理和数据库技术的发展，从多媒体数据库中进行图像检索成为人们研究的一个热点。传统的图像检索基于文本方式，使用关键字或自由文本描述图像数据库中的每幅图像，采用文本匹配检索。该方法需要人工对每幅图像按其内容进行标注，然后将标注信息存到文本数据库中用于检索。显然，随着图像的增多，人工标注非常困难。而且，每个人对图像内容的理解不同会造成标注的主观性过强，不利于用户检索，于是基于内容的图像检索（*Content-Based Image Retrieval*，*CBIR*）便应运而生。

基于内容的图像检索技术是一种综合集成技术，它通过分析图像的内容，如颜色、纹理、形状等，建立特征索引，并存储在特征库中。用户在查询时，只要把自己对图像的模糊印象描述出来，就可以在大容量图像库中找到想要的图像。

CBIR 系统的一般框架（见图6-2）。此系统依赖图像的视觉特征进行索引，查询将根据图像视觉特征的相似度进行。用户选择一幅标准样例图像来进行特征提取，然后由系统在特征库中查找与样例图像所提取的特征比较相似的图像，按相似度大小排列返回给用户。这就是相似性匹配的过程。另外，此系统一般通过可视化界面和用户进行频繁的交互，进行信息反馈，以便于用户能够方便地构造查询、评估检索结果和改进检索结果。

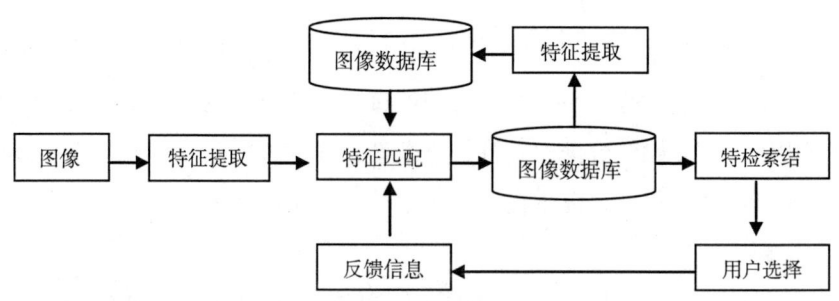

图6-2 基于内容的图像检索系统

目前基于内容特征的图像检索中比较常见的提取的特征包括颜色、纹理、形状特征以及多特征综合等。

1. 基于颜色特征的图像检索

常用的颜色特征提取方法主要有以下几种。

（1）颜色直方图（Color Histogram）。颜色直方图描述了各颜色在图像中的数量特征，统计了各颜色值出现的频数（率）。但直方图丢失了某像素所在的空间位置信息，不同的图像可能具有相同的直方图。因此，除全局颜色直方图外，局部颜色直方图和累计颜色直方图的出现，改善了检索的效果。

（2）颜色矩（Color Moment）。通过计算各颜色通道的均值、方差、偏差等来替代颜色的分布，即用各颜色的矩来表示颜色的分布。数学计算上表示为颜色的一阶矩（mean）、二阶矩（variance）和三阶矩（skewness）。计算量小，常与其他的特征相结合进行检索。

（3）颜色聚合向量（Color Coherence Vector）。颜色聚合向量是直方图算法的一种改进，弥补了直方图对像素空间位置信息的丢失，它将直方图中每个颜色簇分成聚合类和非聚合类。图像量化后，同一连通区域内的像素具有同类量化值。如果一个连通区域内某些像素所占据的面积大于给定的阈值，则认为该区域的像素是聚合的，否则被认为是非聚合的。颜色聚合向量较颜色直方图有更好的检索效果。

（4）颜色相关图（Color Correlogram）。颜色相关图反映了不同颜色对，即像素对之间的空间相关性，也可简化为相同颜色的像素间的空间关系。其主要是用像素对相对于距离的分布来表达图像信息，其特征范围相对较小，计算简便，检索效果比颜色直方图和颜色聚合向量更好。

2. 基于纹理特征的图像检索

通常把图像中局部不规则而整体有规律的特性称为纹理。它是物体表面共有的内在特征，包含了物体表面的重要信息与周围环境的联系，它是图像中一个重要而又难以描述的特性。纹理特征主要有粗糙度、方向性、对比度三个性能指标。纹理特征描述方法大致可分为四类：统计法、结构法、模型法、频谱法。

（1）统计法：是通过图像中灰度级分布的随机属性来描述纹理特征。

（2）结构法：是假定纹理模式由纹理基元以一定的、有规律的形式重复排列组合而成，特征提取就变为确定这些基元并定量分析它们的排列规则。

（3）模型法：是利用一些成熟的图像模型来描述纹理。

（4）频谱法：是借助于频率特性来描述纹理特征。

3. 基于形状特征的图像检索

形状特征是图像的显著特征之一，许多物体具有不同的颜色，但其形状总是类似的。形状被认为是一条封闭的轮廓曲线所包围的区域，对形状的描述分为对轮廓的描述以及对轮廓所围区域的描述。

对于轮廓的描述主要有直线段描述、样条拟合曲线、高斯参数曲线和傅里叶描述子等算法。其中傅里叶描述子是基于傅里叶变换的一种方法，具有平移、旋转等几何不变性，常用来分析图像轮廓的相似性，能很好地描述图像的边界信息。

对于区域描述主要有无关矩、区域面积、区域纵横比等。Flicker等人在IBM的QBIC图像检索系统中采用了形状面积、圆度、离心率、主轴惯量以及高阶无关矩，取得了满意的效果。

4. 基于多特征的图像检索

颜色、纹理、形状特征是图像检索最常用的提取特征，这些大都是全局特征，不能充分表达图像的空间信息。局部特征的提取也可以使检索达到良好的效果。目前较常用的局部特征提取算子有Harris算子和Sift算子，这两个都是基于兴趣点的特征描述，它们对图像的旋转、缩放、平移都具有良好的不变性。

无论是基于全局特征还是局部特征进行检索，由于图像内容千差万别，基于单一特征的图像检索效果有时不能充分达到要求，基于多特征的图像检索在查准率、查全率方面均优于基于单一特征的检索。基于多特征的检索可以选择两种或两种以上特征同时进行查询，例如，综合颜色和形状检索，综合颜色和纹理检索。但基于多特征的检索首要解决的问题就是各算法匹配结果的归一化，这样才能保证各算法在加权中处于平等的地位。

三、音频信息检索

在多媒体检索中，音频检索是一个受人们关注的富有挑战性的研究课题，相对于文本检索和图像检索，音频检索发展比较缓慢。目前音频检索可以分为两大类：一类是基于内容的，主要是利用高层信息对音频进行分类和识别，例如音频分类、音频索引、关键词检索等；另一类是基于特征相似度的（或称为基于模板的），又称为固定音频检索。它是指给定一个查询音频段（模板），在待检音频库（或音频流）中检索与其同源的片段。

在音频检索中，需要经过特征提取、音频分割、音频识别分类和索引检索这几个关键步骤（见图6-3）。

原始音频流 ➡ 特征提取 ➡ 音频分割 ➡ 音频识别 ➡ 音频检索

图6-3 音频检索流程图

1. 音频的类型

自然界存在着各种各样的声音，声音媒体是多媒体中的一类重要媒体。对声音进行数字化处理得到的结果称为音频。音频是声音信号的形式，作为一种信息的载体，音频可分为三种类型。

（1）波形声音：波形声音是对模拟声音数字化得到的数字音频信号，它可以代表语音、音乐、自然界和合成的声响等。

（2）语音：具有字词、语法等语素，是一种高度抽象的概念交流媒体。语音经过识别可以转换为文本，文本是语音的一种脚本形式。

（3）音乐：具有节奏、旋律及和声等要素，是人声和乐器音响等配合所构成的一种声音。

不同的音频类型具有不同的内在特征，这些内在特征可划分为三级：最低层的物理样本级、中间层的声学特征级和最高层的语义级。物理样本级包含采样频率、时间刻度、样本、格式、编码等特征；声学特征级包含感知特征和声学特征，其中感知特征有音调、音高、旋律、节奏等，声学特征包含能量、过零率、线性预测系数（LPC）及音频的结构化表示等；语义级包括音乐叙事、音频对象描述、语音识别文本等。

2. 音频特征的提取

基于内容的音频检索技术主要分为三大部分：音频内容的获取、音频内容的描述（音频特征提取）和特征相似度匹配。音频内容描述即音频特征提取，是整个基于内容的音频检索技术的核心技术。

音频内容描述是在音频内容获取的基础之上进行的，同时是进一步进行音频特征相似度匹配的必要前提。特征提取指的是寻找原始音频信号的表达形式，提取能代表原始信号的数据。要抽取特征和属性，通常要对数据库中的多媒体数据项进行预处理，因为在检索过程中，特征抽取的质量决定着检索效果，需要对这些特征和属性进行不断的搜索和比较。

3. 音频检索的类别

(1) 音频事件提取和查询。通过对音频信号（如语音、背景音乐和环境噪音）的检测、分割和识别达到对视频事件的索引。

(2) 基于元语言（Metadata）映射结构的多媒体多模态事件提取和查询。在这种方法中，多媒体信息被分成音频、视频和文本三种不同模态信息，对每个模态信息独立建立索引结构。

(3) 音频到视频事件的映射。这种检索方法就是把音频看成是语言实体，音频被切割成音素序列，然后再被映射到视素上。在这种转换方式中，首先建立音素和视素对应的查找表，以便把每个与相应音素相关的视素连接起来，形成人讲话的动作。

(4) 音乐检索。音乐检索可分为三个步骤：建立特征音乐数据库、进行音调跟踪和音乐检索。

建立特征音乐数据库就是把原始音乐和它们的曲调特征进行归类汇总装入音频特征库建立索引，从而生成特征音乐数据库。音乐旋律中的任意一个音符呈现三种状态：该音符比前一音符高（U）、该音符比前一音符低（D）、该音符与前一音符相等（S）。U、D、S被称为音频的三步轮廓。音乐和歌曲须预先转化为U、D、S三个字符组成的字符串，装入音频特征库。

音调跟踪是指将一段旋律转化为一系列能够进行检索的音调序列的过程。用U、D、S来表示原始音频信号，从一段旋律中分离出音调并跟踪它们的相对变化，这是实现音调跟踪的关键。有三种方法可提取音频信号中的音调，即自相关法、最大似然法、谱分析法。

音乐检索是在把检索请求表示成三步轮廓形式后，将请求检索的曲调与存储在数据库中的音乐进行特征匹配，得到与之匹配的音乐，然后将它们按照匹配程度大小反馈给用户。

四、视频信息检索

随着计算机技术和网络技术的发展以及多媒体的推广应用，各种视频资料源源不断地产生。视频检索技术作为人们获取视频信息的重要手段越来越受到重视，大大促进了视频搜索行业的发展。

最初的视频信息检索系统是基于关键字访问图像和视频，但是人工标引耗时费力，且文字标引视频信息难免出现疏漏，于是基于内容的视频检索（CBVR）被提出并成为研究热点。CBVR直接对图像、视频、音频内容进行分析，抽取特征和语义，利用这些内容特征建立索引，并进行检索。

要实现基于内容的视频检索，首先必须要进行视频镜头检测、关键帧提取、镜头聚类，经过这些处理，然后才能通过对视频段之间特征空间的比较来进行视频段内容的比较。因此镜头分割和关键帧提取是进行基于内容的视频检索的基础，它的好坏将直接关系到检索的准确性、高效性、充分性。从20世纪90年代初，国际上就开始了对基于内容的视频检索方面的研究，但到目前关键技术的研究方面仍然存在不少问题有待进一步研究。

1. 镜头检测

镜头检测是将视频自动地分割为镜头，以作为基本的索引单元，因此镜头的自动分割是视频结构化的基础。现有的关于镜头边界检测已经提出了很多算法，大体上可将这些算法分为两大类：基于解压的全图像序列的算法和直接基于压缩视频的算法。

2. 关键帧提取

关键帧是反映一组镜头中主要信息内容的一帧或若干帧图像，关键帧的提取无论是在数据存储还是在镜头的表达方面都起着重要的作用，关键帧的作用类似于文本检索中的关键词。用关键帧来代表镜头，使得对视频镜头可用图像的技术进行检索。关键帧的提取方法可以分为在非压缩域和压缩域中的方法。

3. 镜头聚类和场景提取

在镜头聚类及场景生成过程中，镜头不仅在时间上是连续的，更重要的是它们在内容含义上是一致的，这是镜头聚类的关键。视频聚类的过程也就是镜头匹配的过程，即在一组特征参数度量下将相似的镜头合并为镜头组，进而聚类生成对应的场景。很多种方法都可以用于这里的特征聚类，如K-均值法、ISODATA法、松弛迭代法、基于关联规则的算法、基于模糊图论聚类法等。

4. 视频索引与浏览

视频数据索引的建立取决于索引项的确定，而索引项及其属性的选取与视频数据模型有密切的关系。当前，视频索引可分为基于注释的索引、基于特征的索引以及基于特定领域的索引。

视频浏览是视频检索系统中交互查询的一个组成部分。为了有效地浏览，视频文档的内容应表示成用户易于理解的静态画面的形式，并且必须提供非线性的访问。通常每个镜头的关键帧被用作为"浓缩"了的视频序列；然而在许多视频中，常常有几百个镜头。另外仅用静态的画面常常不足以表示动态的信息。因此，仅将代表帧排列起来的方法无法满足用户有效的浏览要求。典型的方法有简单层次浏览、视频内容的目录结构、场景转换图、视频摘要等。

第四节 网络信息检索的新发展

一、自然语言检索

1. 自然语言及其特点

自然语言指人们日常说话以及书写文章所用的各种语言。而情报检索中的自然语言是指作者所使用的书面用语，在信息检索中包括关键词、自由词和出现在文献题名、摘要、正文或参考文献中的具有一定实质意义的词语。

自然语言的优点：①符合人们进行情报检索的习惯，用户只要不脱离文献中的自然语词，便可以任意检索，不需培训；②符合客观需求，不受限制，可随时输入新语词，因而可以顺应时代的发展需要；③可以对文献进行专指标引，省略了编制词表和词汇的智力负担，标引速度快；④因为自然语言是专指的，它可以使用在文摘、索引或文献正文中出现的任何一个有实际意义的词进行检索，因而有较高的检准率；⑤使用自然语言检索可以减少检索中由于检索人口少而造成的遗漏，降低漏检率；⑥人工语言由于标引人员各自的素质和理解、判断等方面的差异，往往造成归类和选词的不同，而自然语言在较小范围内采用现有词汇，即使多人标引文献，差异也不会过大，统一性好。

自然语言的缺点：①不能反映概念词间的一一对应关系，也不能反映概念关系的隐含性，因而无法排除同义词、近义词等间的含糊现象，从而影响查全率；②由于选词没有严格限制，词汇量过多过杂，使主题分散，影响查准率；③由于一个概念可以用几个不同词汇来表达，使得相关文献不能相对集中，检索时容易漏检。

2. 自然语言检索研究现状

国外很早就注意到在信息检索中采用自然语言处理技术以提高检索效果，并开始了相关的研究和试验，自然语言检索的最早研究工作是将自然语言处理应用于信息检索的相关环节中。

20世纪60年代到70年代，这一时期自然语言检索的研究目标是希望通过机器处理，在自动标引中达到和人工标引相同的效果。Salton（1968）早期的研究和Bely（1970）的有关自动标引工作都表现了该方面的思想。

20世纪80年代后，Sparck John和Tait（1984）运用自然语言处理判定用于抽取复合词的句子结构，Fagan（1987；1988）、Croft、Turtle与Lew（1991）等在此期间都作了重要的工作。他们对前期的系统作了比较，深入研究了复合词做标引项的可用性以及各词的权重分配问题。

20世纪90年代以后的一些试验研究可通过TREC体现出来。从1992年开始，自然语言检索就参与评测。到TREC-4时，TREC增加了自然语言处理测试项目，用于探讨自然语言处理技术在信息检索领域所能达到的效益，并与非自然语言检索的结果相比较。在历届TREC会议中，较引人注目的是T. Strzalkowski等人的研究工作。

此外，20世纪90年代末期，国外很多著名的数据库，如Dialog、BIOSIS、ProQuest online等也开始在自己的检索系统中提供自然语言检索接口，进行自然语言检索尝试。很多面向网络信息资源检索的试验系统及搜索引擎采用了一定的自然语言检索技术，在一定程度上实现了自然语言检索功能，这些试验系统及搜索引擎主要有START、IRENA、FERRET、Ask Jeeves等。

在20世纪90年代之前，国内信息检索领域针对自然语言检索的研究以自然语言标引为主，其他的相关研究也多集中于从理论上探讨用自然语言对文本进行标引上。90年代中期之后，出现了一些针对用户提问接口方面的研究。近几年来，国内也出现了一些提供自然语言检索的试验性网络搜索引擎，主要有 TRS 检索系统、尤里卡搜索引擎和纳讯中文新闻搜索引擎。所以，国内对自然语言检索及有关问题尚缺乏系统、深入、面向具体问题的微观层次的研究，有很多重要的问题等待着人们去解决。

目前对自然语言检索的研究仍然处于探索阶段，一些检索实现方案和试验系统也都只是在一定程度上对少量试验样本所进行的。同时，对汉语自然语言检索的研究较少，缺乏较为深入的研究。由于对自然语言检索可以在不同层次上实现，也可以得到一定的检索结果，但这些技术和方法都还不能完全应用于对大规模真实文本的检索中。就目前的情况看，自然语言检索，特别是汉语自然语言检索尚未形成成熟、理想的方法，对有关自然语言检索，特别是汉语自然语言检索的关键问题进行深入研究是非常有必要的。

3. 自然语言处理技术

自然语言处理（Natural Language Processing，NLP）是语言信息处理的一个重要分支，在我国就是中文信息处理。它研究如何实现人与计算机之间用自然语言进行有效通信的各种理论和方法，具体来说就是用计算机对包括汉语（字）的形、音、义等信息及词、句子、篇章的输入、输出、存储和识别、分析、理解、生成等多方面的加工处理。由于自然语言处理侧重于词、句子、篇章，因而词法分析、句法分析、语义分析、语用分析、语境分析便构成了自然语言处理研究内容的基础部分。

词法分析。词法分析包括词形和词汇两个层次，其中词形主要是对各种词形和词的可识别部分的处理，如前缀、后缀及复合词的分析；词汇的重点在于对复合词操作和词汇系统的控制。其主要目的是有助于确认词性以及做到部分理解词与词、词与文档之间的关系，提高检索的效率。

句法分析。句法分析是对句子中词汇短语进行分析以便揭示句子的语法结构。目的是通过对句型结构的分析，自动抽取复杂的标识单元来代替由统计方法得到的关键词进行索引。

语义分析。语义分析是在词法分析和句法分析的基础上进行的，它是指对自然语言文本意义的识别、理解和表示，它涉及各级语言单位（单词、词组、句子、句群）所包含的意义及其在语言使用过程中所产生的意义。

语用分析。语用分析涉及上下文和语言交际环境以及背景意义和联想意义的语义分析。语用学研究不同种类文本的结构，从文章的结构提取附加的含义。

语境分析。语境分析是对语言的目的性应用的理解，主要依赖于文件或原查询语言以外的知识，这些知识包括一般的知识、特定应用领域的知识以及关于在一个查询语言中用户的需要、偏好以及目的的知识。

4. 自然语言检索方法

自然语言检索从技术上来讲是将自然语言处理技术应用于信息检索系统的信息标引、查询与匹配。从用户角度来讲，是用自然语言作为查询输入和对话接口的检索方式。

自然语言检索的特点首先在于它以文档文本的语言结构分析和语义分析为特色，将信息处理的层次深入到文档中文本的内容，而非仅依据文本中索引词的统计信息。其次，用户可以不受控制地输入查询语言表达自己的查询请求。目前所用的全文检索也可以看成是自然语言检索的一种。自然语言的检索过程可以用图6-4来描述。

自然语言检索有许多优点，但也有许多弊端。张琪玉教授认为自然语言文本的语词匹配检索和字段检索只能在数据库中实现。检索时依据检索者输入的字词，由计算机针对文本中的关键性字词进行匹配检索。检索表达式可以由词、词的片段或若干词的组配形式构成。但是数据库检索是依赖于关键词匹配，若匹配失败则返回空记录，不具备推理功能，因此检索结果往往不准确或不全面。

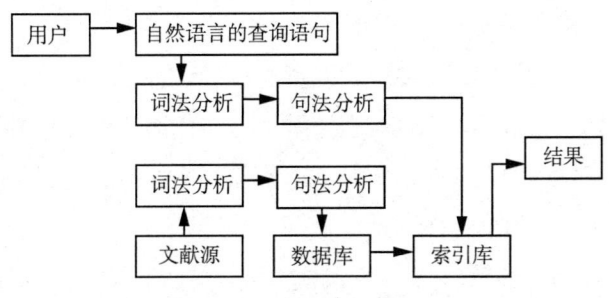

图6-4 自然语言的检索过程

5. 自然语言处理在信息检索中的应用

自然语言处理技术又可分为基本和高级两种，这个分类一方面根据自然语言处理的深度和层次，另一方面则考虑了技术的复杂性和难度。

(1) 基本自然语言处理技术的应用。基本自然语言处理技术包括去除停止词、分词、取词根和词性标注等。

去除停用词（Stopword）。停用词指的是在文档中出现次数很多而本身没有实际意义的词，如英文中大部分的介词、冠词等。去除停用词常被用在信息检索系统中，作为文档预处理的一个步骤。通常使用一个停用词表来过滤，并可根据实际的文档集合选择合适的停用词表。

分词。分词是中文、日文等亚洲语言的信息检索中遇到的特殊问题，大多数欧洲语言并不需要分词。分词技术被广泛应用在中文信息检索系统中。Peng 等在 TREC 5 和 TREC 6 的中文数据集上进行分词和检索实验。他们的实验表明，分词精度和检索效果并不是单调正比的关系。分词精度在 70% 左右时可获得最佳的检索效果，如果分词精度太高，反而可能导致检索效果下降。

取词根（Stemming）。取词根能够使具有相同词根而形态不同的词匹配上，常用的取词根方法包括基于规则（如 Porter Stemmer）和基于词典（如 KSTEM）两种。虽然取词根技术的使用对信息检索效果只有较小的提高，但由于这种技术可用性很强，所以被广泛地使用在信息检索系统中。

词性标注。词性标注在信息检索中的用途并不明显，最大的问题在于即便词性标注已经有了很高的精度，该怎么将它用在检索里仍是需要研究的问题。一种用法是只对某些词性的词进行索引；另一种用法是将不同词性的词分开，只让查询和文档中词性相同的词能够匹配上。

(2) 高级自然语言处理技术的应用。高级自然语言处理技术包括句法分析、短语识别、命名实体识别、概念抽取、指代消解和词义消歧等。由于短语识别、命名实体识别、指代消解等技术都需要用到句法分析，而句法分析技术并不直接用于信息检索，故在此不做深入探讨。

短语识别。识别查询和文档中的短语可以借助于自然语言处理中的句法分析技术，也可以采用统计的方法。短语识别技术在信息检索中使用的效果好坏不一,很大程度上取决于具体的识别技术、使用的短语类型以及使用的匹配策略。

命名实体识别。命名实体是一种标识了某个概念或实体的特殊短语,如专有名词、人名、地名、机构名等,显然命名实体比词和一般短语表达了更加精确的信息。

概念抽取。概念是比命名实体更为一般的一种特殊短语。命名实体标识了某种概念,因此可以认为都属于概念。但概念还包括了更多不属于命名实体的短语,如"information retrieval"。

指代消解。该技术为文档中出现的代词或指代不明的短语找到它们实际所指代的事物。例如,用来指代"Bill Clinton"的"Mr. President""He denied al-responsibility"中的"he",都可以使用指代消解技术给出相应的具体解释。

词义消歧。词义消歧是研究者们不断尝试着应用到信息检索中的一种自然语言处理技术,针对自然语言中存在的"同一个词可以表达多种意思"的问题,为每个词找到其在具体语境中实际表达的含义。

二、跨语言信息检索

1. 跨语言信息检索的概念及起源

跨语言信息检索(Cross Language Information Retrieval,CLIR)是指以一种语言提问式检索出其他语言书写信息的一种检索方法,也就是跨越语言界限进行检索的问题。跨语言检索涉及了语言学、情报学、计算机学科等多学科知识,是一个综合性强、富有挑战性的研究领域。跨语言检索技术的实现应用了信息检索、文字处理和机器翻译等技术。跨语言信息检索涉及查询语种和检索语种两个基本的概念,查询语种是用户查询请求所属语种,检索语种是检索目标对象所属语种,如何能够在这两者之间建立起沟通的桥梁是目前跨语言信息检索技术研究最核心和关键的问题。

跨语言信息检索的概念,学术界普遍认为是在20世纪60年代末70年代初,由康奈尔大学的Saltons首次提出的。他利用手工编制的英语—德语双语种词表,进行了跨语言信息检索的尝试。1973年,他又编制了英语—法语词表,并对CLIR的效率进行了评价。可以看出,受传统文献信息检索理念的启发,CLIR研究始于双语受控词表(controlled vocabulary)的编制与利用。引入受控词表的目的在于，通过规范检索用词，界定其内涵和外延，明确检索词语之间的层次结构和逻辑关系，使信息检索基于语义层次，而非字面组配，从而提高信息检索的精度和广度。之后20多年的发展，基于受控词表的CLIR，理论日趋成熟，但无法继续取得进一步突破性进展，这主要是由受控词表本身的局限性带来的。首先，以受控词标引多语种文档，完全人工完成，不仅成本高、速度慢，而且质量受标引员水平的影响较大，从而限制了系统的规模。其次，双语/多语受控词表的更新速度较慢，往往不能及时反映新出现的主题和术语。最后，用户往往不熟悉双语/多语受控词表的用法，尤其是不同系统所编制的受控词表往往不尽一致。

鉴于受控词表跨语言检索本身难以克服的局限性，以及自然语言检索技术的发展，目前对CLIR的研究多侧重于自然语言的检索，并且经过相关领域研究人员几十年的不懈探索，跨语言信息检索领域已经取得了很大的进展。

2. 跨语言信息检索的类型

（1）双语信息检索，指用户用某种语言从另外一种语言表达的文献信息集中检索出所需文献信息的方式。

（2）多语言信息检索，指用户用某种语言从另外多种语言表达的文献信息集中检索出所需文献信息的方式。

（3）特定领域的跨语言信息检索，指检索对象设定为某一学科或某一主题领域的跨语言信息检索。

（4）跨语言的多媒体信息检索，包括文献信息检索技术，跨语言翻译技术，还有语音识别技术等。

3. 跨语言信息检索的研究重点

跨语言信息检索需要解决如下几个问题。

提问与文献的多语言性。这是跨语言信息检索的最主要的特征。由于提问与文献分属不同语言，在两者之间需要通过词典等方式建立匹配的对应关系；另外原始文献是用不同语言书写的，语种识别是跨语言信息检索的最基本工作。

检索词的歧义与多义性。由于原始提问中有些词义的不确定性，系统中需要借助歧义性、多义性分析机制，将原始提问排歧后转化成最终提问。

提问过程中词的切分。一些语言（如中文、日文、韩文等）由于词与词之间没有明显的分隔符号，因此词的切分问题也成为跨语言信息检索研究的要点之一。

输出结果的排序方式。在信息检索的结果中，不同语种的文献如何排序，如何对不同语种的文献进行相关度的计算，也是跨语言信息检索系统必须研究的问题。

4.跨语言信息检索的实现步骤

跨语言信息检索技术是传统计算机信息检索技术和语言自动处理技术的有机结合，因此CLIR过程一般可以分为三个步骤。

（1）多语种信息的搜集以及多语种信息数据库的建立。

（2）应用语言自动处理技术实现提问语种和信息语种的统一。

（3）应用单语种信息检索技术实现提问式与数据库信息的匹配。

其中，第二步是实现CLIR的关键。

5.实现跨语言信息检索的方法

目前，提问语种和信息语种的统一主要有三种模式（方向）：提问语种转化（翻译）成信息语种；信息语种转化成提问语种；将信息语种和提问语种均转化成另一中间语种。根据语种转化的三个方向，目前实现CLIR主要可以使用以下五种方法：提问式翻译、文献翻译、提问式—文献翻译、中间语种翻译和非翻译。

提问式翻译方法（Query Translation Approach）。提问式翻译方法是在信息检索之前，将提问式的语种转化翻译成所要检索信息的语种。这种转化方式是目前实现CLIR的主流思想，它可以很容易地和传统单语种信息检索技术紧密结合。仅对提问式进行语言翻译，工作量较小。但是检索返回的结果是用目标语言描述的，这将增加用户利用信息的难度。到目前为止，提问式翻译可以通过以下技术来加以实现：基于字典方法（Dictionary-Based Method）、基于语料库方法（Corpus-Based Method）、字典—语料库混合方法（Hybrid Method）、提问式构造方法（Query Structuring Method）以及提问词再赋权重方法（Query Term Reweighting Method）。

文献翻译方法（Document Translation Approach）。文献翻译方法是在信息检索之前，将文献信息资源的信息语种转化为提问语种。需要指出的是，这里的文献信息不仅包括文本信息，还包括语音文献信息。目前实现文献翻译方法的技术主要有机器翻译系统（Machine Translate System, MTS）和基于字典翻译文献索引词方法。通过文献翻译方法实现的跨语言信息检索返回给用户的检索结果是用源（提问）语言描述的，用户能够方便地选择利用；文献层次的翻译相比于提问层次的翻译，其语境更加宽泛，能够利用上下文消除翻译的歧义性。但是文献翻译要求所有被检索信息改变语种符号，而现有的大多数机器翻译系统的正确率还难以达到令人满意程度，无法达到实用水平；而且将数据库中全部文献从目标语种翻译到源语种工作量巨大，代价昂贵，此外重新构造大范围的被翻译的索引数据其代价也不小。目前这种方法在研究和实用上都有一定局限性。

提问式—文献翻译方法（Query-Document Translation Approach）。提问式翻译方法仅对检索式进行语种转化，工作量小，但是检索结果是由用户不熟悉的信息语种所描述的，用户使用不方便；而文献翻译方法返回的是由用户熟悉的提问语种描述的信息资料，但是文献全文翻译工作量大而且正确率达不到实用要求。该方法是将源语言提问式翻译成目标语言提问式，与目标语言描述的信息库进行平匹配，检索相关信息，然后再把检索结果的全部或部分翻译成源语言描述的信息。检索结果一般选择部分翻译，这样工作量较小，容易提高翻译的效率和质量，部分翻译一般是对结果文本的前两行、文摘或文本中重要的词进行翻译，在重要词的翻译中，如何确定重要词是决定这种方法效果的关键。目前的研究主要是根据词频并结合禁用词表和功能词表来决定词的重要性。利用该方法返回的结果是用户所熟悉的源语言描述的用户能容易选择利用检索的信息，可减少用户的翻译成本，提高服务质量。

中间语种翻译方法（Interlingual Representation Approach）。提问式翻译方法将源语种转化成目标语种，而文献翻译方法则将目标语种转化成源语种。此外还可以将源语种和目标语种都转换成一种中间语种以实现CLIR，这种将提问式和文献信息均翻译成由中间语种表示的CLIR实现方法称为中间语种翻译方法。一般认为，选择的中间语种应该是计算机容易自动处理的语种，如英语等。可以使用辞典分类或独立语种向量空间模型来实现中间语种翻译方法。特别是在跨语言信息检索中会遇到两种语种（源语种和目标语种）之间无法进行直接翻译，即两者进行直接翻译的语言资源（如双语词典等）不存在时，只能借助于中间语种将源语种翻译成目标语种（源→中间→目标）或将源语种和目标语种均翻译成中间语种（源→中间←目标）。在这种情况下，使用中间语种翻译方法实现CLIR将是一个不错的选择。

非翻译方法（*No Translation Approach*）。非翻译方法是不对提问语种或信息语种进行翻译即可实现跨语言信息检索。这种方法目前主要是通过Deerwester等人1990年在单语言信息检索研究中提出的潜在语义标引法（*Latent Semantic Indexing*，*LSI*）来实现。

6. 跨语言信息检索的相关翻译技术

机器翻译系统。在文献翻译方法中，MTS能够将文献信息翻译成提问语种而且能够提取索引词。总的来说，能够执行深层次的语法分析，并能够利用丰富的上下文信息解决词义含糊、歧义等问题。目前，MTS的研究已经取得了飞速发展，现存的很多MTS都已经达到了实用的效果。

基于字典/词典方法。是实现CLIR提问式翻译方法经常使用的技术。其中心思想是基于双语字典或词典，找出提问式中的所有检索单词（提问语种）对应匹配的由信息语种描述的单词；每个检索单词在信息语种中经常会有一个以上的单词与之对应，在这种情况下就会形成不同的由信息语种描述的单词组合。对于单词组合的选择通常有两种方法：①在信息语种的语料库中对出现的单词组合进行统计，根据常用词组和习惯用法出现频率比较高的特点将统计值低的单词组合排除，从而净化翻译结果；②直接使用这些单词组合进行检索，根据满足常用词组和习惯用法的单词组合得到的结果信息将是构成检索结果中的主要部分来筛选单词组合和检索结果。

基于语料库方法。语料库是将同一信息或同一主题的信息用两种或多种语言进行描述，并由人工或计算机建立不同语种间信息联系的集合，来源于对单词用法的统计。基于语料库方法的中心思想是通过语料库中不同语种同一信息的对应关系对提问式进行翻译并且过滤提问式翻译后产生的非正常翻译结果。当提问式中的单词经过翻译后有多个结果与之对应时，在相关领域的对应语料库中，统计源语种中该单词出现的概率和目标语种中各翻译结果各自出现的频率；然后根据在源语种语料库中的相关单词或词组在相应的目标语种中也会有同样的表现（即所出现的概率相近）来选择较佳的翻译结果。

字典—语料库混合方法。这种方法结合了基于字典和基于语料库方法各自的优点。首先使用字典对提问式进行翻译，在翻译过程中可能会出现多个结果或翻译含糊不清的情况。此时，利用专业语料库中相关术语的对应关系来净化翻译结果。字典翻译的方便性和语料库翻译的准确性、专业性在这种方法中得到了最充分的体现。

基于关键词翻译技术（Keywords-Based Translation Technique）。在使用文献翻译或提问式—文献翻译方法时，有一种观点认为并不需要将被检索文献进行全文翻译，而只需要翻译文献的重要部分，包括文本文献的前两行、文摘或文中重要的词等，这种选择文献重要部分进行翻译的技术称为部分翻译技术。部分翻译可以避免全部翻译正确率低的问题，从而提高翻译的效率和质量。仅对被检索文献中经常出现的单词（关键词）进行翻译来取代全文翻译的部分翻译技术称为基于关键词翻译技术。

三、数据挖掘与信息检索

数据挖掘一词首次出现在1989年8月举行的第11届国际联合人工智能学术大会上，它是随着数据库技术和人工智能技术的发展而出现的一种新的信息处理技术。

数据挖掘就是从大量不完全的、有噪声、模糊的随机数据中，提取隐含在其中的、人们事先不知但又是潜在有用的信息和知识的过程。

1. 数据挖掘的过程

对于数据挖掘，可以分为三个主要的阶段：数据准备、数据挖掘、结果评价和表达。其中结果评价和表达还可以细分为评估、解释模式模型；巩固知识；运用知识。数据库中的知识发现是一个多步骤的处理过程，也是这三个阶段的反复过程（见图6-5）。

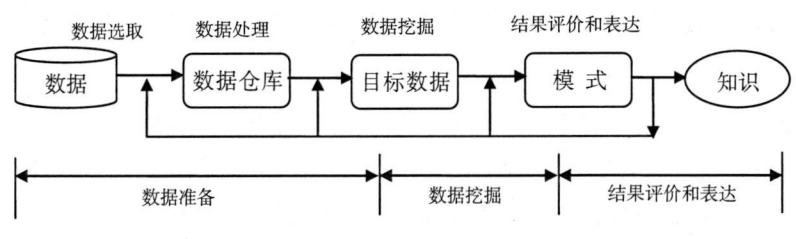

图6-5 数据挖掘过程

（1）数据准备。KDD的处理对象是大量的数据，这些数据一般存储在数据库系统中，是长期积累的结果。但是往往不适合直接在这些数据上面进行知识挖掘，需要做数据准备工作，一般包括数据的选择（选择相关的数据）、净化（消除噪声、数据）、推测（推算缺失数据）、转换（离散值数据与连续值数据之间的相互转换，数据值的分组分类，数据项之间的计算组合等）、数据缩减（减少数据量），这些工作往往在生成数据仓库时已经准备妥当。数据准备是KDD的第一个步骤，数据准备是否完善将影响到数据挖掘的效率和准确度以及最终模式的有效性。

（2）数据挖掘。数据挖掘是KDD最关键的步骤，也是技术难点所在。采用较多的技术有决策树、分类、聚类、关联规则、神经网络等。数据挖掘根据KDD的目标，选取相应算法的参数，分析数据，得到可能型号层知识的模式模型。

（3）结果评价和表达。首先，评估、解释模式模型。前面得到的模式模型，有可能是没有实际意义或没有使用价值的，也有可能是其不能准确反映数据的真实意义，甚至在某些情况下是与事实相反的，因此需要评估，确定哪些是有效的、有用的模式。评估可以根据用户多年的经验，有些模式也可以直接用数据来检验其准确性。这个步骤还包括把模式以易于理解的方式呈现给用户。其次，巩固知识。用户理解的、并被认为是符合实际和有价值的模式模型形成了知识。同时还要注意对知识做一致性检查，解决与以前得到的知识相互冲突、矛盾的堤防，使知识得到巩固。再次，运用知识。发现知识是为了运用，如何使知识能被运用也是KDD的步骤之一。运用知识有两种方法：一种是只需要看知识本身所描述的关系或结果就可以对决策提供支持；另一种是要求对新的数据运用知识，由此可能产生新的问题，而需要对知识做进一步的优化。

KDD 的过程可能需要多次的循环反复，每一个步骤一旦与预期目标不符，都要回到前面的步骤，重新调整，重新执行。

2. 数据挖掘的主要方法

在数据挖掘的处理过程中，数据挖掘方法是最为关键的，而目前数据挖掘的方法主要有以下几类。

（1）关联规则方法。挖掘关联规则就是发现存在于大量数据集中的关联性或相关性，如关联规则"90%客户在购买面包的同时也会购买牛奶"，其直观意义为顾客在购买某些商品的时候有多大倾向会购买另外一些商品。

（2）分类和聚类方法。分类就是假定数据库中的每个对象（在关系数据库中对象是元组）属于一个预先给定的类，从而将数据库中的数据分配到给定的类中。聚类是将实体对象集合依照某种相似性度量原则划分为若干个类似实体对象组成的多个类或簇的过程。分类和聚类都是对目标进行划分，划分的标准是类内差别最小而类间差别最大。分类和聚类的区别在于分类事先知道类别数和各类的典型特征，而聚类则事先不知道。

（3）数据统计方法。使用这些方法一般首先建立一个数据模型或统计模型，然后根据这种模型提取有关的知识。例如，可由训练数据建立一个 Bayesian 网，然后根据该网的一些参数及联系权重提取出相关的知识。

（4）机器学习方法。大多数机器学习方法使用人类的认知模型模仿人类的学习方法从数据中提取知识，由于机器学习经过多年的研究，已取得了一些较满意的成果。因此，在数据挖掘中可以利用目前比较成熟的机器学习方法。

（5）神经网络方法。神经网络由于本身良好的自组织自适应性、并行处理、分布存储和高度容错等特性非常适合解决数据挖掘的问题，因此近年来越来越受到人们的关注。典型的神经网络模型主要分三大类：以感知机、BP 反向传播模型、函数型网络为代表的，用于分类、预测和模式识别的前馈式神经网络模型；以Hopfield的离散模型和连续模型为代表的，分别用于联想记忆和优化计算的反馈式神经网络模型；以ART模型、Koholon模型为代表的，用于聚类的自组织映射方法。

(6) 决策树方法。利用信息论中的互信息（信息增益）寻找数据库中具有最大信息量的字段，建立决策树的一个结点，再根据字段的不同取值建立树的分支；在每个分支子集中，重复建立树的下层结点和分支的过程，即可建立决策树。

3. 数据挖掘在信息检索中的应用

具有特定的应用问题和应用背景的领域是最能体现数据挖掘作用的领域，如金融、保险、零售等行业的信息管理、决策支持和过程控制。

(1) 智能搜索引擎。近年来，部分特定知识领域的智能搜索引擎使用了机器学习和人工智能算法实现数据抽取。中国科学院计算技术研究所研究开发的智能搜索引擎GHunt，采用主体技术高效并行、按用户需要进行信息检索；利用语言处理和数据挖掘技术建立概念语义空间；实现自动文摘和专题生成；提供文字和图像服务，使之达到无序低价值信息往提供高质高价值信息方向的转变。这种智能搜索引擎对用户定制专门的信息更为有效。

智能代理技术使用户可以不知道所要检索信息的具体形式，存储于何处、何种介质中，只要用户提出查找要求，数据挖掘技术会自动地把各种信息源中各种形式的相关信息挖掘出来，供用户使用，用户可以立即获得较为满意的检索结果。

(2) Web挖掘（Web mining）。Web挖掘是指使用数据挖掘技术在WWW数据中发现潜在的、有用的模式或信息。Web挖掘研究覆盖了多个研究领域，包括数据库技术、信息获取技术、统计学、人工智能中的机器学习和神经网络等。随着Internet/Web技术的快速普及和迅猛发展，使各种信息可以以非常低的成本在网络上获得。如何在万维网这个全球最大的数据集合中发现有用的信息成为数据挖掘研究的热点。例如，NEC-Research Index（Inquirus）采用Web内容挖掘算法对Web上的科技论文提取特征参数，如作者、文章名和摘要等。IBM Neel Sundaresan等在基于Web的单词/缩写的挖掘中，把2级的二元性问题扩展为n级，并用于英文单词简称的抽取。

四、语义网检索技术

1. Web 的发展及语义网的内涵

Web 自 1989 年 3 月由 W3C 领导人伯纳斯·李（Tim Berners Lee）在日内瓦欧洲粒子物理实验室开发以来，现已经历或正在经历从 Web1.0 到 Web2.0、Web3.0 乃至 Web4.0 的发展过程。根据"2008 年语义技术大会"的一份宣传资料，Web 演变的趋势是：Web1.0 是万维网，作用是连接信息，主要包括网页搜索引擎、网站、数据库、文件服务器等；Web2.0 是社会网，作用是连接人，引入了博客、社区、RSS、维基、社会化书签、社会化网络等概念；Web3.0 是语义网，作用是连接知识，由本体、语义查询、人工智能、智能代理、知识结点、语义知识管理等构成；至于 Web4.0，则是未来无所不在的网，作用是连接情报，但具体内容目前还不太清楚。

语义网是互联网研究者对下一代互联网的称谓，由伯纳斯·李（Tim Berners Lee）首先提出。可以给语义网作出这样的定义：机器可以理解数据含义的下一代万维网，称为语义网。语义网中的语义表示的是计算机对某一个概念、术语或者符号可以理解的含义。语义网中的各种资源不只是各种相连的信息，还包括信息的真正含义，这提高了计算机处理信息的能力。

语义网为我们实现"精细、准确和自动化"的检索提供了可能。在语义网中，信息不再仅仅是简单的文本、图像、表格的堆砌，信息也不再孤立的存放在文件系统或数据库中形成信息孤岛。语义网以 XML、RDF、Ontology 三大技术为核心，其目标是让计算机能够"理解和处理"现在的 Web 仅仅能显示的数据，并为人们提供各种智能服务。

2. 语义网的体系结构

语义网是一个多层次结构，各层功能逐渐增强，该体系结构共有 7 层（见图 6-6）。

第一层：统一资源编码（Unicode）和统一资源标识（URI）。该层是语义 Web 的最底层，是整个语义 Web 的基础。其中 Unicode 负责处理资源的编码，URI 负责资源的标识。通过指定的 URI 可以确定语义 Web 中唯一的一个资源，即 URI 保证了定位的唯一性。

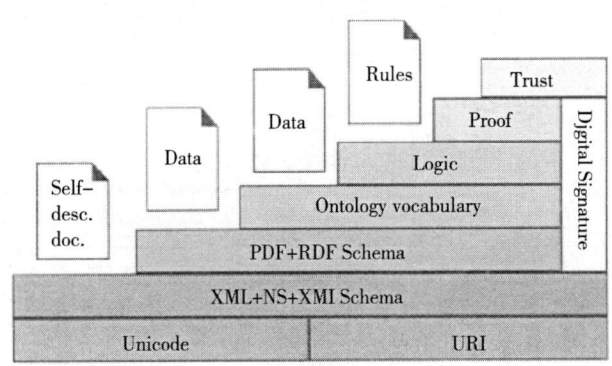

图6-6 语义网的结构

第二层：XML + NS + XML Schema。该层负责从语法上表示数据的内容和结构，通过使用标准的语言将网络信息的表现形式、数据结构和内容分离。

第三层：RDF+RDF Schema。该层通过RDF的特性，提供数据模型，解决语义Web的语义问题，同时它也为本体层提供本体描述语言。

第四层：Ontology vocabulary。该层是在RDF（S）基础上定义的概念及其关系的抽象描述，用于描述应用领域的知识，描述各类资源及资源之间的关系，实现对词汇表的扩展。

第五层至第七层：逻辑层（Logic）、证明层（Proof）和信任层（Trust）。逻辑层提供公理和推理规则；证明层通过运用规则进行逻辑推理和求证，用来在逻辑层之上进行更为复杂的证明和推理；信任层提供认证和信任机制，使用户代理Agent在网络上实现个性化服务和彼此间交互合作具有可靠性和安全性。

综上所述，对语义网结构的解析（见表6-1）。

3.语义网的关键技术

语义Web的实现需要三大关键技术的支持：XML、RDF和Ontology。

XML，即可扩展标记语言，是由万维网联盟于1996年开始发展的一种新的标准标记语言。是一种定义标记语言的工具，它是针对包含结构化、半结构化信息的文档而设计的一种标记语言。XML的最重要的特征是具有良好的可扩展性，XML标记是使用者自定义的，允许用户根据自己的需要制定标记。

用XML编制网页文档可读性和可维护性很强，可以用作各种不同系统之间的交流媒介，是一种非常理想的网际语言。XML没有版权限制，平台独立，语法简单，可以被所有的机器解读，应用更为广泛。

表6-1 对语义网结构的解析

层数	名称	描述
第1层	Unicode 和 URI	整个语义Web的基础：Unicode（统一编码）处理资源的编码，URI（统一资源定位器）负责标识资源
第2层	XML+NS+XML Schema	用于表示数据的内容和结构
第3层	RDF+RDF Schema	用于描述Web上的资源及其类型
第4层	Ontology vocabulary	描述各类资源及资源之间的关系
第5层	Logic	在下面4层的基础上进行逻辑推理操作
第6层	Proof	根据逻辑陈述进行验证以得出结论
第7层	Trust	在用户间建立信任关系

（左侧标注：低 ↑↓ 高）

RDF（Resource Description Framework，即资源描述框架）是W3C组织推荐使用的用来描述资源及其之间关系的语言规范，它是一种通用的元数据结构，是描述和交换元数据的框架，是处理元数据的基础。RDF定义了一种通用框架，即资源—属性—值的三元组，来描述Web上的各种资源。RDF的特点是简单、易扩展、开发性好、易交换、易综合。

Ontology是共享概念模型的形式化规范说明。这一定义包含了四个方面的含义：概念化、明确、形式化以及共享。概念化是指对世界中一些现象通过标识其相关概念而得到的抽象模型；明确是指所使用的概念的类型以及对这些概念使用上的约束都有了明确的定义；形式化是指Ontology是机器可读、可理解的（即能被计算机处理），而不是完全用自然语言表达；共享则是指Ontology反映的知识是相关领域中团体或组织共同认识的知识，是公认的概念集，不为某个人所独有，而为大家所接受。

4.语义网对信息检索的影响

严格地讲，信息检索包括标引和检索两部分，因为只有经过组织整理（即标引）的信息资源,方可供检索。经过组织整理的信息为信息表述，对用户的检索问题或信息需求的描述为检索提问表述，而检索的根本原理则是检索提问与信息表述之间的匹配。如果检索提问与信息表述相匹配，用户获得所要查找的信息；反之，用户未检得所需信息。

在不支持受控语言的检索系统（如目前的网络搜索引擎）中，无论是标引还是检索，都只能停留在关键词标引或关键词匹配之上，无法达到信息检索的高级目标——概念标引和概念匹配，而关键词标引或关键词匹配也正是网络信息检索普遍存在的低查全率和高噪声的主要原因之一。然而，语义网的建成可以使目前不可企及的概念标引和概念匹配变为现实，由此从根本上改变现在网络信息检索的低查全率和高噪声现象。语义网可通过XML词语、RDF概念和本体系统对万维网信息资源进行概念标引，进而使概念检索成为可能。例如，同样是检索关于"公共交通"的信息，在只支持关键词检索的系统中，凡是包括"公共交通"字样的文献，都满足检索提问，成为检得结果。而在支持概念检索的系统中，只要文献是关于"公共交通"，无论在文献中出现的字样是"公共汽车""地铁"，还是"出租车"或其他公共交通工具名称，都在语义概念上满足检索提问。这种以万维网为平台、支持概念标引和检索的系统即为语义网。

此外，语言网所支持的概念检索还不同于使用传统受控词汇（如分类法和叙词表）、由人工参与完成的概念检索，前者将借助于人工智能等技术自动支持和完成概念检索。手工概念标引和检索的效果虽然较好，但其一致性（consistency）欠佳，而且标引检索费用也非常昂贵。因此，语义网一旦成为现实，它对网络信息标引和检索效果的提高有着不可低估的作用，做到在万维网环境下真正地告别低查准率的关键词检索,进而支持高查准率的概念检索。

5. 语义网的应用

由于语义网是Web的一个扩展,所以大多数基于Web的应用都可以引入语义网技术,实现语义上的拓展。目前,语义网的应用主要表现在以下几个方面:

(1) Web服务。现在Web服务的研究已经取得了一定的进展,其主要缺陷是不能对服务的语义进行描述。如果能有效构建一种带语义的服务环境,实现信息处理的智能化,就可以为用户提供更符合需求、更准确的服务。语义网的应用就能实现这一目标。

(2) 智能信息检索。面对海量信息,智能信息检索一直是科研人员的一项重要课题。传统的Web信息表示方法使信息检索面临种种困境。因此,改进信息检索的重要方法之一就是整理和重新规范Web上的信息,现有的搜索引擎均基于关键字。因此,词语中的多义词和同义词使查询的精确性有所降低,而语义Web技术则可以较好地处理这些问题。近年来,大量的各种形式的数字化多媒体数据被加入互联网,基于语义的查询能够利用多媒体资源的高级特征,从而使各种多媒体数据资源得到有效利用。

(3) 基于语义的网页搜索引擎。现有的搜索引擎是基于关键字的,因此词语中的多义词和同义词使查询的精确性降低了,在搜索时通常会找到大量的与目标无关的内容。尽管研究者们提出一些算法来解决这个问题,但从网页的文本内容入手仅能得到有限的语义信息;而语义网技术就可以较好地处理这个问题,它能根据精确的概念、知识结构和推理规则进行检索,从而得到与用户目标比较接近的结果。

(4) 企业数据管理。企业间的数据交换和知识管理一直是基于Web的电子商务和ERP系统的重要组成部分,现在很多项目都围绕企业Web知识管理展开,这些项目潜在的假设就是企业提供的外部信息结构可以转化为一个巨大的知识库。围绕这一假设,需要开发一系列的相关技术和工具,如企业知识的建模、知识工具、Ontology的提取工具、Ontology的推理工具等。Ontoweb就是这样一个项目,其目标在于激励和支持语义Web技术从学术界向工业界的转化。同时,也向工业界证实语义Web在知识管理、电子商务及企业信息集成方面具有的潜在价值。

总之，语义网试图把语义内容以机器能"理解"的某种方式包含到Web信息中，使机器可以对Web信息进行自动处理。语义Web的研究只是人类探索如何有效利用信息过程中的一次变革，语义网的发展模式和宗旨，会给很多基于Web的应用带来新的希望，它的实现必将促进现代人类对知识的高效使用，加速人类的进步。

第五节 网络免费学术信息资源的检索

一、网络免费学术信息资源的概念

网络免费学术资源是指在互联网上可以免费获得的具有学术研究价值的社会科学或自然科学的数字资源。

网络学术资源的"免费"有多种含义，有的免费资源需要一定的获得条件，如规定只有某些特定用户才能免费获得全文，需要授权及用户认证；只在一定试用时限内可以免费获得全文。还有就是免费程度的差别，如只免费提供部分卷期中的所有或部分文章全文。真正意义上的免费资源是指网络上的任何人都可以免费检索和使用的资源，不受任何其他条件的限制，也是收集整理和发掘利用的重点。

二、网络免费学术信息资源的类型

1. 按资源的正式程度分类

（1）非正式出版信息，包括在个人主页上表述的个人观点和见解、非正式出版的论文、电子信函，学术会议、学术论坛上的文章和其他信息等。

（2）半正式出版信息，从国际组织、政府机构、学术团体、教育机构、企业商业部门等网站上获得的统计数据、机构工作进展报告、政府工作报告、教学大纲、产品说明、会议报道等。

（3）正式出版物,包括专业文献数据库、电子图书、电子期刊（纯电子期刊、纸本期刊的网络版）等。

2. 按资源的类型分类

网上丰富的学术信息资源，可以说涵盖了其他载体记录的学术文献的各种类型，并且拥有大量通过其他媒体不易获得的信息资源，如行政公文、统计数据、行业标准、产品说明等。目前网上的学术信息可大致分为四个大类:新闻信息、动态信息、规范出版的全文信息和书目信息。

此外还有博客（Blog）、播客（Podcast）、维客（Wiki）、论坛（Frums）等多种类型的信息资源。随着网络规模的扩张，网络免费资源将与日俱增。

三、网络免费学术资源的特点

网络免费学术信息资源涵盖了其他载体记录的各种类型的学术文献，包括互联网上各种电子期刊、电子图书、文献数据库、专利数据库以及学术专题讨论组、学术论坛等的免费资源。免费网络学术资源有以下特点。

1. 内容丰富，数量巨大

免费网络学术资源在数量分布以及信息内涵等方面都超出了传统的信息资源管理方式和技术手段所能应用的范围，是一个集各种信息资源为一体的信息资源网，它们以文本、声音、图形、图像等多种形式存储于互联网中，数量巨大、学科覆盖面广。

2. 以网络为传播媒体

在网络时代，网络作为信息的存储载体为用户提供的是各种来自Internet网络服务器上的虚拟信息，而不是实实在在的实体形式的信息。信息的存储和检索更加方便，而且存储信息密度高、容量大，可以无损耗地被重复利用。

3. 具有分散性、无序性

网络免费学术资源主要分布在各数字图书馆、公共图书馆、高校图书馆网站、专业信息机构网站、科研机构及学（协）会网站、专业网络数据库等。由于没有统一的管理机构管理网上信息，也没有统一的发布标准，正式出版的、非正式出版的、学术机构提供的、个人提供的资源交织在一起，导致免费网络资源存在分散、无序、不易检索等问题。

4. 动态变化，时效性强

网络是一个巨大的动态系统，不仅信息分散无序，而且更新迅速，网络信息的发布精简了传统文献的编辑、出版和发行环节,大大缩短了信息编辑出版时间,使得网络免费信息资源具有较强的时效性。

5. 不稳定性,管理难度大

互联网上学术资源的变化、消失难以预测,有的网络学术资源瞬息即逝,有的有了新版本而将老版本的信息删除,网络学术信息资源缺乏稳定性。网络信息的发布有很大的自由度和随意性,缺乏必要的过滤、管理和质量控制,所以网络免费学术资源良莠不齐,管理难度大。

四、网络免费学术信息资源的获取

1. 搜索引擎

利用搜索引擎是获取免费学术信息资源最常用的方法,特别适用于查找网上分散的免费学术信息资源。

(1)综合性搜索引擎。综合性搜索引擎搜索的范围比较广,几乎能够涵盖所有的学科以及不同类型的网站,这些搜索引擎具有操作便捷、运行速度快、搜索功能全、结果全面等特点。例如:

Baidu(http://www.baidu.com),博客搜索、统计数据、图书搜索、文档搜索、专业搜索等;

Google(http://www.google.com),博客搜索、图书搜索、学术搜索、网页搜索、网站导航等;

Yahoo(http://cn.yahoo.com/),博客、定制、全能、资讯、雅虎统计等。

(2)专业搜索引擎。专业搜索引擎的使用能够大大降低搜索的盲目性,缩小检索范围,而且专业搜索引擎的准确性很高。如:

中国化工在线(http://www.chemsina.com/search),提供化工方面信息的专业搜索;

中国法网搜索引擎(http://www.cnlaw.net/search),提供专门的法律搜索;

Google Scholar(http://scholar.google.cn/),文章、期刊论文、图书、技术报告等;

Infomine(http://infomine.ucr.edu/),是由美国的大学图书馆馆员合作建立的学术搜索引擎,提供数据库、电子期刊、电子图书、电子公告、联机图书馆目录、学术文章、研究者名录等；

Scirus（http://www.scirus.com/），是由 Elsevier 科学公司（Elsevier Science）于 2001 年 4 月推出，是目前国际上最全面的科技信息专用搜索引擎。提供科学论文、科技报告、会议论文、专业文献、预印本等，它还提供高级检索，检索的界面友好。

（3）元搜索引擎。目前可用的元搜索引擎已近百种，逐渐成为一种不可或缺的极具潜力的网络检索工具。常见的英文元搜索引擎有 Clusty、Metacrawler、Savysearch、All-in-one 等。如 Clusty（http://www.clusty.com）是一个基于英文界面的多语种元搜索引擎，支持多种语言的信息查询，包括英语、德语、法语、意大利语、西班牙语等 40 多种语言。

2. 学科信息门户

学科信息门户（Subject Information Gateway）能将特定学科领域的信息资源、工具和服务集成为整体，为用户提供方便的信息检索和服务入口，具有专业性、集成性、知识性、智能性和可靠性的特点，因而它也成为获取高质量信息资源的重要途径。如：

图书馆公告板网络化知识库 BUBLLINK（http://bubl.ac.uk/），所提供的资源都是经过选择、评价、编目和描述的，其收录的资源包括参考书目、传记、书店名录、辞典、姓名地址录、邮件列表、参考数据、文档、词表、图书及文本、散文、导航指南教学资料、期刊、期刊列表、杂志列表、诗歌、会议录等；

图书馆学与信息科学门户（http://library.canterbury.ac.nz/libr/），将收集到的信息资源按图书馆资源、参考资源、期刊、数据库、图书馆网站、因特网资源、专业信息资源和最新消息 8 大类排列，每一大类下面又细分若干小类。

3. 网上图书情报机构

目前国内外有许多图书馆，包括公共图书馆、大学图书馆、专业图书馆和情报机构等都将网上的重要免费资源站点进行了搜集整理，包括免费电子期刊、免费电子图书、免费参考工具书、免费数据库、免费学术站点；有的只是简单地罗列，有的按字顺或分类排列，并给出各刊物的一些相关信息。如：

天津大学图书馆"网络导航"栏目里的"经典资源"下则收录了网上专利数据库、网上标准数据库、技术报告、免费数据库、免费电子书、免费电子期刊等网络资源；

上海大学图书馆免费学术资源导航系统；

武汉大学图书情报学院的网页也有本专业信息导航等。

4. 直接登陆免费学术资源的站点

在网络中有很多质量较高、学术性较强的免费资源站点，用户可以直接登录这些网站查阅有关免费资源。例如：

High Wire Press，是提供免费全文的全球最大学术文献出版商之一，于1995年由美国斯坦福大学图书馆创立，收录电子期刊882种，包括物理、生物、医学、社会科学领域的核心期刊；

Directory of Open Access Journals，收录1888种科学与学术期刊，其中462种为全文收录期刊，学科覆盖农业、生物与生命科学、化学、历史与考古学、社会科学、地球与环境科学等；

Strategian Science Database，提供的是期刊、图书、专利、科技报告等的全文,涉及生物、化学、计算机科学、能源、数学、医学、物理学、心理学等学科。

5. 相关协会网站

协会网站（Association Websites）一般都提供出版信息、规章制度、会议消息、讲座、演示报告等，有些网站还提供相关方面的学术性知识信息。如：

美国图书馆协会（http://www.ala.org）是世界上建立最早、规模最大的图书馆协会；

美国研究图书馆协会（http://www.arl.org）；

英国联合信息系统委员会（http://www.jisc.ac.uk/）；

研究图书馆联合体（http://www.curl.ac.uk/）；

国际图书馆协会联合会（http://www.ifla.org/）等。

6. 开放期刊

开放期刊（Open Access Journals）是指那些可以在公共网络上免费获取

的,并且允许用户进行阅读、下载、复制、传播、打印、检索、链接到全文、用于编制索引、作为软件数据使用或者其他合法目的,除需上网之外,没有其他的经济、法律及技术障碍的信息资源。开放期刊所刊载的论文都经过严格的同行评审,并且没有种族、地域、身份的限制,完全释放全文文献的被访问权,因而成为了学者获取高质量的信息资源的重要途径。如:

D-Lib Magazine 是由美国国防部高级研究计划署赞助,国家研究创始计划公司出版的纯网络版电子期刊,主要为数字图书馆研发人员、系统开发者和其他有兴趣的人士提供有关数字图书馆的相关信息;

Directory of Open Access Journals(DOAJ, http://www.doaj.org),由 Sweden 的 Lund University 图书馆建立,在 DOAJ "社会科学"的类目下有 "图书馆学与信息科学"的子类目,通过此子类目,即可链接到 55 种图书馆学情报学的开放期刊。

7. 预印本

预印本(Preprint)是指科研工作者的研究成果还未在正式出版物上发表,而出于和同行交流的目的自愿先在学术会议上或通过互联网发布的科研论文、科技报告等。与刊物上发表的论文相比,预印本具有开放化、交流速度快、利于学术争鸣和可靠性高等特点,因此成为近年来颇有影响力的学术资源。如:

E-LIS(http://eprints.rclis.org/),是世界上首个图书情报领域的预印本库,2003 年由 RCLIS(计算机、图书情报学研究)工程发起,目前库中已经收录 3 109 篇文献。

8. 个人主页、博客

个人主页(Homepage)是互联网上展示个人风采的地方,其内容力求专业性强、完整实用,特别是对专业领域内的专业人员而言,个人主页往往体现了他们的专业研究方向、兴趣爱好及研究进展;而博客 Blog 是一种用来表达个人思想、内容,按时间顺序排列,并且不断更新的网络出版和交流方式,是继 E-mail、BBS、ICQ 之后出现的第四种网络交流方式。

(1)个人主页如 Scott Nicholson(http://bibliomining.com/nicholson/),提供

了大量作者研究成果的全文链接；

吴建中（http://www.wujianzhong.net/）提供了大量国外机构、学术期刊以及其他多种资源的链接。

（2）专业 blog 如关注开放访问运动的"open access news"（http://www.earlham.edu/peters/fos/fosblog.html）和美国图书情报技术协会的 blog（http://litablog.org/）都提供了会议论文、报告的全文链接；

lisfeed（http://www.lisfeeds.com/）收录国外 240 多个 Blog；

libdex（http://www.libdex.com/weblogs.html#sg）收录美国等 22 个国家的专业 Blog。

9. 专业论坛

专业论坛（Forums）具有交流环境宽松、自由和积极、交流内容覆盖面广、交流频率高、可以运用丰富的表达工具表达和包容多种信息等特点。通过专业论坛可以了解到大量的非正式信息，迅速地与同行沟通、分享成果，了解不同的反映和评价等。如：

美国的网络图书馆电子论坛（http://sunsite.berkeley.edu/web4lib）；

德克萨斯州电子图书馆（http://www.libdex.com/data/3/1894.html）。

10. 网络目录

最著名的网络目录有：Yahoo（http://dir.yahoo.com/）；新浪（http://dir.iask.com/）；搜狗（http://dir.sogou.com/）等。

第七章 国内主要综合性信息检索工具

第一节 综合性文献数据库资源

从数据库收集文献的情况可以分为文摘索引数据库和全文数据库。文摘索引数据库的前身是文摘索引刊物，以网络为平台建立数据库，可以帮助用户足不出户查找专题文献资料，跟踪学科发展前沿；全文数据库可以直接提供原始文献，方便用户使用。本章精选国内主要综合性信息检索工具加以介绍，明确其收录范围及检索方法，以便更好利用。

一、中国知网

国家知识基础设施（National Knowledge Infrastructure，NKI）的概念由世界银行于1998年提出，我国CNKI工程（http://www.cnki.net）是以实现全社会知识资源传播共享与增值利用为目标的信息化建设项目，由清华大学、清华同方发起，始建于1999年6月。在党和国家领导以及教育部、中宣部、科技部、新闻出版总署、国家版权局、国家计委的大力支持下，在全国学术界、教育界、出版界、图书情报界等社会各界的密切配合和清华大学的直接领导下，CNKI工程集团经过多年努力，采用自主开发并具有国际领先水平的数字图书馆技术，建成了世界上全文信息量规模最大的"CNKI数字图书馆"，并正式启动建设《中国知识资源总库》及CNKI网格资源共享平台，通过产业化运作，为全社会知识资源高效共享提供最丰富的知识信息资源和最有效的知识传播与数字化学习平台。

CNKI工程的具体目标有四个：一是大规模集成整合知识信息资源，整体提高资源的综合和增值利用价值；二是建设知识资源互联网传播扩散与增值服务平台，为全社会提供资源共享、数字化学习、知识创新信息化条件；三是建设知识资源的深度开发利用平台,为社会各方面提供知识管理与知识服务的信息化手段;四是为知识资源生产出版部门创造互联网出版发行的市场环境与商业机制,大力促进文化出版事业、产业的现代化建设与跨越式发展。图7-1为中国知网首页。

图7-1 中国知网首页

1. 知网空间学术文献数据库简介

知网空间(http://www.cnki.com.cn)是中国知网旗下网站,面向海内外读者提供基础科学、文史哲、工程科技、社会科学、农业、经济与管理科学、医药卫生、信息科技等十大领域的期刊全文、会议论文全文、学位论文全文的在线阅读和下载服务。

(1) 中国学术期刊网络出版总库。①收录规模:全球最大,连续动态更新的中文学术期刊全文数据库。收录了国内自1915年至今的7000多种重要学术类期刊,其中核心期刊、重要评价性数据库来源期刊近2700种,学术文献总量近3000万篇。内容覆盖基础科学、工程技术、农业、哲学、医学、人文社会科学、信息技术、经济与管理科学等各个领域。②收录年限:最早收录从1915年起,4000种期刊从创刊到至今全部收录,其余期刊为1994年至今。③出版更新:每日更新文献上万篇。

(2) 中国年鉴网络出版总库。中国年鉴网络出版总库是目前国内最大的连续更新的动态年鉴资源全文数据库。内容覆盖基本国情、地理历史、政治军事外交、法律、经济、科学技术、教育、文化体育事业、医疗卫生、社会生活、人物、统计资料、文件标准与法律法规等各个领域。

该库文献来源于中国国内的中央、地方、行业和企业等各类年鉴的全文文献，收录年限为1912年至今。

年鉴内容按行业分类可分为地理历史、政治军事外交、法律、经济总类、财政金融、城乡建设与国土资源、农业、工业、交通邮政信息产业、国内贸易与国际贸易、科技工作与成果、社会科学工作与成果、教育、文化体育事业、医药卫生、人物十六大行业。地方年鉴按照行政区划分类可分为北京市、天津市、河北省、山西省、内蒙古自治区、辽宁省、吉林省、黑龙江省、上海市、江苏省、浙江省、安徽省、福建省、江西省、山东省、河南省、湖北省、湖南省、广东省、广西壮族自治区、海南省、重庆市、四川省、贵州省、云南省、西藏自治区、陕西省、甘肃省、青海省、宁夏回族自治区、新疆维吾尔自治区、香港特别行政区、澳门特别行政区、台湾省共34个省级行政区域。

(3) 中国博士学位论文全文数据库。①资源完备：收录全国380多家博士培养单位的博士学位论文，累积博士学位论文全文达90多万本。②内容权威：与全国380多家博士培养单位合作。③收录年限：1999年至今，并部分收录1999年以前的论文。④涵盖学科：博士论文涵盖学科包括基础科学、哲学与人文科学、医药卫生、农业科技、工程科技、社会科学、经济管理、信息科技等。

(4) 中国优秀硕士学位论文全文数据库。①资源完备：收录了全国530多家硕士培养单位的优秀硕士学位论文，是目前国内资源最完备、高质量、连续动态更新的硕士学位论文全文数据库，累积硕士学位论文全文文献90多万本。②内容权威：与全国530多家硕士培养单位合作。③收录年限：1999年至今，并部分收录1999年以前的论文。④涵盖学科：硕士论文涵盖学科包括基础科学、哲学与人文科学、医药卫生、农业科技、工程科技、社会科学、经济管理、信息科技等。

(5) 中国重要会议论文全文数据库。①资源完备：收录了我国自1999年以来,国家二级以上学会、协会、高等院校、科研院所、学术机构等共计1500多个单位举办的上万个国内外学术会议论文,累积会议论文全文文献量达120多万篇。②内容权威:与国内90%以上一级学会合作,与中国科协95%以上一级学会合作。③收录全面:收录学科全包括基础科学、哲学与人文科学、医药卫生、农业科技、工程科技、社会科学、经济管理、信息科技等。

(6)中国重要报纸全文数据库。该库收录2000年以来中国国内公开发行的500多种重要报纸刊载的学术性、资料性文献的连续动态更新的数据库。资料来源于国内公开发行的约1000种重要报纸,每年精选120余万篇文献。

此外还有中国专利全文数据库、国家科技成果数据库、中国标准数据库和国外标准数据库等,这些数据库不是CNKI自行开发的,而是与国家专利局、国家标准局等联合创办,有"知网版"字样。

2. CNKI学术文献数据库检索(以中国学术期刊网络出版总库为例)

1)检索方式包括如下内容

(1)快速检索(见图7-2)。快速检索提供了类似搜索引擎的检索框,默认在10个学科领域中检索,检索词默认可以出现在所有检索字段中,查准率会受到一定影响。

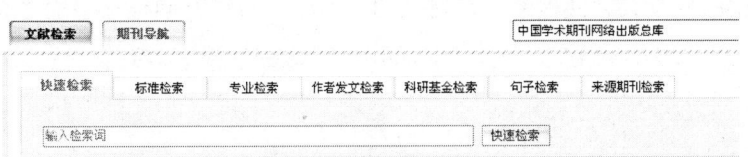

图7-2 中国学术期刊网络出版总库快速检索界面

(2)标准检索(见图7-3)。标准检索区提供的检索控制条件和内容条件包括:a.期刊年期,可以选择一段年限,默认为从1915年到当前;b.更新时间,可以设定数据更新范围,默认为库内全部数据,也可以限定在最近一周、最近一月、半年或一年内入库的最新数据;c.来源期刊,可输入期刊名称,默认为CNKI所引全部期刊;d.来源类别包括SCI来源期刊、EI来源期刊和核心期刊，默认为全部期刊；e.支持基金，可输入基金名称以便目的性更强；f.作者，可输入作者姓名加以限定；g.作者单位，可输入作者单位全称或简称均可，可以检索特定机构的研究成果；h.主题，输入检索词，支持逻辑与、逻辑或、非逻辑运算。匹配方式有模糊和精确两种，可以根据具体检索情况设定。

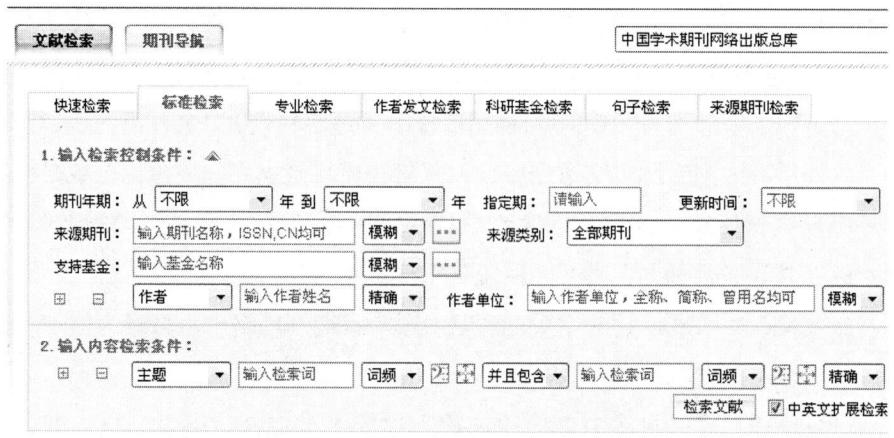

图7-3　中国学术期刊网络出版总库标准检索界面

（3）专业检索（见图7-4）。专业检索的目的是使有检索经验的用户能够构建复杂的检索式，使检索结果更准确。专业检索中不同检索字段之间的逻辑算符为AND、OR、NOT，专业检索采用精确匹配的检索方式。

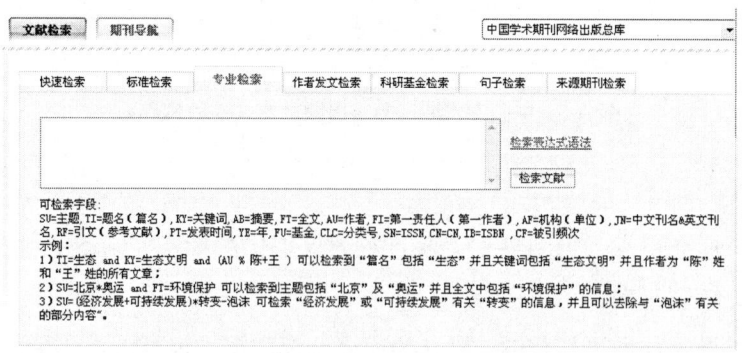

图7-4　中国学术期刊网络出版总库专业检索界面

（4）作者发文检索（见图7-5）。作者发文检索为用户提供通过作者姓名或作者单位查找个人或机构发文情况的服务,可以了解作者著述规律和机构研究动态。

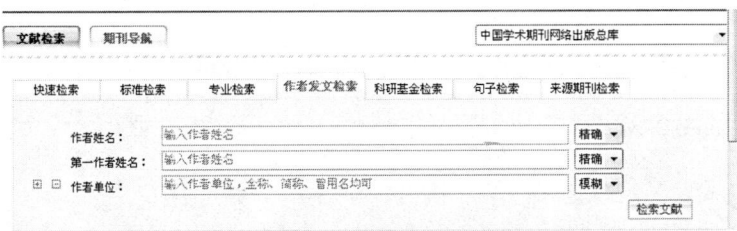

图 7-5　中国学术期刊网络出版总库作者发文检索界面

（5）科研基金检索（见图 7-6）。科研基金检索是通过科研基金名称,查找科研基金资助的文献。通过对检索结果的分组筛选,还可全面了解科研基金资助学科范围,科研主题领域等信息。

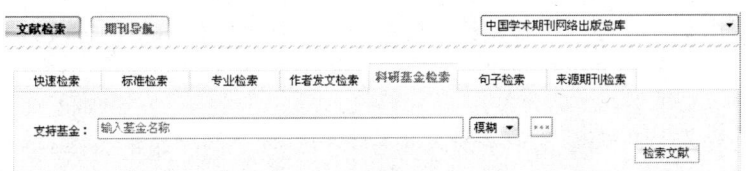

图 7-6　中国学术期刊网络出版总库科研基金检索界面

（6）句子检索（见图 7-7）。句子检索是通过用户输入的两个关键词,查找同时包含这两个词的句子。由于句子中包含了大量的事实信息,通过检索句子可以为用户提供有关事实的问题答案。可在全文的同一段或同一句话中进行检索。同句指两个标点符号之间,同段指 5 句之内。

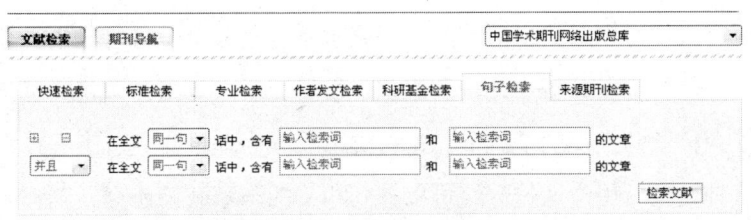

图 7-7　中国学术期刊网络出版总库句子检索界面

（7）来源期刊检索（见图7-8）。来源期刊检索是通过期刊名称或ISSN号检索该期刊的发文情况，可以通过年期限制查找某段时间某种期刊发表的文献。

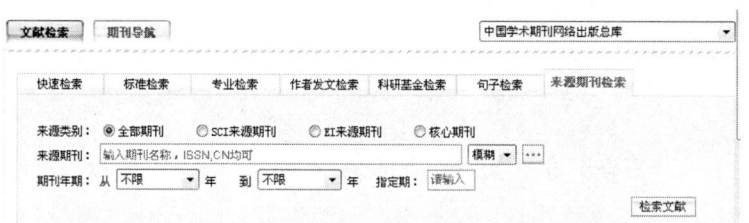

图7-8 中国学术期刊网络出版总库来源期刊检索界面

（2）检索结果及输出

《中国学术期刊网络出版总库》检索结果页面将平台检索到的结果以列表形式展示出来，并提供对检索结果进行分组分析、排序分析的方法，来准确查找文献。

检索结果分组类型包括学科类别、期刊名称、研究资助基金、研究层次、文献作者、作者单位、中文关键词（见图7-9）。学科类别分组是将检索结果按照168专辑分类下级的4000多个学科类目进行分组。按学科类别分组可以查看检索结果所属的更细的学科专业，通过进一步筛选，找到所关注文献；期刊名称分组是按期刊对检索主题载文量的多少进行排序，载文量多的排在前面，载文量相同的不排序。通过期刊名称分组可以了解该主题的核心刊物；按研究资助基金分组，是指将研究过程中获得国家基金资助的文献按资助基金进行分组。通过分析按"研究资助基金"分组，用户可以了解国家对这一领域的科研投入，研究人员可以对口申请课题，国家科研管理人员也可以对某个基金支持科研的效果进行定量分析、评价和跟踪；按研究层次分组，是将文献分为自然科学和社会科学两大类的基础上，每一类下再分为理论研究、工程技术、政策指导等多种类型。用户通过分组可以查到相关的国家政策研究，工程技术应用成果，行业技术指导等，实现对整个学科领域全局的了解；按文献作者分组可

第七章 国内主要综合性信息检索工具

以帮助研究者找到学术专家，学术榜样；帮助研究人员跟踪某学者的发文情况，发现未知的有潜力学者；按作者单位分组帮助学者寻找有价值的研究单位，全面了解研究成果在全国的分布，跟踪重要研究机构的成果，也是选择文献的重要手段；按中文关键词分组展示了知识系统，帮助学习者获得领域的全局知识结构；关键词将文献/知识进行聚类，把知识组织成簇，揭示了知识的背景，方便学习和研究。

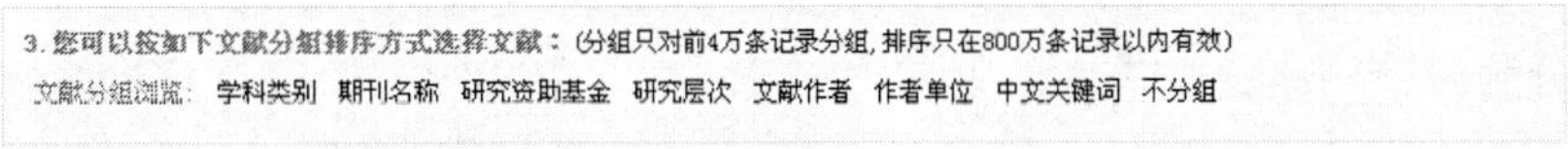

图7-9　中国学术期刊网络出版总库检索结果分组浏览选择界面

二、万方知识服务平台

万方数据资源库（http://www.wanfangdata.com.cn/）是一个以科技信息为主，集经济、金融、社会、人文信息为一体的大型科技、商务信息服务系统。主要有以下几个分类：学位论文全文数据库、数字化期刊、科技信息系统和商务信息（见图7-10）。

图7-10　万方数据首页

1. 万方数据资源系统概况

（1）万方期刊。该库集纳了理、工、农、医、人文五大类70多个类目共4529种科技类期刊全文。

（2）万方会议论文。《中国学术会议论文全文数据库》是国内唯一的学术会议文献全文数据库，主要收录1998年以来国家级学会、协会、研究会组织召开的全国性学术会议论文，数据范围覆盖自然科学、工程技术、农林、医学等领域，是了解国内学术动态必不可少的帮手。《中国学术会议论文全文数据库》分为两个版本：中文版、英文版。其中："中文版"所收会议论文内容是中文；"英文版"主要收录在中国召开的国际会议的论文，论文内容多为西文。

（3）万方学位论文。万方学位论文库（中国学位论文全文数据库），是万方数据股份有限公司受中国科技信息研究所委托加工的"中国学位论文文摘数据库"，该数据库收录我国各学科领域的学位论文。

该库由国家法定学位论文收藏机构——中国科技信息研究所提供，并委托万方数据加工建库，收录了自1980年以来我国自然科学领域博士后、博士及硕士研究生论文，其中全文60余万篇，每年稳定新增15余万篇，是我国收录数量最多的学位论文全文库。

（4）万方商务信息数据库。《中国企业、公司及产品数据库》始建于1988年，由万方数据联合国内近百家信息机构共同开发。十几年来，CECDB历经不断的更新和扩充，现已收录96个行业的近20万家企业详尽信息，是国内外工商界了解中国市场的一条捷径。目前，CECDB的用户已经遍及北美、西欧、东南亚等50多个国家与地区，主要客户类型包括公司企业、信息机构、驻华商社、大学图书馆等。国际著名的美国DIALOG联机系统更将CECDB定为中国首选的经济信息数据库，而收进其系统向全球数百万用户提供联机检索服务。

2. 万方数据资源系统检索

数据库的检索可以分为一般检索和专业检索。一般检索可以采用字段级检索、全文检索以及高级检索（逻辑检索）；专业检索支持布尔检索、相邻检索、截断检索、同字段检索、同句检索和位置检索等全文检索技术，具有较高的查全率和查准率。

（1）一般检索。用户可以按照需要，选择相应的数据库进行检索。点击数据库名称后，进入该数据库检索页面，显示内容包括该数据库的简要介绍、记录样例以及检索提问表单。正确填写检索提问表单可以实现对单一数据库的字段检索、全文检索以及高级检索。

（2）专业检索。用户可对选定的数据库进行专业检索。在单个数据库检索页面上，专业检索需用户建立检索表达式（见图7-11）。

图7-11 万方专业检索页面

（3）高级检索。"高级检索"也被称为"命令检索"，点击检索入口界面的"命令检索"或"高级检索"链接，即可进入命令检索入口界面（见图7-12）。

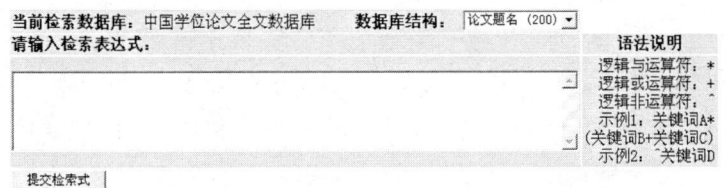

图7-12 命令检索入口

命令检索支持布尔检索、相邻检索、截断检索、同字段检索、同句检索和位置检索等全文检索技术，具有较高的查全率和查准率。

三、维普资讯

重庆维普资讯有限公司前身为中国科技情报所重庆分所数据库研究中心,其营运网站——"维普资讯网"(http://www.cqvip.com)于2000年建立,经过十几年的商业运营,已经成为全球著名的中文信息服务网站,以及中国最大的综合性文献服务网站(见图7-13)。

图7-13 维普资讯首页

重庆维普资讯有限公司的主导产品《中文科技期刊数据库》是经国家新闻出版总署批准的大型连续电子出版物,收录中文期刊12000余种,全文2300余万篇,引文3000余万条,分3个版本(全文版、文摘版、引文版)和8个专辑(社会科学、自然科学、工程技术、农业科学、医药卫生、经济管理、教育科学、图书情报)定期出版,拥有高等院校、中等学校、职业学校、公共图书馆、研究机构、政府部门、企业、医院等各类用户5000多家,覆盖海内外数千万用户。

维普资讯文献总量2000余万篇,每日更新,全文采用国际通用的高清晰

PDF全文数据格式，著录标准采纳《中图法》《检索期刊条目著录规则》（GB 3793—83）、《文献主题标引规则》（GB 3860—83）等。

1. 维普《中文科技期刊数据库》简介

《中文科技期刊数据库》采用国内一流检索内核"尚唯全文检索系统"实现数据库的检索管理。"尚唯全文检索系统"是经国内专家团队鉴定一致认为达到"国内领先、国际先进"水平的检索系统，各种指标及其综合性能均大大领先于其他同类产品。

《中文科技期刊数据库》是国内首家采用OpenURL技术规范的大型数据库产品，OpenURL（Open Uniform Resource Locators）协议是一种上下文相关的开放链接框架，它实现同时对不同的异构数据库或信息资源进行数据关联，方便地为用户单位提供资源的二次开发利用，如与图书馆OPAC系统的数据关联。OpenURL协议已经成为美国国家标准。维普是国内首家应用OpenURL协议的数据库厂商，已经在中国科学院、国家图书馆、北方航空航天大学、中国生物医学文献数据库成功应用，效果明显，深受欢迎。

2. 维普《中文科技期刊数据库》检索

《中文科技期刊数据库》提供五种检索方式：快速检索、传统检索、分类检索、高级检索、期刊导航。首页默认的是快速检索。

1）检索功能及特色如下

（1）同义词检索：以《汉语主题词表》为基础，参考各个学科的主题词表，通过多年的标引实践，编制了规范的关键词用代词表（同义词库），实现高质量的同义词检索，提高查全率。

（2）独有的复合检索表达方式：例如要检索作者"张三"关于林业方面的文献。只需利用"a=张三 *k=林业"这样一个简单的检索式即可实现。这种通过简单的等式来限定逻辑表达式中每个检索词的检索入口，实现字段之间组配检索，是领先于国内数据库产品的。

（3）检索字段：可实现对题名、关键词、题名或关键词、文摘、刊名、作者、第一作者、参考文献、分类号、机构和任意字段11个字段进行检索，并可实现各个字段之间的组配检索。提供细致到作者简介、基金赞助等20余个题录文摘的输出内容。

(4) 特色的参考文献检索入口：可实现与引文数据库的无缝链接操作，在全文库中实现对参考文献的检索。可通过检索参考文献获得源文献，并可查看相应的被引情况、耦合文献等。提供查看参考文献的参考文献，越查越老，及查看引用文献的引用文献，越查越新的文献关联漫游使用，提高用户获取知识的效率，并提供有共同引用的耦合文献功能，方便用户对知识求根溯源。

(5) 丰富的检索功能：可实现二次检索、逻辑组配检索、中英文混合检索、繁简体混合检索、精确检索、模糊检索，可限制检索年限、期刊范围等功能。

(6) 检索结果页面直接支持全记录显示，查看信息更方便，并支持字段之间的链接。下载全文只需点击全文下载图标即可，快捷方便。

(7) 详尽的镜像站管理功能：最大程度方便用户单位对资源的权限管理、使用情况分析、管理分析。管理员可远程登陆服务器察看统计信息，具有详细的统计功能：可按时间段、IP段、用户名以及流量计费用户的收费情况等。

(8) 个性化的"我的数据库"功能：使用者可以通过注册个性化的标识名，使用"我的数据库"功能，包括期刊定制、关键词定制、分类定制、保存检索历史以及查询电子书架等功能。

2) 检索方式如下

(1) 快速检索：通过首页正中的检索词输入框，输入检索词，选择检索项，然后点击搜索，进入结果显示页面，可实现题录文摘的查看、下载以及进行全文下载，同时，也可进行检索条件的再限制检索或重新检索（见图7-14）。

图7-14 维普快速检索界面

(2) 传统检索：这一检索方式是原网站的《中文科技期刊数据库》检索模式，经常使用本网站的老用户可以点击此链接进入检索界面进行检索操作，可进行文章题录文摘浏览、下载及全文下载（见图7-15）。

第七章 国内主要综合性信息检索工具

（3）高级检索：提供向导式检索和直接输入检索式检索两种方式。运用逻辑组配关系，查找同时满足几个检索条件的文章（见图7-16）。

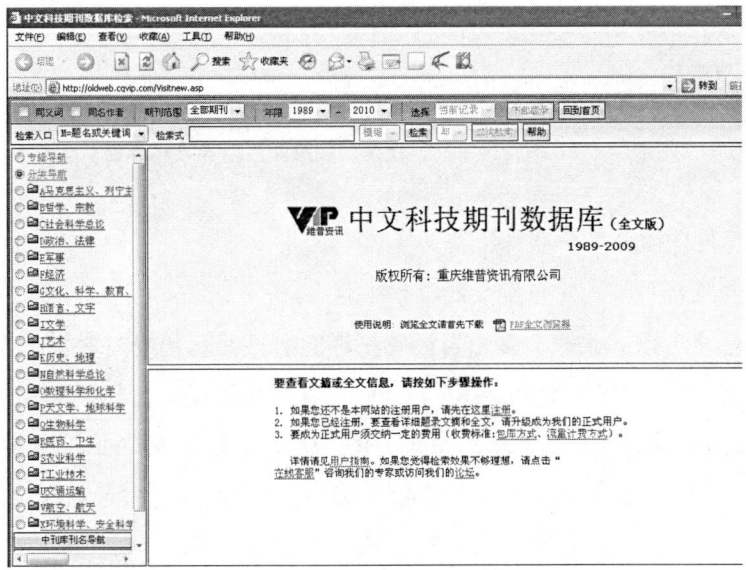

图7-15 维普《中文科技期刊数据库》传统检索界面

图7-16 维普高级检索界面

（4）期刊导航：根据期刊名称字顺或学科类别对维普公司收录的所有期刊进行浏览，或通过刊名或ISSN号查找某一特定刊，并可按期查看该刊的收录文章，同时可实现题录文摘或全文的下载功能（见图7-17）。

图7-17　维普《中文科技期刊数据库》期刊导航界面

3）个性化服务——我的维普

"我的维普"是用户自定义的学术平台（http://my.cqvip.com），通过"我的维普"，用户可以"收藏"多个自己感兴趣的学科，期刊或文章。这些自定义的内容就组成了"我的维普"首页，系统将在网站数据更新的第一时间自动刷新您收藏的学科、期刊和文章。如此一来，您无需花费更多的时间和精力在维普网站上搜索和查找，只要打开"我的维普"就能及时了解最新最快的内容，也免去了主站上广告和无关内容的干扰，提高了效率。与此同时，"我的维普"还集成了网站的主要功能，如账户管理、记录查询、期刊订阅、充值等（见图7-18）。

图7-18　"我的维普"首页

四、人大复印报刊资料

人大复印报刊资料全文数据库（http://book.zlzx.org/）由中国人民大学出

版社出版，收集了95年以来的马列、哲学、文学、社科总论、政治、法律、经济、文化、教育、语言、艺术、历史地理等学科文献的全文信息。

1. 人大复印报刊资料全文数据库简介（见图7-19）

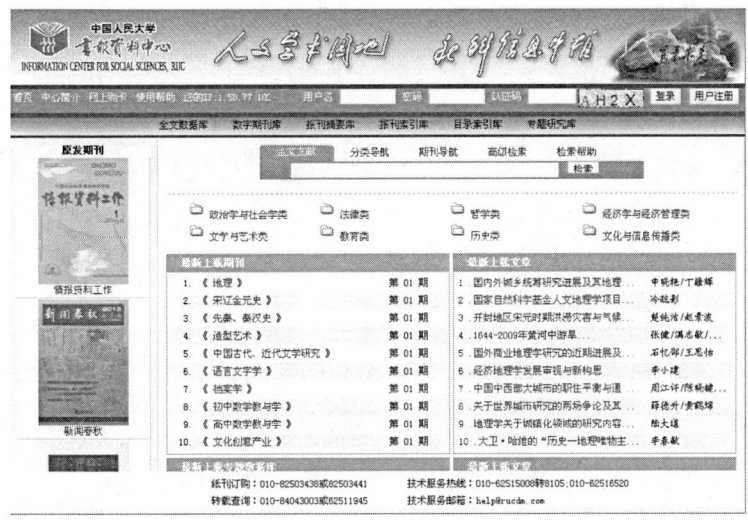

图7-19 中国人大复印报刊资料中心首页

中国人民大学书报资料中心成立于1958年，是国内最早从事人文社会科学信息资料搜集整理、编辑加工、信息发布的学术研究出版单位。目前已发展成为集期刊出版、网络电子出版、信息咨询、广告、发行等综合性、跨媒体的现代信息资料出版机构。

书报资料中心坚持以繁荣我国哲学社会科学为己任，始终遵循"学术为本，为教学科研服务"的宗旨，"精选千家报刊，荟萃中华学术"，编辑出版了大量高质量、高水平、享誉海内外的学术信息资料，被誉为"中华学术的窗口""中外文化交流的桥梁"。

50多年来，书报资料中心围绕"建设中国人文社科信息中心"的发展目标，逐渐形成了4个平台：人文社科信息资料编辑出版平台、人文社科期刊交流评价平台、报刊信息咨询平台、教学科研服务平台。

（1）人文社科信息资料编辑出版平台。书报资料中心是目前国内最大的人文社科期刊出版基地。出版品种多，规模大，涵盖了人文社科领域各个学科。

纸质期刊系列主要有：复印报刊资料专题系列刊（121种）；报刊资料索引系列刊（8种）；文摘卡片系列刊（14种）；中国报刊经济信息总汇系列刊（8种）；综合文萃刊（2种）；原发期刊（1种）。

数据库产品主要有《复印报刊资料》全文数据库；《中文报刊资料摘要》数据库；《复印报刊资料专题目录索引》数据库；《报刊资料索引》数据库等。

（2）人文社科期刊交流评价平台。书报资料中心所编辑出版的期刊，广泛选材于国内公开出版的人文社科报刊，经过科学分类、精编细选以及中国人民大学、北京大学、北京师范大学、浙江大学、厦门大学、复旦大学、中国社会科学院等全国众多学术科研单位相关专业的知名专家教授们严格的审稿遴选，确保了入编稿件的高品位、高质量。学界和期刊界普遍认为，人大《复印报刊资料》的转载量是人文社科期刊领域中一个客观公正的评价标准。

人大书报资料中心利用50多年来积累起来的丰富的信息资料，运用现代信息网络技术，建成了庞大的人文社科信息数据库，为广大用户提供及时完善、方便快捷的信息产品服务。到目前为止，中心全部期刊产品已同时出版了电子版和网络版。其主要品种有：《复印报刊资料》全文数据库；题录型数据库；《中文报刊资料摘要》数据库；回溯性全文数据库；综合文萃系列光盘。

（3）报刊信息咨询平台。书报资料中心利用自身优势，开展了灵活快捷、及时高效、系统全面的个性化报刊咨询业务。常年为国家决策研究部门、科研单位、企业、个人提供信息咨询服务。如为第29届奥组委编辑的《国内报刊奥运报道专辑》《国内媒体奥运工程报道新闻汇编》等，《北京市公安局公安新闻摘编》《宝钢情报数据库》，《中钢集团舆情监测报告》等。

（4）教学科研服务平台。书报资料中心《复印报刊资料》系列刊紧跟我国教学科研和学科建设的发展变化，及时出版读者需要的权威资料。通过学术研讨会、作者俱乐部、网站（www.zlzx.org）等各种形式，为教学科研服务。

书报资料中心的各类产品适合各级各类图书馆、资料室、教学科研院所和研究基地、党政机关、文化宣传政工部门、经济管理机构、工商企业、部队以及个人学习、研究、工作参考与积累资料之用。

2. 中文报刊资料摘要数据库简介

中文报刊资料摘要数据库是人文社科文献要点摘编形式的数据库。该数据库收集了哲学、政治、法律、经济、教育、语言、文艺、历史、地理、财会等方面的14种专题文摘。文摘内容都是经过高等院校和研究单位的专业人员提炼和浓缩的学术资料。

1）摘要数据库特点

（1）覆盖年限长：该数据库自1993年建库，数据累积至今5万多条。

（2）文摘内容特点：简明扼要地摘写文章的论点、论据和重要材料，记录科研成果，反映学术动态、积累有关数据。

（3）数据库应用：数据量大，涵盖范围广，便于用户了解与自己的课题相关的研究状况，把握本领域的研究动态。

（4）检索功能强大：数据库既能通过任意词等常见字段以及主题词表等辅助工具等，满足社会科学领域入门者快速获取文献信息，同时又以丰富的字段逻辑组合满足专家级的准确检索需求。对于分类号、作者、主题词、关键词、期刊等均具备无限链接功能。

（5）更新速度快：网络版数据库每期更新一次，并将加工中的数据作出标记后进行发布，极大地缩短数据库文献收录的时滞。

2）中文报刊资料索引数据库

中文报刊资料索引数据库是题录型数据库，它是将《复印报刊资料》系列刊每年选登的目录和未选印的文献题录按专题和学科体系分类编排而成。其每条数据包含多项信息。包括专题代号、类目、篇名、著者、原载报刊名称及刊期，复印专题名称及刊期等。该数据库汇集了自1978年至今的百余个专题刊物上的全部题录。共计数据量为430多万条，是一个比《复印报刊资料》目录索引数据库数据量更加宏大、信息覆盖面更加广泛的索引型数据库。

3. 专题研究库简介

本数据库立足千家报刊，能为学术研究提供全面且翔实的资料，是海内外学者关注中国社会文明发展的窗口。同时将中国精神文明建设十多年来的成果集中收录，全方位地展示了精神文明建设发展历程。选录有学术理论探讨、中央政策解读、文明创建经验、社会关注热点、社会文化成果等文章，从理论与实践结合的角度，为从事精神文明建设的工作者提供实践指导与智力支持（见图7-20）。

图7-20 人大复印资料专题数据库

五、中文社会科学引文索引数据库

中文社会科学引文索引数据库（Chinese Social Sciences Citation Index，CSSCI，http://cssci.nju.edu.cn/）是南京大学中国社会科学研究评价中心开发研制的，用来检索中文人文社会科学领域的论文收录和被引用情况的索引数据库（见图7-21）。

图7-21 CSSCI首页

第七章 国内主要综合性信息检索工具

1.《中文社会科学引文索引数据库》概况

（1）《中文社会科学引文索引数据库》的收录范围。CSSCI遵循文献计量学规律，采取定量与定性相结合的方法从全国2700余种中文人文社会科学学术性期刊中精选出学术性强、编辑规范的期刊作为来源期刊。目前收录从1998年至今的包括法学、管理学、经济学、历史学、政治学等在内的25大类的500多种学术期刊。

（2）《中文社会科学引文索引数据库》提供的服务。作为我国人文社会科学主要文献信息查询的重要工具，CSSCI可以为广大用户提供以下服务：对于社会科学研究者，CSSCI可以从来源文献、被引文献两个方面向研究人员提供相关研究领域的前沿信息和各学科学术研究发展的脉搏，通过不同学科、领域的相关逻辑组配检索，挖掘学科新的生长点，展示实现知识创新的途径；对于社会科学管理者，CSSCI可以提供地区、机构、学科、学者等多种类型的统计分析数据，从而为制定科学研究发展规划、科研政策提供决策参考。对于期刊研究与管理者，CSSCI提供多种定量数据，如被引频次、影响因子、即年指标、期刊影响广度、地域分布、半衰期等，通过多种定量指标的分析统计，可为期刊评价、栏目设置、组稿选题等提供定量依据。CSSCI也可为出版社与各学科著作的学术评价提供定量依据。

①CSSCI数据库网上包库服务。包库服务指某个机构在限定的IP地址范围内的任意一台计算机上任意时间段使用CSSCI网络版数据库。包库用户每年须与南京大学中国社会科学研究评价中心（以下称中心）签订"CSSCI数据库网上服务协议"，包库用户年度数据库使用费在6000~9000元不等（根据并发用户数目而定）。

②网上查询服务。网上查询服务指非包库用户通过网络查询中心数据库。具体服务项目及收费标准如下：用户网上查询须向中心缴纳预付费，预付费在查询过程中按查询量减扣，直至零为止；如果一次检索后尚有余额，可以预留下次检索使用；中心网站每接受用户一个查询提问式（一个检索词一次检索）请求，收费10元；检索结果收费为：来源文献记录0.50元/条，被引文献1.00元/条，相关文献0.30元/条。

预付费用户可以点击CSSCI网上查询服务系统预付费用户注册表，并将填写好的注册表通过邮局寄送或通过传真方式发送给中心,同时通过邮局向中心汇寄预付费。中心收到汇寄的预付费后当天即按指定的"用户名"与"密码"开户并通过 E-mail 通知用户。

③委托查询服务。

A.委托查询服务指用户委托中心代为查询 CSSCI 数据库并由中心出具查询报告。

B.委托查询对象可以是地区、机构、学科、个人、期刊;委托查询内容可以是发文篇数、被引频次、影响因子以及上述各项指标的排名。

C.一个查询提问的基本价格 50 元(个人信息:发文 20 元,被引 30 元)。一个查询提问限于一个年度的一项内容。

D.需要发文、引文详细信息另行收费:发文 2 元/条,被引 2 元/条。

E.需要排名统计信息 10 元/条(个人信息 5 元/条)。

F.其他专项查询服务须签订专项服务协议,并视专项服务的具体要求议价。

G.每出具一份南京大学中国社会科学研究评价中心"查询报告"收费 30 元。

H.委托中心代为查询的用户可以点击"委托查询函",并将填写好的"委托查询函"通过传真方式发送给中心,中心收到填写好的"委托查询函"后,将以电话方式将查询费用情况告知用户。用户收到查询费用通知后通过邮局向中心汇寄委托查询费用。中心收到汇款后,即将《查询报告》以邮件或 E-mail 的方式寄送给用户。

④手机查询服务。手机查询服务指中国移动手机用户通过发送手机短信形式查询 CSSCI 数据库。目前开通的查询服务范围为 1998—2004 年个人发文、被引及其相关详细信息。主要查询内容有:发文数(代码:21)、发文详细信息(代码:211)、被引数(代码:22)、被引文献信息(代码:221)、引用文献信息(代码:222)。查询者可根据个人所需查询的内容,通过手机发送短信"代码姓名"到 950092 即可。每反馈一次查询结果收费 1 元。

2.《中文社会科学引文索引数据库》检索

目前,利用 CSSCI 可以检索到所有 CSSCI 来源刊的收录(来源文献)和被引情况。来源文献检索提供多个检索入口,包括篇名、作者、作者所在地区机构、刊名、关键词、文献分类号、学科类别、学位类别、基金类别及项目、期刊年代卷期等。被引文献的检索提供的检索入口包括被引文献作者、篇名、刊名、出版年代、被引文献细节等。其中，多个检索口可以按需进行优化检索：精确检索、模糊检索、逻辑检索、二次检索等。检索结果按不同检索途径进行发文信息或被引信息分析统计，并支持文本信息下载。

（1）来源文献检索。来源文献数据库主要用来检索刊载在该数据库所选用的500多种来源期刊上的论文（见图7-22），支持逻辑组配检索，系统默认各检索字段间为逻辑"与"的关系，"精确"选项的作用是将检索词作为词组检索，并且要完全一致，否则执行模糊检索。

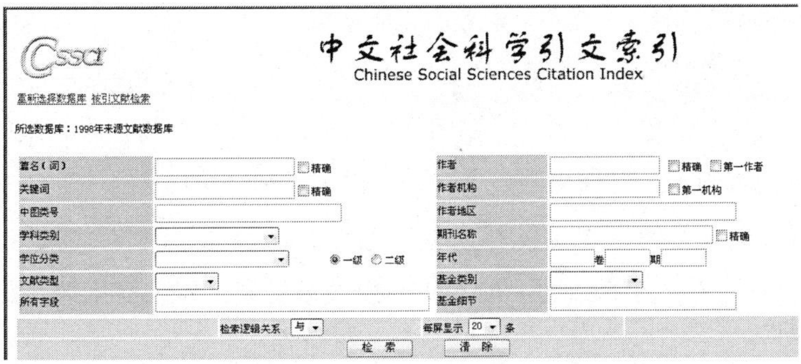

图7-22 CSSCI来源文献数据库检索界面

①篇名（词）检索。检索词可以是篇名中的一个关键词，若选择"精确"选项，则系统只将与检索词完全一致的篇名作为检索结果输出。

②关键词检索。通过关键词查找相关论文，且仅涉及论文中的关键词字段，可以输入多个关键词并进行逻辑组配。

③中图类号检索。按照《中图法》所给分类号进行检索，查找某一学科的论文。对于熟悉中图法的用户可从此检索入口查找某一学科的科研动向，可进行前方一致检索，以扩大检索范围。

④学科类别检索。通过下拉菜单选择学科类别进行检索，最好与其他字段配合使用。

⑤学位类别检索。通过下拉菜单选择学位分类进行检索，最好与其他字段

配合使用。

⑥文献类型检索。主要用于限定检索范围,可通过下拉菜单选择文献类型(包括论文、综述、评论、传记资料和报告)进行检索,最好与其他字段配合使用,作为限定条件。

⑦作者检索。用来检索个人作者或团体作者的论文,如查找的作者为第一作者,则勾选"第一作者"复选框,一般选择"精确"选项,以提高查准率。

⑧作者机构检索。用来检索某一机构发表论文的情况,如仅查找第一作者单位,则勾选"第一机构"复选框。作者机构字段默认模糊检索或前方一致检索。

⑨作者地区检索。主要用于限定检索范围,将检索结果限定在指定地区或者非指定地区,输入地名要规范。

⑩期刊名称检索。用来检索CSSCI来源期刊发表论文情况,输入期刊名称即可查看该刊发表的论文情况,还可以输入卷期号来检索某卷某期发表的论文。

⑪年代检索。输入期刊卷、期的阿拉伯数字即可,可将检索结果控制在划定的时间范围内,最好作为限定条件与其他字段配合使用。

⑫基金检索。有关基金的检索包括基金类别和基金细节,可通过下拉菜单选择基金类别,进行精确、前方一致或模糊检索,以明确来源文献的基金来源。

(2)被引文献检索。被引文献检索主要用来查询作者、论文、期刊等的被引情况(见图7-23)。

图7-23 CSSCI被引文献数据库检索界面

①被引作者检索。输入被引作者的名字，可以了解某一作者论文在CSSCI来源期刊中被引用的情况。最好选择"精确"选项，勾选"排除自引"可仅检索出其他作者引用该论文作者的情况。

②被引文献期刊检索。用来检索某期刊发表的论文在CSSCI中被引情况，如不勾选"精确"选项，则执行模糊检索。

③被引文献类型检索。用来查询期刊论文、报纸、汇编（丛书）、会议文集、报告、标准、法规、电子文献等的情况，通过下拉菜单选择被引文献类型，一般配合其他字段使用。

④被引文献篇名（词）检索。用来检索文献被引情况，输入篇名、篇名关键词或逻辑表达式进行检索。

⑤被引文献年代检索。用来限制某期刊某年发表的论文被引用情况。

⑥被引文献细节检索。该字段具有较强的灵活性，可对文献题录信息进行检索，包括作者和篇名。

第二节　电子图书数据库

一、超星数字图书馆

1. 超星数字图书馆概况

超星数字图书馆（http://www.ssreader.com/，见图7-24）为全文数字图书馆，由时代超星公司与广东中山图书馆合作开发。进入超星数字图书馆，可在线阅读数字图书30万种。该数字图书馆除具有浏览、检索功能外，还辅以插入书签、标注等功能。直接进入该数据库进行访问，不需要账号和口令，也不用购买阅读卡。

（1）海量电子图书资源。丰富的电子图书资源提供阅读，其中包括文学、经济、计算机等50余大类，数十万册电子图书，300万篇论文，全文总量4亿余页，数据总量30000GB，大量免费电子图书，并且每天仍在不断增加与更新，是目前世界最大的中文在线数字图书馆。

图7-24 超星数字图书馆首页

（2）先进的技术依托。先进、成熟的超星数字图书馆技术平台和"超星阅览器"，给您提供各种读书所需功能。专为数字图书馆设计的PDG电子图书格式，具有很好的显示效果、适合在互联网上使用等优点。"超星阅览器"是国内目前技术最为成熟、创新点最多的专业阅览器，具有电子图书阅读、资源整理、网页采集、电子图书制作等一系列功能。

2. 超星数字图书馆检索方式

（1）一般检索。含"检索内容""检索字段""检索范围"三个输入框。在"检索内容"框输入相关检索要求，在"检索字段"框选择所需项目，在"检索范围"框选择相关图书馆，最后点击"检索"按钮，便可显示所有符合要求的图书（见图7-25）。

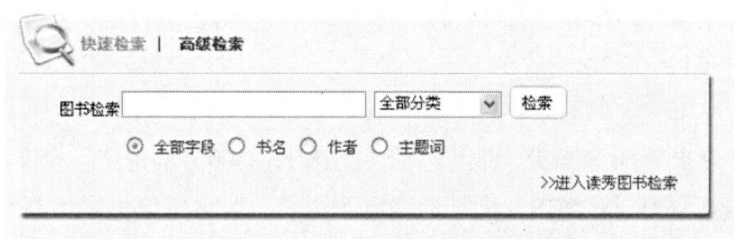

图7-25 超星数字图书馆一般检索界面

(2)高级检索。单击"高级检索"(见图7-26)按钮,显示"检索范围"框、"书名、作者、出版社、出版日期"选择框和相应的输入框。在"检索范围"框选择相关图书馆;在"书名、作者、出版社、出版日期"选择框选择"包含"或"等于";在其相应输入框输入检索要求,最后点击"检索"按钮,便可显示所有符合检索要求的图书。所输入的要求越多,显示的图书准确性越强。

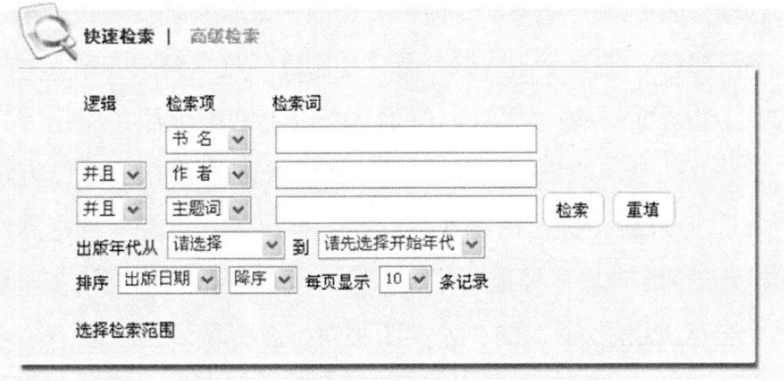

图7-26 超星数字图书馆高级检索界面

二、方正Apabi数字图书馆

1.方正Apabi数字图书馆概况

方正Apabi数字图书馆(http://ebook.nwu.edu.cn/Default2.asp?lang=gb(见图7-27)。

北京方正阿帕比技术有限公司(以下简称"方正阿帕比公司",http://www.apabi.com)是北大方正信产集团旗下专业的数字出版技术及服务提供商。方正阿帕比公司自2001年起进入数字出版领域,在继承并发展方正传统出版印刷技术优势的基础上,自主研发了数字出版技术及整体解决方案,已发展成为全球领先的数字出版技术提供商。

Apabi分别代表着Author(作者)、Publisher(出版者)、Artery(流通渠道)、Buyer(读者,即购买者)以及Internet(网络)。作者、出版社、发行商和读者是传统出版产业链的有机组成部分,也就是说,Apabi是以因特网为纽带，将传统出版的供应链有机地连接起来，实现完全数字化的出版。Apabi技术用原版式和流式结合的阅读体验和安全稳妥的版权保护技术，数据挖掘和知识标引等作为自己的核心竞争力。Apabi在网络上还原了出版流程，可以使出版社、报社、杂志社以低成本迅速进入数字出版；网站则可以迅速建立数字阅读电子商务平台；图书馆可以迅速建成数字图书馆，从而充分发挥各个角色在产业链中的优势和特点，实现多方共赢。

方正阿帕比公司为出版社、报社、期刊社等新闻出版单位提供全面的数字出版和发行综合服务解决方案。目前，方正数字出版系统提供包括电子书、数字报、数字博物馆、各类专业数据库及移动阅读的技术解决方案，并提供丰富多样的数字资源产品的运营服务。中国90%以上的出版社在应用方正阿帕比（Apabi）技术及平台出版发行电子书，每年新出版电子书超过12万种，累计正版电子书近70万册，并与阿帕比共同打造推出了各类专业数据库产品；中国90%的报业集团、800多种报刊正在采用方正数字报刊系统同步出版数字报纸。此外，全球8000多家学校、公共图书馆、教育城域网、政府、企事业单位等机构用户应用方正阿帕比数字资源及数字图书馆软件为读者提供网络阅读及专业知识检索服务。主要合作伙伴及客户机构：人民日报报业集团、经济日报报业集团、北京日报报业集团；上海世纪出版集团、中国科学出版集团、北京出版社出版集团、江苏凤凰出版传媒集团；国家图书馆、上海市图书馆、北京大学图书馆、清华大学图书馆、美国皇后区图书馆、德国柏林图书馆、英国牛津大学图书馆；中国中央电视台、中华人民共和国最高人民检察院、中共中央文献研究室、国家外汇管理局等。

方正阿帕比公司将继续提供多元化的数字出版技术和平台服务，并逐步从行业应用走向大众服务，帮助机构、个人构建网络阅读崭新生活，实现"全民数字阅读"的美好愿景。

方正阿帕比数字版权保护系统的应用范围涵盖了出版社、图书馆、网站、政府、报社等多种行业，包括网络出版、数字图书馆、电子公文等多种业务。基于方正Apabi DRM的网络出版系统，自2001年4月推出以来，已经有300家出版社用户、300家图书馆（室）用户、10家网上书店用户、3家手持阅读器合作厂商、100多万注册读者，主要用户包括电子工业出版社、机械工业出版社、清华出版社等国内的出版社，北京大学图书馆、清华大学图书馆、上海市图书馆、浙江省图书馆等高校和公共图书馆，以及国务院办公厅、宁夏回族自治区政府、中国兵器工业集团公司等政府和企业，用户遍及全国各地以及马来西亚等部分海外华人地区。另外，方正Apabi系统被Calis（中国高等教育文献保障系统）选为电子书教学参考书平台，促进了高校数字图书馆的建设。

图7-27 方正Apabi数字图书馆首页

北大方正秉承在出版行业20余年的技术积累、市场沉淀，推出方正Apabi（阿帕比）中文网络出版（eBook）整体解决方案，为从电子书刊的源头——出版社、到电子书刊的传播——图书馆、到电子书刊的阅读，提供一系列国际最先进技术，解决版权隐患、保证书源、保证质量。

2. 方正Apabi数字图书馆检索方式

（1）"中图法浏览"检索。登录到方正Apabi数字图书系统主页后，点击主页上方的"中图法浏览"按钮，页面左边出现"分类浏览"，包括22个学科分类；选择某一分类目录，可逐级点击进入子目录，页面右边出现该子目录下的馆藏书籍，可点击下载。

(2) 初级检索。方正Apabi数字图书系统主页正上方为默认的初级检索界面，显示可检索的书号、书名、出版社、关键词等检索字段和检索词输入框。其过程为，选择检索字段，在检索输入框中输入检索词，最后点击"查询"按钮完成检索（见图7-28）。

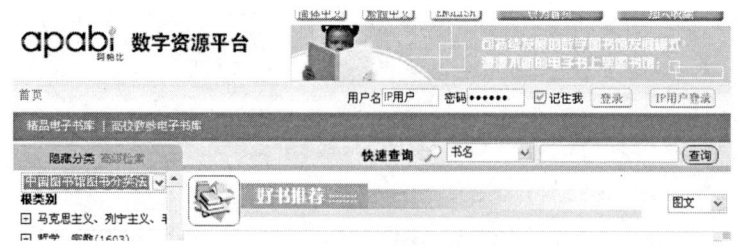

图7-28　方正Apabi数字图书系统初级检索界面

(3) 高级检索。单击主页右上方的"高级检索"按钮，可进入高级检索页面。高级检索可进行字段内和字段间的组配检索。先选取要检索的字段名，并输入检索词，再通过"并且""或者"组配，然后单击"检索"按钮，即可进行检索。

(4) 二次检索。经初级检索或高级检索后，若检索结果很多，可使用"结果中查"在检索结果中进行二次检索。二次检索功能可反复多次使用。

三、书生之家数字图书馆

1. 书生之家数字图书馆概况

书生之家数字图书馆（http://shusheng.lib.sjtu.edu.cn ）是由北京书生数字技术有限公司于2000年正式推出的中文图书、报刊网上开架交易平台。它集成了图书、期刊、报纸、论文、CD等各种载体的资源，下设中华图书网、中华期刊网、中华报纸网、中华资讯网和中华CD网等子网。资源内容分为书（篇）目、提要、全文三个层次，并提供全文、标题、主题词等10种数据库检索功能。书生之家数字图书馆收录入网出版社500多家，期刊7000多家，报纸

第七章 国内主要综合性信息检索工具

1000多家，现有2000—2004年的图书23万余册。

2. 书生之家数字图书馆检索方式

（1）图书分类检索。书生之家数字图书馆将全部电子图书按中图法分成31个大类，包括文学艺术A、文学艺术B、计算机及通信与互联网、经济金融与工商管理A、经济金融与工商管理B、语言文化教育体育、教材参考与考试A、教材参考与考试B、生活百科、少儿图书、综合性图书与工具书、法律、军事、政治外交、社会科学、哲学宗教、历史地理、科普知识、知识信息传媒、自然科学、农业科学、医药卫生、一般工具技术、矿业工程、冶金与金属、石化与能源动力、电工技术、轻工业与手工业、电子及电信与自动化、其他工业技术、建筑及交通运输与环境。每个大类下面又有若干小的类目，依次逐级细分，共有四级。例如，在文学艺术A类下细分为文学理论、中国文学、世界文学、经典名著四个子类；在文学理论下又细分为总论、文艺美学、文学理论的基本问题、文艺工作者等几个子类。

利用分类进行检索时，首先根据所要查找的图书内容确定其所属类别，然后按分类体系逐级选择相应类目，会出现该类目所包含的全部图书。点击对应于某本书的全文，此时阅读器启动，读者就可以实现在线看书。点击具体某一本书名，进入的是有关这本书的简要介绍，点击图书下面的"全文"，阅读器启动进行阅读。

（2）图书一般检索。单击首页上方的"图书"菜单，进入图书检索界面。在图书检索界面左侧提供简单的图书检索方式（见图7-29），在检索输入框左面下拉菜单中可选择图书名称、作者、丛书名称、主题、提要五种检索途径。

支持模糊检索，即所有书名中含有该字符的图书都将被检索出来。点击检索条件的下拉框，选择检索项。例如，用户在下拉框中选择图书名称，在它右边的输入框中输入用户想查找的图书名称中的词，如"市场营销"。检索结果中可以看到图书名称中含有"市场营销"的所有书，并且显示了这些书的图书名称、作者、开本大小等信息。

图7-29 书生之家数字图书馆的一般检索页面

(3) 图书全文检索。单击书生之家数字图书馆首页上方的"图书"标记,在图书检索页面下,又细分为"图书全文检索""组合检索""高级全文检索"。

"图书全文检索"界面分为"按图书内容进行查找"和"按图书目录进行查找"(图7-30),通过输入检索词,并选择分类类目,可分别在图书内容和图书的目录里进行查找。

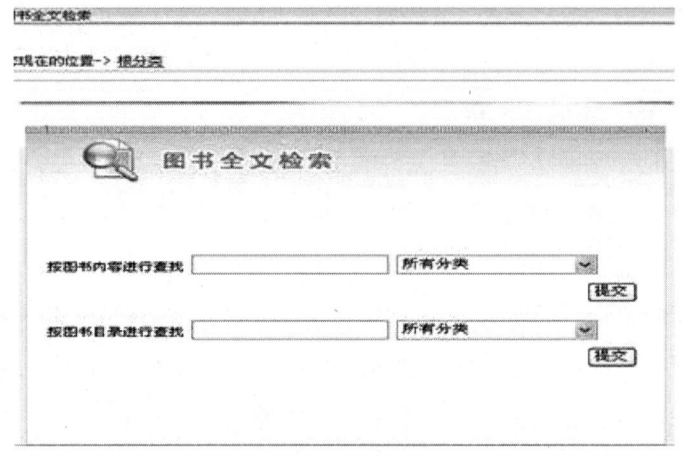

图7-30 书生之家数字图书馆的全文检索界面

(4) 图书组合检索。"图书组合检索"提供四个检索项进行选择(图7-31),即"图书名称""作者""丛书名称""主题",选择检索项、在检索项后面的文本框内输入检索词、在后面的下拉表中选择上下框之间的逻辑关系，实施对图书进行组合检索。

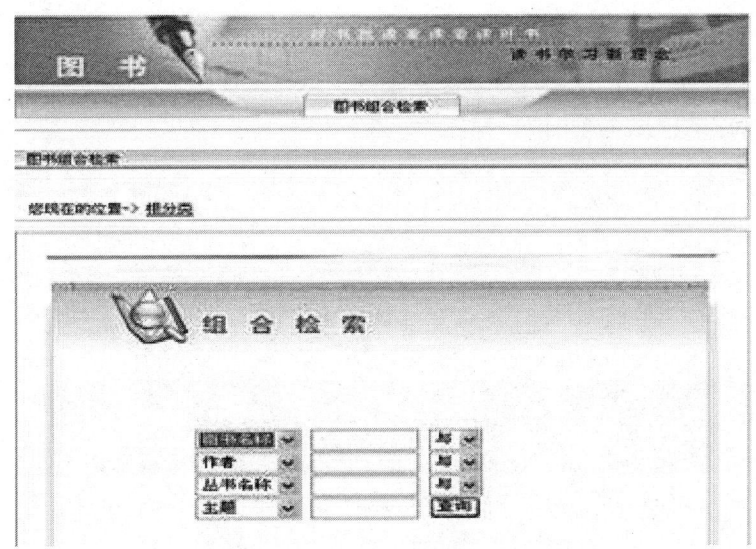

图7-31　书生之家数字图书馆的组合检索界面

（5）图书高级全文检索。高级全文检索的方法更具体，先选择所需查找的类目，再选择在"全文"或是"目录"中查找，这两项确定之后，再选择进行检索的方式，数据库提供四种检索方式，即"单词检索""多词检索""位置检索""范围检索"。

"单词检索"项可输入单个检索词，并可对检索词进行限定，数据库提供对检索词"自身""上位词""下位词""等同词""同义词""反义词""替代词"、"外文等同词"进行限定，并选择"不进行分词处理"或是"进行分词处理"。

"多词检索"可在逻辑运算符前后分别输入一个检索词，并可通过选择"与""或""非""亦或"等布尔逻辑算符对输入的检索词进行逻辑限定。

"位置检索"可通过输入位置算符确定检索词之间的位置关系。

"范围检索"可通过选择"大于""小于""等于""不小于""不大于""不等于"等选择项对输入的检索词范围进行限定。

此外，还可以对输入主题词中的字母、数字进行"不做转换、直接检索""同时检索全半角""转换成全角后检索""转换成半角后检索"等精确处理。

（6）一站式高级检索。通过单击首页上方的"高级检索"按钮，打开高级检索界面。高级检索提供了"一站式检索"和"全文检索"，其中"一站式检索"通过标准接口，可以整合各家数字图书馆（包括纸书）的元数据资源，从而实现一站式检索（见图7-32）。

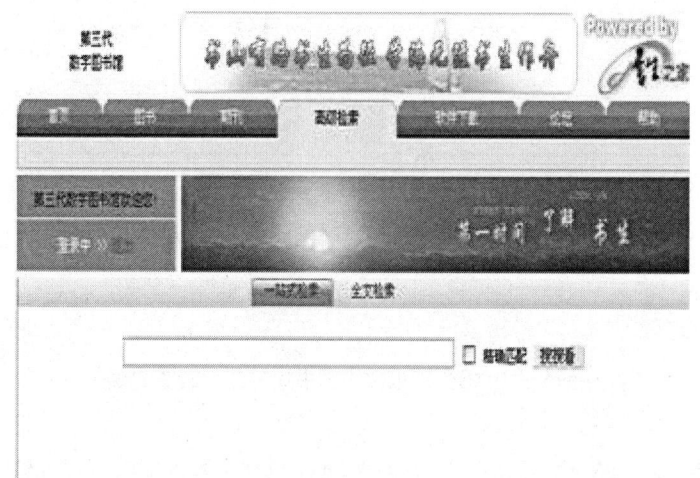

图7-32　书生之家数字图书馆的一站式高级检索界面

第三节　常用专业数据库

日常生活中除了需要学术信息外，还需要娱乐、新闻等。本小节介绍两个常用专业数据库——读秀网和国研网。

一、读秀学术搜索

"读秀"是由海量全文数据及资料基本信息组成的超大型数据库，为用户提供深入到图书章节和内容的全文检索，部分文献的原文试读，以及高效查找、获取各种类型学术文献资料的一站式检索，周到的参考咨询服务，是一个真正意义上的学术搜索引擎及文献资料服务平台。

第七章 国内主要综合性信息检索工具

1. 读秀学术搜索概况

读秀学术搜索（http://www.duxiu.com）是超星数字图书馆研发的新产品，以270万种中文图书资源为基础组成的知识库系统，为用户提供全文级的检索服务，另外还有期刊、报纸、学位论文、会议论文等频道，检索深度均可达到全文级别，借助自助全文传递系统可以在线查看全文信息。读秀学术搜索每月更新，年更新10万册图书。

读秀不仅提供图书的元数据检索，更深入到70%图书的目次和全文检索，并且配合书影试读，提高了信息的查准率和查全率。读秀能够为用户提供图书前17页（包括封面页、版权页、前言页、目录页、正文前17页）的原文显示，通过试读全文，读者能够清楚地判断是否是自己所需的图书；目录检索有效地缩小检索结果的范围，使用户在海量数据中迅速命中目标，大大提高了信息的检准率（见图7-33）。

2. 读秀学术搜索检索方式

读秀学术搜索提供简单检索、高级检索和专业检索三种检索方式。

（1）简单检索方式。在主页上设置检索框，用户可直接输入关键词，选择检索范围进行检索，方便快捷，但并不深入（见图7-33）。

图7-33 读秀学术搜索首页

(2) 高级检索方式。读秀学术搜索提供高级检索方式,以图书为例,检索入口包括书名、作者、主题词、出版社、ISBN、中图分类号等,可为专业性较强的检索提供更精确的结果(见图7-34)。

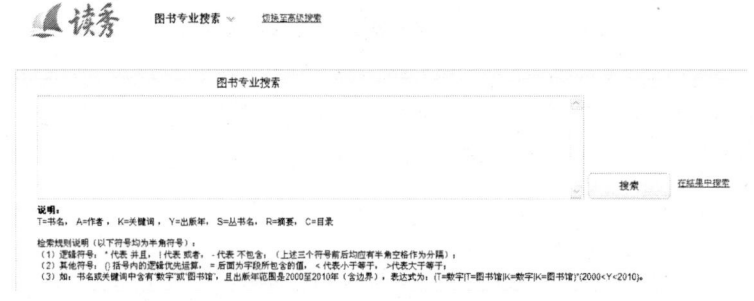

图7-34 读秀学术搜索高级检索界面

(3) 专业检索方式。读秀学术搜索为专业人士提供专业检索方式,用户可通过构造命令式检索式来提高查准率(见图7-35)。

图7-35 读秀学术搜索专业检索界面

除此之外,读秀还提供二次检索,即"在结果中搜索",可以缩小检索范围,提高查准率。

3. 读秀学术搜索检索技巧

(1) 关键词技巧。为方便用户快速找到需要的结果,可以使用多个关键词或较长的关键词进行检索。

（2）一站式检索技巧。读秀针对用户输入的关键词，同时检索了所有的文献类型。一站式检索可以扩大搜索范围。在搜索结果很少的情况下，具有拓展搜索范围的功能。在检索页面选择"知识"项即可完成对图书、期刊、学位论文等多项目的一站式检索。

（3）特定年份内搜索。在知识频道下搜索时，在关键词后加上"time:时间"，用于命中某一年出版的资料。例如："数字图书馆 time:2013"，搜索结果为2013年的资料（见图7-36）。

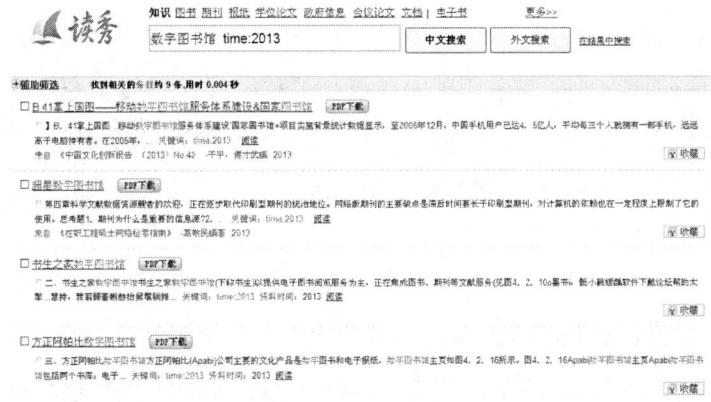

图7-36 读秀特定年份内搜索

（4）提示相关词搜索。每次检索结束后，在页末都会有相关搜索提示，列出近义词供选择（见图7-37）。

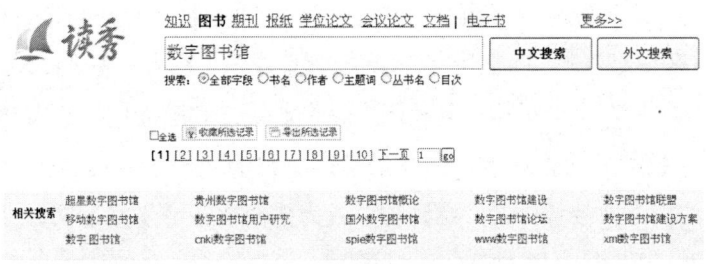

图7-37 读秀相关搜索提示

二、国研网

国研网（http://www.drcnet.com.cn）全称国务院发展研究中心信息网，由国务院发展研究中心主管、国务院发展研究中心信息中心主办、北京国研网信息有限公司承办，创建于1998年3月，并于2002年7月31日正式通过ISO9001：2000质量管理体系认证，是中国著名的专业性经济信息服务平台。

国研网以国务院发展研究中心丰富的信息资源和强大的专家阵容为依托，与海内外众多著名的经济研究机构和经济资讯提供商紧密合作，以"专业性、权威性、前瞻性、指导性和包容性"为原则，全面汇集、整合国内外经济金融领域的经济信息和研究成果，本着"建设精品数据库"的理念，以先进的网络技术和独到的专业视角，全力打造中国最为权威的经济决策支持平台，为中国各级政府部门和企业提供关于中国经济政策和经济发展的深入分析和权威预测，为海内外投资者提供中国宏观经济和行业经济领域的政策导向及投资环境信息，使投资者及时了解并准确把握中国整体经济环境及其发展趋势，从而指导投资决策和投资行为。

此外，国研网组建了一支高效率、专业化的研究咨询团队，在宏观经济、行业分析、战略规划等领域积累了丰富的经验，结合多年积累的丰富而系统的数据库资源，为中国各级政府部门、广大企事业单位和众多海内外机构提供深度的市场研究与决策咨询服务。目前国研网的业务领域已拓展到IT咨询监理领域、个性化信息服务、专项课题研究、经济类综合性高层论坛、职业化培训和网络广告等领域，以满足不断增长的用户需求。

1. 国研网资源概况

国研网包含内容丰富、检索便捷、功能齐全的大型经济信息数据库集群：《国研报告》《宏观经济》《金融中国》《行业经济》《世界经济与金融评论》《国研财经》《区域经济》《企业胜经》《高校管理决策参考》《基础教育》《对外贸易》等，同时针对金融机构、高校用户、企业用户和政府用户的需求特点开发了四个专业版产品。上述数据库及信息产品已经赢得了政府、企业、金融机构、高等院校等社会各界的广泛赞誉，成为他们在经济研究、投资决策过程中的重要辅助工具（见图7-38）。

第七章 国内主要综合性信息检索工具

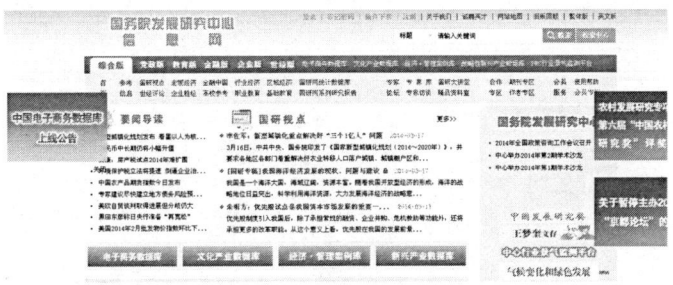

图7-38 国研网首页

2.国研网检索方式

国研网提供标题、作者、关键词、全文四种检索途径，提供DRCNet搜索和高级搜索方式（见图7-39）。

图7-39 国研网检索界面

以"房产"为标题进行搜索，得到以下搜索结果（见图7-40），内容丰富全面且相当新颖。

此外，国研网还提供高级检索方式，进一步提高查准率（见图7-41）。

信息检索教程

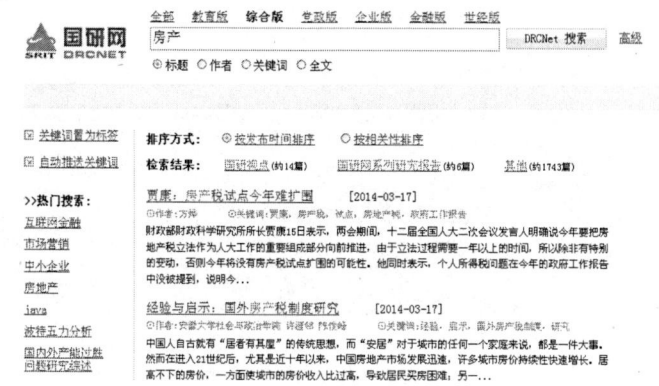

图7-40 国研网检索举例

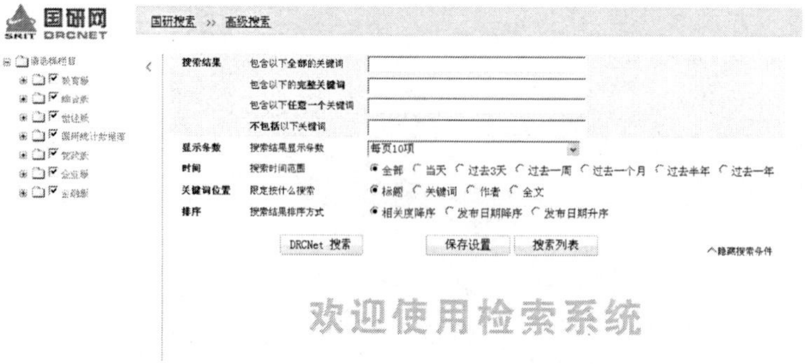

图7-41 国研网高级检索界面

第八章 国外主要数据库检索工具

第一节 Ei 数据库的主要产品

一、Ei Compendex 数据库

Compendex 是 Computerized Engineering Index 的缩写，即计算机化工程索引，为全记录格式。该数据库的文字出版物即传统意义上的《工程索引》（*Engineering Index*），主要收集工程和应用科学领域的文献，是一个全球性的数据库，其数据来自全球 50 多个国家，所用语言近 20 种，但大部分是英文。每年增加近 20 万条文摘，文献来自 3000 余种工程领域的期刊、会议论文及技术报告。这些文献涉及 175 个学科，主要包括机械、土木工程、环境工程、电工电子、结构学、材料科学、固体物理和超导、生物工程、能源、化工、光学、大气和水污染防治、危险废物处理、运输和安全等。该数据库的标引方法从 1993 年开始由主题词法改为叙词法。

二、Ei Page One 数据库

该库每年收集约 32 万条文献的题录，这些文献来自世界范围内约 5400 种期刊、会议论文和技术报告，该数据库一般只收题录，绝大部分数据无文摘，就收集范围而论，它是世界上最大的数据库之一。该数据库无文字出版物，其光盘出版物有两种：一种在 Windows 环境下运行（Ei Page One Windows），另一种在 DOS 环境下运行（Ei Page One on Disc），可通过刊名、自由词、作者姓名、单位来检索文献。所有被 Ei Compendex 和 Ei Page One 数据库收录的文献原文在 Ei 可作有偿的服务，将原文用 Fax 或压缩图像方式传给读者。

三、Ei Compendex Web 数据库

Ei Compendex Web 数据库包括 Ei Compendex 数据库和 1990 年至今的 Ei Page One 数据库。Ei Compendex Web 数据库的回溯时间是 1970 年，主要收录工程类期刊、会议论文和技术报告的提要。

Ei 期刊来源有三个档次：①全选期刊，即核心期刊，收入 Ei Compendex 数据库。收录重点是下列工程学科的期刊：化学工程、土木工程、电子/电气工程、机械工程、冶金、矿业、石油工程、计算机工程和软件等核心领域，核心期刊中的每期论文均被收入。②选收期刊，包括农业工程、工业工程、纺织工程、应用化学、应用数学、应用力学、大气科学、造纸化学和技术、高等学校工程类学报等领域的期刊，此类期刊的论文不一定被全部收录，Ei Compendex 只收录与其主题有关的文章，我国被 Ei Compendex 收录的期刊大多数为选收期刊。③扩展版期刊，主要收录期刊论文的题录信息，形成了 Ei Page One 数据库。

所收录期刊论文的 90% 文献是英语文献。该数据库的实时更新速度较强，为了提供最专业、最实用的在线信息服务，每周数据库的数据都要更新。而且，所收录期刊目录是动态变化的，每年都有新收录的期刊，也有被停止收录或剔除的期刊，Ei Compendex 对 Ei 来源期刊中的论文也是有选择地收录，并不是所有的论文都被收录。

四、Ei Compendex Web 数据库的检索方法

为了适应不同层次用户的需求，Ei Compendex Web 数据库系统将检索界面分为 3 个部分：快速检索（Quick Search）、专家检索（Expert Search）和叙词检索（Thesaurus Search）。

1. 快速检索

快速检索是数据库默认的检索方式，能够进行直接快速的检索，其界面允许用户从一个下拉式菜单中选择检索字段。可以通过若干限制条件来控制检出结果，可以选择语言、限定时间、选择排序方式等。

具体的检索字段（Search Fields）说明如下。

All fields：指 Ei 数据库全部著录字段，为系统默认字段。

Subject/Title/Abstract：检索将在文摘、标题、标题译文、主题词表、标引词、关键词等字段进行，检索词可为词、词组或短语。

Author（作者）：作者指论文作者，输入时姓在前名在后。作者名后可以使用截词符，如 Huang, L*表示系统将就 Huang,Li./Huang, L.X/Huang, Lixia 等作者进行检索。检索中国作者时，注意不同的拼写方法，以免漏检，如赵丽梅的拼写方法有 Zhao, Limei/Zhaoli-mei/Limei, Zhao/li-mei, Zhao 等。

Author affiliation（作者机构或作者单位）：Ei 数据库中，20 世纪 70 年代以前机构名称用全称表示，80 年代使用缩写加全称表示，90 年代用缩写表示。

Publisher（出版商）：可以直接浏览出版者索引。

Source title（文献来源题名）：包括期刊、专著、会议录、会议文集的名称。

Title（文章的标题）：检索时可以输入词、词组或短语，如 radio frequency；如果标题是其他语种，则译成英文。

Ei controlled term（Ei 受控词）：Ei 受控词表示一个主题词列表，是以专业和规范的形式描述文献的内容，因此使用受控词检索比较准确。

Ei main heading（主题词）：Compendex 数据库中的每个记录录均有一个受控词作为主标题词来表示文献的主题，其余的受控词用来描述文献中所涉及的其他概念。

在实施检索时，可选的文献类型（Document Type）如下：①期刊论文（Journal Article）；②会议论文（Conference Article）；③会议论文集（Conference Proceedings）；④专著章节论文（Monograph Chaper）；⑤专著评论或综述（Monograph Review）；⑥报告章节（Report Chapter）；⑦报告综述（Report Review）；⑧专利文献（1970 年以前）（Patent（before 1970））；⑨学位论文（Dissertation）；⑩录用但未出版论文（Article in Press）。

除了文献类型的选择外，数据库还提供了处理类型的选择。处理类型用于说明文献的研究方法及所探讨主题的类型。Compendex 数据库从 1985 年起增加了处理类型字段。因而选择此限定，检索将仅限定在 1985 年以后的文献记录，需要说明的是一条文献记录可以有多种处理类型限制，但并不是所有记录都有处理类型。在实施检索时，可选择的处理类型如下：全部（All Treatment

Types）；应用（Applications）；传记（Biographical）；经济（Economic）；实验（Experimental）；一般性综述（General Review）；历史（Historical）；文献综述（Literature Review）；管理（Management Aspects）；数值（Numerical）；理论（Theoretical）。

2. 专家检索

专家检索则提供灵活、广泛的检索平台，用户可以使用更复杂的布尔逻辑，该检索方式包含更多的检索选项，可以实现快速检索无法实现的检索要求。比较适合于熟练和专业的用户实施检索，能更快速、准确地获取所需信息。专家检索界面（见图8-1）。

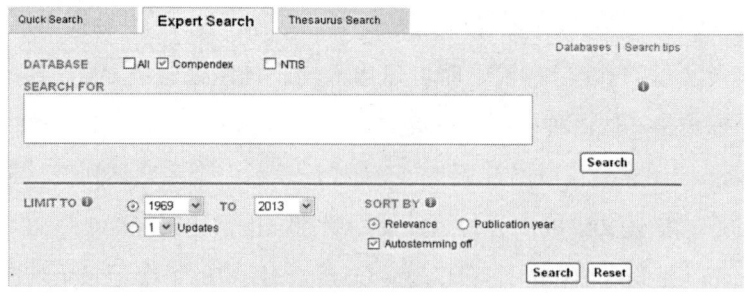

图8-1 Ei Compendex数据库的专家检索界面

3. 叙词检索

叙词是指专业的规范词，可以对同一主题不同表述的词，按照主题内容将其规范在标准的专业词汇下，避免了由于词汇书写不同造成漏检，或词义概念混淆导致错检的问题。利用叙词检索方式从主题角度检索文献不仅能够提高文献的查准率，而且能够对检索范围随意设定（扩展或缩小检索范围）。检索界面（见图8-2）。

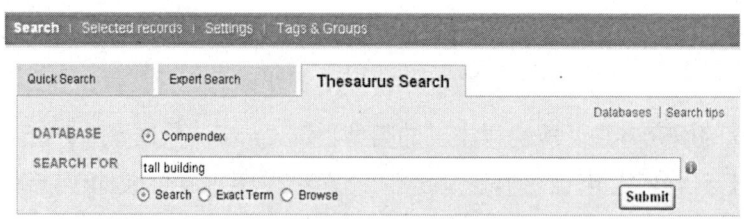

图8-2 Ei Compendex数据库的叙词检索界面

Search 选项表示查找检索词在叙词表中的正确写法；Exact Term 表示已知某叙词，查找列出该叙词的详细信息；Browse 表示查看检索词在叙词表中的位置，显示其附近的叙词。

五、Ei Compendex Web 数据库的检索算符和规则

1. 适用于三种检索方式的算符和规则

（1）逻辑算符：逻辑算符用 AND、OR、NOT 表示。例如，information and retrieval, sensor web or sensor network, energy not nuclear。

（2）截词符：用星号*表示，*可代表 0 个、1 个或多个字符，可找到该单词的所有变化形式或不同拼法，分词尾截断和词间截断。例如，librar*，相当于利用 library、librarian、libraries、librarians 等作为具体的检索词。

（3）词组检索：作精确检索时，两个词之间紧挨着，位置不颠倒，词组或短语须用引号""或括号{ }标引。例如，"Scientific collaboration"或者{Scientific collaboration}。

（4）位置算符：

"Onear/n"表示两个词之间可以插入 0 至 n 个词，词序不能颠倒，如"knowledge Onear/3 management"表示 knowledge 和 management 之间可以间隔 0、1、2 或者 3 个词，但是二者在文中的顺序不能颠倒。

"Near/n"表示两个词之间可以插入 0 至 n 个词，词序可以颠倒，如"knowledge Near/3 management"表示 knowledge 和 management 之间可以间隔 0、1、2 或者 3 个词，并且二者在文中的顺序可以颠倒。

（5）检索平台不区分字母的大小写。

（6）在没有检索算符链接的情况下，检索词之间的关系默认为逻辑"与"的关系。

2. 适用于专家检索方式的算符和规则

（1）逻辑运算、位置算符检索、截词检索以及词组检索适用于专家检索。

（2）专家检索的输入格式为：待检内容 wn 字段代码。使用专家检索时，应在检索词后面加入字段说明，否则系统默认在全字段检索。例如，在关键词

检索字段中检索"sensor network",可构造检索式:sensor network wn ky。

(4)如果一个提问式中有多个逻辑运算符,则它们的逻辑运算顺序是:NOT、AND、OR。

根据课题需要,可以运用括号改变执行顺序,先执行的部分用括号标出。

3. 专家检索式的编写策略

(1)选词(找英文关键词)。

(2)用逻辑算符说明词间的逻辑关系。

(3)用位置算符指定词间的位置。

(4)用截词符描述词尾的变化。

(4)用检索字段来限定检索范围。

第二节　ISI Web of Science

一、ISI Web of Science 数据库简介

ISI Web of Science 是 Thomson ISI 建设的五大引文数据库的 Web 版,由若干独立的数据库组成(既可以单库检索,也可以跨库检索),主要包括 Science Citation Index Expanded(SCI Expanded)、Social Sciences Citation Index(SSCI)和 Arts & Humanities Citation Index(A&HCI)、Conference Proceedings Citation Index-Science(CPCI-S,即原来的ISTP)和 Conference Proceedings Citation Index-Social Science & Humanities(CPCI-SSH,即原来的ISSHP)等。内容涵盖自然科学、工程技术、社会科学、艺术与人文等诸多领域内的8500多种学术期刊。

二、Web of Science 数据库的检索案例

进入检索界面,该数据库会根据用户所在的地理位置,自动弹出适合当地用户的检索界面语言,用户可以自行选择所使用的界面语言(见图8-3)。

Web of Science 数据库主要有主题(Topic)、题名(Title)、作者(Author)、作者识别号（Author Identifiers）、编者（Editor）、团体作者（Group Author）、出版物名称（Publication Name）、DOI、出版年（Year Published）、地址（Address），还可以进行时间跨度（Timespan）选择。除了进行基本检索（Basic Search）外，还可以进行高级检索，通过"添加另一字段（Add Another Field）"功能来实现（（见图8-4）。

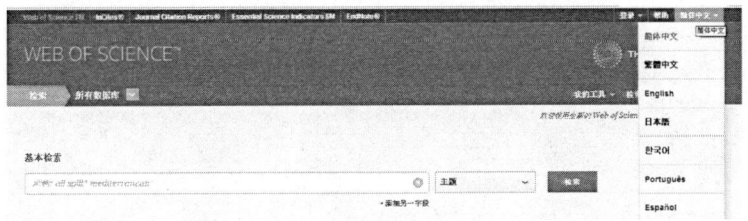

图8-3 Web of Science数据库主页面的语言选择图

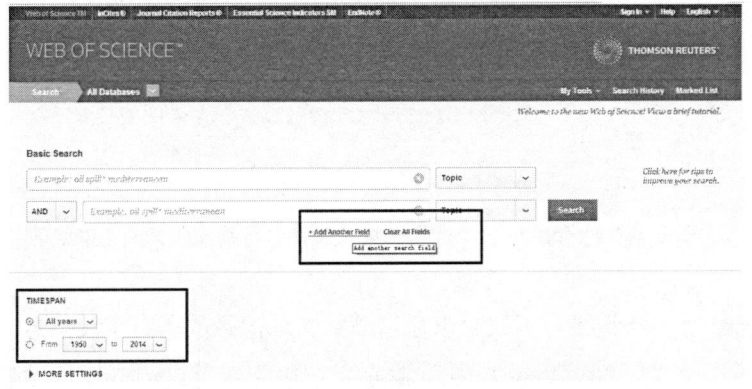

8-4 Web of Science数据库的基本检索界面

如果想检索主题是"信息融合（Information Fusion）"的所有英文文献，可选择主题（Topic）为基本的检索字段。而"Information Fuser（信息融合器）"也属于"Information fusion"的研究范畴，因此如果拟获取较全的文献集合，必须进行模糊检索，于是以"Information fus*"作为基本检索词进行检索（见图8-5），检索结果列表（见图8-6）。

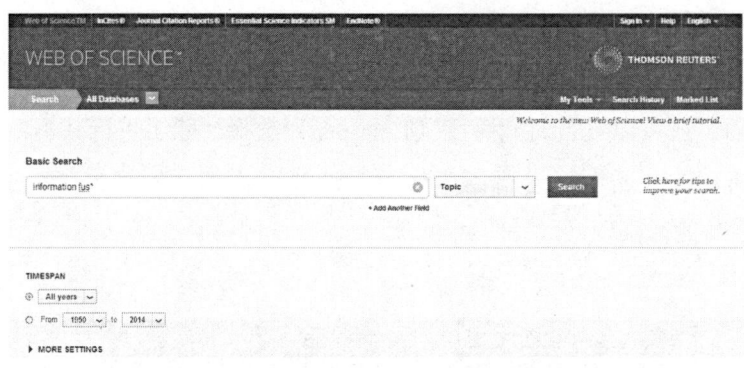

图8-5 以"Information fus*"作为检索词进行基本检索

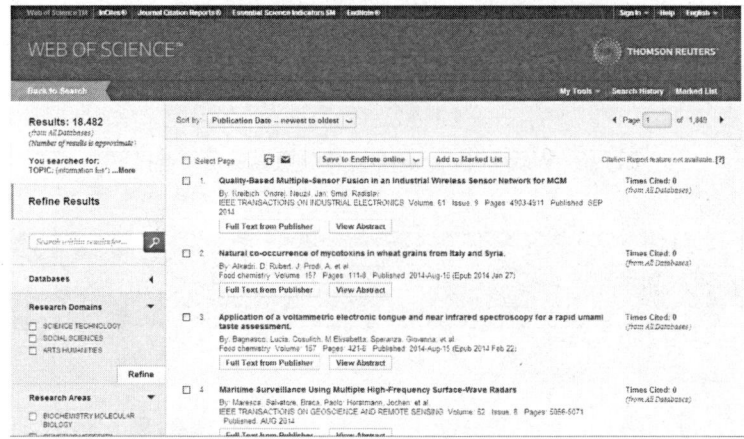

图8-6 以"Information fus*"作为检索词进行基本检索的检索结果

点击任意一条记录，不仅可以显示该条文献记录的所有字段信息，而且通过"查看引证关系图（View Citation Map）"功能就可以浏览该篇文献与其参考文献和来源文献的引证关系。

第三节 SA与INSPEC数据库

一、SA的概况

英国《科学文摘》（*Science Abstracts*，SA）是一种物理学、电气与电子工程、计算机与控制、信息技术等领域的综合性科技检索刊物，其印刷版创刊于

1898年，由成立于1871年的英国电气工程师学会（Institution of Incorporation Engineers，IIE）所属的物理学、电子技术、计算机及控制技术情报服务处（International Information Service in Physics，Electro-technology，Computer Control，INSPEC）负责编辑出版。

《科学文摘》是多学科的专业性检索工具，是电类文献的首选工具，SA报道的文献来自世界80多个国家和地区，涉及29种语言的期刊论文、会议文献、技术报告、学位论文、图书专著和标准资料等。主要分为5个学科类目。

A辑：《物理文摘》（Series A：*Physics Abstracts*，PA），开始为月刊，自1969年起改为半月刊，每年1卷。内容包括基础物理及核子物理、电子动力学、量子力学、核子结构、核能、光学、声学、材料科学、生物物理学、地球物理学、天文学、天体物理学、半导体、超导体、磁学、激光、光纤仪表学、核子工程、能源研究与环境科学、量子理论、测量学、电磁学等。

B辑：《电气与电子学文摘》（Series B：*Electrical and Electronics Abstracts*，EEA），月刊，每年1卷。内容包括电子元件与技术、电信学、电子仪表学、太空电子学、天线传播、生物医学工程、电路学、电磁学、能源转换、影像处理、绝缘体、激光、磁性设备、量测、微电子、微波科技、军事电子学、核能仪器学、印刷电路、雷达、收音机与电视、半导体科技、电力系统与应用、电子设备等。

C辑：《计算机与控制文摘》（Series C：*Computer & Control Abstracts*，CCA），月刊，每年1卷。内容包括人工智能、电子计算机理论、计算机硬件、计算机软件及电子计算机应用、光学网络、神经网络、系统及控制理论、控制技术、数字分析及计算机理论、网络、决策信息系统、交通等。

D辑：《信息技术》（Series D：*Information Technology*，IT）。内容包括商业、银行及保险、休闲与媒体、市场与营销、电子邮件、传真、远程会议、视频传输系统、电脑终端机、传播、文书处理及办公室自动化等。

E辑：《生产和制造工程学》（Series E：*Production & Manufacturing Engineering*，PME）。内容包括管理问题、制造环境、信息科技、产品管理、设计与人体工学、制造技术、材料与产品、产业界等。

二、SA数据库（INSPEC）及其检索

INSPEC是由《科学文摘》开发而成的，是目前全球在物理和工程领域中最全面的二次文献数据库之一。INSPEC数据库覆盖的学科范围相当广泛，主要的学科领域包括物理科学、电子与电气、计算机与控制、信息技术、生产与制造、材料科学、海洋学核能工程、生物医学工程、生物物理学、海洋学、纳米生物技术、地球物理学、动力与能源、雷达等。覆盖的文献年限可回溯到1969年，数据的更新周期为一个星期，每年的文献更新速度为50万条新记录。每一条文献信息记录包含英文文献标题、摘要、期刊名、会议名、作者姓名、作者机构、原文语种等题录信息。每一条记录还包含INSPEC提供的控制词表、叙词和主题词等。

INSPEC数据库既可以用于检索研究课题，也可帮助用户了解当今研究现状，了解新产品信息，技术发展预测，企业竞争情报，进行相关专利的检索。INSPEC提供了控制词表，叙词和主题分类，这可以帮助用户识别某个概念和想法，查到通过自由词检索无法获得的相关文献，获取高度相关及全面的检索，按照需求缩小或者扩大检索范围，提高准确性。

INSPEC数据在国内常用的检索系统包括WOK（Web of Knowledge）、EV（Engineering Village）、Ovid/Silverplatter、EBSCOhost、Dialog/Datastar、ProQuest等，它们大都有效地发挥了INSPEC索引机制的特点和优势。2008年，英国工程技术学会（IET）自己推出了该数据库的检索平台——Inspec Direct。

三、INSPEC数据库检索算符

1. 布尔运算符（Boolean Operators）

在实施检索的过程中，在检索框中将布尔运算符AND、SAME、OR和NOT连接起来，进行联合检索。以算符SAME连接两个检索词的时候表示两个词必须出现在同一句子里，但没有次序上的限制。例如，输入Information SAME Fusion将检索出Information和Fusion出现在同一句子里的文献。

2. 通配符（Truncation）

星号（*）：为右通配符，可用它检索到以通配符为止的前几个字母相同

的所有词。例如，输入 Information Fus* 得到 Information Fusion，Information Fuser 等。

问号（?）：可以检索到一个字母的变化。例如，输入 organi?ation 可以检索到 organization 和 organisation 等。

$：可以检索到零个或一个字母变化的词。例如输入 Colo$r 得到 color，colour。

四、基于平台的INSPEC数据库检索方法及检索结果分析

1. 检索方法

普通检索（Search）能够进行直接快速的检索，其界面简洁，默认可进行3个字段的布尔运算检索，也可根据读者需要通过"增加检索字段（Add another field）"进行扩充，可多达25个检索字段。

主题检索包括标题、摘要、控制词、非控制词和分类代码等字段。

INSPEC的控制词（叙词表，INSPEC Thesaurus）是由专家择选的规范化的专业术语，因而使用控制词检索可以获取Topic检索中无法获取的相关文献并剔除Topic检索里获得的相关性不大的文献，使用控制词检索会提高检索效率。

分类代码（Classification）检索包含在主题（Topic）检索中，学科等级分类既提供了较宽泛的上位学科范围，也包括特定的下位细分。INSPEC采用最为专指的分类代码来分类文献，以表示它的学科主题。INSPEC最宽泛的学科上位分为5个类目：A（物理）、B（电子工程与电气）、C（计算机与控制）、D（信息技术）、E（制造与产品工程）。

分类体系由分类代码和分类标题组成，在执行分类检索时，这些内容均可检索。

处理类型（Treatment Type）反映了作者讨论的主题的途径，如检索一些文章涉及了某个方法的应用，可以选择Applications；如果从经济学视角研究作者所讨论的主题，可以选择Economics。

2. 检索结果分析

可以按照多种途径对所得结果进行分析，包括作者、控制词、主题分类、文献类型、处理类型、语言、刊名等。选择一个广泛的主题区域进行检索，然

后用分类进行分析,这样就能够选择对我们来说比较重要的领域;或者选择控制词等其他字段进行分析,浏览相关的记录。

第四节　Elsevier ScienceDirect 数据库

一、Elsevier ScienceDirect 数据库简介

Elsevier 是著名的科技出版公司,其核心产品 ScienceDirect 数据库是全球最大的科学文献全文数据库,涵盖理工类(数学、化学、物理、生命科学、天文学、计算机科学)、医学、商业及经济管理、社会科学等学科文献。用户不仅可以按照主题类别和字母顺序来浏览所有科技期刊,而且能通过"最热点文章(Top 25 Hottest Articles)"功能来浏览科学研究的最新进展情况,该项功能不仅提供了主题领域浏览模式和发表时间浏览模式,而且可以列出下载量最多的相关论文。

二、ScienceDirect 数据库的检索模式

ScienceDirect 数据库提供了以下三种检索模式。

(1)简单快速检索(Simple Quick Search)——将在所有检索字段中查找用户所输入的检索词,检索框就设在该数据库的主页面中。

(2)高级检索模式(Advanced Search)——可设定特定的检索字段(如题名、著者、期刊名称或文献的发表时间)来查找用户所输入的检索词,检索框设在该数据库的高级检索界面中。

(3)专家检索模式(Expert Search)——在该种检索模式中,用户可以采用布尔逻辑算符等检索命令对各种检索字段进行自由组合。专家检索的基本检索命令模式是 Field_name(Search_terms),如在摘要字段中检索"Information retrieval"同时在机构中检索"Heilongjiang University",需要采用的检索式是 Abstract(Information retrieval)AND Affiliation(Heilongjiang University)。

为了获得较为全面的检索结果,该数据库的搜索引擎会实施扩展检索,即

词语的单复数问题或不同时态的表达形式都可以在检索式中自动实施。例如，如果检索词是"criteria"，在具体的检索字段中包括"criteria"和"criterion"的文献都将出现在检索结果中。

三、ScienceDirect数据库的检索字段和检索字符

1. ScienceDirect数据库常用的检索字段（见表8-1）。

表8-1 ScienceDirect数据库常用的检索字段

检索字段中文名称	检索字段英文名称（Field name）	
	字段英文全称	字段英文缩写
所有字段	all	all
题名/摘要/关键词	title-abs-key	tak
标题	title	ttl
摘要	abstract	abs
关键词	keywords	key
作者	authors	aut
特定作者	specific author	aus
参考文献	references	ref
文献来源	srctitle	src
作者机构	affiliation	aff

2. ScienceDirect数据库常用的检索字符

布尔逻辑算符——主要包括"与（AND）""或（OR）"和"非（AND NOT）"。"与（AND）"是默认算符，要求多个检索词同时出现在文章中；"或（OR）"表示其所连接的任意一个检索词出现在文章中即符合检索要求；"非（AND NOT）"后面所连接的词语不出现在文章中。

通配符——主要包括"星号（*）"和"问号（?）"。检索词中出现"星号（*）"表示取代单词中的任意个（0,1,2…）字母，如librar*可以检索到librarian,library,libraries等；检索词中出现"问号（?）"表示取代单词中的1个

字母，如wom?n可以检索到woman,women。

相隔词序符——"W/n"和"PRE/n"。"W/n"表示两词相隔不超过n个词，词序不固定，如"Knowledge w/3 integration"表示两个词之间相隔不超过3个词，而且两个词的顺序不是固定的，任意一个在前面都可以；"PRE/n"表示两词相隔不超过n个词，词序是固定的，如"Knowledge PRE/3 integration"表示两个词之间相隔不超过3个词，而且两个词的顺序是固定的。

短语检索控制符——双引号" "表示宽松短语检索控制符，标点符号、连字符、停用字等会被自动忽略，如检索词是"heart-attack"时，heart和attack之间的连字符会自动被忽略掉；单引号' '表示精确短语检索，所有符号都将被作为检索词进行严格匹配。

四、ScienceDirect数据库检索案例分析

1. 基本检索

ScienceDirect数据库的主界面不仅提供了基本检索功能，而且还提供了按照主题分类的各个学科、按照字顺排列的各个学科的期刊以及高级检索链接。（见图8-7），小长方形框内的表示基本检索功能，椭圆形内的表示高级检索链接，大长方形框内的表示期刊浏览列表。

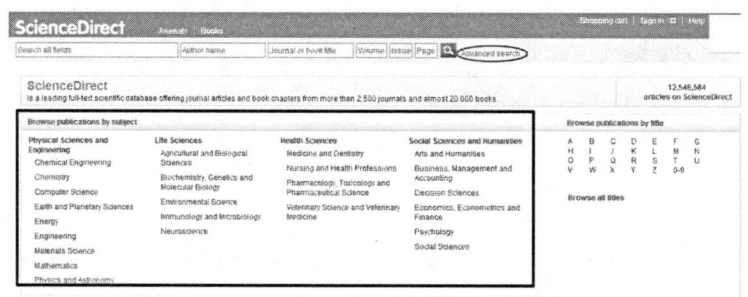

图8-7 ScienceDirect数据库的主界面

2. ScienceDirect数据库的高级检索

ScienceDirect数据库的高级检索界面不仅包括检索字段的逻辑组合，而且还有文献或信息类型的选择，包括期刊（Journals）、专著（Books）、参考文献

第八章 国外主要数据库检索工具

（Reference works）和图片（Images）。以"Knowledge integration"为检索词，以"（摘要、题名和关键词）Abstract, Title and Keywords"为检索字段，以期刊论文和专著为检索的文献类型，不限定文献的出版时间实施高级检索（见图 8-8）。

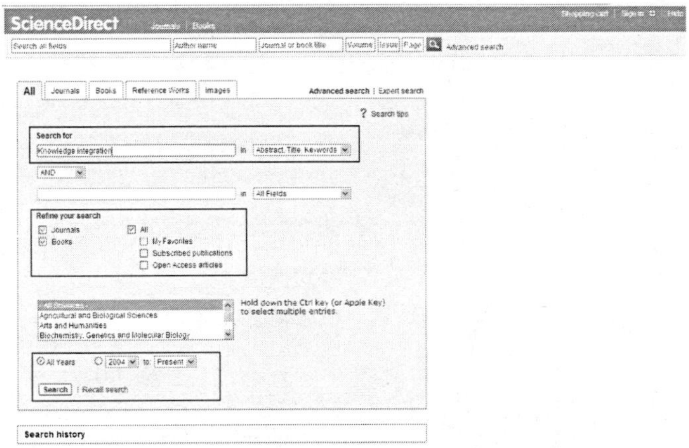

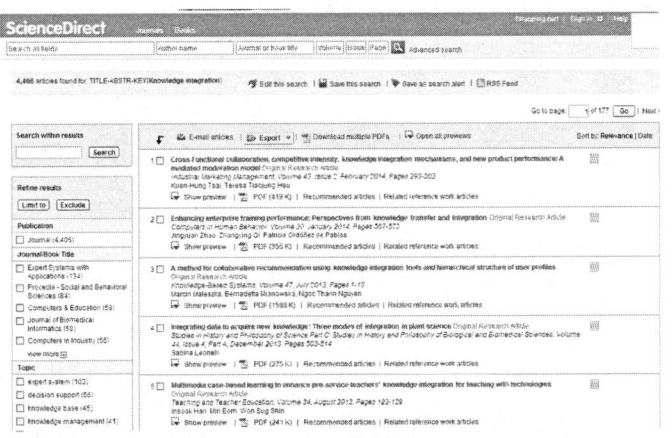

图 8-8 ScienceDirect 数据库的高级检索界面

检索结果列表（见图 8-9)。在检索结果列表上方，有"Export（导出）"功能，可以导出相应的题录信息（见图 8-10)，导出的题录信息（见图 8-11)。

图 8-9 检索结果列表

图8-10　题录信息输出功能

Kuen-Hung Tsai, Teresa Tiaojung Hsu, Cross-Functional collaboration, competitive intensity, knowledge integration mechanisms, and new product performance: A mediated moderation model, Industrial Marketing Management, Volume 43, Issue 2, February 2014, Pages 293-303, ISSN 0019-8501, http://dx.doi.org/10.1016/j.indmarman.2013.08.012.
(http://www.sciencedirect.com/science/article/pii/S0019850113001752)
Keywords: Cross-functional collaboration; New product performance; Knowledge integration mechanisms; Competitive intensity

Jingyuan Zhao, Zhongying Qi, Patricia Ordóñez de Pablos, Enhancing enterprise training performance: Perspectives from knowledge transfer and integration, Computers in Human Behavior, Volume 30, January 2014, Pages 567-573, ISSN 0747-5632, http://dx.doi.org/10.1016/j.chb.2013.06.041.
(http://www.sciencedirect.com/science/article/pii/S0747563213002331)
Keywords: Enterprise training; Knowledge transfer; Knowledge integration

Marcin Maleszka, Bernadetta Mianowska, Ngoc Thanh Nguyen, A method for collaborative recommendation using knowledge integration tools and hierarchical structure of user profiles, Knowledge-Based Systems, Volume 47, July 2013, Pages 1-13, ISSN 0950-7051, http://dx.doi.org/10.1016/j.knosys.2013.02.016.
(http://www.sciencedirect.com/science/article/pii/S0950705113000890)
Keywords: Hierarchical user profile; User profile integration; Collaborative recommendation; Knowledge integration

Sabina Leonelli, Integrating data to acquire new knowledge: Three modes of integration in plant science, Studies in History and Philosophy of Science Part C: Studies in History and Philosophy of Biological and Biomedical Sciences, Volume 44, Issue 4, Part A, December 2013, Pages 503-514, ISSN 1369-8486, http://dx.doi.org/10.1016/j.shpsc.2013.03.020.
(http://www.sciencedirect.com/science/article/pii/S1369848613000344)
Keywords: Data; Integration; Plant biology; Translational research; Model organisms; Scientific knowledge

Insook Han, Miri Kom, Won Sug Shin, Multimedia case-based learning to enhance pre-service teachers' knowledge integration for teaching with technologies, Teaching and Teacher Education, Volume 34, August 2013, Pages 122-129, ISSN 0742-051X, http://dx.doi.org/10.1016/j.tate.2013.03.006.
(http://www.sciencedirect.com/science/article/pii/S0742051X13000668)
Keywords: Multimedia case-based learning; Knowledge integration; TPACK; Pre-service teacher education; Technology integration

Rafal Kern, Tomasz Stolarczyk, Ngoc Thanh Nguyen, A formal framework for query decomposition and knowledge integration in data warehouse federations, Expert Systems with Applications, Volume 40, Issue 7, 1 June 2013, Pages 2592-2606, ISSN 0957-4174, http://dx.doi.org/10.1016/j.eswa.2012.10.060.
(http://www.sciencedirect.com/science/article/pii/S0957417412011840)
Keywords: Warehouse federation; Schema integration; SQL query decomposition; Knowledge integration

Cecilia Enberg, Enabling knowledge integration in coopetitive R&D projects — The management of conflicting logics, International Journal of Project Management, Volume 30, Issue 7, October 2012, Pages 771-780, ISSN 0263-7863, http://dx.doi.org/10.1016/j.ijproman.2012.01.003.
(http://www.sciencedirect.com/science/article/pii/S0263786312000051)
Keywords: Knowledge integration; Coopetition; R&D projects; Collaboration

Ola Edvin Vie, The Need for Knowledge Integration in Renewable Energy Innovation Projects, Energy Procedia, Volume 20, 2012, Pages 364-376, ISSN 1876-6102, http://dx.doi.org/10.1016/j.egypro.2012.03.036.
(http://www.sciencedirect.com/science/article/pii/S1876610212007667)
Keywords: Knowledge integration; Norwegian Centres for Environment-friendly Energy Research (CEER); Mode 2

图8-11　题录信息列表

第五节　EBSCO学术信息、商业信息数据库

一、EBSCOhost数据库简介

EBSCOhost为英文电子期刊全文数据库，目前包括ASP、BSP、ERIC、PDC等多个数据库。

ASP（Academic Search Premier）——人文与社会科学学术期刊数据库，这

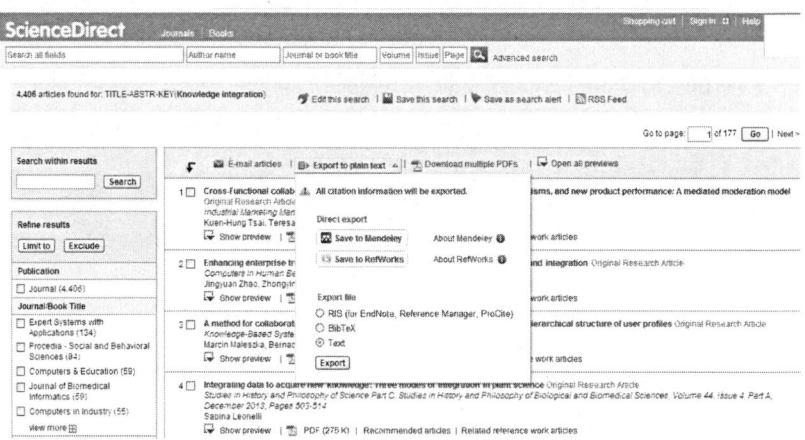

个数据库几乎覆盖了所有的学术研究领域，包括社会科学、人文科学、教育学、计算机科学、工程学、物理学、化学、语言学、艺术、文学、医学、种族研究等各个主题领域，是当今最大的多学科学术期刊全文数据库。ASP提供了7373种期刊的文摘和索引；包含3970种学术性全文期刊，全文追溯到1975年或更早。

BSP（Business Source Premier）——商业与经济学术期刊数据库，收录3650种全文期刊，其中450种Peer Reviewed期刊，涉及商业、管理、经济、金融、银行等相关领域，较著名的有 *Business Week*，*Forbes*，*Harvard Business Review* 等。时间追溯到1965年或期刊创刊年，部分期刊可提供过去50~100年的全文。

ERIC（Education Resource Information Center）——教育资源信息中心，是美国教育部的教育资源信息中心数据库，收录980多种教育及和教育相关的期刊文献的题录和文摘，数据为1967年至今。

PDC（Professional Development Collection）——教育类全文期刊数据库，提供600多种全文期刊，其中350种Peer Reviewed期刊，大部分包含于ASP数据库中。

二、EBSCOhost数据库检索方法

1. 常用检索模式

（1）高级检索（Advanced Search）。在高级检索中，可直接在框内输入检索词和逻辑关系进行组配检索，也可以用字段代码（Field Code）进行限定，且每一个检索步骤在按"Refine Search"功能按钮后，在下面Search History中以S1，S2，S3…等次序显示，这些检索步骤可再度用于组配检索。例如：ti: education and s2可在检索框内直接输入检索词或词组，检索词之间可用逻辑关系AND、OR、NOT进行组配检索。

（2）基本检索（Basic Search）。"基础检索"方式可以随意输入词组或句子进行检索，适用于检索初学者。空格用来分割每一个检索词，词间关系默认为逻辑"或"，引号可用来表示该检索词必须在检索结果中出现，但此检索方法不适宜复杂的检索提问。

2. 常用检索算符

（1）逻辑算符——AND（与），OR（或），NOT（非）

（2）通配符——？和*。？只替代一个字符。例如，输入 ne?t，检索结果为 neat，nest，next。*可替代一个字符串，例如，输入 computer*，检索结果：computer，computing 等。

（3）位置算符——N 算符和 W 算符。N 算符表示检索词之间可以加入其他词，词的数量根据需要而定，词的顺序任意，例如：tax N5 reform 表示在 tax 和 reform 之间最多可以加入 5 个任意词，检索出 tax reform，reform of income tax 等。W 算符表示检索词之间可以加入其他词，词的数量根据需要而定，词的顺序依输入词的顺序。例如，tax W8 reform 可以检索出 tax reform，但不能检索出 reform of income tax。"-"等同于空格，如输入 "waste N0 water" 检出结果中有 waste-water, waste water。

3. 检索结果及处理

（1）检索结果列表。发出检索命令后，若有检索结果，系统显示检索结果的简单题录信息列表。若该文献具有全文信息，则在下面出现图标。"HTML Full Text" 图标显示文本信息，"PDF Full Text" 图标表示 PDF 格式的文件，必须在本机装有 Acrobat Reader 软件才能浏览。点击题目可显示文本型的详细信息。

（2）Search Web Link 按钮。点击该功能按钮，系统将输入的检索词在 EBSCOhost 数据库以外的相关 Web 站点上检索，检索结果返回站点地址。

（3）检索结果处理。可使用 "Print/E-mail/Save" 功能按钮来处理检索结果。点击按钮后，根据个人需要，选择以何种形式打印、保存或 E-mail 检索结果，若使用 E-mail，请输入 E-mail 地址和文件主题，注意 E-mail 只能传输文本，不包括全文中的图片。

4. 其他功能

EBSCOhost 页面最上方有一些固定功能按钮，它们的功能分别如下。

（1）New Search：清除所有的检索步骤，重新开始新的检索。

（2）Subject terms：对数据库中标引的主题词进行检索。

（3）Publications：按期刊名字母顺序排列，可选择一种或多种期刊进行检索，或按检索结果相关度排序期刊。

（4）Index：浏览或查找某个检索词。

（5）Image：可检索人物、自然科学、地理、历史、地图和旗帜等类别的图片。

（6）References：可根据作者、题名、文献来源等检索参考文献。

（7）Choose Database：回到数据库选择页面。

三、EBSCO学术信息、商业信息数据库检索案例分析

1. 基本检索

图8-12是EBSCO检索平台的主页面，选择任何一个数据库都可以进入检索平台的基本检索界面（见图8-13）。点击图8-13基本检索界面中的检索选项，就可以设置多种检索条件实施限定性检索（见图8-14）。检索词输入、检索列表以及命中文献的题录信息分别（见图8-15、图8-16和图8-17）。

图8-12　EBSCO数据检索平台的主界面

图8-13　EBSCO平台基本检索界面中的检索选项限定

图8-14 EBSCO平台基本检索界面中的检索选项设定界面

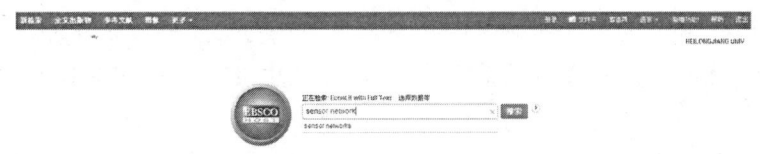

图8-15 在基本检索界面中输入检索词"sensor network"

图8-16 实施基本检索后的检索结果列表

(2) 高级检索（Advanced Search）

在该数据库的主页面中点击"高级检索（Advanced Search）"（见图8-18）链接，即可进入高级检索界面（见图8-19）。高级检索界面的检索字段菜单（见图8-20），在高级检索界面中实施逻辑"与（AND）"检索（见图8-21），高级检索结果列表（见图8-22），高级检索命中记录的题录信息（见图8-23）。

图8-17 检索结果中文献的题录信息

图8-18 主页面中的高级检索超链接

图8-19 EBSCO平台的高级检索界面

图 8-20　EBSCO 数据库高级检索界面的检索字段菜单

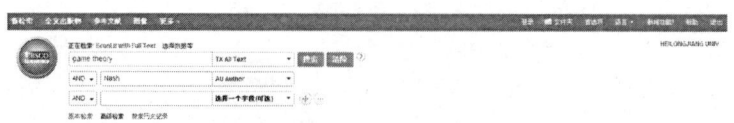

图 8-21　在高级检索界面中实施逻辑"与（and）"检索

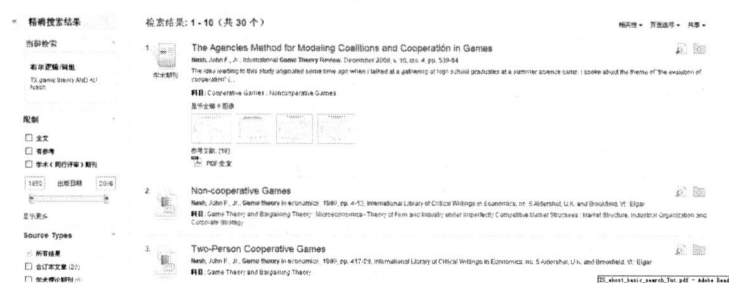

图 8-22　高级检索结果列表

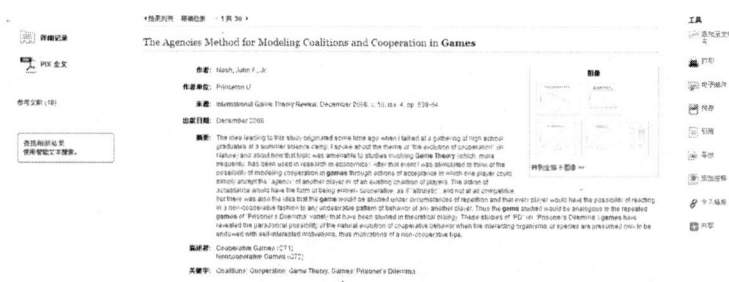

图 8-23　命中记录的题录信息

第八章 国外主要数据库检索工具

第六节 国外博硕士论文数据库，PQDT

一、PQDT数据库简介

ProQuest Dissertations and Thesis（PQDT）是世界上最权威的学位论文数据库，收录有欧美2 000余所大学文、理、工、农、医等领域的博士和硕士学位论文，是学术研究中十分重要的信息资源。近几年，收录了国内40余所高校的学位论文。

该数据库提供基本检索（Search）和高级检索（Advanced Search）两种检索模式。在基本检索中，只要数据库所提供的多个检索字段中的任意一个包含所输入的检索词，即符合检索要求。在高级检索模式中，主要有题名（Title）、摘要（Abstract）、全文（Full Text）、作者（Author）、学校（School）、导师（Advisor）、文献来源（Source）、ISBN号（ISBN）、出版号（Publication Number），并提供与（AND）、或（OR）、非（NOT）三种算符对上述字段进行组合检索。此外，针对短语式检索词，还提供了词语限定式检索，如所有词（All words）限定、任意词（Any words）限定和精确词语（Exact words）限定或短语限定，其中在所有词限定中，检索词的顺序可以改变，而在精确词语限定或短语限定中，检索词的顺序不可以改变。

二、PQDT数据库的检索算符及语法

1. 逻辑算符

（1）与（AND）：要求检出的结果中必须同时包含输入的所有检索词，如title（knowledge integration）and school（Harvard University）。

（2）或（OR）：要求检出的结果中至少包含输入的所有检索词之一，如title（social network）or subject（knowledge management）。

（3）非（NOT/AND NOT）：要求检出的结果中应排除NOT/AND NOT后的

检索词，如 title（knowledge integration）and not school（Harvard University）。

2. 位置算符

（1）W/n：检索词必须出现在接近位置，或两个检索字之间含有 n 个字符，但词序可以颠倒，n 必须为整数，位于 W 之后，且与 W 之间必须以"/"隔开，如"knowledge W/10 integration"表示"knowledge"和"integration"之间间隔 10 个词，但是二者的顺序可以颠倒。

（2）PRE/n：PRE 前的检索词必须出现在 n 后的检索词左边 n 个字符数内，如"knowledge PRE/1 integration"表示 knowledge 必须在 integration 左边，而且二者之间间隔 1 个字符。

3. 其他算符

（1）截词符（？）：表示任意个字符（0-n 个字符），如"keyword（network？）"会检索到 network、networks 和 networked。

（2）语言范围算符（text）：主要用于检索题名和文摘是非英语的论文，在语种单词后加字段"text"，如（ti（French text）），表示检索题名是法语的论文。

（3）括号：用括号对检索词进行逻辑分组，然后用逻辑算符连接进行复杂检索，如"ti（（integration or fusion）and knowledge）and sc（Harvard）"。如果检索词是短语时，需要将短语输入到字段代码后面的括号中，如"keyword（knowledge integration）"表示可以检索到关键词中含有"knowledge integration"的文献。

三、PQDT 数据库检索案例

国内有关 PQDT 数据库有三个镜像服务器，分别是 CALIS 服务器、中信所服务器和上海交大服务器。以下检索案例均以中信所服务器为例，阐述该数据库的检索方法。

1. 基本检索

基本检索模式位于该数据库的主页面中（见图 8-24）圆圈标识部分。

第八章 国外主要数据库检索工具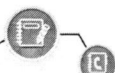

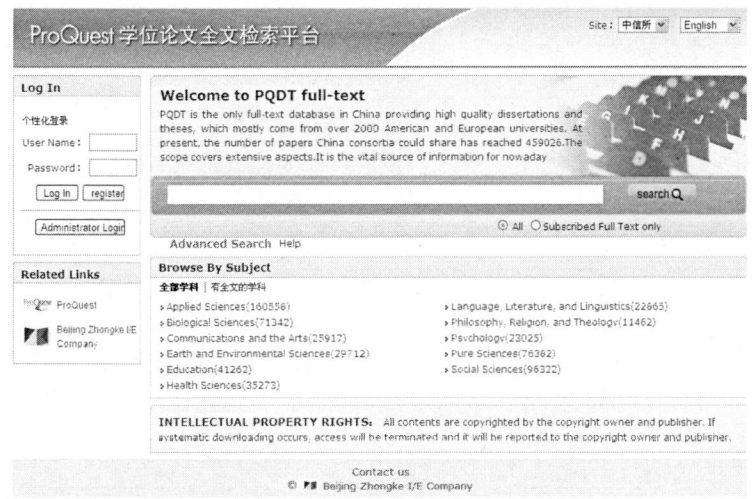

图 8-24　PQDT 数据库的基本检索界面（主页面）

在实施基本检索时，直接在主页面的检索框中输入检索词即可（见图 8-25），然后点击检索（Search）按钮，即可提交检索请求，检索结果列表页面就会展示出来（见图 8-26）。命中文献的题录信息（见图 8-27）。

图 8-25　PQDT 数据库主页面的检索框

信息检索教程

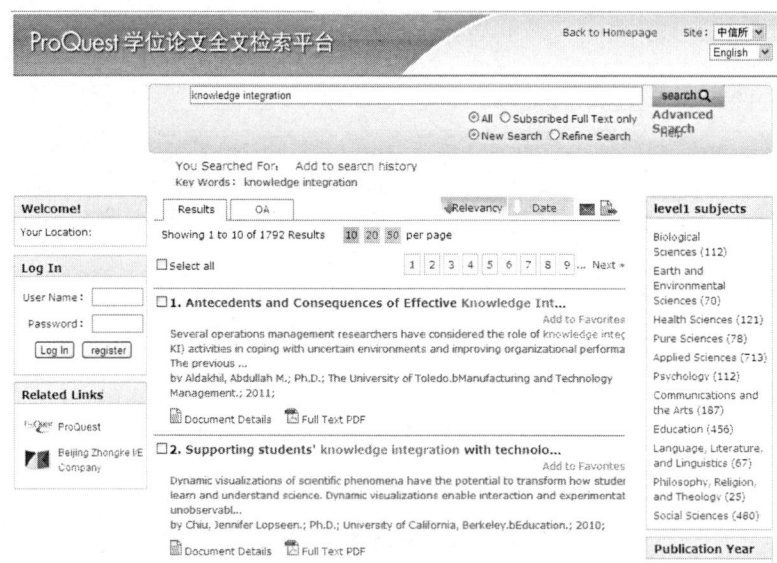

图8-26　PQDT数据库中基本检索模式的检索列表

图8-27　PQDT数据库中文献记录的题录信息

2. 高级检索

在数据库的主页面上点击高级检索（Advanced Search）的超链接，就可以进入该数据库的高级检索界面（见图8-28）。进入到高级检索界面后，可同时利用多个字段采用布尔逻辑算符进行组合检索（见图8-29）。

第八章 国外主要数据库检索工具

图8-28 PQDT数据库主页面的高级检索链接

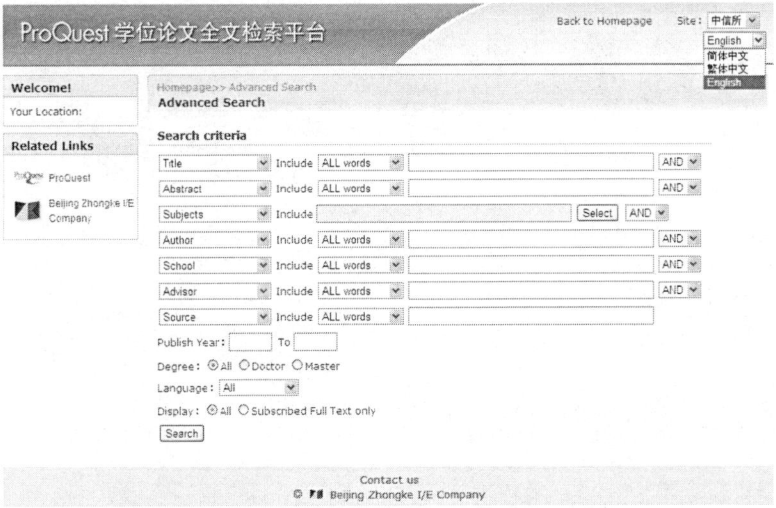

图8-29 PQDT数据库中的高级检索界面

在高级检索中，通过Subjects字段可以选择不同的主题范畴，包括二级和三级主题范畴（见图8-30），检索结果列表（见图8-31），命中的文献记录信息（见图8-32）。

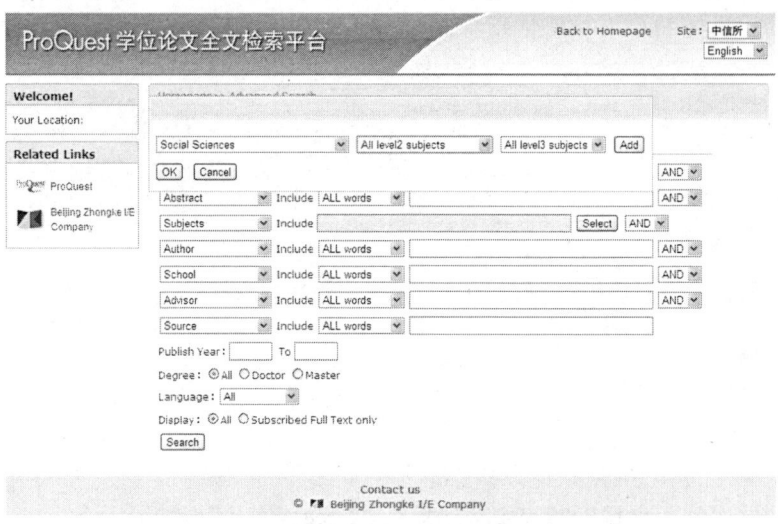

图8-30 PQDT数据库中高级检索界面中的主题检索功能

图8-31 PQDT数据库中实施高级检索后的检索结果列表

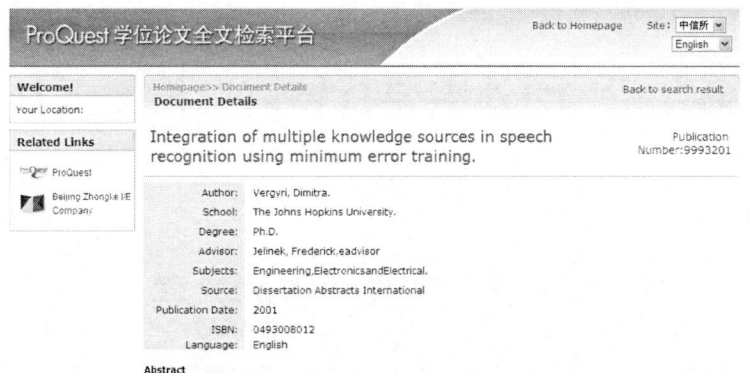

图8-32 PQDT数据库中实施高级检索后的命中文献题录信息

第九章 国外主要特种信息检索工具

第一节 科技报告的检索

一、科技报告的格式、识别依据、出版形式和类型

1. 科技报告的格式

科技报告的结构一般由标题、正文(前言、主体)、结尾组成。

科技报告的标题由研究课题和文种组成,标题下面为署名。

正文的前言要写成果名称、任务的来源、综述研究情况,说明研究所依据的技术原理,也可列出报告的简目。

主体是报告的中心内容,主要写研究的主要成果,如主要的技术指标、同国内外技术水平比较、用途及经济效益、社会效益等。

正文的结语,写出结论或所讨论的问题及看法,常附有关的图表。

2. 科技报告的识别依据

识别科技报告的主要依据有报告名称、报告号、研究机构、完成时间。

3. 科技报告的出版形式

报告(Report)——一般公开出版,内容比较详尽,是科研成果的技术总结。

札记(Notes)——内容不太完善,是编写报告的素材,也是科技人员编写的专业技术文件。

备忘录(Memorandum)——内部使用,限制发行。包括原始试验报告,有数据及一些保密文献等,供行业内部少数人沟通信息使用。

论文(Paper)——指准备在学术会议或期刊上发表的报告,常以单篇形式发表。

第九章 国外主要特种信息检索工具

译文（Translations）——译自国外有参考价值的文献。

4. 科技报告的类型

1）按研究进度划分的科技报告。

初期报告（Primary Report），研究单位在进行某研究项目的一个计划性报告。

进展报告（Progress Report），报道某项研究或某研究机构的工作进展情况。

中间报告（Interim Report），报道某项研究课题某一阶段的工作小结以及对下一阶段的建议等。

最终报告（Final Report），科研工作完成后所写的报告。

2）按照保密级别划分的科技报告。

保密报告（Classifical），按内容分成绝密、机密和秘密三个级别，只供少数有关人员参阅。

非保密报告（Unclassifical），分为非密限制报告和非密公开报告。

解密报告（Declassfical），保密报告经一定期限，经审查解密后，成为对外公开发行的文献。

二、国外科技报告及其检索工具

1. NTIS 数据库

检索美国政府报告的常用数据库是美国国家技术情报社出版的美国政府报告数据库 NTIS（National Technical Information Service），其印刷版是美国商务部国家技术情报服务局（NTIS）编辑出版的美国《政府报告及索引》（*Government Reports Announcements & Index*，GRA&I），它以收录美国政府立项研究及开发的项目报告为主。NTIS报道的科技报告除了美国的四大报告外，还包括美国农业部、教育部、环保局、健康与人类服务部、住房与城市部等的科技报告；同时也收录世界其他许多国家，如加拿大、苏联、日本、中国及一些国际组织的报告，包括项目进展过程中所作的一切初期报告、中期报告、最终报告等，反映最新政府重视的项目进展。该库75%的文献是科技报告，其他文献有专利、会议论文、期刊论文、翻译文献；25%的文献是美国以外的文献；90%的文献是英文文献。专业内容覆盖科学技术各个领域，检索结果为题录和文摘。

读者可以通过NTIS网络版数据库，检索到其提供的由美国政府资助的科研及发展项目的信息，其中包括300家政府机构解密的文摘、公开的报告和分析。由于该库中提供参照号，据此可向有关机构索取报告的全文。NTIS可以用于判定由政府报告或政府资助的研究项目是否存在；了解政府机构所从事的研究类别以及找到源于西欧、日本及美国方面可能会感兴趣的资料。

NTIS共提供两种检索途径：快速检索（Quick Search）、高级检索（Advanced Search）（见图9-1和图9-2）。快速检索：提供产品编号（Product No）、检索编号（Accession No）、关键词（Keyword）、摘要（Abstract）、作者（Author）等几种常规的字段查询方式。高级检索可以通过限定检索字段、时间范畴、排列方式、所属学科类别、收集地点（Limit Results By Collection）等进行搜索，不能选择多个检索字段，只能逐个字段检索，逐条排除。

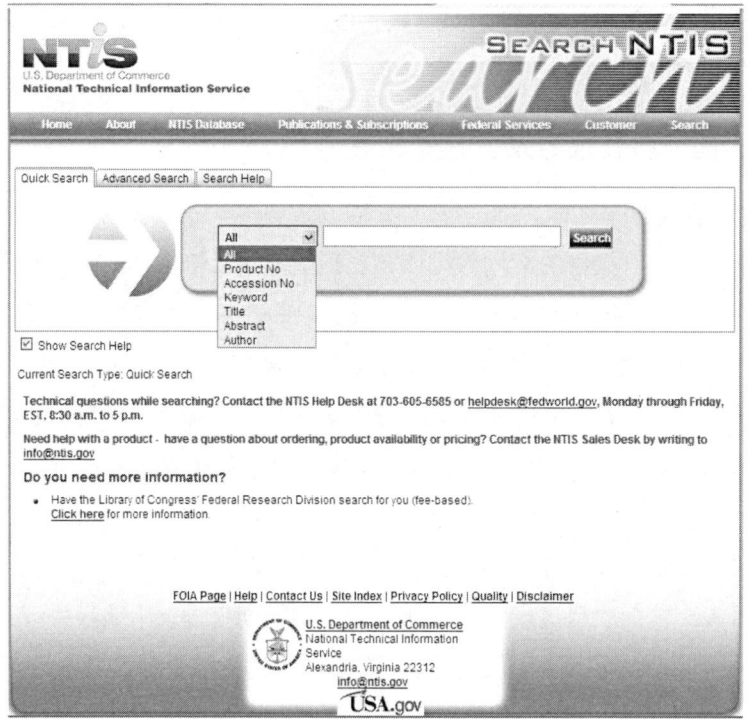

图9-1 NTIS的快速检索界面

第九章 国外主要特种信息检索工具

图9-2 NTIS的高级检索界面

NTIS的搜索结果只提供报告编码（Product Code）、题名，需要点击检索结果列表中的更多细节（More Details），才能看到作者、年份、收集地点。例如，以"Robot"（机器人）为检索词进行高级检索，检索结果（见图9-3）。

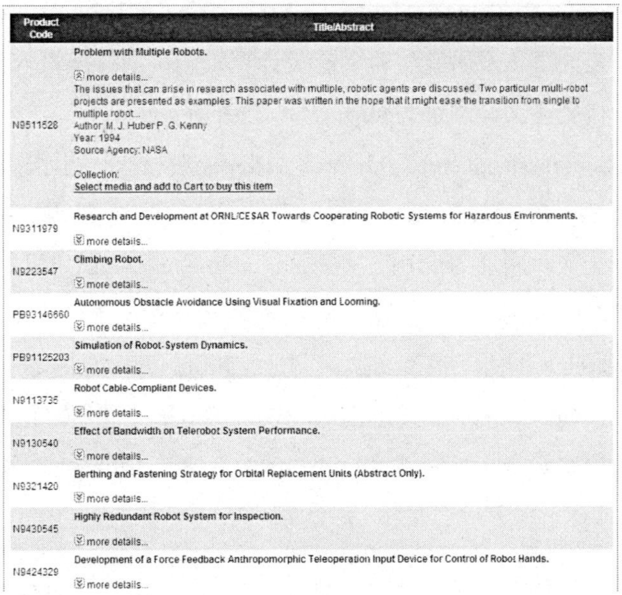

图9-3 NTIS的搜索结果

2. 网上其他查找科技报告的网站

(1) NASA Technical Reports Server（NTRS）：提供有关航空航天方面的科技报告，可以检索并浏览，部分有全文。网址为http：//ntrs.nasa.gov/search.jsp。

(2) NASA Scientific and Technical Information Program：提供有关航空航天方面丰富的科技报告全文。网址为http：//www.sti.nasa.gov/STI-public-homepage.html。

(3) FedWorld：可免费检索美国政府科技报告（NTIS）的文摘题录，全文须订购。网址为http：//www.fedworld.gov/。

(4) DOE Information Bridge：可以检索并免费获得美国能源部（Department of Energy）提供的研究与发展报告全文，内容涉及物理、化学、材料、生物、环境、能源等领域。网址为http：//www.osti.gov/bridge/。

(5) Scientific and Technical Report Collection：美国国防部（Department of Defense）技术情报中心提供的科技报告，涉及国防及其相关领域，多数可以看到摘要，有些只能得到题录，个别能看到全文。网址为http：//www.dtic.mil/dtic/。

(6) Networked Computer Science Technical Reports Library（NCSTRL）：汇集了世界上许多大学以及研究实验室有关计算机学科的科技报告，可以浏览或检索，可免费得到全文。网址为http：//www.ncstrl.org/。

(7) The Congressional Research Service Reports：这是美国国家环境委员会（Committee for the National Institute for the Environment）的站点，提供了许多环境方面的报告全文。网址为http：//www.ncseonline.org/NLE/CRS/。

(8) NBER Working Paper：这是美国国家经济研究局（National Bureau of Economic Research）的研究报告文摘。网址为http：//www.nber.org/。

(9) Documents & Reports of the WorldBank Group：世界银行组织的文件与报告库，可以免费看全文。网址为http：//www-wds.worldbank.org/。

第二节 专利信息的检索

一、专利信息检索概述

1. 专利信息检索的类型

（1）主题检索，包括专利技术信息检索、新颖性检索、侵权检索、创造性检索等。专利技术信息检索是指根据客户的要求，针对某企业或某技术进行世界范围的专利检索；新颖性检索是指对已申请专利但尚未授权的技术，或尚未申请专利的完整技术方案或申报项目，进行世界范围的专利检索和非专利文献检索，评价该技术的新颖性和创造性；侵权检索是指针对技术创新成果进行侵权判断，帮助了解存在的侵权风险和面临的侵权危机，并指导如何正确应对侵权诉讼；创造性检索是在新颖性检索的基础上进行的，只有当新颖性检索中未发现破坏新颖性的文献时，再继续进行创造性检索，目的是要找出与创造性相关的文献。

（2）著录项目检索，包括法律状态检索、同族专利检索等。法律状态检索是指检索各国专利的法律状态，得到专利目前是否有效等信息，为企业合并、合资等决策提供帮助；发现有价值的"过期专利"，既降低企业的研发成本，又可以增加企业的效益。同族专利检索是指检索同一主题的技术在哪些国家或地区申请了专利，以确定这一技术的区域保护范围，了解专利权人的市场动向，同时得到这一技术的区域分布的空白点，为企业的产品出口等决策提供参考信息。

（3）综合性检索，包括技术跟踪检索等。技术跟踪检索是指根据客户的要求，对某技术、某企业的国内外专利进行定期检索，使客户实时掌握最新的专利信息，了解相关技术的发展动向；有利于研发人员正确地运用专利技术加快创新开发，激发研发团队产生新的创意，及时调整研发方向。

2. 专利信息的检索途径与方法

（1）号码检索：主要通过申请号、专利号、国际专利分类号检索特定的专利文献。专利号由国别代码（2位字母）+顺序号（7位数字）+法律状态码

(1位字母）组成，如 US 5489846 A。

（2）名称检索：主要通过发明人、专利申请人、专利受让人、专利权人的名称查找特定的专利。

（3）主题检索：主要通过选取关键词查找相关技术主题的专利。

（4）组配检索：跨字段进行逻辑组配（与、或、非）。

二、国外专利信息检索数据库

1. 德温特专利数据库（DII）

（1）概况。Derwent Innovations Index（DII）是由 Thomson Derwent 与 Thomson ISI 公司共同推出的基于 ISI Web of Knowledge（SCI）平台的专利信息数据库，这一数据库将 Derwent World Patents Index（德温特世界专利索引，WPI）与 Derwent Patents Citation Index（专利引文索引）加以整合，以每周更新的速度，提供全球专利信息。

DII 收录来自全球 40 多个专利机构（涵盖 100 多个国家）的 1000 多万项基本发明和 2000 万项专利，2000 多万条专利信息，资料回溯至 1963 年。每周增加来自全球 40 多个专利机构授权的、经过德温特专利专家深度加工的 2 万篇专利文献，主要涉及化学、电子与电气和工程三大领域。同时，每周还要增加来自 6 个主要的专利授权机构的被引和施引专利文献，大约有 45000 条记录。这 6 个专利授权机构是世界专利组织（WO）、美国专利局（US）、欧洲专利局（EP）、德国专利局（DE）、英国专利局（GB）和日本专利局（JP）。

DII 提供 Derwent 专业的专利信息加工技术，Thomson Scientific 组织了 350 多名专家，对来自全球 41 个国家和地区的专利进行深加工，TS 的专家对每篇专利进行标引，根据专利的权利要求、说明书等，去除了晦涩难懂的技术性词汇，利用通用的技术词汇重新对标题和文摘进行了改写，并增加了经过规范化的公司代码、Derwent 分类和 Derwent 手工代码等标引字段，协助研究人员简捷有效地检索和利用专利信息，全面掌握工程技术领域创新科技的动向与发展。

（2）DII 的检索方式。DII 检索途径包括快速检索（Quick Search）、一般检索（General Search）、高级检索（Advanced Search）、被引专利检索（Cited Patent Search）、化合物检索（Compound Search）。

①快速检索。快速检索类似google的检索，只需要在检索框里面直接输入检索词执行检索即可，检索词默认在所有字段进行检索。

②一般检索。一般检索包括主题（Topic）、专利权属人（Assignee）、发明人（Inventor）、专利号（Patent Number）、国际专利分类号（International Patent Classification）、德温特分类代码（Derwent Class Code）、德温特手工代码（Derwent Manual Code）、专利入藏登记号（Derwent Primary Accession Number）、环系索引号（Ring index number）、德温特化合物号（Derwent compound number）、德温特登记号（Derwent registry number）等检索字段。

主题（Topic）是在题目或者摘要中进行检索，也可以单独限制在题目中检索。

专利权人（Assignee）指有权享受专利的个人或团体，可用受让人名称或Derwent机构代码检索，点击检索框后的放大镜图标可以进行辅助检索，以独特的机构代码确保检索该机构所有的专利情况。专利权属机构代码是指许多全球性的跨国公司或机构设在不同国家、地区的分支机构有可能会使用截然不同的名称，DII中对这些机构的名称作了标准化处理，即专利权属机构代码。例如，Nokia公司有很多分公司，但是他们的专利权属机构代码是OYNO，Nokia在不同国家、地区的分支机构用不同的名称作出的专利申请，在DII中，都会对其名称进行标准化（OYNO），这样可以很容易地找到属于Nokia的专利申请。如要检索Nokia公司有关第三代通信技术的专利，可以使用OYNO专利权属机构代码进行检索，只需要在Assignee下面的检索字段中输入OYNO就可以检索到所有的Nokia公司的专利，而不会漏掉一些非常重要的专利。

国际专利分类号（International Patent Classification）检索：International Patent Classification（IPC）是根据世界知识产权组织WIPO的IPC分类法对专利进行分类，并由各国专利局分配给予每个专利的分类号。IPC分类体系是由高到低依次排列的等级式结构，是把与发明创造有关的全部技术领域按不同的技术范围设置成部（英文大写字母A—H）、大类（两位数字）、小类（英文大写字母）、大组（1—3位数字）或小组（斜线加1—3位数字），由大到小的降序排列。一个完整的IPC分类号由代表部、大类、小类、大组或小组的符号构成,如车费及零部件的 IPC 分类号为 G07B13/02。

德温特分类代码(Derwent Class Code,DC)检索:Derwent 分类系统是应用于所有专利的一个独特的系统,所有的技术领域按学科分为 20 类,A~M(化学类)、P 和 Q(工程技术类)、S~X(电子与电气)。每个学科又进一步细分,并用 3 个字符表示。A~M、S~X 的分类是由 Derwent 的专家提供的,P 和 Q 的分类参照国际专利分类号。每个学科类再进一步细分成不同的小类每个小类由学科类的代码及两位数字组成。如 X22 是 Automotive Electrics 的分类代码,C04 是所有化肥的代码。

德温特手工代码(Derwent Manual Code,MC):又称指南代码,比德温特分类代码更为详细,相当于广义的叙词表,根据专利文献的文摘和全文对发明的应用和发明的重要特点进行独家标引。主要是能提高检索的全面性和准确性,非常适应于科研人员的习惯和应用,并且能直接提供手工代码的检索辅助工具。

德温特入藏登记号(Derwent Primary Accession Number)检索:德温特入藏登记号是 Derwent 给每个专利族的第一个专利分配的独特的标识号码,然后应用到该专利族的其他记录中。格式为用 4 位数表示的年份、连字符,然后是一个 6 位数字的序号。例如,2006-612782,通过德温特入藏登记号检索可方便地找到同族专利。

③高级检索。高级检索:适合熟练使用者使用,利用检索界面右侧给出的字段标识符构成复杂的检索式。例如,TS=(CDMA or GSM) not (AN=Nokia or AE=0YNO)。

④被引专利检索。许多专利发明人在提交专利申请说明书时,会列出自己发明过程中所参考过的论文及已有专利;同时有的专利授予机构的专利审核员也会列出自己审核某一项专利授予权过程中所参考过的文献及已有专利。DII 中会有专门的链接,显示这些有关某一项专利的参考文献及参考专利情况(来自发明者和专利审核员的)。同时,DII 中还会有 Citing Patent 的链接,显示某一项专利发明以来,被哪些专利引用过,借助专利与专利间以及专利与论文间的引用与被引用关系,可以揭示一项专利的理论、技术起源,并且利用 Citing

第九章 国外主要特种信息检索工具

Patent 的链接,可以迅速追踪到一项技术自诞生以来最新的进展情况。

在专利的引文中进行检索,可供检索的字段包括被引专利号(Cited Patent Number)、被引专利权属人(Cited Assignee)、被引专利发明人(Cited Inventor)、被引专利德温特入藏号(Cited Derwent Primary Accession Number)。

⑤化合物检索。在 Structure Details 区域选择 Transfer to ISIS/Draw,就可以利用下载的绘图软件绘制结构图,并且能指定所画出的化学结构与化合物的关系或相似性,还可以进行如下文本检索和化学结构检索组合检索:Compound Name(化合物名称)、Substance Descriptor(物质描述词)、Structure Description(结构描述词)、Standardized Molecular Formula(标准分子式)、Molecular Formula(分子式)、Molecular Weight(分子质量)、Derwent Chemistry Resource Number(德温特化学资源号)。

(3) 基于ISI的DII特点。DII的特点主要集中在三个方面。第一,DII对来自40多个专利机构的将近25000个专利文件进行回顾,由专家对文件进行高附加价值的加工,提供增值的专利信息。第二,每周还添加45000个左右最新的被引用参考及引用参考的专利信息,提供专利引文标引及检索功能。第三,DII直接链接到Delphion知识产权网络,用户可在线阅读并下载专利说明书的全文图像。

通过对专利文献的深度加工,DII大大丰富了专利信息资源,加速了专利信息的检索过程,提高了检索的准确性,提供了方便精确的检索机制和简明清晰的专利发明解释。DII提供的增值信息包括以下几个方面:

①描述性的标题与摘要。由于专利文献所具有的法律性质,以及专利申请人为了有效地保护其发明创造,在专利文献中往往会用一些繁复晦涩、意义含混的专用术语(或法律术语),与一般科技论文中的通用技术用词不同,因此用习惯的常用词检索时,很难找全相关的技术专利文献,了解某项技术的全貌。Derwent 的技术专家根据专利内容重新撰写了简明精确的标题,揭示发明内容与创新性,同时 Derwent 的技术专家们还根据专利全文写出一份 200 – 250 字的摘要,详细介绍专利的声明、用途和优势。

例如,专利文献的原标题为"Etting Machine",重新撰写的 Derwent 描述性标题为"Seedling setting machine——has transportation unit for using vacuum to suck withdrawn seedling into predetermined position"。

专利文献的原有摘要为

"The present invention relates to capsules encapsulating antibody——producing cells, and to the use of such capsules and encapsulated cells."

重新撰写的描述性摘要为

"Capsule (A) comprises a core containing antibody——producing cells (B), surrounded by a porous wall that is permeable to antibodies (Ab) produced by the cells.

USE——Ab may bind to and block the receptors essential for viral infection, or they bind to viruses or other circulating antigens. The capsules are implanted for treatment or prevention of disease, particularly cancer, autoimmune disease (including multiple sclerosis...)

ADVANTAGE——respectively, for implantation in vivo for long term delivery or sustained delivery of antibodies of therapeutic interest.

The capsules, from which no anti——idiotype response is elicited provide long——term or sustained release of Ab and after implantation do not cause an inflammatory response in the host..."

②其他语种文献的翻译。Derwent 翻译所有英语以外的其他语种出版的专利文献，对于克服语言障碍，了解世界各国的科技进展非常有用。例如，日本每周公布4000件专利，全部是日语，Derwent 的研究人员将其第一页翻译成英文并编制英文索引与摘要。

③专利家族。由于专利审查制度程序的规定，以及专利的保护具有国家性，常常造成相同的技术文献多次重复出版，为此，Derwent 会将同族专利合并成一条记录，在同一条记录页里会列出同族专利中不同国家授予同一项技术的不同的专利号，从而使用户对某一个具体专利的全球专利授权情况一目了然。另外，对于非英文/中文的专利，可以通过同族专利的记录，找到同一项技术的英文专利，了解技术细节。

DII中专利家族的规模大小，会反映出某一项技术的重要程度；同时，专利家族的区域分布情况可以反映出专利权属机构的市场发展计划；这种区域分布的变化，也可以反映出专利权属机构市场战略的改变。

④专利发明图示。在可能的情况下提供专利技术中最关键的图示或化学结构图。

⑤Derwent独特的分类代码。这个重要的高附加值的编码过程适用于所有的技术领域，在世界范围内得到广泛应用，使用户可以快速找到专利文献。

⑥Derwent手工代码。

⑦专利全文在线获取。从DII直接连接到Delphion知识产权网络，阅读并下载专利说明书的全文图像。

⑧采用DII。用户可以得到完整的专利书目信息，以及所有引用该专利的专利和该专利所引用的专利。实现与ISI其他信息产品，如ISI Web of Science、ISI Proceedings、BIOSIS Previews、ISI Current Contents Connect、ISI Chemistry、ISI Essential Science Indicators、ISI Journal Citation Reports on the Web等的互联。

（4）基于ISI的DII功能。

①DII高附加值的索引系统提供了全面准确地反映专利内容的信息，如专利家族、由专家编写的英文专利题目及文摘（详细反映了专利的内容、应用、新颖性等信息）。

②DII共享了ISI的检索功能和检索规则，原文与引文实现了链接。其检索系统提供了准确迅速的检索途径，如专利权人名称、专利权人代码、德温特手工代码、化合物名称检索、被引专利检索、高级检索等。

③高附加值的索引系统及友好的用户界面使一般不熟悉专利检索系统的研究人员也可以采用自由词检索的方式迅速发现自己所需要的专利。

④DII强大的分析功能允许用户按照多种途径对专利记录进行分析，从不同角度分析技术发展的趋势、专利的分布、专利技术细节的分布等。

⑤与ISI Web of Science双向连接，实现专利文献与期刊文献的双向连接，这样就将基础研究或应用基础研究的成果与技术应用的成果有机地联系在一

起。因为跟踪基础研究的发展可以为专利发明提供线索与方向，为基础研究课题转化为应用研究乃至技术专利提供了思路和方法，从而能够了解基础研究成果与市场应用前景之间的关系，分析全球知识产权领域的竞争态势，加速知识创新与技术创新的互相推动与转化。

⑥与专利全文电子版链接。直接点击记录中专利号旁的"Original Document"按钮，即可获取专利全文的PDF版。Thomson Patents Store 提供了绝大多数的专利全文，辅之以 DII 专利家族的标引，基本上解决了专利全文的获取问题。

2. Internet 上的其他国外专利数据库

在各种网络信息资源中，专利信息的时效性几乎是最强的。因此，传统的手工检索方式的费时费力很难满足相应的信息需求。网络专利信息的主要数据源分为商业专利数据库和网上专利数据库。由于商业专利数据库多为收费数据库，一般的用户是难以承受的；而许多网上的专利数据库可以免费获取专利信息，基本能满足用户的获知要求，是一种较好的专利信息检索途径。因此，这里主要介绍一些比较著名的、典型的国外专利信息检索工具。

（1）欧洲专利局的 esp@cenet 专利检索系统（http：//ep.espacenet.com）。欧洲专利局网站是由欧洲专利局、欧洲专利组织成员国及欧委员会共同研究开发的专利信息网上检索系统。该专利检索系统数据收录时间跨度大、涉及的国家多，不仅可免费检索欧洲专利局成员国各种语言的专利文献（自1998年开始，欧洲专利局的 esp@cenet 开始向 Internet 用户提供免费的专利服务，服务内容包括：检索最近两年内由欧洲专利局和欧洲专利组织成员国出版的专利以及世界知识产权组织WIPO出版的PCT专利的著录信息以及专利的全文扫描图像），还可以检索世界上其他主要国家和地区的专利信息，是目前网上最大的免费专利信息检索系统。

①收录范围。该网站收录了自1920年以来（各国起始年代不同）80多个国家和地区公开的共计3000万条英文的专利申请和1.5亿多万页的专利申请全文供查询，是检索世界范围内专利信息的重要平台。但检索数据不完整，只有1970年以后所收集的有英文标题和英文摘要的题录数据可供检索，这样如果

第九章 国外主要特种信息检索工具

从英文发明名称或英文文摘字段进行检索就会造成漏检。

②检索途径与方法：

快速检索（Quick Search）：分为关键词（Words in the title or abstract，或者 Words in the full text of description and claims）快速检索和人名或组织名称（Persons or Organisations）快速检索；

高级检索（Advanced Search）；

号码检索（Number Search）；

分类号检索（Classfication Search）。

（2）美国专利数据库（http：//www.uspto.gov/patft/index.html）。

①美国专利数据库简介 该数据库是由美国专利商标局提供的，分为授权专利数据库（Issued Patents（PatFT））和公开专利数据库（Published Applications（AppFT））两部分：授权专利数据库提供了1790年7月31日至今已经授权的各类美国专利，其中1975年前的专利只提供图像格式（TIFF格式）专利说明书，1976年后还提供了HTML格式专利全文；公开专利数据库可检索2001年3月以来公开的专利申请，全部免费提供图像格式和HTML格式全文。专利类型包括实用专利（Utility Patent）、外观设计专利（Design Patent）、植物专利（Plant Patent）、再公告专利（Reissued Patent）、防卫性公告（Defensive Publication）和法定发明登记（SIR），USPTO专利数据库每周更新。

美国专利数据库的检索界面分为两部分：左面部分是检索授权专利数据库的几种方式及有关项目的链接（Issued Patents（PatFT）（full-text since 1976, full-page images since 1790）），右面部分是检索专利申请数据库的几种方式及有关项目的链接（Published Applications（AppFT）（published since March 2001））（见图9-4）。

②美国专利数据库的检索功能。USPTO专利数据库系统检索功能较强，检索途径众多，使用简单方便。它支持加双引号的词组检索；用截词符"$"进行右截断检索，可取代任意数量的字符（加引号的词组用截词符无效）；在高级检索中，可利用各种字段代码限定在发明名称、文摘等字段检索，使检索提问式能够充分、灵活地表达多种多样的信息需求。

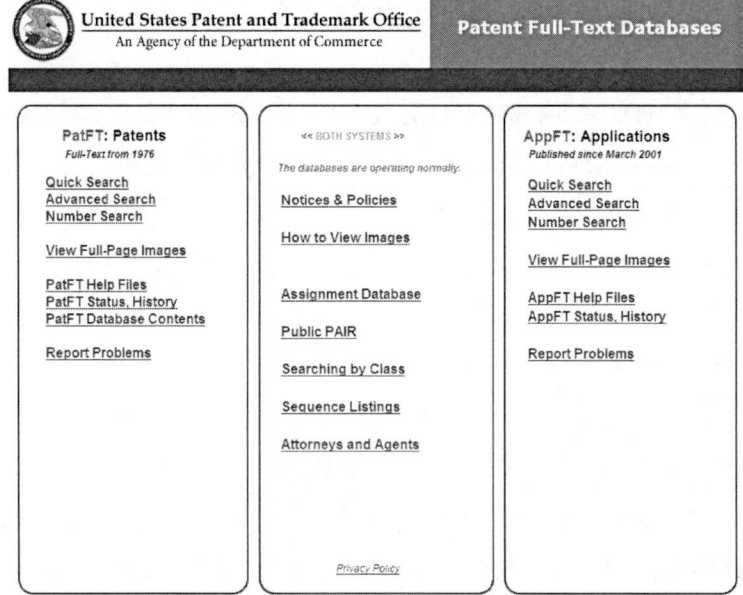

图9-4 美国专利数据库的检索界面

USPTO专利数据库系统的授权专利数据库和专利申请数据库均提供了三种检索方式,即快速检索、高级检索和专利号检索。

快速检索是字段框检索,可输入两个检索词,分别选择不同的检索字段,选择布尔逻辑关系进行检索。

在高级检索页面可输入复杂的布尔逻辑检索式进行检索。高级检索的特点是:支持复杂的布尔逻辑运算,其逻辑运算符AND、OR、AND NOT可同时使用;用检索字段限制检索词,用户可根据不同的检索需求在检索词前加不同的字段限制以达到查准的目的。

专利号检索必须是规定期限内的专利,若同时输入两个专利号,两个专利号之间应用空格隔开。

系统还提供了精确检索(Refine Search)功能,当完成一次检索后,还可对"Refine Search"输入框内显示的原检索式进行修改,再次检索,以增强检索的精准性。

(3)世界知识产权组织WIPO(http://www.wipo.int/)。世界知识产权组织WIPO网上专利检索数据库收录了1997年以来的所有PCT(Patent Cooperation

第九章 国外主要特种信息检索工具

Treaty，专利合作条约）国际专利申请说明书扫描图形页。1997年1月之前的说明书只能进入欧洲专利局网上专利检索系统的worldwide进行检索。

用户在使用前，须先注册，然后才能进行专利检索。数据库在每周公开日（周四）及时更新著录项、摘要等内容，扫描图形在公开14天后放入数据库。

该数据库检索功能较强，支持布尔逻辑组配及短语检索，在Structured Search页面中提供AND、OR、AND NOT逻辑关系；检索字段下拉式菜单提供26种检索字段供用户选择，一次检索结果可选择显示10条、25条或50条记录，点击所选记录即显示该专利扉页中的所有内容，包括文摘及附图。

（4）IBM Patent Server（美国专利库）（http：//www.patents.ibm.com/ibm.html）。IPN（The IBM Intellectual Property Network，IBM知识产权网）的前身是1997年1月IBM公司推出的全球用户免费查询美国专利信息的网上IBM专利服务器（The IBM Patent Server），IPN目前可向Internet用户免费提供的服务有如下。

①免费检索1971年以来发布的200多万篇美国专利的有关著录项目、摘要及权利要求。

②检索WIPO（World Intellectual Property Organization，世界知识产权组织）提供的1997年以来的160万篇PCT（Patent Cooperation Treaty，专利合作条约）的申请文档数据，以及EPO（European Patent Office，欧洲专利局）的欧洲专利库ESPACE-EP-A（1979—）和ESPACE-EP-B（1980—）。

③利用一种标准的Web浏览器浏览专利的扫描图像，包括美国专利全义共4000万页（1974—）、欧洲专利局的ESPACE-EP-A（1979—）和ESPACE-EP-B（1980—）及WIPO的PCT文档（1998—）。

IPN提供了四种检索专利的途径。第一种为简单检索，按用户选择的时间和输入的关键词查询相关的专利号和专利名称；第二种为布尔检索，专利的文献著录项目如专利发明人、发布者、名称、摘要、专利号、专利发布的类型和国家、申请号等均可作为被检索的字段；第三种为专利号检索，按用户输入的专利号提取专利摘要及专利文件全文；第四种为高级检索，用户可以在任意项、发明人、受让人、专利名称、摘要等相应项填入关键词，检索特指的专利。高级检索与布尔检索的不同之处是:可以进行两个项以上的与(AND)检索,其优点是查准率更高;但各项之间无法执行或非(OR、NOT)操作。IPN所提供的专利全文的扫描图像的分辨率不是很高,大致能够看清楚专利的内容。如果需要下载较高清晰度的图像,就需要缴纳相应的费用。

(5) Delphion知识产权网站(http://www.delphion.com)。Delphion知识产权网站是在原IBM公司的IPN基础上进行了扩大和发展,收集了若干国家的专利文献,包括美国专利、欧洲专利、日本专利、IBM公司的技术公开说明书、Derwent公司的世界专利索引和INPADOC(国际专利文献中心)等,是目前因特网上检索专利信息的最大网站,大部分检索结果可直接从网上下载专利说明书全文及附图,但有些数据库要进行注册,是收费服务。

(6) PAJ日本专利局数据库(http://www.jpo.go.jp/)。日本专利局数据库由日本特许厅工业产权数字图书馆(Industrial Property Digital Library,IPDL)提供,收集了各种公报的日本专利(特许和实用新案)。该数据库目前可使用日文和英文两种语言,有4000余万份专利说明书供检索。日文版收录1921年(大正十年)开始至今的公开特许公报、公开实用新案公报等,1885年开始至今的特许发明明细书,1979年开始至今的公表特许公报(国际申请说明书日文译本)等专利文献。英文版可检索1976年10月至今所有公开的日本专利说明书(包括专利和实用新型)全文。其中1976—1992年的专利说明书为扫描图形;1993年至今的专利说明书为文本格式。

日本专利局已将自1885年以来公布的所有日本专利、实用新型和外观设计电子文献及检索系统通过其网站上的工业产权数字图书馆(IPDL)在因特网上免费提供给全世界的读者。作为工业产权数字图书馆的工业产权信息数据,英文版网页上只有日本专利、实用新型和商标数据,日文版网页上还包括外观设计数据。

日本专利英文文摘数据库(Patent Abstracts of Japan,PAJ)是自1976年以来的日本公布的专利申请著录项目与文摘(含主图)的英文数据库。每月更新一次。

PAJ检索页面提供两种检索方式:"Text Search"和"Number Search"。

第九章 国外主要特种信息检索工具

①Text Search。进入PAJ的"Text Search"检索界面,该界面设有3组检索式输入窗口:"Applicant,Title of invention,Abstract"(申请人、发明名称、文摘)、"Data of Publication of Application"(申请公布日期)和"IPC"(国际专利分类号)。

具体的输入方式可参考示例或"Help"。

②Number Search。提供4种号码选项:"Application number"(申请号),"Publication number"(公布号),"Patent number"(专利号)和"Number of appeal against examiner's decision of rejection"(审查员驳回决定诉讼案号)。输入相应号码后,可直接检索。

(7)加拿大知识产权网专利数据库(http://opic.gc.ca/)。加拿大知识产权局的专利数据库收录了1920年至今的专利全文文本和图形。其检索语言与Delphion知识产权网相同。数据库提供了基本检索、专利号检索、布尔检索和高级检索四种方式。所运用的逻辑运算符为:逻辑与(AND)和逻辑或(OR)。专利说明书的显示方式有两种:PDF和图像显示方式。

第三节 标准信息检索

一、ISO及其标准的检索

1. ISO的由来

国际标准化活动最早开始于电子领域,于1906年成立了世界上最早的国际标准化机构——国际电工委员会(IEC)。其他技术领域的工作最初由成立于1926年的国家标准化协会的国际联盟(International Federation of the National Standardizing Associations,ISA)承担,重点在于机械工程方面。ISA的工作由于第二次世界大战在1942年终止。1946年,来自25个国家的代表在伦敦召开会议,决定成立一个新的国际组织,其目的是促进国际间的合作和工业标准的统一。于是,ISO这一新组织于1947年2月23日正式成立,总部设在瑞士的日内瓦。国际标准化组织(International Organization for Standardization)的全名与简称之间存在差异,其简称为什么不是"IOS"呢?其实,"ISO"并不是首字母缩写,而是一个词,它来源于希腊语,意为"相等",现在有一系列用它做前缀的词,如"isometric"(意为"尺寸相等")、"isonomy"(意为"法律平等")。从"相等"到"标准",内涵上的联系使"ISO"成为组织的名称。

ISO是世界上最大的非政府性标准化专门机构,ISO组织成立的宗旨是消除不同国家、地区相同技术非协调标准的存在形成的技术贸易的障碍,在国际标准化领域占主导地位。ISO主要制定国际标准,协调世界范围内的标准化工作,组织各成员国进行信息交流,促进世界范围内标准化工作的发展。ISO下设2000多个技术委员会(TC)、分会和工作组,分别负责研究制定某一类标准。

ISO标准是国际标准化组织(ISO)制定的标准。ISO标准的检索工具为《国际标准化组织目录》(年刊,收录上一年的全部现行国际标准)。ISO目录采用国际标准分类表编排,包括五个部分,即主题分类目录、字顺索引、标准号索引、技术委员会序号索引和废弃目录,中文版《国际标准目录》按TC号编排。

2. ISO网站及其检索途径

ISO标准网提供各种关于该组织标准化活动的背景和信息、各技术委员会(TC)、分委员会(SC)的目录及活动、国际标准目录(包括已出版的国际标准、撤销标准和其他标准出版物)、ISO9000标准和ISO14000标准系列,还提供对其他标准化组织的链接及多种信息服务。如果需要订购全文,可点击相应的图标,填入相关的个人资料、付款方式以及全文的传递方法。网址为http://www.iso.ch。

ISO网站提供了诸多标准字段的检索:

关键词或短语(Keyword or Phrase)检索:关键词可以选择在标题、摘要和标准全文里出现的词汇。检索缺省状态为逻辑OR,支持AND和NOT,支持截词检索。

ISO标准号和分序号检索:ISO标准号的结构如"ISO+序号-年号(ISO6989-1981)"或"ISO+序号/分序号-年号(ISO2631/2-1989)"。当某个

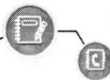

标准由多个分标准组成时，分序号为分标准序号，"/2"即为该标准的第二部分。检索时，可直接输入标准号，如查询ISO9000，可输入9000；若检索ISO9000-3，可在标准号内直接输入，或在标准号内输入9000，在分序号输入3；查询某个范围的标准，如1∶300，则检索到1—300号的标准；想查几个标准，用逗号分隔，如9000，14001，14004。

文献类型（Document type）选择：可以选择导言、国际标准、技术规范、技术报告、介绍等，缺省状态为所有类型。

国际标准分类号（ICS）检索：该项检索提供利用国家标准分类号（ICS）检索标准信息。ICS的号码可以参阅ISO网上提供的《国际标准分类表》（ICS）。如果希望了解图像技术（Image Technology）方面的国家标准有哪些，可以直接在ICS的检索框内输入图像技术的ICS号码37，将检出包含37的所有下级类标准。可以输入不同级别的分类号，检索一类标准，如12、12.040、12.040.30得到一系列的标准；也可限定在某个范围检索，例如，如果想检索信息技术——办公设备方面的国际标准，由ICS分类表得知此类标准的类号是35.02-35.260，直接输入35.020∶35.260；还可浏览国际标准分类系统，选择类目所属标准。

标准发展状态代码（Stage code）检索：标准状态检索是指采用ISO标准指定过程中的4位有效状态代码进行检索，此项检索不能作为独立的检索条件，必须与上述其他条件共同使用，作为辅助检索条件使用。检索时，可以查阅网上提供的标准状态代码表，直接输入状态。在检索框内输入完整的4位数状态代码，可检出所达到的某一特定状态的标准。当前状态到达的日期只能和标准发展状态代码检索同时使用，格式为年月日，可以是某个时间或一段时间。

技术委员会（Committee）检索：可以选择ISO特定的一个委员会或其下属某一机构来进行标准检索，直接输入技术委员会代码，可以检出该技术委员会指定的所有标准。

ISO可选择检索的范围，如ISO已出版标准目录或ISO技术项目工作条款，或两者都选。标准检索结果有四种显示方式：ISO标准号大小顺序、ICS

（国际标准分类号）、标准所属ISO技术委员会及其下属委员会、标准所处状态代码。

二、IEC及其标准的检索

1. IEC的由来

国际电工委员会International Electrontechnical Commission，IEC）起源于1904年美国圣路易召开的一次电气大会上通过的一项决议。根据这项决议，IEC于1906年在伦敦成立，它是世界上成立最早的非政府性国际电工标准化机构，是联合国经社理事会（ECOSOC）的甲级咨询组织，总部设在日内瓦。网址为http://www.iec.ch。

IEC的宗旨是促进电工标准的国际统一，电气、电子工程领域中标准化及有关方面的国际合作，增进国际间的相互了解。为实现这一目的，出版包括国际标准在内的各种出版物，并希望各国家委员会在其本国条件许可的情况下，使用这些国际标准。IEC的工作领域包括了电力、电子、电信和原子能方面的电工技术。1947年ISO成立后，IEC曾作为电工部门并入ISO，但在技术上、财务上仍保持其独立性。根据1976年ISO与IEC的新协议，两组织都是法律上独立的组织，IEC负责有关电工、电子领域的国际标准化工作，其他领域则由ISO负责。

目前，IEC成员国包括了绝大多数的工业发达国家及一部分发展中国家。这些国家拥有世界人口的80%，其生产和消耗的电能占全世界的95%，制造和使用的电气、电子产品占全世界产量的90%。IEC目前有60个成员国，称为IEC国家委员会，成员分为两类，一类是正式成员，一个国家只有一个机构可以以国家委员会的名义被接纳为IEC成员，可参加IEC活动，有投票权。如要成为IEC成员，该委员会必须声明向本国所有有兴趣参加IEC活动的政府或非政府机构开放。另一类成员是协作成员。由于资源有限，它只参加部分活动。它可以以观察员的身份参加所有的IEC会议，但没有投票权。此外还有一种叫预协作成员，是由IEC中央办公室或某邻国的IEC国家委员会帮助建立的国家委员会成员，它在5年内可以成为IEC的协作成员。

第九章 国外主要特种信息检索工具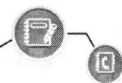

2. IEC 与 ISO 的关系

IEC 与 ISO 有许多共同之处，它们都是制定国际标准的机构，使用共同的技术工作守则，遵循共同工作程序。为此，ISO 与 IEC 共同建立了 ISO/IEC 信息中心（ISO/IEC Information Centre），该中心由 ISO 和 IEC 共同管理，目标是提供有关标准化、标准以及与标准有关的其他事务方面的信息。ISO/IEC 信息中心作为一个国际标准化的信息门户，提供来自 ISO 和 IEC 网站上的重要标准信息，如 ISO 和 IEC 目录，在这个信息门户网站上，用户不但可以享受到标准信息的检索服务，而且还可以通过 WSSN（World Standards Services Network）网络对一些国家标准化组织的网站进行信息存取。该网站还提供了 WTO、ISO 和 IEC 之间在世界贸易和标准化组织等领域的合作关系的信息。该网站一站式检索的能力比较强，在该网站上不仅可以检索到各种标准信息，而且还提供了有关标准研发的参考文献的链接、标准信息的传播和使用情况以及获得标准信息的来源。

IEC 与 ISO 最大区别是运作模式不同。ISO 的工作模式是分散型的，技术工作要由承担各工作的技术委员会秘书处管理。标准制定计划确定后，由 ISO 中央秘书处负责协调。只有到了国际标准草案（DIS）阶段，ISO 才予以介入。随着电子技术的应用，ISO 进行了机构改革，从标准制定开始，中央秘书处就以电子形式跟踪制定的过程，以便加快标准制定周期。而 IEC 采取的是集中管理模式，即所有文件从开始就由 IEC 中央办公室负责管理。

3. IEC 网站的检索途径

1）IEC 标准号的组成有如下几种类型。

（1）IEC + 号 + 年号，如 IEC434（1973），标准名称为"飞机上的白炽灯的 IEC 标准"。

（2）IEC + 序号（附加标记）+ 年号，如 IEC871-1-1997。附加标记有两种，一是加数字，表示是该标准的分标准；二是加 A、B、C 等标记，以示与原标准有所区别，其他代码与 ISO 相同。

2）IEC 网站的标准信息检索途径如下。

基本检索（Search）：在 Search 检索框内输入检索词或 IEC 标准号或 IEC 技

术委员会代码。全文检索提供 IEC 全部出版物的检索，包括已经出版和即将出版的 IEC 标准。该项检索支持在标准的全文中进行关键词检索，也支持对 IEC 的技术委员会代码或 IEC 标准号代码检索。

依据标准号的快速检索（Quick access by ref. number）：对于比较熟悉 IEC 标准表示方法的信息用户可以用此种检索方法进行快速查询，IEC 标准的表示方法是 IEC+顺序号+制定年代，如 IEC 61223-2-5（-1994）。

高级检索（Advanced Search）：可以提供标准号（Reference）、IEC 技术委员会（Committee）、国际标准分类号码及标准名称（Subject）和标准出版日期（Date from to）等检索途径的综合检索。在标准号（Reference）检索项中，系统提供了两个检索选择框，一个是标准代码前缀（Header）的选择，例如，IEC 标准或 IEC/ISO 共同颁布的标准 ISO/IEC 等；另一个是标准代码（Number）的输入框，系统可以按照选定的标准显示检索结果。在 IEC 技术委员会（Committee）项的检索中，信息用户需要分别选择 IEC 技术委员会的代码（如 TC/SC）和名称（Technical Committee title，如 Electric Cables）。对于 Subject 项的检索，用户需要选择国际标准分类号以及该分类号对应的号码名称。另外，还可以选择标准的出版日期进行检索（见图 9-5）。

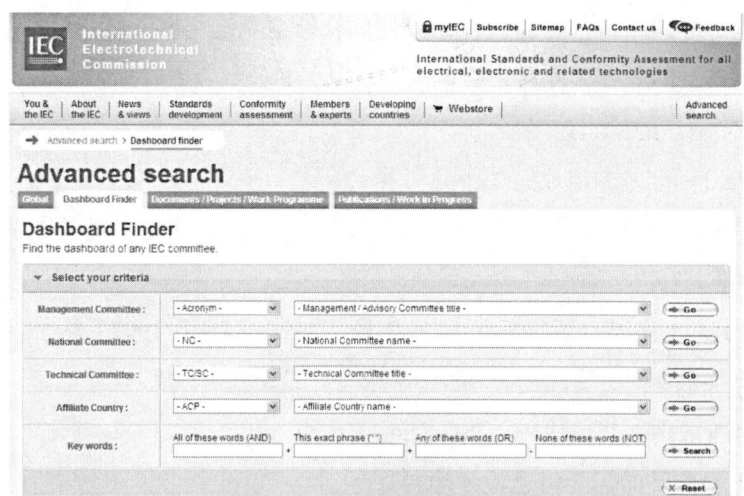

图 9-5　IEC 标准高级检索界面

三、ANSI标准

1. ANSI的由来

美国国家标准学会（American National Standards Institute，ANSI）成立于1918年。当时，美国的许多企业和专业技术团体，已开始了标准化工作，但因彼此间没有协调，存在不少矛盾和问题。为了进一步提高效率，数百个科技学会、协会组织和团体，均认为有必要成立一个专门的标准化机构，并制定统一的通用标准。1918年，美国材料试验协会（ASTM）、美国机械工程师协会（ASME）、美国矿业与冶金工程师协会（ASMME）、美国土木工程师协会（ASCE）、美国电气工程师协会（AIEE）等组织，共同成立了美国工程标准委员会（AESC）。美国政府的三个部（商务部、陆军部、海军部）也参与了该委员会的筹备工作。1928年，美国工程标准委员会改组为美国标准协会（ASA）。为致力于国际标准化事业和消费品方面的标准化，1966年8月，其又改组为美利坚合众国标准学会（USASI）。1969年10月6日改成现名：美国国家标准学会（ANSI）。

美国国家标准学会ANSI是美国标准化中心，负责制定美国标准或将其他团体制定的专业标准经审批后作为ANSI标准。其网站可检索ISO、IEC、NCITS、IEEE、AAMI、ASQ等标准。网址为http：//www.ansi.org/。

2. ANSI的检索途径

ANSI标准的检索网站是http：//webstore.ansi.org/ansidocstore/default.asp。

ANSI标准的检索网站提供以下检索途径：

关键词检索（Keyword Search）：关键词可以选择在标题、摘要里出现的词汇。ANSI的关键词检索还采用了词干检索技术。在默认的情况下，关键词检索自动采取逻辑"与"检索，返回的记录会包括所有的检索词，检索词的输入顺序不会影响最终的检索结果。

精确检索（Exact Phrase Searching）：如果希望检索结果包含所输入的特定短语，可以将该短语放入引号内。例如，如果想检索含有短语"Fire Service Professional"，则需要构造的检索式为"Fire Service Professional"。

另外，在该网站中，文本检索不区分大小写。所有的字母，无论输入形式如何，检索系统都将按照小写字母处理。例如，输入的检索词为"Programming""programming""PROGRAMMING""ProGraMMinG"，返回的检索结果都是一样的。

文献号检索（Document Number Search）：文献号检索是指对标准记录中的文献号字段进行检索。将文献号检索与关键词检索分离的目的是增加信息检索的灵活性，力求更准确的检索结果。检索时，可以输入完整的文献号，也可以输入文献号的部分内容。如果为了得到最好的检索结果，应该输入文献号的核心部分即去掉文献号的前缀和后缀。例如，完整的文献号码为"ANSI/SAAMI Z299.4-1992""ASTM B896-99""DOD-C-63537A NOT 2"，其核心部分分别为"Z299.4""B896""63537"。当然，并不要求信息检索者一定要输入文献号的核心部分才能得到预期的检索结果，可以使用文献号的任何部分予以检索。例如，当采用文献号检索时，输入"896-99"，返回的检索结果仍然是"ASTM B896-99"。

第四节　会议文献检索

一、学术会议信息的获取途径及相应的检索工具

1. 通过各学会、协会、专门网站获得

学术团体是会议文献的重要来源，许多专业协会、学会拥有自己的数据库和网站，如IEEE、ACM、ASME等，一方面可以使用他们的数据库获取全文，另一方面可以直接利用其网站获取相关的学术会议信息。世界上一些著名的专业协会、学会如下：

ACM：美国计算机学会（http：//portal.acm.org/dl.cfm）；

ACS：美国化学学会（http：//pubs.acs.org/）；

AIP：美国物理研究所（http：//scitation.aip.org/）；

APS：美国物理学会（http：//publish.aps.org/）；

ASCE：美国土木工程师学会（http：//www.ascelibrary.org）；

第九章 国外主要特种信息检索工具

ASME：美国机械工程师协会（http：//www.asmedl.org）；

ASTM：美国试验与材料协会（http：//www.astm.org/）；

IEE：国际电气工程师学会（http：//www.iee.org/）；

IEEE：电子电气工程师学会（http：//www.ieee.org/）；

SAE：美国机动车工程师协会（http：//www.elecpubs.sae.org/）；

SPIE：美国光学工程师学会（http：//www.spiedl.org/）。

2. 通过学科专业刊物获得

如美国著名的医学杂志 JAMA，每期有医学会议预报。

3. 通过图书馆等文献信息服务机构获得

有的单位在图书馆主页建设有"国际学术会议预报"栏目，如华中科技大学图书馆的"国际会议信息预报"等。

4. 通过学科导航网站或专业信息门户获得

例如，英国最大的学科信息门户网站 INTUTE（http：//www.intute.ac.uk）整合了英国社会科学信息门户（SOGIG）、生命科学资源导航（BIOME）、物理科学信息门户（PSIgate）、工程数学计算机信息门户（EEVL）、地理学与环境科学信息门户（GEsource）、人文科学信息门户（Humbul）、艺术与人文信息门户（Artifact）及社会科学门户（Altis）8个非常有名的学科信息资源门户。点击其页面上按照主题分类的某一信息门户，在各类信息门户中分配有若干个学科，打开某一学科的页面后不仅可以检索该学科的相关文献，还可以查阅到该学科的学术会议信息。

5. 通过搜索引擎获得

选择 Google、百度等优秀搜索引擎作为检索平台。在搜索引擎主页显示的检索框中输入 congress、proceeding、symposium、conference、meeting、workshop、exposition 等关键词进行检索，可获得各个信息的数量、会议名称、会议录信息、论文全文的 E-mail 地址，以及有关会议的分会场、会议论文的标题、作者等信息。但这种会议信息检索的方法不仅检出结果的数量大，而且专指度较差，对与自己研究方向相关的学术会议不是很清楚的用户，很难找到自己所需要的信息。一般情况下，需要先查找会议论文（文摘、全文）数据库，查找相关学科的会议文献,了解会议名称,因为许多会议是连续召开的,所以通过会议名称在搜索引擎中都会查找到最新的会议召开信息,点击检索结果中的超链接即可到达主办单位专门设置的会议主页。

6. 通过搜索引擎目录获得

如打开雅虎目录主页http：//dir.yahoo.com/,选择其中的"Social Science（社会科学）"类别,选择子类别"Communications（传播学）",点击其中的"Conferences（会议）"项,就会打开一个有关会议的超链接的页面,由此可以了解到有关传播学方面的会议的信息及内容。

7. 通过专门搜集会议信息的网站获得

如技术会议信息中心（Technical Conference Information Center）,其网址为http：//www.techexpo.com/events/,为用户提供一个很方便的查询界面,可根据会议名称、内容、组织单位/国家,城市及州来查找即将召开的有关科技会议的信息。

8. 通过专业出版会议信息的出版物获得

如《世界会议》（World Meetings）,由美国Macmillan Publishing编辑出版,预报两年内将要召开的会议信息。共分四个分册出版：《世界会议：美国和加拿大》《世界会议：美加以外的国家和地区》《世界会议：医学》《世界会议：社会与科学、教育与管理》。以上四个分册均为季刊,内容包括自然科学、工程技术、医学和社会科学。

9. 通过会议信息门户获得

http：//www.conferencealerts.com/可以按照主题浏览；

http：//www.allconferences.com/可以按照主题浏览,是很好的全球会议门户；

http：//www.papersinvited.com/学术会议征稿数据库（收费网站,但可以了解什么会议将召开）。

二、会议文献的二次文献数据库检索系统

1. Web of Knowledge 中的 ISI Proceedings（ISTP的网络版）

ISTP创刊于1978年1月,由美国"科学信息研究所"（ISI）编辑出版,月

刊，有年度累积索引，每年报道4000多种会议录，约20多万篇文献，全世界有75%以上的重要科技会议都被收录在内。学科领域包括生命科学、临床医学、工程科学、应用科学、物理和化学、生物科学、环境及能源科学等，覆盖的学科范畴达150多个，是一种重要的查找国际科技会议文献信息的检索工具。

美国科学情报研究所（ISI）基于Web of Science的检索平台，将ISTP（科学技术会议录索引）和ISSHP（社会科学及人文科学会议录索引）两大会议录索引集成为ISI Proceedings。ISI Proceedings汇集了世界上最新出版的会议录资料，包括专著、丛书、预印本以及来源于期刊的会议论文，提供了综合全面、多学科的会议论文资料。它是检索国际著名会议、座谈会、研讨会及其他各种会议录论文的综合性、多学科的权威数据库，收录全球主要的科学技术、社会科学和人文科学会议录论文的文摘索引约12000余种。

2. INSPEC（英国科学文摘）

由英国电气工程师学会（IEE）出版的文摘数据库，是物理学、电子工程、电子学、计算机科学及信息技术领域的权威性文摘索引数据库，收录了1000余种会议记录的索引和摘要，网址为http://isi3.isiknowledge.com/portal.cgi。

3. 会议文献全文数据库检索系统

（1）ACM数字图书馆（ACM Digital Library）。收录了美国计算机协会（Association for Computing Machinery，ACM）的会议录全文。除此以外，该库还可以查到ACM的各种电子期刊、快报、时事通讯、专项兴趣团队研究成果等文献，网址为http://portal.acm.org/dl.cfm。

（2）AIAA电子图书馆（AIAA Electronic Library）。美国航空航天学会（AIAA）于1963年由美国火箭学会和美国宇航科学学会合并而成，是全球最大的致力于航空、航天、国防领域的科学和技术进步和发展的专业性非政府、非营利的学会。

AIAA是世界上最大的航空航天出版机构之一，被公认为早期航空航天文献的重要资源之一，拥有最早可回溯至20世纪初的文献，包括会议论文、期刊、杂志、系列图书、美国和国际标准。

每年AIAA出版来自20—30个会议的约6000篇会议论文，涵盖了航天航空领域的各个方面,这些论文代表了最重要、最完整、最新的研究成果和创新思想。在线访问可以回溯到1963年的会议论文,网址为http://www.aiaa.org。

(3) IEEE/IET Electronic Library (IEL) 全文数据库 (http://ieeexplore.ieee.org)。提供电子电气工程师学会 (Institute of Electrical and Electronics Engineers,简称 IEEE) 和英国工程技术学会 (The Institution of Engineering and Technology,简称 IET) 自 1988 年以来出版的约 6000 多种会议录全文,此外,该库还可以查到 IEEE/IET 的期刊和标准全文。除了检索上述一次文献之外,在 IEEE 的网站上,还可获得未来几年将要召开的会议情况,可以找到 IEEE 主持的会议消息,包括会议名称、时间、地点、主持人或单位、参加人数、联系人、展览信息等,内容丰富而详尽。

(4) AIP 会议录 (AIP Conference Proceedings (2000—),http://proceedings.aip.org/proceedings/)。提供美国物理联合会 (American Institute of Physics,AIP) 的会议录全文。

(5) ASCE 会议录 (ASCE Proceedings (2003—),http://www.ascelibrary.org/ascecp)。提供美国土木工程师学会 (The American Society of Civil Engineers,ASCE) 会议录全文。

(6) SAE 数字图书馆 (SAE Digital Library (1990—),http://www.elecpubs.sae.org/)。提供美国汽车工程师协会 (Society of Automotive Engineers,SAE) 的部分会议录全文。此外,该库还可以查到 SAE 的技术报告。

(7) SPIE 数字图书馆 (SPIE Digital Library (1998—),http://www.spiedl.org/)。收录了国际光学工程学会 (The International Society for Optical Engineering,SPIE) 的所有会议录全文,此外,该库还可以查到 SPIE 的 4 种期刊全文。

第五节 档案信息检索

一、档案信息检索的定义和基本原理

档案信息检索,是将档案材料中的情报信息加以存储,编制检索工具,建

立检索系统，并按一定的方法查找和利用档案材料的一种档案管理业务活动。

档案信息检索工作的内容，包括两大部分：一是档案信息检索系统的建立，即对档案信息进行存储和加工，编制各种手工的档案检索工具，进而建立计算机档案信息检索系统；二是根据利用者的要求，从已建成的检索工具或检索系统中查找所需要的档案材料。

档案信息检索的基本原理是实现档案需求与相关档案信息的匹配，即将特定的档案需求与存储在检索系统中的档案信息进行相符性比较，根据一定标准从中选择出符合需求的档案信息。

二、档案信息检索途径

档案信息检索途径分为档案内容检索途径和形式检索途径两大类。

1. 档案内容检索途径

档案内容检索途径是用直接表达档案主题内容的档案信息特征作为检索入口的检索途径，有下面几种。

（1）分类途径。这是将档案分类号作为检索入口查找档案信息的一种途径。分类号是表达档案主题内容在档案分类体系中的类别的一种特征信息，档案分类体系是根据档案的内容和本质特征，将档案分门别类，揭示其在内容上的相互关系所形成的一种等级体系。从分类途径入手检索可以系统、全面地查到有关档案信息，是档案信息检索的主要途径。

（2）主题途径。主题途径是指通过档案的内容主题进行检索的途径，检索者只要根据项目确定检索词（主题词或关键词），便可以实施检索。

主题途径检索档案信息关键在于分析项目、提炼主题概念，运用词语来表达主题概念。通过主题途径可以直接查找到涉及某一问题、某一对象和某一事物的档案材料。

（3）题名途径。规范的档案题名一般都反映了档案的内容特征，如"中共中央统一管理党、政档案工作的通知"。但也有一些档案的题名不能正确地反映档案内容，如"XX县计划委员会通告"这类题名就只是文件形式特征的描述。所以，对于题名特征是否属于内容特征，不能一概而论。题名途径在档案检索中用的相对较少。

2. 档案形式检索途径

档案形式检索途径是以档案的形式特征为检索入口的检索途径。

(1) 责任者途径。责任者代表了档案的形成者，包括单位和个人等。同一责任者形成的档案，在内容上反映某一特定职能活动，具有一定阶段性，在内容和时间上互有联系。通过责任者途径，可以检索到同一责任者形成的全部档案，是一种较方便适用的检索途径。

(2) 文号途径。文号是一份普通档案文件固有的并具有唯一性的特征。在已知一份文件的编号的情况下，采用文号途径检索档案最为简便。

(3) 人名途径。这是从档案中涉及的人物入手检索档案信息的一种途径，它对于检索某一特定人物的档案材料很有效。

(4) 地名途径。这是从档案中所涉及的地名入手检索档案信息的一种途径，对于检索有关某一特定地区的档案材料比较方便。

(5) 机构名途径。这是从档案中所涉及的机构特征入手检索档案信息的一种途径，对于检索某一特定机构的档案材料比较方便。

三、国外档案信息检索网站

1. 加拿大国家档案馆（National Archives of Canada）及其网站

(1) 概况。加拿大国家档案馆是全国唯一的中央级档案馆，馆址在首都渥太华，负责保管1867年成为自治领（Dominion，是大英帝国殖民地制度下一个特殊的国家体制，可以说是殖民地步向独立的最后一步）之前的殖民地历史档案，负责接收和保管1867年以来政府各机关的档案。加拿大国家档案馆的内部机构包括行政管理司、文件管理司、档案司、档案保护司、公共项目司、信息技术司、政策司等职能机构，其中行政管理司、文件管理司和档案司的地位最重要。档案司是最大的职能机构，负责馆藏档案的收集、整理、编目、保管和提供利用，其下还设有七个处——联邦档案处、手稿处、图片处、照片处、图表处、音像档案处、电子文件处以及一个图书馆。其网址为http://www.collectionscanada.gc.ca/，主页页面有英语和法语两种语言入口。

(2) 检索途径。基本检索（Basic Search）：基本检索中除了（见图9-6）的检索词输入框之外，还设定了限制型检索功能，即档案资料类型（Type of

第九章 国外主要特种信息检索工具

material）限定和案卷等级水平（Hierarchical level）限定。

可检索的档案资料类型包括建筑和技术图纸（Architectural and technical drawings）、艺术品（Art）、影片和视频（Films and videos）、地图及制图资料（Maps and cartographic material）、摄影作品（Photographic material）、邮票及邮政用品（Stamps and postal material）、录音制品（Sound recordings）、文字档案（Textual material）等。

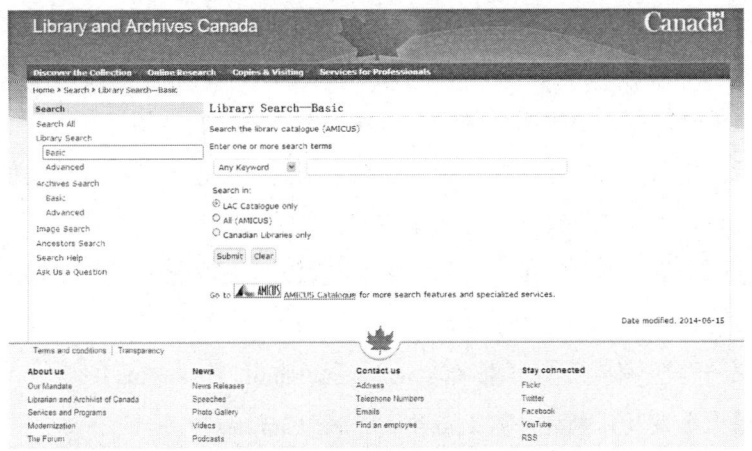

图9-6 加拿大国家档案馆网站档案信息的基本检索界面

可检索的案卷等级水平包括档案全宗（Fonds/Collections）、系列（Series）、案卷（Files）、项目（Item）、收存地点（Accession）等。

高级检索（Advanced Search）：用户可通过关键词等多项限定和组合检索相关档案，并可阅读档案原文。

2. 美国NARA在线档案信息检索系统

（1）概况。美国国家档案与文件署（National Archives and Records Administration，NARA）是美国联邦政府系统内档案和档案工作的最高管理机构。它由国家档案管理处、总统图书馆管理处、联邦文件中心管理处、联邦登录处、人事处及国家历史出版物与文件委员会组成。下辖国家档案馆和国家第二档案馆2个中央级档案馆、15个文件中心、13个地区档案馆、9个总统图书馆和2

个总统资料部及其下属机构，形成一个全国性的联邦政府档案管理网络。NARA是美国国家档案馆、文件中心和总统图书馆的业务指导机构，1949年由国家档案馆改组而成，之后国家档案馆成为其一个组成部分。因此，美国国家档案与文件署现与美国国家档案馆（http://www.archives.gov）为同一站点。

NARA的主要任务是保存美国联邦政府的国家档案资料，这些档案资料都产生于政府工作的具体业务过程，如美国的《独立宣言》《美国宪法》和《权利法案》的档案资料都保存在这里。NARA还保存一些普通民众的档案资料、战争中为美国作出重要贡献的男女军人的英雄事迹及为美国发展作出贡献的外国移民档案资料和从阿拉斯加购买的废旧货币。总之，NARA的存在确保了美国民众检索国家档案资料（包括政府作为的档案资料）的权利。

（2）NARA网站的检索方式。该网站是用户检索美国在线档案信息资源的重要平台，主要提供以下三种检索方式。

①面向用户的分类浏览。网站依据利用档案目的的不同，将用户分为：

普通公众（General Public）；

家谱学者/家族历史学家（Genealogists/Family Historians）；

退伍军人及其家庭（Veterans and their Families）；

教育者及学生（Educators and Students）；

研究者（Researchers）；

文件管理者（Records Managers）；

保存和档案专业人员（Preservation and Archives Professionals）；

信息安全专家（Information Security Specialists）；

联邦雇员（Federal Employees）；

国会议员（Members of Congress）；

新闻记者（Press/Journalists）。

每一类用户可以根据自己的身份和需要，选择相应的分类浏览途径。例如，选择"教育者及学生（Educators and Students）"，就会浏览到分别属于教育者和学生身份的在线档案信息资源的情况介绍及在线档案资源的链接，在网页右侧同时列出了与教育类档案相关的分类导航。

②在线数据库和检索工具（On Line Databases and Tools）检索。NARA 网站提供了以下几种在线数据库和检索工具，这是获取美国在线档案信息资源的最重要方式。

第一，档案目录检索系统（Archival Research Catalog，ARC）。ARC 是在美国全国范围的档案信息导航系统（NARA Archival Information Locator，NAIL）的基础上于 2002 年建设起来的，收录了美国国内所有数字化档案信息资源。

其功能与 NAIL 相比更加强大，可检索到 63%的美国档案条目信息，提供了多种检索途径，如关键词、收藏地点、机构、人物、主题以及档案的数字化图片。

第二，档案数据库检索系统（Access to Archival Databases，AAD）。AAD 是美国电子档案的搜索引擎检索系统，其收录的档案文件只是 NARA 保存的历史档案的一部分，目前该检索系统可提供大约 30 个档案系列的数据库和索引，其收录的档案数量仍然在增长。提供的检索途径包括人物、地理区域、组织或日期等。

AAD 提供分类浏览和关键词检索两种查找方式。分类浏览允许用户按照类别（Browse by Category）、主题词（Browse by Subjects）、时间范畴（Time Spans）来查找档案。其中，主题词浏览包括 171 个主题分类，按照字母顺序排列，用户可依据主题类目，然后逐层点击查找；关键词检索分为"基础检索"（Basic Search）和"高级检索"（Advanced Search）。在"基础检索"中，用户通过输入关键词检索出相关档案。在"高级检索"中，用户可通过关键词多项限定和组合检索相关档案，并可阅读档案原文。

第三，联邦文件指南（Federal Records Guide）。联邦文件指南（Federal Records Guide）全称为"美国国家档案馆联邦文件指南"（Guide to Federal Records in the National Archives of the United States），该数据库的网络版以 1995 年罗伯特·B·马切特（Robert B. Matchette）等编撰出版的同名印刷版文件为依据，增加了 1995 年后出版的国家档案馆收藏的档案文件的描述信息，数据定期更新以反映新收录的联邦文件的状况。这些联邦文件来自美国立法、司法和行政各个部门。

第四，缩微档案目录（Microfilm Catalog）。该数据库可以检索 NARA 的 3000 多种缩微档案，这些缩微档案或者由 NARA 自行生产或者由 NARA 购买，主要使用者是一些研究人员，因此确定这些缩微档案的案卷是与研究者相关度最大的业务。它提供目录浏览（Browse NARA's Microfilm Catalog）、简单检索（Search）和高级检索（Advanced Search）三种查询途径。目录浏览途径允许用户按照档案号、档案名称等顺序查找各条记录；简单检索可以通过缩微档案号（Microfilm Publication Number）、关键词等检索相关的缩微目录；高级检索为用户设置了更多的查询路径，包括档案号、档案名称（Publication Title）、馆藏地（Location）、主题词（Subject Terms）、分类、日期等。用户可以根据查找的结果来决定是否在线订购相关缩微档案原文。

第五，研究选题列表（Browse list of Research Topics）。研究选题列表中直接列出了许多档案选题的相关文章、在线帮助工具和检索提示信息等，这些选题有非裔美国人历史、移民、美国历史、航空、破产、制图与建筑文件、华人移民、公民权利、联邦法律与条例、国际主题、土地文件、军事文件、土著美国人、新政、妇女等 40 多个。在每个题目下面汇集了相关的美国国家档案馆收藏的在线档案信息资源。例如，在"华人移民"的选题中有这样一些资源：ARC 中的相关目录、在美华人移民和中国人记录、部分排华案件档案及 NARA 在旧金山的种族研究档案。

第六，档案出版物及资料检索（Published Research Guides, Articles, and Papers）。

该检索工具允许用户按照出版物字母顺序（Alphabetical List of Publications）、主题（Publications by Topic）、专业（Profession）、类型（Type）、文件组合（全宗，Publications by Record Group）、海报和传真（Posters & Facsimiles）、在线出版物（Online Publications）、绪论杂志（Prologue Magazine，NARA 出版的季刊，该杂志主要讲述了全美国家档案的丰富馆藏和档案方面的项目信息）等多种途径，来浏览档案的名称、摘要，如果需要的话，可以直接在线订购相关档案，部分档案可以免费订购。主题途径主要包括家谱（Genealogy）、大众感兴趣的档案（Popular Interest）、军事史（Military History）、黑人研究

（Black Studies）、总统资料（Presidential Materials）、法规条例（Laws & Regulations）、地图（Maps）、信息安全（Information Security）等。

第七，地区档案馆馆藏检索指南（Finding Aids for Holdings in the Regional Archives）。美国各地区档案馆的馆藏可以先通过档案目录检索系统（ACR）和缩微档案目录（Microfilm Catalog）进行目录查询，然后按其馆藏地址，在具体的地区档案馆中查找档案原件。

在该检索工具中，除了直接链接了以上两个检索系统，对一些常用档案、档案的使用指南、相关文章、档案列表以及档案索引等进行了说明和链接外，还提供了各州档案的检索和获取工具，满足了用户对各州档案馆馆藏的查询需求。

第八，档案图书馆信息中心（Archives Library Information Center, ALIC）。该中心绝非传统意义上的图书馆，因为服务对象已经面向全美国的档案工作者和研究人员，而且提供的信息内容不仅仅局限于两个传统图书馆的物质资源。

可供检索的信息内容有美国历史和政府信息、档案管理、信息管理、面向NARA工作人员的政府出版物等，提供图书检索、文章检索、问题咨询三种检索方式。"图书检索"允许用户查找图书馆在线目录、查阅NARA全文电子出版物、翻阅特色电子馆藏、图书目录和检索途径简介、浏览虚拟图书馆等；"文章检索"，包括期刊浏览，可查看最近出版的期刊文献；"问题咨询"为美国档案专业人员提供相关参考工具以及咨询电子邮箱。

第九，文件组合列表（List of Record Groups）。在这里按照文件组合号顺序列出了美国国家档案馆保管的文件统计信息。其中包括文件组合001-100、101-200、201-300、301-400、401-500、501-578，以及捐赠物资组合字顺索引等。每个文件组合包含的信息有该文件组合的正式名称、相关主题词、文件列表及代码和馆藏地址、文件数量和大小等，捐赠物资组合字顺索引列出了捐赠物资名称和指定者名称缩写。

第十，档案手册（Filing Manuals）。这些手册主要介绍的是美国部队、海军、美国海岸警卫队及联邦政府的各部门的工作人员曾经使用过的档案分类系统的操作及维护方法。

③NARA站内检索途径。NARA站内检索位于其主页的右上方，提供简单检索和高级检索，方便用户快速查找到NARA网站内的相关信息。简单检索除了具有一般的关键词检索功能外，还允许用户进行词组精确检索、英文大小写区分检索、标题限定检索等，对于不熟悉该网站检索方法的用户来说，可以使用检索界面右上角的"How to Improve Search Results"获得检索帮助。高级检索可利用全文、标题、URL地址、网站名称、关键词、链接、图像链接、图像替代文本、档案文件格式、远程站点文本、档案说明等字段实现多元检索，输入的检索词可以是单字、词组或名称，还可以选择检索结果的显示形式，如结果数量的多少、结果的排列顺序（相关度、时间、标题等）、是否有摘要、检索结果的分组等。在我国境内，用户在使用NARA站内检索时，该网站会出现汉化的检索页面，这也是它的一个很明显的特征。

第十章 信息检索效果评价及信息的分析利用

第一节 信息检索效果评价

一、信息检索效果评价概述

信息检索效果评价起步于计算机信息检索系统问世的20世纪50年代初期。可以说,在信息检索系统的第一项设计提案和第一个系统原型出现不久,信息检索研究领域就开始关注信息检索效果评价的相关活动。

肯特(Kent)等人在1955年第一次提出了信息检索系统评价的准则和方法,用相关性(Relevance)作为系统评价的标准,用准确率和召回率作为基本的评价指标。目前,这些评价标准和方法仍然是大多数信息检索效果评价的基石。在肯特等人提出上述概念不久,美国政府的许多部门就发起了信息检索的评价活动。到20世纪70年代初,英美一些国家对信息检索系统的检索效果进行了一系列的评价实验与研究。

对信息检索系统的第一个评价研究是1953年由美国文献公司进行的,它比较了单元词系统和美国武装部队技术情报局编制的字顺主题目录,证实了客观评价的重要性。1954年,克来弗登和索恩对单元词系统作了简单实验,为Cranfield研究计划奠定了基础。

在早期信息检索评价研究活动中,最著名的是Cranfield在20世纪50年代至60年代中期所主持的一系列研究计划,开创了以测试集及评测指标来评测系统的模式。Cranfield研究计划被称为"标引系统比较效率研究",是世界上第一个著名的大型检索系统评测实验,由英国专业图书馆与情报机构协会制定,美国国家科学基金会资助,英国Cranfield航空学院图书馆的Cranfield主持,因此被称为"Cranfield研究计划"。Cranfield工程所建立的基于查询样例集、标准答案集和语料库的评测方案，真正使信息检索成为一门实证性质的学科，也由此确立了评价在信息检索研究中的核心地位，其评价框架一般称为"Cranfield方法"（*A Cranfield-like Approach*）。

Cranfield方法直至今天仍被广泛地应用于包括搜索引擎在内的大多数信息检索系统评价工作中。由美国国防部高等研究计划署（*Defense Advanced Research Projects Agency*，DARPA）与美国国家标准和技术局（*National Institute of Standards and Technology*，NIST）共同举办的TREC（文本 http://trec.nist.gov/）就是一直基于此方法来组织信息检索评测和技术交流论坛的。除TREC之外，也有一些针对不同语言设计的基于Cranfield方法的检索评价论坛开始尝试运作，如NTCIR（*NACSIS Test Collection for IR Systems*）计划与IREX（*Information Retrieval and Extraction Exercise*）计划等。

随着万维网的不断发展与互联网信息量的增加，如何评价网络信息检索系统的性能逐渐成为近年来信息检索评价中的热点关注方向，而在进行这方面评价时，Cranfield方法遇到了巨大的障碍。困难主要反映在针对查询样例集合的标准答案标注上，当前搜索引擎涉及的索引页面都在几十亿页面以上，利用手工标注答案的方式进行网络信息检索系统的评价是一个既耗费人力又耗费时间的过程。为了解决Cranfield方法在网络信息检索系统评价中所面临的困境，不少研究人员提出了一些自动进行搜索引擎性能评估的方案，其工作集中在两个方面：基于Cranfield框架，只是使用自动化方法进行答案自动标注；或采用不同于Cranfield方法的评价框架进行自动化评价。

第一方面的研究工作中，研究者尝试使用检索系统反馈的结果信息进行自动标注，Soboroff在基于TREC实验平台的研究中发现：评价人员对于结果池内文档的标注结果差异基本不影响检索系统性能排序的结果。因而随机挑选结果池内文档作为标准答案也有可能达到评价检索系统性能的作用。他因而提出可以在检索系统结果池中，随机挑选一定数量的结果作为答案集合进行评价。实验效果证明，按这种方式实现的检索系统评价结果与基于手工标注集合的评价结果正相关，但对于检索系统性能排序的影响较大，因而难以投入使用。Nuray提出对Soboroff方法的修正方案，即选择结果池中原本在搜索引擎结果序列中排序较前的文档作为标准答案，他们的方法也没有取得与手工评价方法相

第十章 信息检索效果评价及信息的分析利用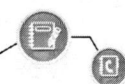

类似的评价结果。

第二方面的研究工作中，比较有代表性的是IBM Haifa研究院研发的"相关词集合评价方法"与Joachims提出的基于用户点击行为的评价方法。

Amitay提出了"相关词集合评价方法"（Term Relevance Sets，Trels方法）。与传统的利用事先定义好的相关文档来评价检索系统性能的方法不同，该方法首先选择一定量的代表用户查询需求的查询词；随后针对每一个查询词，手工标注尽量多的与此查询词相关联的词项；施行评价时，通过待评测文档中关联词项的分布情况判定文档的相关程度及检索结果的可靠性。因此，该方法具有较好的扩展性，且不需要为每个评估文档集创建相关文档集，并且，还提出了利用Trels作为进行信息检索系统性能评估的指标，实验结果表明这些指标同TREC定义的基于相关文档集的指标具有高度的相关性。

Trels方法在一定程度上解决了评价结果反馈时间过长的问题，但丝毫没有减少甚至增加了相关性标注的难度。同时，词与词的相关程度本身就是一个难以界定的问题。作者基于TREC小规模数据的实验取得了一定的效果，但并没有将之使用在大规模的网络信息检索系统评价中。

Joachims第一次提出了使用用户点击行为信息来评价搜索引擎性能的思路。他设计了一个元搜索引擎，用户输入查询词后，将查询词在几个著名搜索引擎中的查询结果随机混合反馈给用户，并收集随后用户的结果点击行为信息。根据用户不同的点击倾向性，就可以判断搜索引擎返回结果的优劣，Joachims同时证明了这种评价方法与传统Cranfield方法评价结果具有较高的相关性。由于记录用户选择检索结果的行为是一个不耗费人力的过程，因此可以避免传统Cranfield方法反馈过慢的问题。但在此之前，必须首先评判用户点击行为的可靠性，即用户的点击是否意味着其认为被点击的结果与查询相关。Joachims在这方面并没有给出一个完善的解决方案，其随机混合答案的方式尽管避免了所谓的"排序偏置"（减少用户因为结果排列在前面就点击它的可能性），但也与用户正常使用搜索引擎的体验产生差异，因此收集到的用户行为可信程度降低；同时，使用这个元搜索引擎本身无法为用户带来更加快捷方便的搜索体验。因此，其必然无法吸引足够多的用户提供点击信息，进而影响到评价结果的可信程度。

二、信息检索效果的评价方法

1. 测试文档集合法（Test Collection Approaches）

学术研究上对于信息检索评价最常用的方法就是通过测试一些标准的由文献分析专家制作的数据集合来评价系统的性能。这种评价方法主要是学术研究者们使用一些小型的、比较知名的测试文献语料或学术团体内部制作的小规模的测试数据库来进行系统的性能测试，而且主要评估的是检索算法的效率，这种状况一直持续到1993年TREC的出现。

该方法是一种黑箱操作，类似于Cranfield研究计划，采取TREC、CLEF和NTCIR等评测会议的实验形式。这种评价方法实施的基础条件是标准的测试语料库（文献数据库）、大规模的信息需求并且测试语料库中的文献能满足这些信息需求，尽可能检索出满足每一信息需求的"所有"相关文献。

下面以TREC的评估过程为例来简单介绍测试文档集合法评价的实施过程。在进行评价时，将检索提问提交给参与性能比较的各个检索系统，每个检索系统返回规定数量的结果与检索提问相关的并按照相关度进行排序的检出结果列表，然后计算关于该检索提问的每个系统的召回率与准确率。通常情况下，要用多个检索提问来综合比较各个系统的性能，即计算每个系统的多个检索提问的召回率与准确率，然后绘出每个系统的召回率与准确率曲线，用该曲线可以直观地比较出各个系统的性能。

该评价方法的基础设施即标准测试语料库一旦建立起来，用该方法评价信息检索系统的性能及其成本是很低的，因为评测实验是可以批量重复进行的、数据库是可以重复利用的，而且可以生产出满足许多不同信息需求的测试数据集合。测试文档集合法还有助于学术研究人员考察检索系统某一部分的具体性能，这对于系统研发和系统调试活动具有重要的参考价值。但该方法在进行个性化信息检索评价时却陷入了尴尬的境地，其在进行个性化信息检索评价的局限性主要体现在以下三个方面。

（1）个性化信息的语料库与测试文档集合存在本质上的差异。个性化信息语料库所存储的几乎都是不希望被他人获知的私人数据，而且个性化信息检索结果的命中文献很多，因为返回结果中大部分都是网络信息。个性化信息检索要求语料库要有较快的更新速度，甚至可能因为检索目的不同，对语料库要求的差别也大相径庭。

（2）个性化信息检索需求可能是千差万别的，而且很难表述。个性化信息检索系统的用户们可能有多种检索目的，如简单的问题回答、词条检索和服务查询等。而且很多情况下，在检索过程的初期阶段，用户不愿意也无法表达出他们的信息需求。

（3）个性化信息检索的判断标准因个人习惯和具体情境有所差异。信息用户在进行信息检索时，对满足信息需求的检索结果相关性的书面评价与个体在检索过程中对检索结果的评价是有差别的。而且，在对检出文献的相关性判定上个性化信息检索也体现了其与众不同的一面，执行个性化信息检索的人员无须阅读搜索引擎等检索工具返回的所有检出文献，而只须快速浏览部分检索结果即可以判定其对目前的信息需求是否是有用的。

测试文档集合法产生于20世纪60年代，当时检索速度很慢，往往是一些受过检索专业训练的信息中介人员（如图书馆馆员）代替用户进行检索操作。当前的信息检索系统返回结果几乎是瞬时的，多数情况下都是最终用户自己动手来搜索所需信息，测试文档集合模式的许多设想已经不再有效，因此该方法在评价交互式信息检索系统时也存在着一定的局限性，主要表现在以下三个方面。

（1）测试文档集合法执行的仍然是传统的检索模式，即通常围绕着一个单一的检索提问打转，信息用户提交一个问题给检索系统，系统与数据库中的内容配对，返回命中结果，如果信息用户想改善系统的最终答案，必须重新修改检索提问的结构。这种传统的信息检索模式虽然大致反映了人们在检索时的情形，却无法真实呈现出实际的信息搜寻行为，因为在信息检索过程中，检索者每次遇到新的信息都可能会产生新的观念或全新的思考方向，因此信息用户会一边搜寻有用的信息资源，一边修正其选择资源的标准。检索者往往不会满足于单一目标的检索，而是经过一系列独立的信息选择，不断修正自己的信念并重新检索后，得到所需的信息资源，即用户的实际检索行为是一种演进式的信息搜寻方式。

（2）使用测试文档集合法进行信息检索评价依赖的相关性判断标准仅仅是

检索结果与检索提问的相关程度。由于准确率并不完全与用户检索提问的成功率息息相关，用户需要的不仅仅是相关文献，同时也需要高效用的文献，即用户需要的不仅是与检索提问主题相关的文献，而且是在文献质量、创新性、重要性、可信程度等方面都比较优越的文献。用户在信息检索时，所用的判断标准是所检信息是否是最新的、表述是否清晰、检索成本及获得的难易程度等而非主题的相关性。而测试文档集合法进行相关性判断时，并没有考虑上述评价标准。此外，相关性是动态的主观性判断结果，只能依据某种具体情境才能判断出来。

（3）测试文档集合法评价的只是系统的搜索引擎而没有考虑到系统的用户界面。信息检索系统的搜索引擎可能比较擅长实现高召回率与准确率，但是没有良好的用户界面可能会导致检索系统整体性能的下降。近年来有关信息检索评价研究通过加入用户实验的方式提出了一些改进的评价方法，这些改进的评价方法多数都论述了测试文档集合法的上述不足之处。这些改进的评价方法其实就是传统的信息检索方法和将要介绍的人机交互（Human-computer Interaction，HCI）评价法的综合运用，与测试文档集合法相比，这些融合HCI的改进方法虽然耗时长，但检索结果质量比较高。

2. 人机交互评价法

人机交互是信息检索系统的重要组成部分，它的好坏直接影响到检索系统的性能和效率，进而影响到信息检索工作的质量和效率。计算机处理速度和性能的提高并不一定能提高用户使用信息检索系统的效率和发挥信息检索系统的潜能，其中一个重要原因就是缺少一个与之相适应的高效、自然的人机交互界面。人机交互的研究包括设计、评价和实现供人们使用的交互计算系统及具体操作过程中的相关交互现象。

人机交互评价法主要是通过让用户操作检索系统实验的方法来评价系统的用户接口。以往人机交互评价法的研究主要有以下几个方面：①如何将人机互动评价法用于检索系统的研发；②专业人士认为可以采用迭代式的系统设计流程，系统的未来用户就可以使用系统的原型版本执行典型的检索任务，用户在利用系统原型的过程中根据自己的亲身感受提出建议，这样可以在系统研发的早期阶段不断发现问题以积累研发经验。

在具体的评价实验中，参与评测活动的各个系统的交互效率由执行特定任务所需时间来测定。系统解决问题的效果也可以由质量或准确性等来评定。评测实验的参加者经常被要求填写调查问卷来展示对系统各个方面的满意程度或对系统不同版本的偏好程度。通过这种方法，可以大致比较出检索系统的用户界面。经研究发现，检索效果、检索效率和用户的满意程度并不一定是彼此相关的，在任何评价中都应该综合考虑这三个方面，并且通过执行基本的和复杂的检索任务发现，效率是比较有用的评价指标，因为快速的检索完成时间可能仅仅意味着解决方案是低质量的。

目前，TREC已经有了交互式评测任务，要求所有的实验参与者检索出满足给定要求的文献，但评价指标仍然是召回率与准确率。由于检索要求是固定的而不是实验参与者的真正要求，因此所有的实验参与者扮演的角色仍然是信息中介者而非系统的最终用户。

为了更加深入理解用户是如何与系统进行交互的，要求用户在操作过程中进行出声思考（参试用户在任务进行过程中出声表达自己的想法），记录下用户对系统的评论并对用户的评论进行分析。出声思考的测试方式可能会影响到用户的工作效率，他们的注意力会分散或使他们的工作速度降低，一般在正规的测试实验中不使用这种测试方法。而且，出声思考的测试方法会产生需要长时间分析的大量的测试数据，这也意味着其仅仅适用于有少数参与者的测试活动。

为了使信息检索评价更加接近于现实情况，P.Borlund和P.Ingwersen在其论文 *The Development of a Method for the Evaluation of Interactive Information Retrieval Systems* 中提出了模拟任务情境法（simulated work task situation），即实验模拟法。挑选被评价系统的潜在用户作为实验的参加者，设置一个他们在现实生活中可能遇到的情境（如假设他们要写一份给上司看的设计方案），包括描述他们可能扮演的角色和所处境地，充分发挥他们的主观能动性完成所设定的工作要求。实验的参加者们只须存储能够满足他们信息需求的文献即可，而不需要存储多余的与检索主题相关的文献。

为了验证这种方法的有效性，Borlund做了交互式信息检索系统的评价实验，在实验中，参与者被分配相应的模拟检索任务，要求检索出与他们实际信息需求相关的文献。Borlund女士发现这些参与者在模拟任务中所投入的精力与在真实检索任务中几乎是一样的,如所用的检索时间以及检索提问的数量都和现实状况有很大的相似性。

3. 用户检索日志分析法(Search Log Analysis)

随着网络与信息资源的飞速发展,网络搜索引擎已经成为人们获取网络信息的主要途径。搜索引擎的用户日志是承载网络搜索引擎用户行为的重要载体,对搜索引擎用户日志进行分析和挖掘,试图从中发现用户查询特征和用户行为规律,能够为改进搜索引擎效率和提高搜索精度提供依据及指导方向。因此用户日志分析在信息检索评价中具有重要的研究价值。

检索日志是用户在某一检索系统上进行信息检索时与系统交互作用过程的电子记录。

用户日志可以分为两类:用户查询日志和用户点击日志。

用户查询日志是在用户提交查询请求时记录的,查询日志中记录用户查询时提交的关键词、提交时间、用户IP、页号(查询结果的分页显示,每页显示若干个查询结果,用户首次查询页号为1,用户翻页时页号即为用户选择的结果页面号)、是否在cache中命中等信息。用户查询日志中一个完整的记录为

Wed Feb 10 20:58:00 2010   //提交时间
210.46.107.20   //用户IP
Database   //是否在cache中命中
信息经济学   //查询词
3   //页号

用户点击日志是用户浏览查询结果并点击页面时记录的,用户点击日志中记录了用户点击页面的时间、点击页面的URL、用户IP、点击页面的序号(该页面在查询结果中的位置)、该点击对应的查询词等信息。用户点击日志中一个完整的记录为

Wed Feb 10 20:58:00 2010   //点击时间
210.46.107.20   //用户IP
信息经济学   //查询词
http://google   //点击的URL
12   //点击页面的序号

第十章　信息检索效果评价及信息的分析利用

在用户的查询日志和点击日志中蕴含着用户的多种信息检索行为，用户日志分析法主要是分析用户的信息查询行为来揭示信息检索工具特别是网络信息检索工具——搜索引擎的性能。通过对用户的行为分析来对搜索引擎的检索算法和性能作出评价，能够为改进搜索引擎效率、提高搜索精度提供依据。典型的分析指标如下。

（1）查询词分析。利用查询词，一方面可以分析出用户提交的查询一般有什么特点，如长短、频度等；另一方面通过对查询词的统计分析，揭示出用户的信息需求，寻找用户需求中的热点、词频分布规律、查询行为特点等，进而对检索系统的系统结构和算法设计作出评价和改进。

（2）用户翻页行为分析。用户在提交查询之后，浏览结果页面（可能会翻页），根据摘要来选择有价值的网页，点击感兴趣的网页，这个过程叫作一个会话。假定在一个会话中的查询、翻页、点击行为是作为一个整体的，不同会话之间的翻页行为是没有相关关系的，所以考察用户的翻页行为只是考察用户在一个会话中的翻页行为。计算用户的平均翻页行为可考察检索系统对于用户的满意程度。如果绝大多数用户都只浏览第一页的结果而不再翻页，这说明网页结果的排序，尤其是结果中第一页的内容，对于用户是至关重要的。

（3）用户点击行为分析。用户提交查询之后，所返回的查询结果页面中有网页摘要，如果用户满意就会点击，所以可以把点击页面看作是用户找到满意的页面。点击页面越多，证明用户检索系统的满意程度越高。在接受用户提交的查询之后，按照相关性对网页排序，排在第一位的网页应该是搜索引擎认为最相关的页面，如果用户点击了这样的网页，说明该搜索引擎的排序结果与用户的查询意图是相匹配的，该引擎的排序算法也是合理的。

日志分析方法进行信息检索评价的优点是不需要用户的参与就可以对用户的信息需求作出判断，不会给用户带来额外的负担。

由于日志分析方法更多的是用于对搜索引擎等网络检索工具的评价，而用户在进行信息筛选时，往往选择点击的是排序比较靠前的信息条目，即使这些信息的相关度低于排序比较靠后的其他信息，在对搜索引擎进行评价时，用户的翻页行为是一项重要的考察指标，这样就产生了信息选择决策的信任偏差。由于信任偏差的存在，用翻页行为来考察用户对搜索引擎的满意程度必然不是十分恰当的。此外，由于用户的点击决策不仅取决于所点击的超链接与检索提问的相关程度以及该链接的网页摘要内容，而且还受到排序结果中其他的网页摘要的影响，即检索结果的质量难以保证。

日志分析方法的数据分析还受到环境的限制。首先，日志分析方法所用数据全部来自网络检索工具，这种分析方法是否适合分析其他类型数据并未得到验证。其次，日志分析法假设许多检索提问之间并不相互关联，但依据Marcia.J.Bates 的采莓模式，检索提问之间并不是毫无关联的。另外，一般情况下，检索日志属于每个搜索引擎并由单个搜索引擎维护，因此如果对搜索引擎作出横向比较是很困难的。

4. 自然观察法（Natrualistic observation）

自然观察法也称为尾随法（Shadowing），跟踪用户，通过观察用户的动作行为来判断用户的信息需求，观察者只是忠实地作记录，避免影响被观察者，以便了解用户信息检索行为的发生过程。

自然观察法作为一种社会科学常用的实证研究方法，在进行信息检索评价时具有以下优势。

（1）可直接获得资料，不需其他中间环节。因此，观察的资料比较真实。

（2）在自然状态下的观察，能获得生动的资料。

（3）观察具有及时性的优点，它能捕捉到正在发生的现象。

（4）观察能搜集到一些无法言表的材料。

但使用自然观察法进行信息检索评价时也存在着不可避免的缺欠，主要体现在以下几个方面。

（1）相对于测试文档集合法，评价成本较高，而且受时间的限制，信息检索行为的发生是有一定时间限制的，过了这段时间就不会再发生。

（2）容易产生实验者效应，即评价实验的组织者为了搜集到能证明其假设的结果，有意无意地将预期的要求暗示给被观察者，造成观察结果有利于证明原假设的效应。因此，为了避免这种现象的发生，目前多采用专业的搜索软件来代替自然观察法去评价。

（3）受观察者本身限制。一方面，人的感官都有生理限制，超出这个限度就很难直接观察；另一方面，观察结果也会受到主观意识的影响。

(4) 观察者只能观察外表现象和某些物质结构，不能直接观察到事物的本质和人们的思想意识。

(5) 自然观察法不适应于大面积调查。

三、信息检索效果的评价程序

信息检索评价的组织是一项严谨而繁重的工作，需要采用科学的方法，做大量的沟通协调、合理的分工和周密的安排。虽然测试文档集合法并非尽善尽美，但仍然是目前应用最多的信息检索评价方法。

1. 评价的组织过程

通常，一项信息检索技术评价的组织周期包含以下10个过程。

(1) 评价任务的确定：首先确定本次评价的主要内容。

(2) 评价大纲的制定：明确定义本次评价每项任务，包括评价的指标体系、数据的规模、数据的格式、相关的规范、评价的进度、评价的方式等。通常，数据又分为训练集、开发集和测试集；评价的进度通常要规定评价的报名截止日期、各个数据集的发布时间、评测结果的提交日期、研讨会的日期；评价的方式目前通常都是网络评价，具体实现上也需要规定一些细节，比如通过网页提交还是通过电子邮件提交等。

(3) 评价大纲的发布：正式发布评价大纲时，通常要通过各种渠道广泛散发，尽可能让感兴趣的研究者都能获知评价的相关信息。

(4) 评价数据的准备：根据评价大纲准备评价数据，这个过程工作量较大，同时要保证数据的质量（是否符合规范、一致性如何等），有些数据需要制作参考答案。

(5) 接受参评者报名。

(6) 评价数据的发布：向报名参评者发布评测数据，包括训练集、开发集和测试集，一般训练集和开发集发布的时间较早，而测试集通常在规定的结果提交日期前几天发布。

(7) 评价结果的提交：参评者运行各自的系统，并向评价组织者提交运行结果。

(8) 评价结果的评估：评价组织者对参评者提交的评价结果进行评估，这种评估有些是自动的，有些需要人工进行。

（9）评价结果的发布：这种发布有些是公开的，有些只在参评者内部公开。这个步骤有时是在评价研讨会上进行的。

（10）评价研讨会的举行：参评者在评价研讨会上进行交流。在研讨会上经常会对评价本身进行讨论，提出改进的意见，并讨论下次评价的有关问题。

2. 评价的形式

从信息检索评价的组织形式来看，主要有现场评价和非现场评价两类。其中现场评价是指在规定的时间，各参评单位提交参评系统，由评价组织单位运行参评系统，并产生评价结果；非现场评价则是由评价组织单位提供评价数据，参评单位自己运行系统，然后在规定时间内提交结果。在863计划组织的评测中，2005年以前都是现场评测，2005年进行了基于互联网的非现场评测的试验，目前国际上组织的评测基本都是非现场评测。

3. 评价的组织者

通常测试文档集合法的信息检索评测的组织者有两类。

一类是官方机构组织的评测活动。例如，NIST组织的系列评测和中国科学院计算技术研究所组织的863评测。这种评测活动通常有一定的项目背景或应用背景，有一定的政府基金资助，在评测中表现优秀的研究机构更有希望得到基金支持，但评测本身是完全公开的，任何人都可以参加。

一类是学术机构组织的评测活动。这些学术机构可以是长期的正式的学术机构，也可以是多个单位参与的合作项目式的虚拟组织或某次会议的组织者。这些评测通常都是研究驱动的，组织者具有共同的研究兴趣，利用评测的机会相互交流思想。

四、信息检索效果的评价指标

信息检索系统的评价与比较研究活动已经有了几十年的历史。Cleverdon（1966）提出了用于评价信息检索系统的六个指标：①覆盖率（coverage）；②时滞（time lag）；③召回率（recall）；④准确率（precision）；⑤输出形式（presentation）；⑥用户负担（user effort）。在上述六个评价指标中，召回率与准确率是目前信息检索评价活动使用频率最大的指标。虽然这两个指标由于自身的缺欠受到了各种各样的批判，但在信息检索评价活动中仍然得到了广泛的应用，这也从侧面反映了信息检索研究领域并没有找到比这两个指标更合适的评价方案。其实，信息检索评价的研究者们并没有在评价指标的研究上达成共识，他们认为召回率并不能成功地反映信息检索的全面性，因为这里有很大的信息冗余，而且仅仅知道检出的相关文献的数目对于信息用户来说是没有任何价值的，因为这样做并没有考虑到用户的信息需求是否得到满足。同时，召回率与准确率在多大程度上体现了信息检索系统的性能，这也是有待商榷的问题。尽管如此，召回率与准确率还是确立了其评价指标的霸主地位，主要原因是二者容易理解、容易量化计算，许多信息检索评测活动使用的评价指标几乎都是召回率与准确率或二者的变体乃至结合体。

自从Cleverdon提出六个宽泛的评价指标之后，召回率与准确率就得到了广泛关注。输出形式和用户负担是从用户角度评价信息检索的其他两个指标，与从系统角度评价信息检索的指标（召回率与准确率）不同，起初这两个指标并没有得到更深入的研究，因为业界对其如何测定并没有一致的看法。直至Chu, H., Rosenthal, M.在他们的《万维网搜索引擎的比较研究及其方法论》(*Search Engines for the World Wide Web: a Comparative Study and Evaluation Methodology*) 中沿用Cleverdon的研究提出了搜索引擎的六个评价指标：收录范围、查全率、查准率、响应时间、用户负担和输出形式，但二人并没有用输出形式和用户负担去评价任何检索系统的性能。在二人研究的基础上，Jacek Gwizdka和Mark Chignell在他们的论文《网络搜索引擎的信息检索评价指标研究》(*Towards Information Retrieval Measures for Evaluation of Web Search Engines*) 中沿用Cleverdon提出的信息检索系统评价框架对搜索引擎的性能评价指标（包括输出形式和用户负担）进行了详尽论述。

综上所述，信息检索评价可以分为三个方面：效率（Efficiency）评价、效果（Effectiveness）评价和系统数据库的功能。其中效率评价可以采用通常的评价方法，主要研究的是信息检索的时间开销、空间开销和响应速度；系统数据库的功能考察的是数据库的覆盖率（Coverage）、访问量以及数据更新速度等；而效果评价考察的是检索系统对用户信息需求的满足程度，如返回的文档中有多少相关文档、所有相关文档中返回了多少、返回得靠不靠前，即从准确率与召回率的角度评价其性能，反映了系统检索算法的优劣，这就要求信息检索效果评价的前提条件是相同的文档集合、相同的查询主题集合、相同的评价指标，最终对不同的检索系统的性能作出比较。

1. 召回率（Recall）与准确率（Precision）

在信息检索效果评价中，最主要的两个评价指标就是召回率与准确率。召回率反映的是用户所需文献（相关文献）被检出的比率，是衡量信息检索系统满足用户需求的能力指标。准确率反映的是检出文献中用户所需文献（相关文献）的比率，是衡量检索系统抗击干扰文献的能力指标。

评价被检文献是否是相关文献，其标准是该文献是否表述了用户的信息需求，而不是该文献中包含了检索式中的所有检索词。这种区分在实践中经常被误解，因为用户对检索需求的表述通常不是很清晰。如果被检的文献信息与用户信息需求的相关性是可以设定的，那么与召回率和准确率有关的数据可用表10-1的矩阵来表示。该矩阵的列表示被检文献是否与检索要求相关，而行表示文献是否被检索到，矩阵中的元素表示的是文献数量。

根据表10-1，召回率 R 与准确率 P 可用如下公式定义：

召回率：

$$R = \frac{f_{11}}{f_{1.}} \qquad (10-1)$$

准确率：

$$P = \frac{f_{11}}{f_{.1}} \qquad (10-2)$$

表10-1 召回率与准确率的定义

	被检出的文献	未检出的文献	总计
相关文献	f_{11}	f_{12}	$f_{1.}$
不相关文献	f_{21}	f_{22}	$f_{2.}$
总计	$f_{.1}$	$f_{.2}$	$f_{..} = n$

从上述公式可以看出，召回率反映的是检出的相关文献占所有相关文献的比率，考察系统找全答案的能力，与之相对应的是漏检率。而准确率是检出的相关文献占所有被检文献的比率，反映的是检索系统的信号噪声比，考察系统找准答案的能力。两者相辅相成，从两个不同侧面较为全面地反映了系统性

能。因此，召回率和准确率越高，信息检索效果越好，但实验表明，二者往往呈现负相关关系。召回率越高，准确率越低，反之亦然。检索实践表明（Belkin），一个检索系统的召回率与准确率最高只能达到60%和40%。根据最著名的世界文献检索年会TREC（Text Retrieval Conference）2000年举行的第九次会议（TREC-9）的网络检索实践，绩效最优的检索系统的召回率与准确率也只能达到40%和27%，如果介入用户的反馈机制，准确率能达到60%。

召回率与准确率两个互逆指标之所以能够同时存在，是因为很多情况下一种指标可能比另外一种指标更重要。例如，网络冲浪者往往追求的是高准确率，更喜欢搜索引擎返回的第一页上的相关信息，很少对其他网页上的相关信息投以更多的目光。而各种专业的检索人员，如律师和人工智能的分析员们则希望得到更高的召回率，他们的容错检索态度带来的当然是较低的准确率。一般情况下，检索者希望得到较高的召回率同时允许一定的错误率存在。

虽然召回率和准确率得到广泛承认和应用，但它们既不能单独反映检索系统区分文献的能力，又不能直观地对系统性能进行排序，再加上它们之间的反比关系，在对两个检索系统进行比较时，就会遇到难以克服的困难。例如，一个系统的查全率平均为30%，而查准率平均为60%；另一个系统的查全率平均为50%，而查准率平均为40%，那么究竟哪个系统的检索效果更好呢？

为了克服以上困难，近年来国外不少学者致力于寻找一个能综合反映检索结果的单一数量指标，并已取得一定的进展，其中最著名的是F指标。

2. *F*指标评价法（单值评价方法）

Van Rijsbergen提出的*F*指标（单值评价方法）成功地将召回率（*R*）与准确率（*P*）权衡融合成一种新的评价指标。F指标的定义如下：

$$F_\beta = \frac{(1+\beta^2)PR}{\beta^2 P + R} = \frac{(1+\beta^2)f_{11}}{\beta^2 f_{1\cdot} + f_{\cdot 1}} \qquad (10-3)$$

其中，β表示准确率（*P*）对于召回率（*R*）的相对重要性，是一个加权调和平均数。

例如，当$\beta=1$时，其表示在信息用户看来准确率与召回率同等重要。当$\beta=2$时，其表示信息用户认为准确率的重要程度是召回率重要程度的2倍。

当$\beta=1$时，上述公式可简化为

$$F_1 = \frac{2PR}{P+R} R \tag{10-4}$$

此公式表示召回率与准确率在检索者看来具有相同的重要程度。

从F指标的公式定义可以看出，F值越大，检索效果越佳。显而易见，某些情况下不同系统的准确率和召回率互有高低，不便于直接比较，而使用F指标就可以更直观地对系统性能进行排序。

准确率、召回率和F指标是最基本的信息检索效果评价指标，以往这三个指标所测定的都是未作等级排序处理的被检文献集合。网络环境下，几乎所有规范的搜索引擎都对最终的检索结果按照相关程度进行了等级排序处理，并且随着测试集规模的扩大以及人们对评测结果理解的深入，很多专家对信息检索效果的评价指标进行了新的探讨，更准确反映系统性能的新评价指标逐渐出现。

3. 插值准确率（Interpolated Precision）

在对检出文献进行等级排序的情况下，信息检索系统能为用户呈现任意数量的检索结果，我们就可以选取前k（$k \in (0, \infty)$）个命中文献作为评价信息检索效果的测试文献集合。对于每一个这样的文献集合，可根据准确率与召回率的各个对应数值（见表10-2）绘成"准确率-召回率"曲线（见图10-1）。

表10-2 召回率与准确率对应表

召回率	插值准确率
0.0	1.00
0.1	0.67
0.2	0.63
0.3	0.55
0.4	0.45
0.5	0.41
0.6	0.36
0.7	0.29
0.8	0.13
0.9	0.10
1.0	0.08

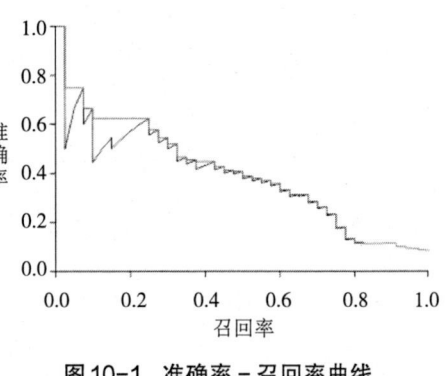

图10-1 准确率-召回率曲线

图表数据及资料来源：Christopher D.Mannin, Prabhakar Raghavan, Hinrich Schütze. Introduction to Information Retrieval[M]. Cambridge University Press, 2008：146.

准确率-召回率曲线之所以呈现明显的锯齿形状，是因为：①如果被检出的第（$k+1$）篇文献是非相关文献，则召回率与由前 k 个命中文献计算的召回率是一致的，即召回率不变而准确率降低；②如果被检出的第（$k+1$）篇文献是相关文献，则召回率与准确率都提高，这样该曲线同时向上向右移动。为了便于观察，使曲线看上去更加平滑，业界人士提出了采用插值准确率（Interpolated Precision）改变该曲线的曲折程度。

插值准确率的定义可表示为：对于某一特定的召回率水平 R，有任意的召回率水平 R'（$R' \geqslant R$），在 R' 水平下的最高准确率即插值准确率（Interpolated Precision——P_{interp}），用公式表示为

$$P_{interp} = \max_{R'>R} P(R') \tag{10-5}$$

该公式表明，在不降低召回率的前提下，几乎每个人都愿意多浏览几篇被检文献。图10-1中的细线表示插值准确率。

为了便于比较不同检索系统的绩效和方便绘出召回率-准确率图表，将召回率水平划分为11个标准的等级（0.0，0.1，0.2，…，1.0），计算每一个召回率水平下所有信息需求插值准确率的算术平均值，该方法被称为"11点标准插值准确率法"，又称为"11点标准召回率下的准确率"。11点插值准确率的算术平均值的计算如下：

$$P_{interp} = \frac{\sum_{i=1}^{NUM} P_R}{NUM} \qquad R = \{0.0,\ 0.1,\ 0.2,\ 0.3, \cdots, 1.0\} \tag{10-6}$$

式中：R 表示某一召回率水平；P_R 表示召回率水平 R 所对应的插值准确率；i 表示第 i 个信息需求；NUM 表示信息需求的总量，即TREC活动中对应的Topic的数量。

4. 平均准确率（Average Precision）

平均准确率是一个通过所有相关文献测定系统绩效的单值指标。如果检索系统能快速返回所需的相关文献，并对被检文献进行等级排序，则该系统的性能较好。平均准确率是满足某一信息需求的被检相关文献的累积量与所有被检相关文献数量比的平均值，因此平均准确率的计算只考虑相关文献的数量，而与检出文献的总量无关。例如，如果一个检索要求有4篇相关文献被检出，其

等级排列序号依次是1，2，4和7，则每篇相关文献被检出后的准确率依次是 1/1=1，(1+1)/2=1，(1+1+0+1)/4=0.75，(1+1+0+1+0+0+1)/7= 0.57。计算式中的0表示该等级序号的文献为非相关文献，这样这些准确率的平均值为 (1+1+0.75+0.57)/4=0.83，则满足该检索要求的所有相关文献的平均准确率为0.83。

5. 均值平均准确率（Mean Average Precision，MAP）

MAP是展现不同召回率水平下的单值质量指标。均值平均准确率是在平均准确率基础之上产生的，平均准确率测定的是某一个信息需求被满足的程度，而均值平均准确率测定的是多个信息需求的平均被满足水平。首先需要计算出每个信息需求的平均准确率，再计算各个信息需求的平均准确率的算术平均值，即使有许多检出文献可同时满足多个检索要求。

均值平均准确率的标准定义：满足某一信息需求 $q_j \in Q$ 的相关文献集合是 $\{d_{1_j}, d_{2_j}, \cdots, d_{m_j}\}$，$R_{jk}$ 是对应于信息需求 q_j 并经过等级排序的检出结果集合（直到第 k 篇文献 d_k 被检出），则

$$MAP(Q) = \frac{1}{|Q|} \sum_{j=1}^{|Q|} \frac{1}{m_j} \sum_{k=1}^{m_j} \Pr ecision(R_{jk}) \tag{10-7}$$

当没有相关文献被检出时，上述方程中的准确率为0。将各个信息需求的平均准确率的算术平均值作为总体信息需求的均值平均准确率，其前提假设是各个信息需求有相同的权重，即使有些信息需求有许多相关文献被检出，而有些信息需求没有一篇相关文献可满足，在计算均值平均准确率时，它们的重要程度是一致的。

实践证明，与其他信息检索效果评价指标相比，MAP不但灵敏度高而且稳定性好。在同一个信息检索系统中，一般情况下由于信息需求不同，计算出的MAP值差别是很大的，如从0.1到0.7变化不等，因此MAP的灵敏度较高。使用不同的信息检索系统时，对于同样的信息需求，计算出的MAP值有较好的一致性，因此MAP指标的稳定性较好。

6. k 处准确率（Precision at k，P@k）和 R-准确率

插值准确率、平均准确率和均值平均准确率测定的是不同召回率水平下的

准确率。在许多重要的应用中，特别是对于网络检索用户而言，其实用性不大。因为网络检索用户真正在意的是检索系统所返回的第一页或前几页中有多少自己需要的优秀的相关文献。这样就需要在少数被检结果（如前10个或30个被检文献）所组成的集合中来测定查询的准确率，被称为k处准确率。

K处准确率的优点是无须估计被检相关文献集合的规模。但在所有经常利用的评价指标中它的稳定性是最差的，同时无法反映检索系统的整体性能，因为一个检索要求的相关文献总量对k处准确率的影响很大。

R-准确率可以克服k处准确率的缺点。

R-准确率要求满足一个检索需求的相关文献数量是已知的，设该数量为Rel，从检索系统所返回结果的前Rel篇文献中查找满足该检索需求的相关文献，假设找到r篇相关文献，则R-准确率为r/|Rel|，该检索集合的召回率也为r/|Rel|。从R-准确率的定义可以看出，其与break-even均衡点（break-even point，斜率为1的直线与召回率-准确率曲线的交点，即召回率与准确率相等的点）所表述的意义是一致的。

R-准确率会随着相关文献集合的规模变化而变化，这样一个优秀检索系统的准确率可以达到1。当然，也不排除类似这样的情况：当Rel=30时，某检索系统所返回的前30条记录组成的检索结果集合中有9篇相关文献，则准确率仅为0.3。

R-准确率与k处准确率的相似之处是都仅仅描述了召回率-准确率曲线上的一个点的信息，并没有反映出整条曲线的状况。但R-准确率无法解释检索者为什么要把目光盯在break-even均衡点上而忽略曲线上的最优点（F指标值达到最大的点）或某一特定应用所需要的检索水平（k处准确率）。

TREC在利用R-准确率测定检索系统性能时，多数情况下使用的是平均R-准确率，通过计算多个检索问题的R-准确率的平均数即可得到平均R-准确率。例如，假设欲回答两个检索提问，满足第一个检索提问的相关文献有50篇，满足第二个检索提问的相关文献有10篇，而检索系统进行查询时，返回满足两个检索提问的相关记录数目分别是25和7，则该系统的R-准确率＝(25/50+7/10)/2=0.6

五、国外信息检索评测

1. TREC 评测

1）TREC（http：//trec.nist.gov）概况

TREC 是 Text REtrieval Conference（文本检索会议）的简称，由美国国防部高等教育计划局（Defense Advanced Research Projects Agency，DARPA）和美国国家技术标准局（National Institute of Standards and Technology，NIST）联合主办，是信息检索研究团体的年度评测论坛以及文本检索领域人气最旺、最权威的评测会议。TREC 评测是完全自愿、免费参加的，开创了信息检索系统评价的新纪元。严格来说，TREC 不单纯是一个会议，而是信息检索界自己的"信息检索的世界技能竞赛"，从 1992 年开始举行第一届一直延续至今，每年的参与者包括当今 IT 界一流学府和企业科研机构的信息检索相关部门。TREC 已从最初的面向文本信息的检索评测演进到视频检索效果评价，目前视频检索效果评价已自成一体，成为一项单独的评价竞赛，称为 TRECVID。

TREC 的组织者认为，对不同系统的比较，其意义并不在于要证明某个系统优于其他系统，而是要把更多不同的技术放在一起公开讨论，以支持信息检索领域的基础研究，为大规模的文本检索方法提供评估办法。于是，TREC 自开办之初，就明确提出了四个目标：①鼓励对基于大型测试集合的信息检索方法的研究；②提供一个开放的思想论坛，与会者交流成果与心得，增进工业界、学术界和政府部门之间的互相了解；③通过展示信息检索理论在解决实际问题方面的重大进步和对真实检索环境的模拟与重要改进，提高信息检索技术从理论走向商业应用的速度；④为工业界和学术界提高评估技术的可用性，并开发新的更为适用的评估技术。

TREC 发展到现在，已经成为备受瞩目的标尺性测试，对信息检索研究领域产生了巨大而深远的影响。今天，在 TREC 评测中一些优秀的算法往往成为研究的焦点，很多商用搜索引擎所采用的核心技术都是由在 TREC 中被证明成功的算法发展而来的。TREC 已经成为信息检索研究人员互相交流学习的重要途径，一年一度的学术讨论和实验竞赛产生了许多新的检索方法和创意。TREC 的巨大成功影响了后续的许多评测会议，如跨语言检索评测会议

NTCIR、CLEF、机器翻译评测TC-STAR等。

2）TREC评测方法及标准

（1）TREC任务

Track——TREC的每个子任务。TREC的每个专题讨论会（workshop）都有若干个子任务（track），在具体的检索任务中定义各子任务的核心内容。最常见的Track是QA（Question Answering），QA Track要求检索系统从各个方面找到一些事实性问题的答案。QA检索系统不仅要对相关文献进行识别，还需要从文献中摘录部分相关信息作为问题的答案。目前，QA Track的服务范畴更加广泛，已经开始承担比较困难问题的回答，如列举性问题和定义类的问题。

TREC QA Track每年的评测任务和评测指标都在不断地变化，大致包括以下几类。

Factoid任务——测试系统对基于事实、有简短答案的提问的处理能力。例如，Where is Brazil located？而一些需要汇总和概括的问题不在测试范围内。例如，如何办理国外旅游手续？如何理财？

List任务——List任务要求系统列出几个满足条件的答案。在TREC2003之前，任务要求被测试系统给出不少于给定数目的实例，如Name 22 cities that have a subway system。TREC2003要求系统要给出满足条件的尽可能多实例，如List the names of chewing gums。

Definition任务——要求系统给出某个概念、术语或现象的定义、解释。例如，What is Information Retrieval？

Context任务——测试系统对相关联的系列提问的处理能力，即对提问i的回答还依赖对提问j（i>j）的理解。例如，a.海地的哪个城市在2010年遭到地震的重创？b.这次地震发生在哪一天？c.有多少人在这次灾难中丧生？

Passage任务——TREC2003提出的新任务。和其他任务不同的是，它对答案的要求偏低，不需要系统给出准确答案，只需要给出包含答案的字符序列（a small chunk of text that contains an answer），即答案所在行文的大致位置。

Other任务——TREC2004才定义的任务。TREC2004的测试集包括65个目标（Target），每个 Target 由数个 Factoid 问题，0—2 个 List 问题和一个 Other 问题组成。其中，Other 问题的返回答案应该是一个非空的、无序的、无限定的关于这个 Target 的描述，且不包括 Factoid、List 问题已经回答的内容。

（2）检索提问

Topic——预先确定的问题，用来向检索系统提问，即由问题（Topic）自动或手工生成检索提问（Query）。

Topic 的结构一般由标题（Title）、描述（Description）和相关详述（Narrative）构成。Title 通常由几个单词构成，非常简短；Description 通常由一句话构成，比 Title 详细，包含了 Title 的所有单词；Narrative 可以更详细地描述哪些文档是相关的。具体示例（见图10-2）。

```
<num> Number: 351
<title> Falkland petroleum exploration
<desc> Description:
What information is available on petroleum exploration in the South Atlantic near the Falkland Islands?
<narr> Narrative:
Any document discussing petroleum exploration in the South Atlantic near the Falkland Islands is considered relevant. Documents discussing petroleum exploration in continental South America are not relevant.
```

图10-2　Topic 的一般结构

Topic 的结构信息对于文档的精确定位有重要作用。使用 Topic 时，与会者按照会议要求，利用 Topic 文本中的部分或者全部字段（由于超文本分析的复杂性，多数都运用 title 域），使用手工和自动两种方式构造适当的查询条件，在提交查询结果时要注明查询条件的产生方式。

Topic 的构建方式：以模拟的方式建立，并非实际搜集而来，每届的测试主题均由 1—2 人建构发展——描述方式及词汇运用的一致性。

（3）文献集合

Document——包括训练集（Training Set）和测试集合（Testing Set）。收

录的主要是新闻性文件及杂志期刊,文件的异质性较强,尤其文件的长度差异很大。

(4)相关性评估

Relevance Judgements——相关性评估。主要根据主题的 Narrative 栏位进行,判断相关与否的原则是,只要文件与主题部分相关即可(即使只是数句),并不要求文件的每个部分均与主题相关。在早期的检索实验集合中,相关性评估是全方位的,就是说,由专家事先对集合中每一篇文献与每一个检索提问的相关性作出判断。但是,由于 TREC 的文献集合如此庞大,全方位的判断是不可行的。因此,TREC 使用了评判池技术,创建一个文献子集(称为"Pool")作为判断与检索提问相关性的依据。

相关性评估的过程如下。首先,对于每一个 Topic,NIST 从参加者检出的结果中挑选一部分运行结果,从每个运行结果中取前 100 个命中文档,然后用这些文档构成一个文档池,使用人工方式对这些文档进行判断。相关性判断是二元的:相关或不相关。没有进行判断的文档被认为是不相关的。其次,NIST 使用 TREC 检索评估软件包(treceval)对所有参加者的运行结果进行评估,给出大量参数化的评测结果(主要是准确率(precision)和召回率(recall))。根据这些评测数据,参加者可以比较彼此的系统性能。同时生成相应的图表,如摘要统计表(Summary Statistics Table)、召回率与准确率对应表(Recall Level Precision Average Table)和召回率-准确率图(Recall/Precision Graph)等。

2. NTCIR 评测

1)NTCIR 概况

NTCIR 是由日本文部科学省下的情报信息研究所(NII)主办的多语言处理国际评测会议。主要关注中、日、韩等亚洲语种的相关信息处理。该评测会议的主要目的就是增强信息存取(Information Access,IA)技术的研究交流,包括信息检索、问答系统(Question Answering,QA)、文本摘要(Text Summarization)、文本抽取(Text Extraction)等。其举办目的主要为以下几方面。

(1)提供大规模可重复利用的测试文献集合,并在此基础上比较不同语言处理系统的性能，建立通用的评测体系和标准。

（2）为对检索系统性能比较感兴趣的研究人员提供各种用来交流思想的相同兴趣小组，讨论实验方法的论坛。

（3）探索研究各种信息存取技术优劣的评测方法和更科学地构建大规模可重用数据集合的方法。

首届 NTCIR 评测会议发起于 1997 年，每一年半举办一次。相比 TREC 等评测会议来说，虽然 NTCIR 评测举办历史不长，但发展很快，几乎每届都会根据上届情况和当前研究热点提出新的比赛项目，参与的单位数目也急剧增加。其中，在第 5 次 NTCIR 评测会议上，有来自 12 个国家和地区的超过 100 个研究小组参加了各种类型的评测，会议的影响不断扩大。

NTCIR 项目从开创之初就一直关注传统的基于实验室类型的信息检索系统评测和更富挑战性的技术评测。在传统的基于实验室类型的 IR 系统测试部分，NTCIR 研究重点包括两个方面：对包括日语在内的亚洲各语种的信息检索和跨语言信息检索（CLIR）；对于挑战性较强的前沿技术方面，研究重点发生了转变，以文献检索为目标的技术不再是 NTCIR 研究的重点，而如何从文献中检索出相关信息和如何利用文献中的信息成为 NTCIR 的重点攻关项目。NTCIR 还进行了更接近现实需求的评价标准和体系的研究，包括对摘要抽取方法的评测、相关性等级判断及针对特定文献类型检索和处理的评价方法。

NTCIR 发展的一个主要动因就是它所提供的大规模的能应用于各评测项目上的文献集合及经过整理的上千个专题。NTCIR 文献集合主要来源于 NACSIS 学术会议论文资料库中的摘要和关键词等资料，为英日对照，每篇文献均具有 SGML 标示，部分文献还有词类标注。NTCIR 文献集合的另一个主要来源就是各种主流新闻报刊，以及日本国内近几年发表的专利文献，文献和专题规模每届都在不断增加。

NTCIR 另一个主要的努力方向则在信息检索评价标准的探索和完善上，每届评测会议不但提供用于实验的测试数据集合和统一的评价程序，而且还针对各主要比赛项目制定很细致的评价标准，以便于各参加单位使用不同的测试算法对 NTCIR 提供的统一数据集合和评价标准进行测试以评价各自检索系统的性能。

尽量符合信息检索任务要求的宗旨。在采纳传统的基于Recall-precision和Precision的评测体系的同时，也引入了更能反映检索内容相关性的F指标评测体系。

大规模可重复利用的标准测试集在信息存取（IA）研究中的重要性已经被普遍认可，而以提供数据集和交流论坛为特征的评测会议也被看成是有力活跃科学研究、交流研究思想创意和进行技术交换的重要形式。

2）NTCIR跨语言信息检索评测

NTCIR跨语言信息检索评测以亚洲语言为主，初期是以英文和日文的跨语言检索为主。2000—2001年台湾大学陈光华教授和陈信希教授与日本文部科学省情报信息研究所合作，共同举办中文信息检索评比和英中跨语言信息检索评比。2001—2002年评测范畴扩大至中、日、韩、英四国语言的跨语言信息检索系统的比较。NTCIR跨语言信息检索评测的主要内容如下。

（1）评测日程安排。NTCIR的大致评测日程：参加评测队伍申请截止日期；文档集合发布；检索提问（查询条件）集合发布；参评队伍提交结果；英文文档集合发布；参评队伍提交英文结果；参评队伍得分发布；提交会议论文截止日；举办NTCIR Workshop会议。

（2）跨语言信息检索评测子任务。一般情况下，每届跨语言信息检索评测包含以下三项子任务。

单语言检索：提供给参评队伍的文献集合与查询条件集合属于同种语言，所以包括中文、英文、日文、韩文四种语言。

双语检索：给定某种语言的查询条件集合，在另一种语言的文档集合中查找相关文档；参评队伍在报名时刻可以选择自己想要参加的双语检索类型。

多语言检索：给定四种语言其中之一的查询条件集合，在两个或者两个以上语言构成的文档集合里面查找相关文档，比如NTCIR5就允许参评队伍任意选择四种语言中的一种语言作为查询条件，然后在中、英、日、韩所有四种语言的文档集合中查找相关文档。

3）评测语料

跨语言信息检索评测语料包括查询条件集合、文档集合以及标准答案三个部分。查询条件（Topic）模拟用户需求，由若干字段组成，采用规范格式描述用户希望检索的信息；文档集合是由海量的文献构成的数据源。每个参评队伍在得到查询条件集合及文档集合后构造自己的单语言检索系统或者跨语言检索系统，并将检索结果按照指定的格式提交给NII，NII将各队提交的答案和标准答案进行比较，其得分用以评价参赛队伍检索系统的效果。

（1）检索提问（查询条件，Topic）。信息检索中的检索提问是模拟真实世界中用户搜索信息的行为，NTCIR的检索提问遵循基本的格式，其格式延续TREC的检索提问定义，每一检索提问包括标题、描述和相关详述。由于NTCIR是跨语言信息检索评测会议，因此也提供不同语言的检索提问集合，在每个检索提问中加上语言的类别标签。NTCIR的检索提问是由日本、韩国、中国台湾及TREC共同制作的，因此NTCIR的检索提问集合具有国际化的特色。而且，每一个检索提问都有四个语言的版本，亦即中文、英文、日文及韩文。NTCIR使用标记表明该查询条件的制作机构采用的语言，如CH</SLANG>表示该问题是由中国台湾制作的；EN</SLANG>是由TREC制作的；JA</SLANG>是由日本制作的；KR</SLANG>则是由韩国制作的。标记则用于表明该检索提问目前所采用的语言。

（2）文档集合（文献集合）。NTCIR跨语言信息检索的文档集合也同样包含中文、英文、日文以及韩文四种语言，中文、英文和日文分别收集近期中国台湾和日本报社的新闻，韩文为1994年的经济新闻。整体而言，中文和日文文件量相当，其次是韩文、英文，其文件数量相对较少。

随着NTCIR评测的逐渐完善，其文档集合也在不断地扩展和完善。每次评测制定文档集合会根据上届各个参评队伍返回的意见不断调整语料集合并修正一些错误。在四种语言的文档集合中，日文、韩文以及英文的变动相对较小，中文文档集合的变动相对较大。

NTCIR的文档集合中的每个文档也采用XML标签来对文档不同域进行标记。

（3）相关判断。NTCIR在判断文档集合哪些文档是标准答案的时候与TREC一样采取Pooling做法。也就是说，针对每个查询主题，从参与评比的各系统所送回的测试结果中抽取出前列文档，合并形成一个Pool，视之为该查询主题可能的相关文档候选集合，将集合中重复的文档去除后，再送给该查询集的构建者进行相关判断，以此得到的相关文档作为标准答案来评价每个参评队伍检索系统的性能。

（4）评价指标。参评指标主要采用MAP和R-Precision两个指标。

3. CLEF评测

CLEF（Cross-Language Evaluation Forum）由IST Programme of the European Union资助，推进了跨语言信息存取技术的研发。对运行于欧洲各国语言（单语言和跨语言）环境下的信息检索系统提供了测试、调整和评价的基础数据库，为系统的研发者创建了用于基准测试的可重复利用的测试数据集合。

CLEF是在2005年举行的TREC年会Cross-Language子任务（Track）的基础上发展而来的。2000年，多语种信息检索系统的评价传入欧洲，第一届CLEF专题讨论会召开。从那时开始，越来越多的参加者证明了这种正确的选择。不同语种的最优信息检索方法是不一样的，因为每种语言都有其自身的词语结构规则和独具特色的词义。因此，研究每种语言的语言学规则和信息检索算法是非常有意义的，CLEF成立的目的就是推进这方面的研究发展。

在研究基础数据库的构造上，CLEF几乎完全仿照了TREC模式。该研究的基础设施是多语种文献集合（最初是1994、1995和2000年的法国国家报纸），CLEF一直努力致力于增加其他语种文献集合。目前CLEF的研究资源已扩展到了以下语种的文献集合：英语、法语、西班牙语、意大利语、德语、荷兰语、捷克斯洛伐克语、瑞典语、俄语、芬兰语、葡萄牙语、保加利亚语及匈牙利语等。

与TREC相似，CLEF也设立了QA Track，并且吸引了许多参与者。除了要求查询到检索问题的简短答案外，CLEF的测试系统还需要克服语言障碍。因为，大多数情况下，检索提问所使用的语种与文献集合的语种是不一致的。因此参与会议的所有语种的Topic（检索提问）都被翻译成论坛可能使用的Topic语言，论坛的参与者们开始确定Topic时可能使用一种语言，然后在进行文献检索时要使用另外一种语言。对于文献集合中没有与检索提问相关的文献时，该类检索提问也能得到CLEF的妥善处理。

　　CLEF提供的Topic语言种类要多于文献集合的语种数量。无法吸引计算机语言学研究的一些语种也可以作为Topic语言使用，如阿比西尼亚语、孟加拉语、库希特语、印度尼西亚语等。参与评测的信息检索系统返回各自的检索结果，CLEF对各个检索系统的绩效进行智能评估。检索结果的相关性评测一般由讲相应文献语言的本国人来承担。CLEF的研究成果不仅推动了科学技术的进步，而且也极大地提高了检索系统的性能，如字符n-grams不需要词干抽取就可以直接表示文本。

　　问题的正确答案的数量是主要的评价指标。在过去的几年里，参与评测的检索系统性能有了很大改善。在2005年，6个检索系统的准确率都达到了40%，甚至有2个参与评测的系统的准确率已经超过了60%。

　　CLEF QA Track定义了单语和多语两个任务：

　　单语言任务——输入提问是某种语言，输出的答案就是某种语言。到2005年，单语言任务大约占总任务的61%。

　　多语言任务——输入提问可以是任何一种语言，但系统给出的答案必须是英语文本。

　　CLEF的多语言任务的准确率要低于单语言任务准确率的10%。单语言和跨语言检索的准确率之所以有如此大的差别，主要原因是翻译误差导致了检索结果中出现了非相关文献。当然，目标语言中也许没有检索词的同义词，这样就导致原始语言检索系统绩效的降低。应该说，检索词之间的差异要远远大于检索系统绩效的差异。

六、国内信息检索评测

　　20世纪90年代，随着中文信息处理研究中的汉字编码和分词等基本问题取得重大突破、中文信息处理技术的长足发展和中文信息处理数据规模的扩张及国内外学术交流的增加，国内信息检索领域的研究者逐渐认识到了评测对于研究的促进作用。国内的相关研究机构开始尝试参加TREC国际评测，但由于中文测试项目的缺失，中文信息处理技术无法得到有效检验。为此，国内的研究机构和科研管理部门组织召开了多个面向中文信息处理技术的评测会议，其中比较有影响的是863评测、全国搜索引擎和网上信息挖掘会议（SEWM）。

1. 863信息检索评测

（1）863信息检索评测简介

863评测全称为863中文信息处理与智能人机接口技术评测，是由国家863计划智能机主题（现软硬件主题）专家组发起并主办的系列评测活动，旨在为中文信息处理与智能人机接口技术的研究提供一个可供比较的基准，并促进相关的研究工作进展及产业化。

863中文与接口技术评测活动起步比较早，20世纪80年代末，国家863计划智能计算机主题（"十五"期间为计算机软硬件技术主题）专家组就开始酝酿通过公开的评测活动，对相关的研究工作进行客观的评价。1990年进行了一次试验性质的语音识别技术评测，共有5个系统参加评测。1991年进行了正式的第一次评测，有语音识别和汉字识别2个类别、16个系统参加评测。

863中文与接口技术评测，是针对某些关键技术进行的评测，而不是对某个系统的整体水平的评测，更有别于产品的评测。其最主要的目的有三点：一是了解和掌握国内外中文信息处理和智能人机接口技术领域的现状，检查863计划信息领域计算机主题中相关课题的进展情况，发现关键技术存在的问题，以便在后续863计划中有针对性地给予支持，并为863的进一步资助提供参考；二是为相关技术研究提供公共的测试基准（Benchmark）和构造公共的训练及测试数据资源，为相关领域研究人员提供交流的机会；三是填平研究与应用之间的鸿沟，推动技术进步和成果的应用与产业化，即对现有技术进行评测，为应用方寻找合适的技术，同时根据应用提出评测课题，对研究工作加以引导。

根据863计划课题设置情况，结合相关技术的成熟度和发展趋势，每次863中文与接口技术评测的内容和侧重点有所不同。总体来看，863评测有两大部分：中文信息处理和人机接口技术。其中，中文信息处理包括机器翻译（MT）、汉语分析（含汉语分词、词性标注和命名实体识别）（SEG）、信息检索（IR）、文本分类（TC）、文本摘要（TS）；人机接口技术包括语音技术（语音识别（ASR）、语音合成（TTS））、文字识别（印刷体、手写体、联机、脱机等）（CR）、生物特征识别（人脸检测与识别）（FR）等。

2003年，国家"863"计划软硬件主题设立了"中文信息处理和智能人机接口技术评测"专项课题,对包括机器翻译、语音识别、信息检索在内的中文信息处理关键技术进行评测,该课题由中国科学院计算技术研究所承办,吸引了国内外众多研究单位参加。信息检索评测的目的并不仅仅定位为863课题验收或资格认证,而是要了解国内在中文信息检索技术领域的研究现状,验证互联网环境下大规模数据的中文信息检索技术的系统有效性,推动技术进步和成果的应用及转化,成为这个领域技术评价和交流的平台。863专家组决定,从2005年开始采用国际上通行的网上评测方式,即通过Internet发布数据和提交结果的方式进行评测。

2)863信息检索评测过程

(1) 确定评测项目,制定评测大纲。这个阶段的工作主要是根据上一年度评测的情况,结合目前863计划相关课题的设置和技术发展趋势,确定该年度的评测内容,并制定了评测大纲(主要包括评测内容、评测方法和评测指标等)。在评测大纲的制定过程中,评测组通过专家调查法的方式,如开会讨论、电子邮件等充分征求往年的参评单位和一些著名专家的意见,形成比较规范合理、被参评单位所普遍认可的评测大纲。

(2) 公告和受理报名。863评测组将评测大纲和报名表以中英文两种形式在评测网站(http://www.863data.org.cn)及一些著名的邮件列表上公布,并受理报名。参评单位根据评测大纲选择所要参加的评测类别和评测项,分类填写报名表,并在规定的报名时间内提交。在报名表上,参评单位要给出单位和系统的基本信息,并按照评测的要求作出相应的承诺,然后将报名表以传真和电子邮件两种方式发送到评测组。

(3) 组织评测数据。根据评测大纲,设计和组织评测数据。评测数据包括训练集、开发集和测试集数据。

训练集数据供参评单位训练系统用。开发集数据模仿测试集数据的模式,供参评单位调试参评系统。测试数据用于正式评测。所有测试数据都由评测组开发或者由合作单位提供。这些数据都通过评测网站在网上发布,参评单位可以得到评测组提供的一个账号和密码。评测单位在网站上下载数据后,在自己的软硬件环境中运行参评系统,在规定的期限内,登录网站并通过网络提交结果。

第十章 信息检索效果评价及信息的分析利用

对于测试数据，评测组（和合作单位）负责制作参考答案，用于对参评系统提交的结果进行评价。同时，评测组还为每项评测提供了评测的软件工具。

在评测结束后，评测组会将所有的数据（含参考答案和评测软件）打包整理，并通过ChineseLDC向社会公开发布，以促进研究工作。

（4）统计和公布评测结果。结果评价的方法依具体评测项目有所不同，总体上可以分为主观评价和客观评价两大类。

对于客观评价的评测项目，由评测软件自动统计各系统提交的运行结果，形成评测结果。

对于主观评判的评测项目，由评测单位聘请有关专家，按照评测大纲的规定对参评系统提交的结果进行人工评判，最后进行统计，形成评测结果。

由评测单位对评测结果进行核对，上报863专家组。同时，将各单位自己的结果和相关项目的最好结果通过电子邮件通知各参评单位，完整的评测结果在评测研讨会上公布。

（5）组织评测技术研讨会。下面以2005年的863信息检索评测为例来介绍一下该评测活动的相关内容。

A.评测项目。2005年的评测项目主要是相关网页检索，引入了链接信息的检索，类似于TREC评测的Web Track的中文版。

B.测试数据。2005年863信息检索评测的测试数据（评测语料）集合是由北京大学计算机网络与分布式系统实验室提供的以中文为主的Web测试集CWT100g（Chinese Web Test Collection with 100GB Web Pages）。该测试数据根据天网搜索引擎截至2004年2月1日发现的中国范围内提供的Web服务的1000614个主机，从中采样17683个站点，在2004年6月搜集获得5712710个网页，包括网页内容和Web服务器返回的信息，真实容量为90GB。

C.评测指标。MAP（Mean Average Precision）：单个主题的平均准确率是每篇相关文档检出后的准确率的平均值。主题集合的平均准确率（MAP）是每个主题的平均准确率的平均值。MAP是反映系统在全部相关文档总体性能上的单值指标。被检出的相关文档越靠前（rank越高），MAP就可能越高。如果系统没有返回相关文档，则准确率默认为0。

R-Precision：单个主题的R-Precision是检索出R篇文档时的准确率。其中，R是测试集中与主题相关的文档的数目。主题集合的R-Precision是每个主题的R-Precision的平均值。

P@10：单个主题的P@10是系统对于该主题返回的前10个结果的准确率。主题集合的P@10是每个主题的P@10的平均值。

D. 评测方式。参加单位用自己的信息检索技术在CWT100g上建立一个查询系统，由评测组提供一个查询测试集，收集各个参加系统的查询结果。

E. 评测内容。给定表达用户的内在信息需求的主题，返回测试集中与该主题相关的网页并按相关度进行排序。检索结果采用的是二元评判方式，即一个网页或者与主题相关，或者不相关。一个网页与主题相关，必须同时满足两个条件：网页的内容切合主题或网页的内容符合主题的desc域（描述）和narr域（叙述）提出的约束条件。采用自动和人工两种方式根据查询主题构造查询条件，并通过这两种查询条件构造方式的查询结果来比较各个系统的性能。

2. SEWM中文Web信息检索评测

SEWM中文Web信息检索评测是由北京大学网络实验室主办的中文Web检索评测项目，自2004年开始在全国搜索引擎和网上信息挖掘学术研讨会（Symposium of Search Engine and Web Mining，SEWM）上举办。其目标在于为中文信息检索领域的研究人员提供一个标准的评测平台，希望在国内外各个研究小组的共同参与下建立并完善以中文为主的网页测试集CWT（Chinese Web Test Collection），以改变由于大规模中文网页测试集的缺失对中文检索技术发展的制约态势，通过网页测试集来研究各种检索技术的优劣以改进检索系统在真实网页环境下的性能，一起推动中文Web信息检索技术的发展。

1）SEWM中文Web评测的任务

SEWM中文Web评测有TD任务（Topic Distillation，主题提取任务）和HPNP任务（Home Page Finding Task/Named Page Finding Task，主页和指定页面查询/导航搜索任务）。这两个任务能够较好地反映网页检索中用户的信息需求。其中，HPNP任务混合了主页查询（HP）和指定页面查询（NP）两个子任务。

（1）TD任务。TD任务的目的是对于一个特定主题发现一组关键资源。注重以站点作为资源的查询。要求是在前10个结果中寻找尽可能多的不同站点（用它们网站的入口页面表示）。

第十章 信息检索效果评价及信息的分析利用

例如，对于主题"linux"，在CWT100g中的下面站点可能被认为是关键资源：

http：//www.oldlinux.org/　　　linux org

http：//www.mhdn.net/os/29/　　明辉开发者网络 linux 区

http：//www.redflag-linux.com/　红旗 Linux

被判断为一个关键资源，返回页面应该是一个站点的好的首页面。判断是否为一个好的首页面，应该考查结果是否符合下面三个条件：是否大部分切合主题；是否提供主题的可靠信息；是否是一个更大的切合主题站点的一部分。

对于"linux"这一主题，页面"www.mhdn.net"不符合第一个条件，而页面"http：//www.redflag-linux.com/chanpin/Desktop/index.html"不符合第三个条件。

提供主题（Topic）格式和 TREC 一致，实例为。

\<top\>

\<num\> Number：

\<title\> linux \</title\>

\<desc\> Description：找到和 linux 主题相关的站点

\</top\>

查询（query）可以从主题的描述中自动产生，也可以人工产生。自动方法是系统以完全自动的方式从主题中抽取出查询问句，其他任何方式都是人工的。对于大多数运行结果来说，从主题中产生查询时可以用任何一个域或者所有的域。可根据在前10个结果中有几个正确的答案来判断系统的性能。使用前10个结果的精确率和前10个结果的平均精确率（P@10）来评判。

（2）HPNP任务。用户有时候会用名称来查询特定的网页。在这种情况下，一个有效的检索系统将在第一个或前几个返回结果中给出那个网页。

这项任务是两个子任务的组合：HP查询和NP查询。在这两种情况下，查询结果只有一个并且用户的查询需求常常是页面的名称。不同的是HP查询的目标通常是一个网站的主页，而指定页面查询所找到的可以不是一个主页，而是满足用户需求的特定页面。

2）SEWM中文Web评测的流程

（1）参赛队申请获得所需数据（包括测试集和训练集数据）。

（2）各参加评测单位根据训练集数据以及测试集数据的链接关系建立分类

系统,给出待分类文档中所有网页的类别号(对于一个网页属于多个类别的情况,只须给出至多一个分类结果类别,如果测试页面是垃圾网页或文字含糊没有明确内容,其分类结果就为空),保存为结果。

(3)各参加评测单位分类完成后,在规定日期内将结果提交给评测组织人员。

(4)各参加评测单位分类结果收集完成后,评测组织人员从待分类文档集合中随机抽取一定数量的网页作为目标网页进行评测。

(5)对于抽取的网页集,通过对各参加评测单位的分类结果进行统计,给出每个网页的候选类别结果,随后人工标注正确类别。

(6)根据人工标注分类结果,对各参加评测单位的分类结果进行综合评测。评测结束后,抽取的网页集将提供给各参评单位下载。

3)提交和判断

(1)所有的结果在规定日期之前,提交给北大网络实验室。

(2)提交信息。

主题提取:提交若干组运行结果。对于每个查询,列出一定数量的结果。

主页/指定网页查询:提交若干组运行结果。对于每个查询,列出一定数量的结果。格式如下(一个结果一行):

topic-id rank sim url

topic-id:topic 主题的编号

rank:在返回结果中文档的位次

sim:主题与文档的相似度计算值

url:结果的 url(为文档数据中的 URL 字段内容)

(3)针对每个任务,接受每个参赛队的若干组正式提交结果,但是否能够全部被评测则依赖于提交数目、重叠度和可获得的判断资源。对于每个任务(主题提取和两个主页/指定网页查询),选择每个参赛队提交的运行结果中有部分结果被评估。

(4)所有的评测工作将由评测组的评估人员完成。

(5)评估的标准是二元的:是关键资源或者非关键资源,是主页/指定网页或者非主页/指定网页。

(6)评估是基于文档内容完成的。此外,文档的 URL 也是评估的依据。

特别对于主题提取，文档中包含的链接（特别是在同一个网站上）所指向的文档也是评估的依据。

第二节 信息分析与利用

一、期刊文章统计分析

1. 期刊文章数量的统计分析

（1）期刊文章年度数量的统计分析。期刊文章的年度数量是指每一个自然年度内有关某一主题的文献的发表数量的多少，是表示某一研究领域或研究主题发展状况的绝对数值表示方法之一。可以通过文章发表数量的多少与参与机构或参与人员的比例来表示论文发表相对数量的演进趋势。

在对期刊文章进行检索时，几乎所有检索工具都会对文章的发表年度进行自动统计，并标示出文章的具体发表年限，这样可以粗略地将其认为是文章的年度发表数量。为了更精确地分析期刊文章的发表数量，需要去除征稿通知、会议通知、投稿须知等干扰性文章或噪声文章。由于检索工具具有实时更新性，因此在进行期刊文章统计分析时，需要标明进行数据检索的时间。例如，以"主题"为检索入口对"知识管理"的相关期刊论文进行检索时，可得到23921个检索结果（见图10-3）。如果在检索字段中去除"须知"类等干扰性文章进行二次检索发现，可得到23916个检索结果（见图10-4）。如果在检索字段中同时去除"须知"和"通知"等干扰性文章进行三次检索发现，可得到23877个检索结果（见图10-5）。如果干扰性文献已经去除，那么可根据检索工具文章年度发表数量的统计结果进行图表分析。根据第三次的检索结果，文章年度发表数量（见表10-3），年度发表数量的折线图和柱状图（见图10-6和图10-7）。

（2）期刊文章累积数量的统计分析。期刊文章累积数量的统计分析是指统计与分析期刊文章的逐年累积量，累积量是指每年之前文章发表数量的总和，累积发表数量的曲线图（见图10-8）。

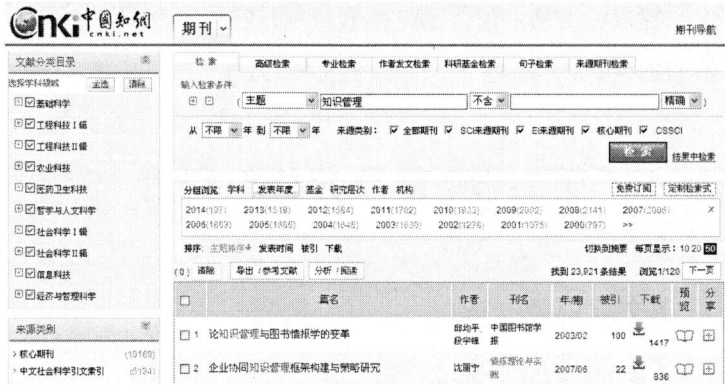

图10-3 以"知识管理"为主题进行检索

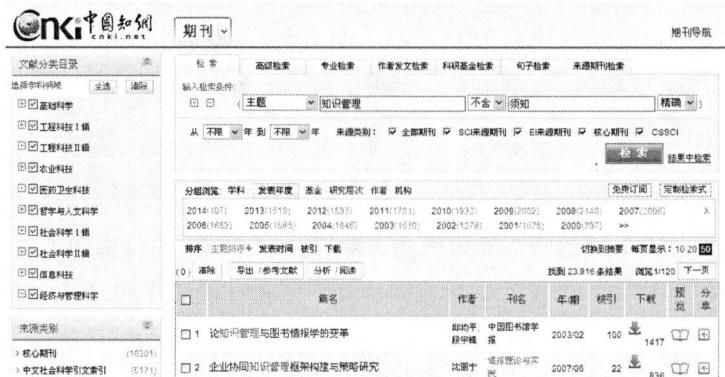

图10-4 以"知识管理"为主题剔除"须知"的检索结果

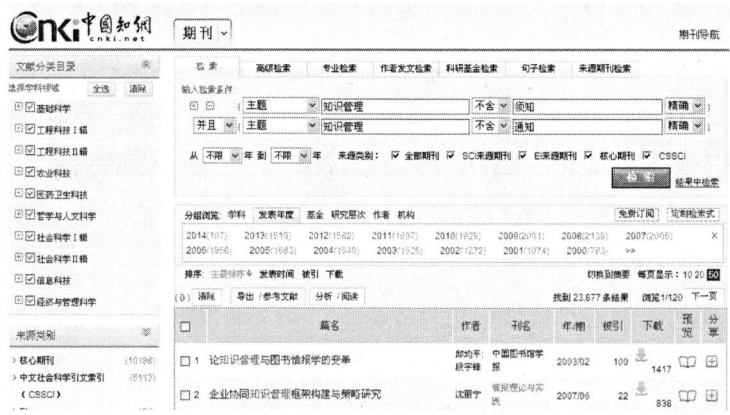

图10-5 以"知识管理"为主题剔除"须知"和"通知"的检索结果

表 10-3 知识管理领域期刊文章数量统计结果

年度	1958	1982	1986	1987	1988	1989	1990	1991
文章数量（篇）	1	2	2	6	3	1	4	3
年度	1992	1993	1994	1995	1996	1997	1998	1999
文章数量	3	4	14	11	14	6	188	568
年度	2000	2001	2002	2003	2004	2005	2006	2007
文章数量	793	1074	1272	1626	1640	1683	1658	2005
年度	2008	2009	2010	2011	2012	2013	2014	
文章数量	2138	2001	1929	1697	1582	1519	107	

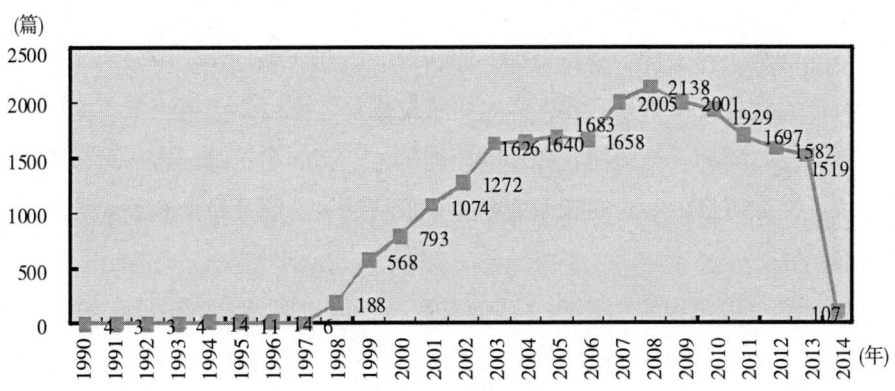

图 10-6 知识管理期刊文献的年度发表数量折线图（1990—2014年）

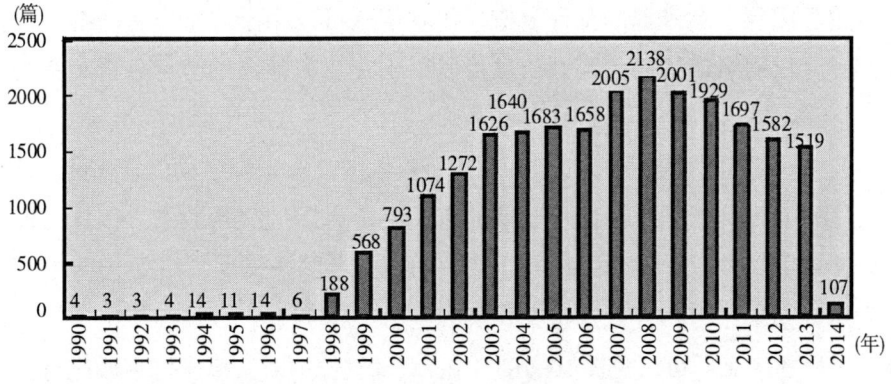

图 10-7 知识管理期刊文献的年度发表数量柱状图（1990—2014年）

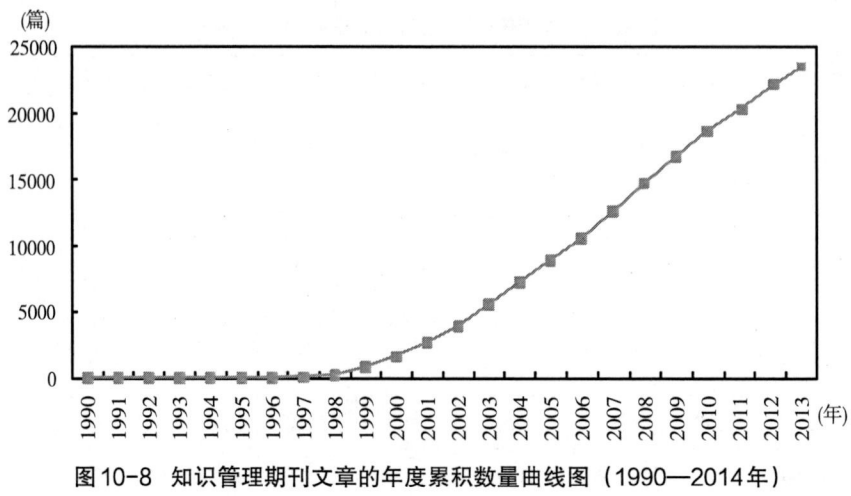

图10-8 知识管理期刊文章的年度累积数量曲线图（1990—2014年）

2. 期刊文章来源的统计分析

来源就是期刊文章主要发表在哪些刊物上。在文献计量学中分析文章来源的主要理论就是布拉德福定律，经典的布拉德福定律可以离析出某一主题文章所刊载的核心期刊、相关期刊和外围期刊等，广义的布拉德福定律可以根据阅读人或者文献信息中心对期刊覆盖率的要求将某一主题文章所刊载的核心期刊分为多个区。

对于某一主题内容的期刊文章信息而言，可以利用NoteExpress软件从相应的数据库中进行批量获取，每条记录可包括文章作者、文章题名、文章来源（刊载期刊）、关键词、作者单位等相关字段信息。其中，文章来源信息可以用于期刊文章来源的统计分析，作者信息可以用于文章作者的统计分析和作者合作网络的绘制，词频信息可以用于文章关键词的统计分析和共词网络的构建。

在分析期刊文章来源的时候，利用所获取的文章来源字段信息就可以统计出具体的期刊文章来源及其所刊载的有关某一主题的文章数量。例如，检索2013年有关"文献计量学"研究主题的期刊文章题录信息，用图10-9的表单来表示。如果想分析究竟这些文章发表在哪些期刊上，只须提炼出"文献来源"字段的信息即可（见图10-10）。在Excel软件中对文献来源字段进行排序并对该字段进行分类汇总统计即可，通过期刊刊载文章的多少来确定该领域的核心期刊。

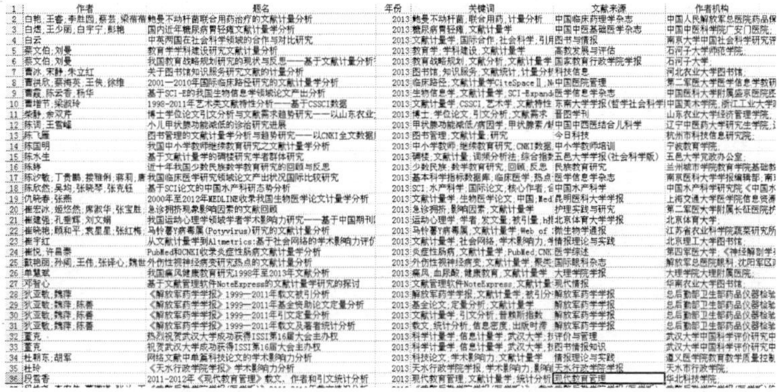

1	作者	题名	年份	关键词	文献来源	作者机构
2	白艳;王睿;李胜园;蔡芸;梁蓓蓓	鲍曼不动杆菌联合用药治疗的文献计量分析	2013	鲍曼不动杆菌;联合用药;计量分析	中国临床药理学杂志	中国人民解放军总医院药品保
3	白煜;王少丽;白宇宁;彭艳	国内近年糖尿病胃轻瘫文献计量学分析	2013	糖尿病胃轻瘫;文献计量学	中国中医基础医学杂志	中国中医科学院广安门医院;
4	白云	中英两国在社会科学领域的合作与对比研究	2013	文献计量学;国际合作;社会科学;引用	图书与情报	南京大学中国社会科学研究评
5	蔡文伯;刘曼	教育学学科建设研究文献计量分析	2013	教育学;学科建设;文献计量学	高教发展与评估	石河子大学师范学院;
6	蔡文伯;刘曼	我国教育战略规划研究的现状与反思——基于文献计量分析	2013	教育战略规划;文献分析;文献计量学	国家教育行政学院学报	石河子大学;
7	曹冰;宋静;朱立红	关于图书馆知识服务研究文献的计量分析	2013	图书馆;知识服务;文献统计;计量分析	科技信息	河北农业大学图书馆;
8	曹洪欣;蔡梅英;王侠;徐维	2001—2010年国际临床路径研究的文献计量学分析	2013	临床路径;文献计量学CiteSpaceⅡ;N	中国医院管理	第二军医大学医学信息学教研
9	曹霞;陈云香;杨华	基于SCI-E的我国生物信息学领域论文产出分析	2013	生物信息学;文献计量学;SCI-Expand	医学信息学杂志	中国医科大学附属盛京医院医
10	曹增节;梁淑玲	1998-2011年艺术类文献特性分析——基于CSSCI数据	2013	文献计量学;CSSCI;艺术学;文献特性	东南大学学报(哲学社会科学	中国美术学院;浙江工业大学
11	柴静;余双芹	博士学位论文引文分析与文献需求趋势研究——以山东农业	2013	博士;学位论文;引文分析;文献需求	晋图学刊	山东农业大学经济管理学院;
12	陈词;王雪峰	小儿甲状腺功能减低的诊治研究进展	2013	甲状腺功能减低/病因学;甲状腺素/	中国中西医结合儿科学	辽宁中医药大学研究生学院;
13	陈飞雁	图书管理的文献计量学分析与趋势研究——以CNKI全文数据	2013	图书管理;文献计量;研究	今日科技	杭州市科技信息研究院;
14	陈国明	我国中小学教师继续教育研究之文献计量学分析	2013	中小学教师;继续教育研究;CNKI数据	中小学教师培训	宁波教育学院;
15	陈水生	基于文献计量学的碉楼研究学者群体研究	2013	碉楼;文献计量;词频分析法;综合指数	五邑大学学报(社会科学版)	五邑大学党政办公室;
16	陈婷	近十年我国少数民族数学教育研究的回顾与反思	2013	少数民族;数学教育研究;回顾;反思	民族教育研究	兰州城市学院教育学院基础教
17	陈汐敏;丁贵鹏;接雅俐;蒋莉;唐	我国临床医学研究领域论文产出状况国际比较研究	2013	基本科学指标数据库;临床医学;热点	医学信息学杂志	南京医科大学学报编辑部;南
18	陈欣然;吴均;张晓琴;张克钰	基于SCI论文的中国水产科研态势分析	2013	SCI;水产科学;国际论文;核心作者;合	中国水产科学	中国水产科学研究院《中国水
19	仇晓春;张燕	2000年至2012年MEDLINE收录我国生物医学论文计量学分析	2013	文献计量学;生物医学论文;中国;Med	昆明医科大学学报	上海交通大学医学院信息资源
20	崔宏冰;姬悠然;席淑华;张宝胜;	急诊拥挤现象影响因素的文献回顾	2013	急诊拥挤;影响因素;文献计量学	护理实践与研究	第二军医大学附属长征医院护
21	崔建强;孔垂辉;刘文娟	我国运动心理学领域学者学术影响力研究——基于中国期刊	2013	运动心理学;学者;发文量;被引量;h指	北京体育大学学报	北京体育大学;
22	崔晓艳;顾和平;袁星星;张红梅;	马铃薯Y病毒属(Potyvirus)研究的文献计量分析	2013	马铃薯Y病毒属;文献计量学;Web of	微生物学通报	江苏省农业科学院蔬菜研究所
23	崔宇红	从文献计量学到Altmetrics:基于社会网络的学术影响力评价	2013	文献计量学;社会网络;学术影响力;学	情报理论与实践	北京理工大学图书馆;
24	崔悦;许昌泰	PubMed和CNKI收录炎症性肠病文献计量学分析	2013	炎症性肠病;文献计量学;PubMed;CNK	医学综述	第四军医大学;《神经解剖学
25	戴艳丽;孙阔;王伟;张译心;魏世	外伤性视神经病变研究热点的文献计量分析	2013	外伤性视神经病变;文献计量学;聚类	国际眼科杂志	解放军总医院眼科;沈阳军区
26	单慧斌	我国痛风健康教育研究1998年至2013年文献分析	2013	痛风;血尿酸;健康教育;文献计量学	大理学院学报	大理学院大理附属医院;
27	邓智心	基于文献管理软件NoteExpress的文献计量学研究的探讨	2013	文献管理软件NoteExpress;文献计量	现代情报	华南农业大学图书馆;
28	狄亚敏;魏萍	《解放军药学学报》1999—2011年载文被引分析	2013	解放军药学学报;文献计量学;被引分	解放军药学学报	总后勤部卫生部药品仪器检验
29	狄亚敏;魏萍;陈善	《解放军药学学报》1999—2011年基金资助论文定量分析	2013	基金论文;定量分析;文献计量学	解放军药学学报	总后勤部卫生部药品仪器检验
30	狄亚敏;魏萍;陈善	《解放军药学学报》1999—2011年引文定量分析	2013	文献计量学;引文分析;普赖斯指数	解放军药学学报	总后勤部卫生部药品仪器检验
31	狄亚敏;魏萍;陈善	《解放军药学学报》1999—2011年载文及著者统计分析	2013	载文;统计分析;信息密度;出版时滞	解放军药学学报	总后勤部卫生部药品仪器检验
32	董克	热烈祝贺武汉大学成功获得ISSI第16届大会主办权	2013	科学计量学;信息计量学;武汉大学;技	评价与管理	武汉大学中国科学评价研究中
33	董克	祝贺武汉大学成功获得ISSI第16届大会主办权	2013	科学计量学;信息计量学;武汉大学;技	图书情报知识	武汉大学中国科学评价研究中
34	杜朝东;胡军	网络文献中单篇科技论文的学术影响力分析	2013	科技论文;学术影响力;文献计量学	情报理论与实践	遵义医学院教育教学质量控制
35	杜玲	《天水行政学院学报》学术影响力分析	2013	天水行政学院学报;学术影响力;影响	天水行政学院学报	天水市行政学院;
36	段雪香	2011-2012年《现代教育管理》载文、作者和引文统计分析	2013	现代教育管理;文献计量学;统计分析	现代教育管理	华北科技学院;

图10-9　采用NoteExpress软件提取的期刊文章题录信息

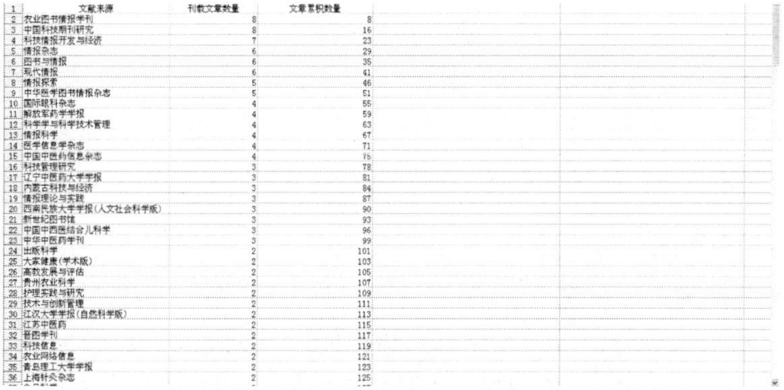

1	文献来源	刊载文章数量	文章累积数量
2	农业图书情报学刊	8	8
3	中国科技期刊研究	8	16
4	科技情报开发与经济	7	23
5	情报杂志	6	29
6	图书与情报	6	35
7	现代情报	6	41
8	情报探索	5	46
9	中华医学图书情报杂志	5	51
10	国际眼科杂志	4	55
11	解放军药学学报	4	59
12	科学学与科学技术管理	4	63
13	情报科学	4	67
14	医学信息学杂志	4	71
15	中国中医药信息杂志	4	75
16	科技管理研究	3	78
17	辽宁中医药大学学报	3	81
18	内蒙古科技与经济	3	84
19	情报理论与实践	3	87
20	西南民族大学学报(人文社会科学版)	3	90
21	新世纪图书馆	3	93
22	中国中西医结合儿科学	3	96
23	中华中医药学刊	3	99
24	出版科学	2	101
25	大家健康(学术版)	2	103
26	高教发展与评估	2	105
27	贵州农业科学	2	107
28	护理实践与研究	2	109
29	技术与创新管理	2	111
30	江汉大学学报(自然科学版)	2	113
31	江苏中医药	2	115
32	晋图学刊	2	117
33	科技信息	2	119
34	农业网络信息	2	121
35	青岛理工大学学报	2	123
36	上海针灸杂志	2	125

图10-10　从所有题录信息中提取的期刊文献来源信息

根据刊载文章数量的高低再进行降序排列，并计算文章的累积数量，然后分别统计出前三分之一的文章发表在哪些期刊上，中间三分之一的文章发表在哪些期刊上，后三分之一的文章发表在哪些期刊上，就可以分别确定出该主题领域的核心期刊、相关期刊和外围期刊。在本案例中，共获取了有效文章（排除投稿须知、期刊声明等干扰文章）328篇，期刊221种，从文章累积数量可以看出，仅27种期刊就刊载了前三分之一的论文，可以粗略地认为这27种期刊即核心期刊，大约十分之一左右的期刊就刊载了近三分之一的文章。大约85种期刊刊载了中间的三分之一文章，而109种期刊刊载了后三分之一的文章，可以认为它们分别是相关期刊和外围期刊（见图10-11）。

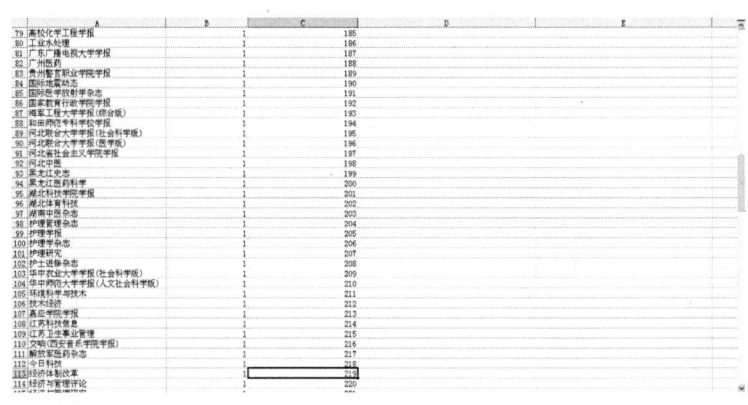

图10-11 相关期刊和外围期刊信息

3. 期刊文章作者的统计分析

与期刊文章来源的统计分析步骤类似,只须从批量获取的文章信息数据中将作者字段提炼出来作为统计分析的数据基础即可。洛特卡定律和普赖斯定律是进行期刊文章作者统计分析的主要理论。

根据洛特卡定律的分析步骤,在分析期刊文章作者的时候,利用所获取的作者字段信息就可以统计出具体的期刊文章作者群体及其所撰写或采纳与其有关某一主题的文章数量。沿用"期刊文章来源"小节中的案例,如果想分析究竟这些文章主要有哪些作者完成,只须提炼出"作者"字段的信息即可。在Excel软件中对作者字段进行排序并对该字段进行分类汇总统计即可,通过统计作者出现频次的多少来确定该领域的核心作者。根据普赖斯定律,核心作者群体应该完成该领域科研成果总量的一半,而核心作者的数量应该是该领域作者总数的平方根。

4. 期刊文章词频的统计分析

与期刊文章来源的统计分析步骤类似,只须从批量获取的文章信息数据中将关键词字段提炼出来作为统计分析的数据基础即可。齐普夫定律和共词分析方法是进行期刊文章词频统计分析的主要理论和方法。

根据齐普夫定律的分析步骤,在分析期刊文章关键词词频的时候,利用所获取的关键词字段信息就可以统计出具体的期刊文章关键词类别。沿用"期刊文章来源"小节中的案例,如果想分析究竟这些文章主要有哪些关键词及其所反映的主题领域,只须提炼出"关键词"字段的信息即可。在Excel软件中对关键词字段进行排序并对该字段进行分类汇总统计即可，通过统计作者出现频次的多少来确定该领域的核心作者。根据共词分析方法，某一主题领域的关键词共现网络能够反映出其具体的研究范式，而共词分析的数据基础是期刊文章的关键，共词分析的方法基础是社会网络分析和复杂网络分析方法。

5. 期刊文章引文关系的统计分析

期刊文章之间的引文关系是由它们之间的引用（Citing）和被引用（Cited）关系而产生的。根据普赖斯对引文关系的定义：如果文章A将文章B作为参考文献，则文献A就有了一篇参考文献B，而文献B就有了一篇引用文献A。换言之，B是A的参考文献，A是B的引用文献（见图10-12），9篇文章反映了彼此之间是否存在引文关系，如果有连线就存在引文关系，如果无连线，就不存在引文关系。它们之间通过相互引证所形成的一种关系结构称为引文网络。

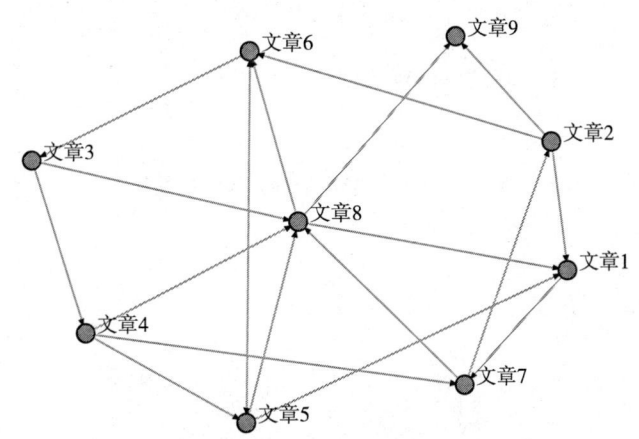

图10-12 引文网络模型

因此，引文分析的基本假设是：如果文章之间存在着引用和被引用关系，那么表明文章在研究内容或研究方法上必然存在着某种联系；如果引用形式一样，则文章之间内容联系的程度一样，对于每种联系可定义相应的计量单位，上述联系均具有简单的可加性。

期刊文章引文关系的统计分析（Citation Analysis）就是"利用各种数学及统计学的方法和比较、归纳、抽象、概括等逻辑方法，对科学期刊、论文、专著、著者等各种分析对象的引证与被引证现象进行分析,以便揭示其数量特征和内在规律的一种文献计量分析方法。"图10-13展示了CNKI中期刊文章之间的引文关系,箭头节点为被引文献,箭尾节点为施引文献,一篇文献如果既是箭头节点又是箭尾节点,此篇文献就是检索结果中的某一篇文献。图10-14采用CiteSpace软件展示了Web of Science中期刊文章之间的引文关系。

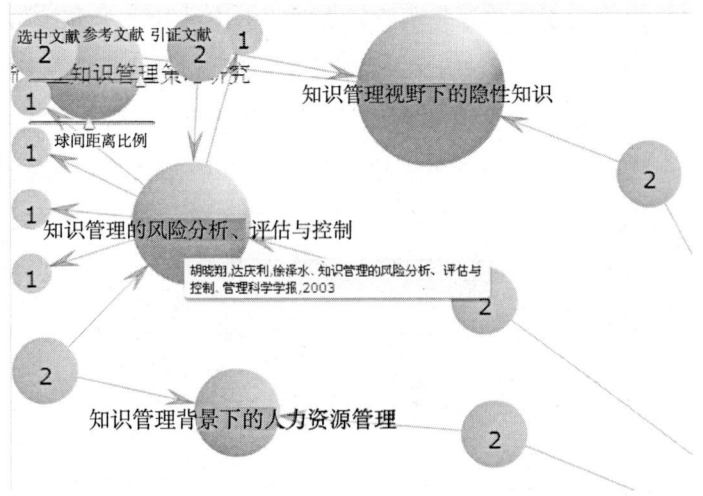

图10-13 CNKI中期刊文章引文关系

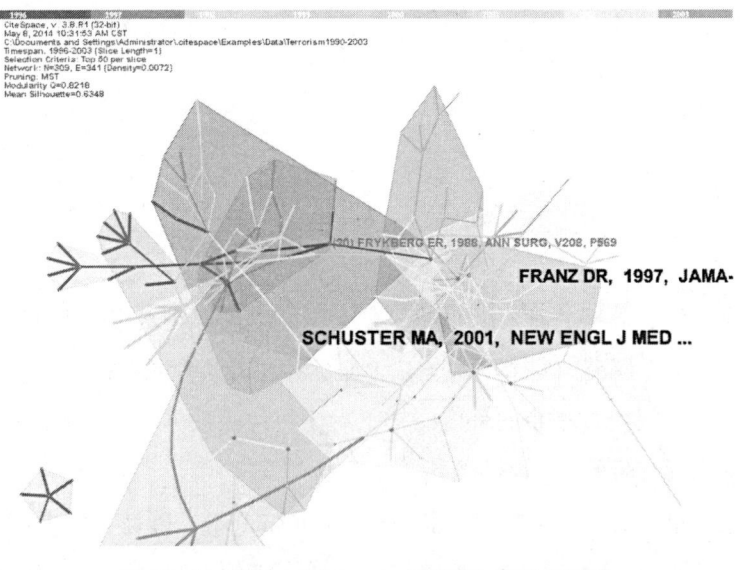

图10-14 Web of Science中期刊文章引文关系

二、综述及其撰写

科学知识图谱作为科学探索与知识发现的有效工具，不仅能够发掘专业领域的演进过程和预测领域前沿，而且能够引导教师与学生对专业领域前沿的理解及对专业未来走向的把握。因为科学知识图谱是以科学知识为对象，展示科学知识的发展进程与结构关系的一种图形。兼具"图"和"谱"的双重性质与特征，既是可视化的知识图形，又是序列化的知识谱系，显示了知识单元或知识群落之间错综复杂的交互式的网络关系结构，因此以科学知识图谱作为综述撰写的基本框架，能够科学而客观地揭示和体现学科或研究领域的互动、交叉、演化或衍生等诸多复杂的关系。本部分以科学知识图谱绘制中的共词分析方法为基本分析框架，以《情报学报》2012年第1期刊载的《基于科学知识图谱的我国知识管理研究范式分析》为基本案例介绍综述的撰写步骤和方法。

1. 综述对象介绍

综述对象是指综述所涉及文献集合的主题内容。在撰写综述时，撰写人首先要介绍要写哪一主题研究的综述，为什么有必要对这一主题进行综述，即对这一主题予以关注有何理论意义或实践意义。这往往是文章开篇语句所述内容或绪论中的内容。例如，该篇论文在绪论中介绍了知识管理的作用和研究知识管理的意义。

"随着知识经济时代的到来，人们对知识价值的认识已日益明确。知识财富观和价值观已深入人心，并不断地应用于企业生产和管理等实践活动，而且正被众多的社会实践活动广泛地印证。知识管理正逐渐成为现代组织管理的核心内容。组织尤其是企业要想提高竞争力或者是保持持续的竞争优势，必须依赖于企业所拥有的知识，并且通过有效的知识管理，优化配置知识资源，培育和创造比竞争对手更强的知识优势。于是强烈的社会需求，使知识工作者、知识管理人员和科学研究人员不断总结和提炼知识管理实践经验，并上升为理论。可以说，现实需求是进行知识管理研究的强大动因。知识管理是以知识为核心的综合性管理，具有高度的复杂性以及跨学科特点，很难说知识管理研究是哪一个学科领域的研究专利，目前知识管理的研究也形成了多学科参与的庞大的系统工程。"

2. 研究方法介绍

以科学知识图谱绘制作为综述撰写的基本框架，必须介绍在知识图谱绘制的过程中使用了哪些方法和软件，这些方法对于揭示现有的研究内容有什么样的作用。该案例文献所使用的方法主要包括知识图谱绘制、共词分析和社会网络分析方法。

知识图谱的绘制，目的是将知识发展和演进过程中人们普遍关注的前沿领域或学科制高点，以可视化的图像直观地展现出来的研究方法。共词分析方法在原理上同作品或作者共被引的分析方法是相似的，该方法的主要前提假设是：文献的关键词代表了其内容的主旨思想，如果两个关键词共同出现在许多文献中，不仅表明这些文献的内容是相似的，而且也表明这类关键词"距离"也是相近的。通过对文献关键词共同出现的频次进行分析，不仅可以找到某一领域或学科的研究热点，而且可以揭示该学科领域研究的范式结构。

社会网络认为每个行动者与其他行动者之间都存在着或多或少的联系，社会网络分析就是运用一定的方法和技术建立社会网络中各个行动者之间的关系模型，对表达这种关系模型的社会网络数据作出恰当的解释，说明社会网络中的各个行动者之间的关系属性与结构。将社会网络分析应用于文献计量学研究，可以揭示文献之间、关键词之间、作者之间的联系和个体在整体网络中的位置以及学术研究的共同体（包括代表学科群落的文献共同体、研究热点的关键词共同体以及学术研究共同体的无形学院）。

3. 数据来源解析

综述撰写的数据来源是指所利用的文献数据（如本案例中的共词分析的基础数据）来源于哪个或哪些权威数据库，文献的选取原则，文献的发表时间以及利用文献集合的哪些题录信息作为数据样本。

本案例文献数据来源的选择原则是：文献摘要应具有独立性和自明性，并且拥有与文献同等量的主要信息，即不阅读全文，就能获得必要的信息。因此，为了客观全面地分析知识管理研究的范式结构，选择摘要中含有"知识管理"的被引文献作为基础数据来源。从中国引文数据库下载发表于1998年1月至2009年12月有关知识管理研究方面的论文4886篇，提取发表后至少被引用过1次的论文4841篇，舍弃没有关键词的文献以便于用关键词进行分析，剩余4804篇论文。

分析数据来源（关键词）的选择原则是：通过EXCEL的统计功能，获得原始关键词约4900个，经过同义词、近义词的处理后，选取词频不小于15次，把能够表征知识管理研究方向的关键词作为分析国内知识管理研究范式的基础，从而确定了共有125个高频关键词，作为共词分析的基础（见表10-4）。

表10-4 高频关键词表

序号	关键词	英文代码	词频	序号	关键词	英文代码	词频
1	知识管理	KM	3573	17	个人知识管理	PKM	85
2	图书馆	Lib	426	18	图书馆管理	LibM	80
3	知识经济	K-economy	324	19	人力资源管理	HRM	79
4	知识共享/知识分享	K-sharing	355	20	学习型组织	LearningOrg	78
5	隐性知识	TK	304	21	创新	Innovation	77
6	知识	K	278	22	信息技术	IT	69
7	知识管理系统	KMS	229	23	企业管理	Enterprise Man	67
8	知识创新	K-innovation	187	24	Blog	Blog	65
9	显性知识	EK	152	25	企业文化	Enterprise Cul	65
10	信息管理	IM	143	26	知识转移	Knowledge Tran	63
11	企业	Enterprise	132	27	数字图书馆	DL	56
12	核心竞争力	CC	102	28	知识地图	K-mapping	55
13	知识库/知识仓库	KR	133	29	组织学习	OrgLearn	54
14	高校图书馆	U-lib	101	30	竞争情报	CI	52
15	知识服务	K-Service	92	31	竞争优势	ComAdav	50
16	企业知识管理	Enterprise KM	90	32	本体	Ontology	48

续表

序号	关键词	英文代码	词频	序号	关键词	英文代码	词频
33	管理	Man	48	53	对策	CounterMea	31
34	客户关系管理	CRM	48	54	绩效评价	Performance Evaluation	31
35	知识管理战略	KM-Str	46	55	图书馆知识管理	Lib KM	30
36	知识链	Knowledge-chain	46	56	虚拟企业	V-enterprise	30
37	高校	Uni&College	44	57	激励机制	EncouragMech	29
38	管理创新	Man Innovation	44	58	web2.0	web2.0	28
39	知识资本	K-Capital	39	59	电子商务	E-business	28
33	管理	Man	48	60	项目管理	ProjectMan	28
34	客户关系管理	CRM	48	61	知识产权	IntePro	28
35	知识管理战略	KM-Str	46	62	知识获取	K-acquirement	28
40	知识组织	Knowledge Organization	39	63	业务流程	BusiProcess	27
41	管理模式	ManModel	37	64	员工	Employee	27
42	知识资源	K- Resource	37	65	知识集成	K-Integration1	27
43	策略	Strategy1	36	66	知识型企业	K-Enterprise	27
44	供应链	Supply Chain	36	67	组织结构	OrgStructure	27
45	技术创新	TechInnovation	36	68	供应链管理	SCM	26
46	知识转化	K-Transformation	36	69	情报学	Information Sci	26
47	电子政务	E-Government	35	70	信息化	Informatization	26
48	客户知识管理	CKM	35	71	知识资产	K-Properties	26
49	核心能力	Core ability	34	72	组织文化	OrgCul	26
50	知识创造	K-Creation	34	73	组织知识	OrgKnowledge	25
51	数据挖掘	DM	33	74	指标体系	Index system	24
52	信息	Information	33	75	模型	Model2	23

续表

序号	关键词	英文代码	词频	序号	关键词	英文代码	词频
76	知识管理模式	KM Model	23	100	知识价值链	K-Value Chain	18
77	知识(型)员工	K-employee	46	101	比较研究	Comparative Study	17
78	智力资本	InteCapital	23	102	竞争力	Competence	17
79	图书馆学	LibSci	22	103	业务流程重建	BPR	17
80	信息服务	InfoService	22	104	隐性知识管理	Tacit KM	17
81	信息资源管理	IRM	22	105	知识管理工具	KM Tools	17
82	战略	Strategy2	22	106	办公自动化	OA	16
83	知识流	K-Flow	22	107	激励	Encouragement	16
84	SECI模型	SECI	25	108	可持续发展	Sus Development	16
85	信息系统	InfoSystem	21	109	企业核心竞争力	Enterprise Core Competence	16
86	知识挖掘	K-Mining	21	110	网络环境	Internet Envir	16
87	知识网络	K-Network	21	111	信息资源	IR	16
88	组织	Orgnization	21	112	医院管理	HospiMan	16
89	XML	XML	20	113	知识管理技术	KMTech	16
90	价值链	ValueChain	20	114	知识交流	K-Communication	16
91	客户知识	Cli-Knowledge	20	115	创新能力	Innovation Ability	15
92	知识表示	K-Representation	20	116	工作流	Work Flow	15
93	知识管理体系	KM System	20	117	管理策略	Man Strategy	15
94	共享	Sharing	19	118	网络	Internet	15
95	机制	Mechanism	19	119	知识工作者	K-Workers	15
96	企业知识	Enterprise Knowledge	19	120	知识联盟	K-Alliance	15
97	图书馆员	Librarian	19	121	知识流动	K-Flowing	15
98	知识发现	Knowledge Discovery	19	122	知识整合	K-Integration2	15
99	知识管理平台	KM Platform	18				

注：序号为27的数字图书馆包括个人数字图书馆；序号为37的高校包括高等学校；序号为51的数据挖掘包括数据挖掘技术；序号为53的知识主管可以代指CKO、首席知识官；序号为75的组织文化包括图书馆组织文化；序号为78的模型包括概念模型和结构方程模型等；序号为83的信息服务包括图书

馆信息服务；序号为84的信息资源管理包括个人信息资源管理；序号为100的图书馆员包括学科馆员；序号为106的业务流程重建可以代指BPR、业务流程重组和业务流程再造；序号为108的知识管理工具包括个人知识管理工具；序号为114的信息资源包括档案信息资源。

4. 数据分析过程

本案例采用的是科学知识图谱绘制中的共词分析方法，因此数据分析的首要步骤是共词矩阵的构建。在建立的UCINET文献数据库中，对确定的125个关键词进行两两共词检索，统计它们在4804篇文献中同时出现的频次，形成一个125×125的共词矩阵（部分数据见表10-5）。

表10-5 表征知识管理研究热点的关键词共词矩阵（部分）

	KM	Lib	K-economy	K-sharing	TK	K	KMS	K-innovation	EK	IM
KM		100	336	239	126	57	84	77	66	95
Lib	100		23	1	6	0	5	1	5	0
K-economy	336	23		22	1	8	14	35	5	17
K-sharing	239	1	22		27	1	7	18	6	1
TK	126	6	1	27		0	6	12	144	5
K	57	0	8	1	0		2	0	0	12
KMS	84	5	14	7	6	2		6	4	2
K-innovation	77	1	35	18	12	0	6		8	12
EK	66	5	5	6	144	0	4	8		4
IM	95	0	17	1	5	12	2	12	4	

共词矩阵是一个1—模网络相关矩阵（行元素和列元素属于同一集合），矩阵中的各个数字元素表示每对关键词所共同出现的文献频次，如关键词知识管理（KM）与图书馆（Lib）同时出现在100篇文献中。由于对角线上的元素为关键词与其自身共现的文献频次，即关键词本身的频次，故省略之。

5. 数据分析结果

数据分析结果主要是利用上述共词矩阵生成的科学知识图谱，然后对知识图谱进行内容结构分析。

此部分可利用社会网络分析软件 UCINET6.0 和 Netdraw2.4 对关键词数据进行分析和绘制共词社会网络分析图谱。在此，有必要介绍一下多维尺度分析方法和社会网络分析中小团体理论的"K核"（K-core）概念。多维尺度分析（Multi-Dimensional Scaling，MDS）是分析研究对象的相似性或差异性的一种多元统计分析方法。采用 MDS 可以创建多维空间感知图，图中的点（对象）的距离反映了它们的相似性或差异性（不相似性），其主要目的是希望能发掘一组数据资料所隐藏的结构。在多维尺度分析的结果中，被分析的对象以点状分布，每个点的位置显示了分析对象之间的相似性，有高度相似性的点所表示的对象聚集在一起，形成一个类别，越在中间的对象越核心。MDS 有量纲式的多维尺度分析（Metric-MDS）和非量纲式的多维尺度分析（Non-metric MDS），量纲式的多维尺度分析以相对距离的实际数值为分析对象，希望在某个维度空间上找到坐标点，使其点间距离与给定的距离矩阵相同，即点之间的欧式距离（Euclidean Distance）尽可能接近于输入的相近性矩阵；而非量纲式的多维尺度分析则是以顺序尺度的数据作为分析对象，尝试在 k 维度空间中，使点间距离排序与原距离越一致越好。通过多维尺度分析，某研究领域、学术流派或研究共同体在学科领域内的位置越容易判断。

K-core 的定义是，对于所有的网络节点 $n_i \in N_s$ 来说，如果 $d_s(i) \geq k$，则称子图形 G_s 是 K-core。其中，$d_s(i)$ 指相连的节点数，一个 K-core 是一个最大子图，即在一个小团体中，其中每个点都至少与其他 k 个点相连，k 值越大，所形成的小团体关系越为密切，K-core 分析在文献计量学中主要表现为引文分析中普赖斯所说的"无形学院"以及本文的共词分析中的热点研究领域和范式结构研究。

本研究首先采用非量纲式的多维尺度分析方法分析我国知识管理研究关键词的数据结构，在此基础上采用社会网络分析中的 K 核分析法，建立不同连接度 K 核（最高连接度为 21）的共词网络图谱。其中，非量纲式的多维尺度分析确定了关键词的空间位置，而 K 核分析确定的是关键词的连接度，得到相关的可视化结果（见图 10-15）。

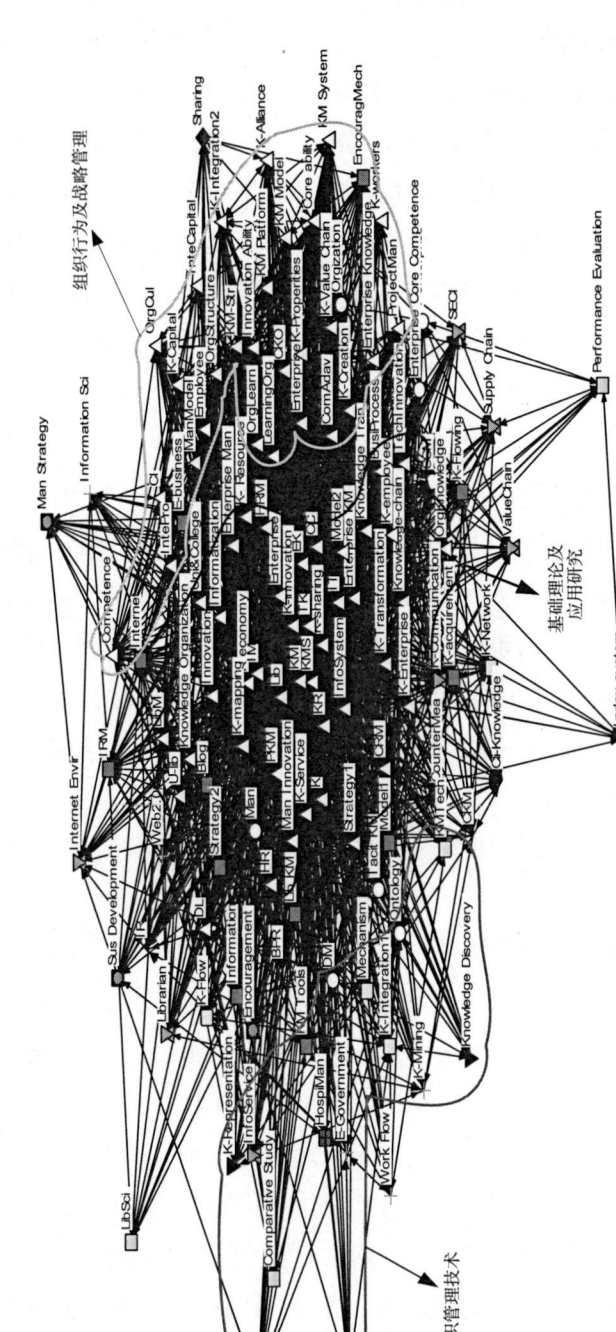

图10-15 知识管理论文关键词共现的多维尺度分析与K核图

注:△正三角形为知识管理研究的核心关键词,其他为非核心关键词

由非量纲式的多维尺度分析所得到的空间位置可以看出，我国的知识管理研究并没有形成像国外知识管理研究那么间隔分明的范式结构。但从图10-15中关键词的空间位置上看，我国的知识管理研究范式和研究取向仍然是有规律可循的。从多维尺度分析所决定的空间位置来看，125个关键词大致可以分为以下三个类别。

（1）知识管理技术导向类的关键词。主要分布在图10-15的左侧，XML、办公自动化（OA）、知识表示（K-Representation）、知识管理工具（KM Tools）、数据挖掘（DM）、知识集成（K-Integration1）、本体（Ontology）、知识挖掘（K-mining）、知识发现（Knowledge Discovery）、知识管理技术（KM-Tech）、知识管理系统（KMS）、知识库/知识仓库（KR）、信息系统（InfoSystem）、Blog、知识地图（K-mapping）。

（2）组织行为及战略管理导向类的关键词。该类关键词主要位于图10-15的右侧，分布了以组织行为理论和战略管理理论为主的关键词，如知识整合（K-Integration2，与知识集成（K-Integration1）相区别）、知识联盟（K-Alliance）、智力资本（InteCapital）、核心能力（Core ability）、知识资本（K-Capital）、组织结构（OrgStructure）、知识管理战略（KM-Str）、创新能力（Innovation Ability）、知识资产（K-Properties）、企业知识（Enterprise Knowledge）、项目管理（ProjectMan）、竞争情报（CI）、知识产权（IntePro）、知识工作者（K-workers）、组织文化（OrgCul）、员工（Employee）、组织学习（OrgLearn）、学习型组织（LearningOrg）、知识主管（CKO）、组织文化（OrgCul）、竞争优势（ComAdv）、知识创造（K-Creation）、知识管理平台（KM Platform）、知识管理模式（KM Model）、知识价值链（K-Value Chain）。

（3）基础理论及应用类研究的关键词。创新（Innovation）、信息化（Informatization）、知识资源（K-resource）、知识经济（K-economy）、信息管理（IM）、知识组织（Knowledge Organization）、人力资源管理（HRM）、知识创新（K-innovation）、显性知识（EK）、隐性知识（TK）、知识共享（K-sharing）、核心竞争力（CC）、知识转移（Knowledge Tran）、知识转化（K-Transformation）、知识链（Knowledge Chain）、知识员工（K-employee）、业务流程

（BusiProcess）、技术创新（TechInnovation）、组织知识（OrgKnowledge）、人力资源（HR）、个人知识管理（PKM）、管理创新（Man Innovation）、知识服务（K-Service）、K（知识）、策略（Strategy1）、客户关系管理（CRM）。

从K核分析结果来看，我国知识管理研究的主流领域主要集中在图10-15的中部和右侧，即基础理论及应用类研究和组织行为及战略管理类研究。

6. 分析结果讨论

从横向来看，大部分信息技术类的关键词都处于图10-15的左侧，处于右侧的关键词多为组织行为和战略管理导向类的关键词，而处于中间位置的是以关键词知识管理（KM）为核心的知识管理基础理论及应用研究类的关键词，它们代表了我国知识管理研究的三大取向。从纵向上来看，处于底部的多为知识管理流程导向类的关键词，处于顶部的多为知识管理应用类的关键词，而我们发现知识管理应用最为活跃的领域就是我国的图书馆和高校。从K核分析结果来看，我国的知识管理研究热点主要集中在组织行为及战略管理范式和基础理论及应用研究范式。

1）知识管理研究的三大取向

（1）信息技术研究取向。技术导向类的研究认为，知识是一种资源，如同客观物质对象一样，可以被管理和控制，知识如同仓库中的物品一样可以被编码、存储和提取，贡献在于将各类组织或个人的成功经验以及成熟的理论进行编码以便通过计算机来管理。通过这些关键词，不难发现技术导向类的研究仍然过于显性化，对于隐性知识的挖掘和提取似乎作用有限。

从这些关键词的位置来看，除了知识管理系统（KMS）和知识库/知识仓库（KR）外，对于本体的研究相对比较靠近KM的中心位置，而从K核分析的结果来看，白色圆圈所代表的关键词的连接度为19。可见，本体在面向技术导向类的知识管理研究中占据比较重要的位置。这也验证了卡尔·波普尔关于知识论述的哲学思想——知识是客观的，但并不是要说其客观真实性，而是要说明其具有不依赖于认知主体而存在的本体论地位。

从k核的分析结果来看，技术导向类的研究并不处于知识管理研究的核心地位，只有知识管理系统（KMS）、知识库/知识仓库（KR）、信息系统（Info-

System)、IT处于距离关键词知识管理（KM）较近的中间部位。知识管理研究的技术流派将信息技术（IT）如何同知识管理过程相结合作为研究的侧重点，主要研究组织知识管理中如何利用信息技术来实现知识的高效快捷存取、转化与共享，以便对组织的决策活动予以支持，核心部分就是如何运用信息技术建立有效的知识管理系统（KMS），而高质量的知识库/知识仓库（KR）是KMS的内容支撑，通过知识管理系统的支持实现组织的竞争优势。从图10-15中可以看出，知识管理系统（KMS）几乎与处于中心位置的知识管理（KM）占据同一空间，足见我国的知识管理研究对知识管理系统的关注程度。

（2）组织行为和战略管理研究取向。在新经济条件下，科学技术进步的步伐和经济的发展速度不断加快，我们处在可谓是"沉舟侧畔千帆过"的时代，知识和信息的获取得到了前所未有的显现和证明，随着知识成为最重要的生产和战略资源，组织成功越来越依赖于其生产、获取、共享和吸收知识的能力，知识管理成为组织创建和维持竞争优势的决定性因素。而知识管理无非就是对显性知识和隐性知识进行开发与利用、积累与创新所进行的组织协调和制度安排的过程。在这一过程中，组织可能会变更原有的运作模式以适应未来的社会发展趋势，因此可以说知识管理活动贯穿于组织运营活动的全过程。

从上述关键词可以看出，从事我国知识管理研究的学者们已经从组织行为的角度对知识管理进行了相应的探讨，如对组织结构（OrgStructure）、企业知识（Enterprise Knowledge）、项目管理（ProjectMan）、知识产权（IntePro）、知识工作者（K-workers）、组织文化（OrgCul）、员工（Employee）、组织学习（OrgLearn）、学习型组织（LearningOrg）、知识主管（CKO）、企业文化（Enterprise Cul）等的研究。从K核分析结果来看，这些关键词的连接度都为最高连接度21，足以证明组织行为导向的知识管理研究具有较高的密度。

知识管理和战略管理的相似点是都具有前瞻性，是面向未来的管理活动，决定了组织的长期绩效。我国的知识管理研究同样没有忽视知识管理作为一项新的组织战略所应该发挥的作用。智力资本（InteCapital）、知识资本（K-Capital）是组织知识管理战略的基础资源，而如何建设合适的知识管理平台（KM Platform）和选择合适的知识管理模式（KM Model）是进行知识创造（K-Creation）和优化知识价值链（K-Value Chain）的工具和手段。

对于知识整合（K-Integration2）的研究主要缘于竞争环境的剧烈变化要求组织具备综合和动态的能力，因为组织中没有哪一项运营活动是仅仅依靠单一的知识背景就能够完成的，为此组织需要协调不同专业的知识来完成一项任务或强化自身的运营能力，根据所处的具体情境进行知识的重构，这样组织成员能够跨越部门、等级的限制构建出虚拟团队而进行知识的交流，从而实现组织水平上的知识优化配置和组合。知识联盟（K-Alliance）是组织知识管理活动的对外扩张战略，知识联盟的战略潜能是能够帮助企业扩展和改善其基本能力，有助于企业从战略上更新能力或创建新的核心能力（Core Ability）。

从这些关键词来看，虽然都处于图的右侧，但很难确定中心位置，并且已经出现了组织行为类关键词和战略管理类关键词交叉融合的态势。

（3）基础理论及应用研究取向。基础理论研究部分首先揭示了我国知识管理研究的理论基础：首先，如对知识经济的研究，因为知识经济理论将知识作为社会经济发展的关键因素，不仅使知识得到了空前的关注，而且也加深了人们对知识管理的认识；其次，对信息管理（IM）进行研究，是因为很多学者都认为知识管理是信息管理的延伸与发展。信息管理是为了将数据转化为信息服务于组织设定的目标，知识管理则是将信息转化为知识，来提高组织的应变能力和创新能力。如果说知识经济是进行知识管理研究的社会经济环境，那么信息化（Informatization）就为知识管理研究提供了重要的社会技术背景。

基础理论研究部分主要是围绕着野中郁次郎（Nonaka）的SECI知识创新模型而展开的，如对于显性知识（EK）、隐性知识（TK）、知识共享（K-sharing）、知识转移（Knowledge Tran）、知识转化（K-Transformation）等的共词研究。而表征知识管理研究技术导向的关键词知识管理系统（KMS）和知识库/知识仓库（KR）与上述表征SECI模型的关键词的空间距离也较近，说明我国的知识管理研究深受野中郁次郎思想的影响，认为知识转移的关键在于知识管理活动的参与人对知识的共同理解，尤其对知识共享的研究（知识共享在图中几乎处于中心位置）及对知识转移、知识转化的研究，即不仅要理解知识本身的含义，而且还要理解知识的特定应用环境及可能造成的影响。同样也暗示着一个有用的知识库（KR）不仅要存储知识本身，而且要存储知识的产生情境，而知识管理系统（KMS）承载着为知识获取、知识存储、知识检索、知识转移和知识再利用提供便利的使命。

在表征对于知识自身进行研究的关键词（"知识（K）""显性知识（EK）"及"隐性知识（TK）"）中，隐性知识（TK）比较靠近中间位置，尤其与知识共享（K-sharing）和知识创新（K-innovation）是比较接近的，说明我国知识管理研究领域非常重视对隐性知识的共享研究，并且充分肯定了隐性知识在创新过程中所发挥的作用。

除了上述研究，在基础理论研究部分，我国的知识管理研究者同样意识到人是知识管理研究中最活跃的因素，如对人力资源管理（HRM）、人力资源（HR）、知识员工（K-employee）、个人知识管理（PKM）的研究。

表征我国知识管理的应用研究的关键词主要有企业管理（Enterprise-Man）、企业（Enterprise）、企业知识管理（Enterprise KM）、知识型企业（K-Enterprise）、图书馆（Lib）、数字图书馆（DL）、图书馆管理（LibM）、高校图书馆（U-lib）、高校/高等学校（Uni&College）。可见，企业、图书馆/高校图书馆、高校是知识管理研究的主要应用领域。在这些表征应用领域的关键词中，图书馆（Lib）距离知识管理（KM）是最近的，因为图书馆是一个典型的具有社会公益性质的知识载体，有着丰富的社会共同的显性知识和待挖掘的隐性知识，我国很多从事图书馆实践工作或进行图书情报学研究工作的专家学者都在探讨图书馆领域的知识管理研究，这是我国知识管理研究的一大特色，在此也证实了以往的研究结论。

知识管理的应用研究从所收集的文献来看，多数还是停留在基本概念的辨析、知识管理体系、知识管理模式的研究上，关于知识管理的实证研究或案例研究并没有深入进行，这同样证实了我国知识管理研究理论与实践剥离的状况。

2）主流研究领域的两大研究范式

通过K核对我国知识管理研究的结构进行分析可以看到，由最高连接度的高频关键词（图10-15中正三角形所表示的关键词）所形成的我国知识管理研究的主流领域，可以分为两大范式——基于过程观的知识管理研究范式和基于资源观能力论的知识管理研究范式。

(1) 基于过程观的知识管理研究范式。知识管理具有过程性特征，这一过程与组织知识活动的微观机理密切相关。达文波特等将知识管理的过程划分为知识的产生、编码和协调、传递三个步骤。国内也有研究者将企业知识活动划分为知识的吸收、知识的保持、知识的共享和知识的转移四个过程。从图10-15中不难看出，我国的知识管理研究存在着明显的基于过程观的知识管理研究范式，如对知识存储（KMS、KR）、知识组织（Knowledge Organization）、知识共享（K-sharing）、知识转移（Knowledge Tran）、知识转化（K-Transformation）、知识创新（K-innovation）等的研究。其中，知识共享研究在所有基于过程观的研究中处于核心地位，知识共享之所以占据如此重要的位置，是因为其为前续过程（知识存储、知识组织）提供内容基础，而且可以促进知识向生产传递，并从生产的改进过程中得到知识应用与改进的反馈信息。根据野中郁次郎著名的SECI模型，新知识是在隐性知识与显性知识相互转化的过程中被创造出来的，即社会化（Socilization）、外部化（Externalization）、组合化（Combination）、内部化（Internalization），知识共享是这些转化过程中的重要组成部分。

(2) 基于资源观能力论的知识管理研究范式。现代管理理论的能力理论认为能力表现为组织有效配置资源、使用资源与开发资源的形式，而资源是组织能力施展的内容。组织的资源与能力如同一枚硬币的两面，从客观实体上看是资源，从实施主体上看是能力。而能力仍然是组织成长源泉的表象，隐藏在能力背后的是组织的知识。由能力理论分化出来的资源理论认为组织的有形资源、无形资源以及积累的知识所产生的资源优势会产生组织的竞争优势。资源理论与能力理论的研究主题都是组织持续的竞争优势，认为组织是异质的，组织是资源和能力的动态机制，资源和能力决定组织的边界。普拉哈拉德认为竞争资源是"组织中的积累性学识，特别是关于如何协调的生产技能和有机结合多种技术流派的学识"，他认为协调与有机结合的学识是主要资源，能力与知识是一回事。巴尼也认同上述普拉哈拉德的观点，而且认为组织资源还包括人力资本以及组织资本的正式与非正式资源。知识理论也认为组织实质上是一个知识系统，一切组织活动实质上都是知识的获取、转移、共享和运用的过程，组织的竞争优势来源于组织拥有的知识。

图10-15右侧的主流领域的关键词包括智力资本（InteCapital）、知识资本（K-Capital）、核心能力（Core Ability）、创新能力（Innovation Ability）、企业知识（Enterprise Knowledge）、竞争优势（ComAdv）等，反映了知识管理研究的资源观与能力论的统一趋势。

参考文献

一、著作

[1] 卢小宾，李景峰.信息检索[M].2版.北京：科学出版社，2009.

[2] 柯平，高洁.信息管理概论[M].北京：科学出版社，2002.

[3] 黄丽霞，周丽霞，赵丽梅.信息检索[M].哈尔滨：黑龙江人民出版社，2010.

[4] 吴慰慈，刘兹恒.图书馆藏书[M].北京：书目文献出版社，1991.

[5] 邹志仁.情报学基础[M].南京：南京大学出版社，1987.

[6] 严怡民.情报学概论[M].武汉：武汉大学出版社，1983.

[7] 中国大百科全书总编辑委员会.中国大百科全书：图书馆学、情报学、档案学[M].北京：中国大百科全书出版社，1993.

[8] 邱均平.文献计量学[M].北京：科学技术文献出版社，1988.

[9] 毕强，杨文祥.网络信息资源开发与利用[M].北京：科学出版社，2002.

[10] 董晓英.网络环境下信息资源的管理与信息服务[M].北京：中国对外翻译出版公司，2000.

[11] 焦玉英，符绍宏，何绍华.信息检索[M].武汉：武汉大学出版社，2001.

[12] 黄丽霞，刘岩芳，郑军.信息资源与网络信息检索[M].哈尔滨：哈尔滨地图出版社，2003.

[13] 王立清.信息检索教程[M].2版.北京：中国人民大学出版社，2008.

[14] 宋克强，许培基.冒号分类法解说及类表[M].北京：书目文献出版社，1986.

[15] 冷伏海，徐跃权，史继红，等.信息组织概论[M].北京：科学出版社，2003.

[16] 张淇玉，刘湘生.中国分类主题词表教程[M].北京：华艺出版社，1994.

[17] 赖茂生，赵丹群，韩圣龙，等.计算机情报检索[M].2版.北京：北京大学出版社，2006.

[18] 苏新宁.信息检索理论与技术[M].北京：科学技术文献出版社，2004.

[19] 孙建军，成颖等.信息检索技术[M].北京：科学出版社，2004.

[20] 樊爱国，薛德钧.现代信息检索[M].北京：北京大学出版社，2006.

[21] 陈雅芝.信息检索[M].北京：清华大学出版社，2006.

[22] 洪漪.档案信息组织与检索[M].武汉：武汉大学出版社，1998.

[23] 马海群，刘俊英，周丽霞.信息检索与网络利用[M].哈尔滨：哈尔滨工程大学出版社，2003.

[24] Ricardo B Y, Berthier R N.现代信息检索[M].王知津，贾福新，郑红军，译.北京：机械工业出版社，2005.

[25] 林聚任.社会网络分析：理论、方法与应用[M].北京：北京师范大学出版社，2009.

[26] 刘则渊，陈悦，侯海燕.科学知识图谱：方法与应用[M].北京：人民出版社，2008.

[27] 刘军.整体网分析讲义——UCINET软件实用指南[M].上海：格致出版社，2009.

[28] 罗家德.社会网分析讲义[M].北京：社会科学文献出版社，2010.

[29] 赵军，徐波，孙茂松，等.中文语言资源联盟的建设和发展[C].中文信息处理若干重要问题.北京：科学出版社，2003.

二、论文

[1] 胡小明.信息资源概念的演变[J].信息化建设，2007(9)：24-27.

[2] 陈秋月.平面媒体信息资源开发利用研究[D].北京：北京大学，2008.

[3] 贺德方.科技报告资源体系研究[J].信息资源管理学报，2013(1)：4-9，31.

[4] 曹鸿清.政府出版物中的经济文献信息及其检索利用[J].中国索引，2008，6(3)：32-34.

[5] 汪琳.论产品样本的情报价值、定向收集与数字化加工[J].图书馆论坛，2010，30(4)：147-149.

[6] 肖焕忠.图书馆开展产品样本资料搜集和利用的可行性分析[J].情报杂志，2007(4)：151-153.

[7] 陈京莲，罗红，罗小臣，等.基于文献老化负指数方程的半衰期与普赖斯指数关系的研究[J].图书情报工作，2012，56(8)：73-76，101.

[8] 王征清，成全.信息检索策略研究[J].情报探索，2007(4)：61-64.

[9] 赖茂生，王婧，麦晓华.检索语言可用性评价初探[J].情报理论与实践，2012(8)：65-69，96.

[10] 王文峡.基于网络环境下代码语言在文献检索中的特性[J].中州大学学报，2009(4)：104-107.

[11] 康艳，张虹，侯汉清.情报检索语言不是"明日黄花"[J].图书情报工作，2007(10)：139-142.

[12] 马玉群.语言学与情报检索语言[J].情报理论与实践，1988(1)：22-24.

[13] 钱春新.谈谈文献检索中的检索语言的教学问题[J].大学图书馆学报，1989(3)：28-30.

[14] 熊爱民，张丽君.谈情报检索语言的分类主题一体化和分面组配[J].贵州教育学院学报：社会科学版，2004(1)：88-90，103.

[15] 黄晓斌.美国图书分类法的发展趋势[J].图书馆论坛，2001(5)：69-70.

[16] 张余.知识分类新探——关于利用《中图法》的体系和方法进行知识分类的思考[J].图书馆论坛，2006(3)：175-177.

[17] 熊爱民.《冒号分类法》与《中图法》整体结构比较[J].贵州教育学院学报：社会科学版，2005(1)：85-88.

[18] 郭绍华.网络信息检索技术的现状及发展趋势[J].黑龙江教育学院学报，2011(6)：200-202.

[19] 魏海霞.计算机信息检索的方法、策略与技巧[J].情报探索,2005(5):74-75.

[20] 刘斌.Z39.50标准协议在西文联合编目工作中的应用[J].中国科技信息,2005(12):90,89.

[21] 于咏.Z39.50技术在天津地区联合目录共享服务系统及其他方面的应用[J].图书馆工作与研究,2005(1):42-44.

[22] 刘璇.Z39.50协议在我国数字图书馆建设中的应用[J].河南图书馆学刊,2006,26(1):90-92.

[23] 李明伍.基于DLL的Z39.50客户端的实现[J].现代图书情报技术,2005(5):30-32.

[24] 张文进.文本信息检索中的概率模型[J].情报杂志,2005(3):107-110.

[25] 侯芹英.信息检索——联机、光盘、网络三种类型的对比研究[J].图书馆学研究,2003(4):67-70.

[26] 赵霞,李广利.如何降低Dialog联机检索费用[J].情报杂志,2009(S1):197-198,152.

[27] 张静.Dialog国际联机检索费用控制研究[J].科技情报开发与经济,2005,15(8):72-74.

[28] 张永梅.用dialoglink 5进行联机检索的方法[J].农业图书情报学刊,2010,22(5):104-107.

[29] 刘静一,王景侠,曹兵.联机计算机图书馆中心数据库检索及服务研究[J].图书情报论坛,2009(3):49-53.

[30] 古明,赵茜.美国《化学文摘》纸质版、光盘版和网络版在药物信息检索中的应用比较[J].科技情报开发与经济,2010,20(8):5-7.

[31] 朱文莉.网络信息资源的开发与利用[J].内蒙古科技与经济,2010(1):153,156.

[32] 吴启琳.网络信息资源评价研究进展[J].河南图书馆学刊,2006,26(2):7-11.

[33] 刘记,沈祥兴.网络信息资源评价现状及构建研究[J].图书情报工作,2006,50(12):88-91,43.

[34] 崔双红.网络信息资源的评价方法与指标体系[J].图书馆学刊,2007(3):101-103.

[35] 王芳,张晓林.元搜索引擎:原理与利用[J].现代图书情报技术,1998(6):18-21.

[36] 郭少友.元搜索引擎的原理与设计[J].情报科学,2005,23(2):245-248.

[37] 原福永,梁顺攀.元搜索引擎的现状与发展[J].计算机工程与设计,2005,26(12):3278-3280.

[38] 刘伟成.元搜索引擎性能评价体系研究[J].高校图书馆工作,2006(1):17-19,32.

[39] 夏治坤,周宁.元搜索引擎对成员搜索引擎的选择研究[J].情报探索,2007(2):75-77.

[40] 王雁杰.元搜索引擎的发展悖论及建议[J].情报杂志,2004(7):91-92.

[41] 杨泉.基于内容的图像检索方法的探讨[J].电脑知识与技术,2009,5(21):5757-5759,5787.

[42] 李雅琳,贾世杰.基于内容的图像检索技术综述[J].科技情报开发与经济,2009,19(28):99-101.

[43] 李咏红,陶思言.基于内容的图像检索技术研究[J].光盘技术,2008(11):59.

[44] 余东良,刘金瑄.基于内容的图像检索技术研究[J].电脑知识与技术,2009,5(28):8037-8039.

[45] 杨继臣,王伟凝.一种基于随机段的固定音频检索方法[J].计算机应用,2010,30(1):230-232.

[46] 李晨,周明全.音频检索技术研究[J].计算机技术与发展,2008,18(8):215-218,222.

[47] 熊健敏.数字图书馆中基于内容的音频检索[J].现代情报,2005(4):87-89.

[48] 钟宝荣,吴春辉,杜红.音频检索方法的研究[J].长江大学学报:自然科学版,2008,5(2):89-91.

[49] 胡唐明.数字图书馆中的一种多媒体检索:音频检索[J].情报杂志,2005(2):101-102.

[50] 季春.基于内容的视频检索中的关键帧提取技术[J].情报杂志,2006(11):116-119.

[51] 张婷婷.基于内容的视频检索关键技术研究述评[J].农业图书情报学刊,2009,21(12):53-58.

[52] 蒲筱哥.基于内容的视频检索关键技术研究综述[J].情报科学,2010,28(3):464-469,476.

[53] 寇钧锋.论自然与人工情报检索语言[J].情报杂志,2000,19(3):38-39.

[54] 耿骞,赖茂生.自然语言检索的实现及其关键问题[J].情报科学,2007,25(5):733-741.

[55] 熊回香,夏立新.自然语言处理技术在中文全文检索中的应用[J].情报理论与实践,2008,31(3):432-435.

[56] 焦玉英,李法运.网络环境下信息检索语言的优化研究[J].情报学报,2003,22(3):291-296.

[57] 张琪玉.关于自然语言检索问题[J].图书馆论坛,2004,24(6):211-213,145.

[58] 黄敏.自然语言处理与信息检索[J].图书情报工作,2001(4):41-44,65.

[59] 李雅琼.自然语言检索的新发展:与Ontology相结合[J].情报理论与实践,2007,30(2):248-251.

[60] 王灿辉,张敏,马少平.自然语言处理在信息检索中的应用综述[J].中文信息学报,2007,21(2):35-45.

[61] 郭宇锋,黄敏.跨语言信息检索理论与应用研究[J].图书与情报,2006(2):79-81,84.

[62] 吴丹,李瑞芬.跨语言信息检索技术应用与进展研究[J].情报科学,2006,24(9):1435-1440.

[63] 王进,陈恩红,张振亚,等.基于本体的跨语言信息检索模型[J].中文信息学报,2004,18(3):1-8,60.

[64] 任成梅.跨语言信息检索的发展与展望[J].图书馆学研究,2006(4):79-82.

[65] 麦淑平.跨语言信息检索技术探析[J].中华医学图书情报杂志,2008,17(4):49-51.

[66] 郝天侠.跨语言信息检索技术与应用研究[J].情报杂志,2007(12):130-132.

[67] 郭华庚，赵英.跨语言信息检索研究与应用[J].现代情报，2008(9)：142-145.

[68] 王昊.跨语言信息检索实现方法与关键技术探讨[J].情报杂志，2005(7)：46-49.

[69] 刘伟成，孙吉红.跨语言信息检索进展研究[J].中国图书馆学报，2008(1)：88-92.

[70] 张金镯.基于数据挖掘的图书馆活跃读者研究[J].现代图书情报技术，2008(7)：96-99.

[71] 王桂芹，黄道.数据挖掘技术综述[J].计算机技术与应用进展，2007(5)：209-214.

[72] 王锐，马德涛，陈晨.数据挖掘技术及其应用现状探析[J].电脑应用技术，2007(2)：20-23.

[73] 王松林，王玉媛.语义网的技术体系结构及其对图书馆的影响[J].图书馆学刊，2009(12)：1-4.

[74] 田春虎.国内语义Web研究综述[J].情报学报，2005，24(2)：243-249.

[75] 李洁，丁颖.语义网关键技术概述[J].计算机工程与设计，2007，28(8)：1831-1833，1836.

[76] 罗威.RDF——Web数据集成的元数据解决方案[J].情报学报，2003，22(2)：178-184.

[77] 储荷婷.语义网与信息检索[J].图书情报知识，2009(1)：30-32.

[78] 王宁.语义网的研究与展望[J].科技情报开发与经济，2007，17(32)：1-4.

[79] 王祥瑞，李力东.语义网的产生与发展[J].吉林建筑工程学院学报，2007，24(3)：66-68.

[80] 孙灵芝，阮学平.获取国外免费网络医学学术资源的途径[J].热带医学杂志，2010，10(9)：1146-1148，1152.

[81] 吴娟仙.获取图书情报类外文免费网络学术资源的十大途径[J].图书馆建设，2006(5)：91-94.

[82] 怀秋萍.基于免费全文网络学术论文资源获取[J].图书情报论坛，2009(2)：48-50.

[83] 申舒.基于网络免费学术资源的个人数字图书馆构建[J].情报探索，2013(1)：86-89.

[84] 王静芳.论网络免费学术资源的挖掘[J].兰台世界，2007(2)：14-15.

[85] 李朝嵘，黄正刻.免费网络学术资源的获取途径与技巧[J].卫生职业教育，2010，28(3)：53-55.

[86] 黄永，肖冬梅.网络免费学术信息资源识别与利用[J].情报杂志，2009，28(3)：184-187.

[87] 全飞.网络免费学术资源获取途径论析[J].计算机光盘软件与应用，2012(24)：39-41.

[88] 郝天侠.网络免费学术资源利用探讨[J].西北工业大学学报：社会科学版，2010，30(1)：64-66.

[89] 李柏冬.网络免费学术资源与高校图书馆数字资源建设[J].图书馆学刊，2011(6)：67-68.

[90] 杨薇，张平国.文献传递服务中网络免费学术资源的获取方法研究[J].新世纪图书馆，2011(4)：43-46.

[91] 章云兰.Internet上专利信息的开发与利用[J].浙江大学学报：农业与生命科学版，2005，31(6)：820-824.

[92] 川蓉.在美国专利数据库和欧洲专利数据库中查找美国专利文献的异同[J].现代情报，

2004(3)：145-146.

[93] 陈陶，夏立娟.ISO、IEC、ITU标准文献的网上检索[J].图书馆学研究，2004(8)：75-77.

[94] 何青芳，陆琪青.中外科技报告的检索方法与获取途径[J].现代情报，2005(9)：116-118.

[95] 邓要武.科技报告、专利文献和标准文献资源检索与利用[J].图书馆工作与研究，2008(7)：71-74.

[96] 雷桂萍.网络学术会议信息检索[J].图书馆学研究，2004(11)：85-87.

[97] 赵屹，陈晓晖.可资借鉴的国外档案网站特色分析[J].档案管理，2010(1)：68-72.

[98] 王立清.美国NARA在线档案信息资源检索现状分析及启示[J].档案学通讯，2009(3)：46-49.

[99] 安兴茹，周永仪.检索效果评价的数学模型研究[J].情报杂志.2007(1)：61-66.

[100] 李静静，闫宏飞.中文网页信息检索测试集的构建、分析及应用[J].中文信息学报，2008(1)：30-36.

[101] 刘奕群，岑荣伟，张敏，等.基于用户行为分析的搜索引擎自动性能评价[J].软件学报，2008(11)：3023-3032.

[102] 余慧佳，刘奕群，张敏，等.基于大规模日志分析的网络搜索引擎用户行为研究[J].中文信息学报，2007，21(1)：109-114.

[103] 钱跃良，刘群，林守勋.自然语言处理与人机交互技术评测综述[J].信息技术快报，2005(8).

[104] 张秀坤，赵丹群.TREC概况及其最新发展研究[J].情报理论与实践，2004(5)：537-540.

[105] 张俊林，曲为民，杜林，等.跨语言信息检索研究进展[J].计算机科学，2004(7)：16-19.

[106] 谢萦，陶建华，钱跃良.中文信息基础资源平台的共享机制探讨[J].科研信息化技术与应用，2012，3(4)：86-92.

[107] 钱跃良，林守勋，刘群，等.2005年度863计划中文信息处理与智能人机接口技术评测回顾[J].中文信息学报，2006(B03)：1-6.

[108] 张俊林，刘洋，孙乐，等.2005年度863信息检索评测方法研究和实施[J].中文信息学报，2006(B03)：19-24.

[109] 张勤，马费成.国外知识管理研究范式——以共词分析为方法[J].管理科学学报，2007，12(6)：65-75.

[110] 仲秋雁，曲刚，宋娟，等.知识管理流派特征分析及内涵界定[J].研究与发展管理，2010，22(2)：80-88.

[111] 王云昌.企业战略管理思想演变的比较分析[J].武汉市经济管理干部学院学报，2002，16(1)：20-23.

[112] 高巍，倪文斌.学习型组织知识整合研究[J].哈尔滨工业大学学报：社会科学版，2005，7(3)：86-91.

[113] 丁蔚.从信息管理到知识管理[J].情报学报，2000(2)：124-129.

[114] 张子刚,周永红,刘开军.企业技术创新过程中知识管理的能动效应[J].科技进步与对策,2004(10):89-91.

[115] 于洋.企业成长理论中资源观与能力论的反思[J].经济研究导刊,2008(10):33-36.

[116] 张建华.企业知识管理中的知识进化[J].武汉理工大学学报:信息与管理工程版,2007,29(10):121-125.

三、外文

[1] Murtaza A H.A Frame Work for Developing Enterprise Data Warehouse[EB/OL].(2014-03-08). http://citeseerx.ist.psu.edu/viewdoc/download?doi=10.1.1.58.2069&rep=rep1&type=pdf.

[2] Joachims, T. Evaluating Retrieval Performance Using Click through Data[EB/OL].(2014-03-19). http://www.cs.cornell.edu/People/tj/publications/joachims_02b.pdf.

[3] Gwidzka, J, Chignell, M. Towards Information Retrieval Measures for Evaluation of Web Search Engines [EB/OL].(2014-02-19).http://www.researchgate.net/publication/2833216_Towards_Information_Retrieval_Measures_for_Evaluation_of_Web_Search_Engines.

[4] Thomas, P.Personal Information Retrieval[EB/OL].(2014-02-19).http://www.docin com/p-396379850.html.

[5] Tsunenori Ishioka.Evaluation of Criteria for Information Retrieval[C].Proceedings of IEEE/ WIC International Conference on Web Intelligence (WI'03), Washington: IEEE Computer Society Press, 2003: 425-431.

[6] Tefko Saracevic.Evaluation of evaluation in information retrieval[EB/OL].(2014-03-10). http://nlp.stanford.edu/IR-book/html/htmledition/evaluation-in-information-retrieval-1.html.

[7] Amitay E, Carmel D, Lempel R, et al.Scaling IR-system evaluation using relevance sets[EB/OL].(2014-03-10).http://www.researchgate.net/publication/221301169_Scaling_IR-system_evaluation_using_term_relevance_sets.

[8] Hersh, W R, Molnar, A.Towards New Measures of Information Retrieval Evaluation [EB/OL]. (2014-02-15).http://pubmedcentralcanada.ca/pmcc/articles/PMC2247933/.

[9] Su L T. The relevance of recall and precision in user evaluation[J].Journal of the American Society for Information Science, 1994, 45(3):207-217.

[10] Kerry Rodden.Technical Report:Evaluating similarity-based visualisations as interfaces for image browsing[EB/OL]. (2014-02-20). http://citeseerx.ist.psu.edu/viewdoc/download?doi=10.1.1.14.6183&rep=rep1&type=pdf.

[11] Cooper W S. On selecting a measure of retrieval effectiveness, part: The 'subjective' philosophy of evaluation[J].Journal of the American Society for Information Science, 1973, 24(2):87-100.

[12] Christopher D.Mannin, Prabhakar Raghavan, Hinrich Schütze.Introduction to Information Re-

trieval[M].Oxford：Cambridge University Press，2008.

[13] Nonaka, I.A dynamic theory of organizational knowledge creation[J].Organization Science，1994，5(1)：14-37.

[14] Davenport T, Prusak L.Working Knowledge：How Organizations Manage What They Know[M].Boston：Harvard Business School Press，1998.

[15] Jay Barney.Firm Resources and Sustained Competitive Advantage[J].Journal of Management，1991，17(1)：99-120.

[16] Prahalad C K, Hamel G. The core competence of the corporation[J].Havard Business Review，1990(68)：79-91.

四、网址

[1] 中国图书馆分类法[EB/OL].[2014-01-19].http://clc.nlc.gov.cn/ztfjj.jsp.

[2] 中国图书馆图书分类法简介[EB/OL]. [2014-01-19]. http: //www. cocresoft. com/Default. asp?WP=P1V3&Para=[[ICNID:5746].

[3] 汉语主题词表使用说明[EB/OL].[2014-01-19]. http://www.scude.cc/software/12/05/001/01/00001/bjjc/ch4/bjjc-4_1_2_ch.htm.

[4]《汉语主题词表》简介[EB/OL].[2014-01-19]. http://www.lib.stu.edu.cn/html/wj/3_4.htm.

[5]《中国分类主题词表》概况[EB/OL].[2014-01-19]. http://www.china001.com/show_hdr.php?xname=PPDDMV0&dname=UFL3241&xpos=8.

[6] 莫岚.计算机信息检索基础知识[EB/OL].[2014-01-16].http://202.193.194.4:81/down/kejian/计算机信息检索第四版molan.ppt.

[7] 计算机信息检索的发展阶段[EB/OL].[2014-01-16].http://zhidao.baidu.com/question/13057582.html.

[8] Internet[EB/OL].[2014-01-19].http://baike.baidu.com/view/11165.htm?fr=ala0_1_1.

[9] 线点科技.全文检索产品主要面向客户和应用领域[EB/OL]. [2014-01-16]. http://www.xd-tech.com/product/xdfullsearch.html.

[10] 中国知网[DB/OL].[2014-03-20].http://www.cnki.net.

[11] 万方数据资源库[DB/OL].[2014-03-07].http://www.wanfangdata.com.cn/.

[12] 万方数据库使用指南[EB/OL]. [2014-03-07]. http://library.dhu.edu.cn/pages/elect_wanfang_guide.aspx.

[13] 维普资讯网[DB/OL].[2014-03-07].http://www.cqvip.com.

[14] 人大复印报刊资料全文数据库[DB/OL].[2014-03-07].http://book.zlzx.org/.

[15] 中文社会科学引文索引数据库[DB/OL].[2014-03-20].http://cssci.nju.edu.cn/.

[16] 超星数字图书馆[DB/OL].[2014-03-10].http://www.ssreader.com/.

[17] 方正Apabi数字图书馆[DB/OL].[2014-03-10].http://ebook.nwu.edu.cn/Default2.asp?lang=gb.

[18] 方正apabi电子图书使用指南[EB/OL]. [2014-03-10]. http://www.hebeinu.edu.cn:1666/tpi_2/sysasplc/include/apabi.htm.

[19] 书生之家数字图书馆[DB/OL]. [2014-03-10].http://shusheng.lib.sjtu.edu.cn/.

[20] 读秀学术搜索平台[DB/OL]. [2014-03-10].http://www.duxiu.com.

[21] 国务院发展研究中心信息网[EB/OL]. [2014-03-10].http://www.drcnet.com.cn.

[22] 国研网[EB/OL]. [2014-03-10].http://baike.baidu.com/link?url=X3kc2KmPcznO2eu9A2vk160Lmy-uP3YlqwPGe6ZYW6Ix3j9lQG5E32cPJaScIgbA.

[23] 美国工程索引网站[EB/OL].[2013-12-19].http://www.engineeringvillage.com/home.url?.

[24] Web of Knowledge检索平台[EB/OL].[2014-01-10].http://apps.webofknowledge.com/.

[25] 科学文摘与INSPEC数据库的检索[EB/OL]. [2010-03-25]. http://www.docin.com/p-37861800.html.

[26] ELSEVIER(SD)爱思唯尔电子期刊全文数据库[EB/OL].(2014-01-25). http://www.sciencedirect.com/.

[27] EBSCO数据库[EB/OL]. (2014-01-25).http://www.ebscohost.com/.

[28] ProQuest学位论文全文库(PQDT):CALIS服务器[EB/OL].(2014-01-30). http://pqdt.calis.edu.cn/.

[29] 中国知识产权网[EB/OL].(2014-01-10).http://www.cnipr.com/.

[30] DII德温特专利数据库使用指南[EB/OL].(2010-01-20). http://library.dhu.edu.cn/pages/elect_DII_guide.aspx.

[31] 郑伟.Derwent Innovations Index数据库的主要特点及其检索方法[EB/OL].(2010-02-18). http://www.cnindex.fudan.edu.cn/zgsy/2009n1/zhengwei.htm.

[32] United States Patent and Trademark Office Patent Full-Text Databases[DB/OL].(2010-03-30). http://www.uspto.gov/patft/index.html.

[33] WIPO网站[EB/OL].(2010-04-30).http://www.wipo.int/.

[34] IBM-Intellectual Property Licensing[EB/OL].(2010-05-30).http://www.patents.ibm.com/ibm.html.

[35] DELPHION[EB/OL].(2010-05-30).http://www.delphion.com.

[36] Japan Patent Office[EB/OL].(2010-05-30).http://www.jpo.go.jp/.

[37] 日本专利的检索方法介绍[EB/OL].(2009-01-30). http://www.pet2008.cn/archiver/tid-26280.html.

[38] Office de la propriété intellectuelle du Canada[EB/OL].(2010-05-30).http://opic.gc.ca/.

[39] 国际标准化组织[EB/OL].(2010-03-30).http://www.ccsa.org.cn/organization/intro.php?org=ISO.

[40] Advanced search for standards and/or projects[EB/OL].(2011-03-30).http://www.iso.org/iso/search/extendedsearchstandards.htm?formKeyword=&displayForm=true&published=on&title=

on&description=on.

[41] 国际电工委员会[EB/OL].(2014-03-30).http://www.ccsa.org.cn/organization/intro.php?org=IEC.

[42] IEC 标准是什么？[EB/OL].(2008-10-23).http://wenda.tianya.cn/wenda/thread?tid=327cabee07ce424b.

[43] IEC 标准概况[EB/OL].(2009-09-18).http://www.tbtmap.cn/portal/Contents/Channel_2125/2009/0915/83032/content_83032.jsf.

[44] IEC Webstore[EB/OL].(2011-09-18).http://webstore.iec.ch/.

[45] IEC Advanced Search[EB/OL].(2011-05-18).http://webstore.iec.ch/webstore/webstore.nsf/frmTemplate?ReadForm&sbf=advsearch.

[46] 美国国家标准学会[EB/OL].(2011-03-18).http://www.ccsa.org.cn/organization/intro.php?org=ANSI.

[47] ANSI Standards Store[EB/OL]. (2011-03-18). http://webstore.ansi.org/ansidocstore/default.asp.

[48] 美国的四大科技报告简介[EB/OL].(2011-03-18).http://hi.baidu.com/searchinfo/blog/item/0c090808d7f17bd262d9861f.html.

[49] NASA Scientific and Technical Information(STI)[EB/OL].(2013-10-23).http://www.nasa.gov.

[50] NTIS 网站[EB/OL].(2013-05-23).http://www.ntis.gov.

[51] NTIS Product Search Page[EB/OL].(2012-08-23).http://www.ntis.gov/search/index.aspx.

[52] 浙江大学图书馆学位论文指南[EB/OL].(2013-08-23).http://libweb.zju.edu.cn/newportal/resource/jszn-xw.jsp.

[53] 中国石油大学(北京)图书馆网站[EB/OL].(2013-07-15). http://www.cup.edu.cn/library/search/21846.htm.

[54] 中国科技论文在线[EB/OL].(2013-09-23).http://www.paper.edu.cn/xxzy_hyzy_hywxjqjs.php.

[55] 雅虎目录[EB/OL].(2013-09-01).http://dir.yahoo.com/Social_Science/Communications/Conferences/.

[56] 档案信息的解释——CNKI科技知识元数据库[EB/OL].(2014-02-21). http://define.cnki.net/WebForms/WebDefault.aspx.

[57] 档案检索途径[EB/OL].(2009-05-21).http://rhzds.blog.hexun.com/32970393_d.html.

[58] 加拿大国家档案馆网站[EB/OL].(2010-02-21).http://www.collectionscanada.gc.ca/.

[59] NARA 网站[EB/OL].(2013-02-21).http://www.archives.gov.

[60] Guide to Federal Records in the National Archives of the United States[EB/OL].(2013-02-21). http://www.archives.gov/research/guide-fed-records/.

[61] Online Research Tools and Aids[EB/OL].(2012-03-21).http://www.archives.gov/research/start/online-tools.html.

[62] Chinese Immigration Records[EB/OL].(2013-12-21). http://www.archives.gov/research/chinese-americans/index.html.

[63] Finding Aids[EB/OL].(2013-12-27).http://www.archives.gov/publications/finding-aids.html.

[64] Historical Records Near You: Selected Guides and Research Aids for Archival Holdings at the Regional Archives[EB/OL].(2014-02-20).http://www.archives.gov/locations/finding-aids/.

[65] ALIC网站[EB/OL].(2010-02-20).http://www.archives.gov/research/alic/.

[66] Filing Manuals[EB/OL].(2013-04-20).http://www.archives.gov/research/military/filing-manuals.html.

[67] NARA的汉化检索界面[EB/OL].(2013-05-20).http://search.archives.gov/query.html?ql=&qt=&charset=iso-8859-1&col=1arch+naration&q c=1arch+naration.

[68] TREC评测网站[EB/OL].(2009-05-20).http://trec.nist.gov.

[69] NTCIR评测网站[EB/OL].(2009-04-20).http://research.nii.ac.jp/ntcir/workshop/.

[70] SEWM2006中文Web检索评测指南[EB/OL].(2009-02-20).http://net.pku.edu.cn/~webg/cwt/2006WebTrack/SEWM2006WebTrackGuide.pdf.